**ÉLISÉE LAZAIRE**
PRELAT DE LA MAISON DE SA SAINTETÉ

# HISTOIRE

DU

# MONASTÈRE DE LA VISITATION Ste MARIE

## DE MONTPELLIER

*Scribantur hæc in generatione altera et populus, qui creabitur, laudabit Dominum.*

PSAUME CI, 19.

TURIN
IMPRIMERIE SALÉSIENNE
1898

IMPRIMATUR

✠ — Fr. Anatolius de Rovèrié de Cabrières, episcopus Montis-pessulani, *in Resurrectione Domini*, 10 *aprilis* 1898.

---

*V°*. Nulla osta alla stampa.

*Torino*, 13 *Agosto* 1898.

Michele Lotteri *Prov. Gen.*

# PRÉFACE

Les *monastères sont l'ornement des villes; les vierges, leur gloire, leur honneur et leur palladium.*

*Rome l'avait compris. Au pied du Capitole, au centre même de la cité, s'élevait la demeure des Vestales, la* Domus Virginea, *comme l'appellent les écrivains de ce temps.*

*Dans un autre ouvrage* — Les Vestales d'après les classiques et les découvertes du Forum. *Paris, Palmé, 1889 — nous avons cru devoir rendre hommage à cette institution; image imparfaite et lointaine d'un culte dont le monde, quelle qu'ait été d'ailleurs sa corruption, n'a jamais pu s'affranchir.*

*Fait étrange et caractéristique: la virginité passait chez les païens eux-mêmes pour quelque chose de « divin et de sacré. »* Salluste. *Elle les subjuguait, elle excitait leur enthousiasme et leur admiration.*

*La virginité tout extérieure des Vestales était plus chère au peuple romain que les victoires des Scipions et des Césars. Les privilèges, les richesses, les honneurs dont il les comblait prouvent que si le cœur de l'homme s'était incliné pendant des siècles vers le vice et la corruption, son esprit ne s'était point détaché de l'idéal. Au milieu de cet océan de fange dans lequel se plongeait la cité reine du monde, un phare brillait. La pureté n'est-elle pas une lumière, l'innocence un flambeau?*

*L'histoire de Rome est inexplicable si l'on détache de ses annales l'histoire de ses vierges. L'Empire n'est plus qu'un immense corps, où l'on voit bien que le sang circule, mais dont on méconnaît l'organe principal, le cœur. Tant de vertus naturelles dont les Romains nous ont laissé l'exemple, tant de force, de patience, de longanimité, de dévouement avaient un symbole, une représentation: le feu sacré que les Vestales entretenaient toujours.*

*Le feu sacré devait s'éteindre au souffle divin de la foi, et la virginité païenne, devenue une ombre, disparaître devant d'immortelles clartés. Une nouvelle aurore se lève sur l'univers. Le monde ancien, ruiné par ses hontes et ses dépravations, ébranlé jusque dans ses fondements croule, et sur ses ruines s'établit un monument impérissable, reliant la terre au ciel, défiant les siècles et les passions humaines.*

*Voici que Jésus fonde son Église; il déploie des étendards d'une blancheur immaculée. Aussitôt sous ces étendards, agités par des brises que les mortels ne connaissaient point jusqu'alors, marchent en phalanges pressées où se confondent, dans une admirable harmonie, tous les rangs de la société, des hommes et des femmes, des jeunes filles et des adolescents qui laissent tout pour le Christ et sa gloire, et lui vouent, avec l'intégrité d'un corps sortant des mains divines, l'amour d'une âme qu'aucun autre amour ne doit partager.*

*Durant les trois premiers siècles, à cause des persécutions, les vierges vivaient au sein de leurs familles; elles visitaient les pauvres, consolaient les malheureux, instruisaient les néophytes, encourageaient les martyrs et les ensevelissaient. Douces et pures, elles étaient la vivante image de la foi, la plus éloquente prédication des vertus chrétiennes, un des plus éclatants témoignages de la divinité du Sauveur.*

*Après la paix constantinienne, le même amour leur inspira la pensée de se réunir en communauté. Sainte Marcelle commença, dit-on, à Rome, sous le regard de Dieu, ce mouvement de haute perfection chrétienne, un des plus admirables que l'histoire connaisse. Elle en reçut la première inspiration d'un grand docteur de l'Église, saint Athanase, patriarche d'Alexandrie. Le vaillant défenseur de la vérité catholique, l'intrépide adversaire des doctrines ariennes fut trois fois exilé; trois fois il vint chercher, dans la ville éternelle, un refuge auprès du Siège apostolique. Albina, la mère de sainte Marcelle, eut le bonheur de le recevoir dans sa maison. Pour reconnaître une hospitalité si généreusement donnée, Athanase édifiait les âmes par le récit des merveilles que Dieu opérait dans les déserts de la Thébaïde.*

*L'ardeur de Marcelle s'enflammait en entendant raconter les prodiges de vertu qui éclataient dans les Antoine, les Pacôme, les Hilarion; elle résolut de mettre en pratique un genre de vie dont l'excellence lui apparaissait dans toute sa beauté.*

*Elle se fit de son palais du Mont-Aventin une solitude où elle vivait dans la prière, les austérités et les bonnes œuvres. Son exemple devint contagieux et lui suscita une foule d'imitatrices, qui étonnèrent Rome par leur esprit de sacrifice et d'abnégation. Des veuves et des vierges vinrent partager sa vie.*

*C'est au milieu d'elles que saint Jérôme, conduit sur les bords du Tibre en 382, à l'occasion d'un concile, par saint Épiphane, évêque de Salamine, allait expliquer les saintes Écritures. Il écrivait plus tard au sujet de ces femmes admirables: « Ce que je voyais en elles d'esprit de pénétration, en même temps que de ravissante pureté et de vertu, je ne saurais le dire. »*

*L'Église qui avait béni et consacré les vierges individuellement, devait désormais les bénir et les consacrer unies et groupées comme les gerbes d'une magnifique moisson.*

*La moisson était belle en effet. Sous l'œil vigilant des Pontifes, les lis se multipliaient comme les roses et ils avaient un parfum plus doux. L'Église de la primauté de la doctrine et du commandement ne devait-elle pas l'emporter sur toutes les autres par le nombre et l'éclat de ses vierges? Saint Cyprien les appelait: « La fleur de la société chrétienne, la portion choisie du troupeau du Christ.* » Flos ecclesiastici germinis, illustrior portio gregis Christi. De habit. Virg. § VI. *et saint Jerôme: « Les prémices de Dieu et de l'Agneau.* » Primitiæ Dei et Agni. Lib. I adv. Jovin.

*Constantinople imitait Rome, sa sœur. Si nous en croyons saint Jean Chrysostôme, elle comptait au IVe siècle plus de mille vierges.* Homil. LXVII in Matt. *Saint Ambroise nous assure que les îles de la Méditerranée retentissaient d'une louange sans fin. Des communautés de vierges répandues depuis la Palestine jusqu'à Rome traçaient la marche triomphante du Christ victorieux. Les villes en étaient remplies. Quand les Barbares vinrent attaquer l'Empire, ces vierges devaient leur inspirer plus de crainte que les armées des empereurs. (Ammien-Marcellin,* XVIII, *10.)*

*Les monastères ne sont-ils pas de véritables remparts, des foyers de lumière et de vie? Le nier serait nier la nécessité des œuvres satisfactoires, la communion des saints et jusqu'à l'efficacité du sang rédempteur. Au centre d'une ville, ils nous apparaissent comme autant de forteresses spirituelles, la préservant des rigueurs de la colère du ciel. Opposés à la masse effroyable d'iniquités qui provoque la vengeance divine, ils renferment les dix justes qui eussent préservé Sodome, si Sodome les eût possédés.*

*« Quand les Lombards ravageaient la ville de Rome, dit Son Éminence le Cardinal Pitra, saint Grégoire le Grand ne conservait plus qu'une assurance: la prière des trois mille vierges réunies dans les monastères d'Italie. Il voyait Dieu s'armer de la foudre et prêt à frapper; mais il voyait aussi la prière du pauvre pénétrant les nues, et les larmes de quelques vierges tombant, comme contrepoids, dans la balance où Dieu pesait l'Empire, et le saint Pape se rassurait.* » HISTOIRE DE SAINT LÉGER, Introduction.

*Le royaume des lis vit toujours s'épanouir sur ses terres les fleurs incomparables de la virginité. Fut-il jamais, sous ce rapport, un sol plus riche que le sien? Il suffit de le parcourir pour rencontrer, ensevelis au fond des vallées, ou perdus dans les sites les plus agrestes, des monastères sans nombre, qui sont pour les populations environnantes un centre de piété, une source de grâces, et qui étaient, au moyen âge, un asile assuré de protection.*

*Que l'on ne dise donc pas: à quoi servent les maisons religieuses?*

*Lorsque vous contemplez avec admiration, au pied des Alpes, un de ces géants dont la tête couronnée de neige se perd dans les nuées, si un homme, insensible à ces grands aspects de la nature, venait vous dire: à quoi bon ces montagnes, masses énormes et improductives, ces rochers escarpés, ces ravins profonds, création stérile qui accuse l'imprévoyance de son auteur? Ne vaudrait-il pas mieux, à leur place, des terres cultivées, des champs couverts de moissons? Homme à vue bornée, lui répondriez-vous, admirez plutôt la montagne et bénissez le Dieu qui l'a faite. Si elle porte jusque dans les cieux sa cime majestueuse, ne voyez-vous pas que c'est pour y puiser les eaux abondantes qui s'échappent en cascades sur ses flancs abrupts? Voyez dans la plaine ces fleuves qui sillonnent de vastes prairies et portent au loin la fraîcheur et la fécondité. C'est parce que la montagne est élevée et aride que la plaine est féconde; supprimez la montagne, vous ne ferez qu'accroître la stérilité, ajouter le désert au désert.*

*Les monastères, voilà les montagnes qui dominent au loin dans le pays de France et dans l'Église de Jésus-Christ. Ce sont de paisibles et fraîches oasis où viennent s'abriter les âmes d'élite, des arches où se réfugient les colombes fuyant le déluge des passions.*

*La ville de Montpellier a été, de tout temps, très riche en communautés religieuses. Fondée par deux vierges, Judith et Élisabeth-Marie, sœurs de saint Fulcran, évêque de Lodève, cette cité devait toujours exhaler le parfum de son origine. A la renommée de ses docteurs, à la gloire de son Université, à l'éclat de ses lettres, elle unit l'arôme des ses vierges consacrées à Dieu. Aujourd'hui encore les monastères qui l'entourent forment sa plus belle couronne, et sont comme autant d'étoiles lumineuses à son front.*

*Parmi ces monastères, il en est un, le plus ancien de tous, qui résume le passé, tout en projetant vers l'avenir des lueurs d'une indicible clarté: c'est le monastère de la Visitation Sainte-Marie.*

*Il résume le passé, car après les guerres sanglantes de Religion la plupart de nos anciennes communautés disparurent, et leurs biens furent unis à ceux de la Visitation. L'Institut de saint François de Sales, comme un arbre nouvellement planté et déjà vigoureux, abrita de son ombre salutaire les feuilles et les rameaux détachés des anciennes institutions.*

*Il renferme les espérances de l'avenir. Si le XXe siècle plus encore que celui-ci, doit être le siècle du Sacré-Cœur, Notre-Seigneur, en se révélant à une visitandine, a voulu faire de chaque Visitation un foyer de dévotion à son Cœur sacré. De là part l'étincelle qui embrase les âmes. Les autres monastères peuvent être les divins treillis à travers lesquels l'Amour de ce Cœur se manifeste: la Visitation seule est, par ce choix divin, son sanctuaire et son Thabor.*

*Saint François de Sales l'avait prévu. Plus d'un demi-siècle avant de déclarer à la bienheureuse Marguerite-Marie qu'il voulait rendre les filles de la Visitation « les dépositaires de son Cœur », Notre-Seigneur inspirait ces paroles au saint évêque de Genève: « Notre petite Congrégation, écrivait-il à sainte Jeanne de Chantal, est un ouvrage du Cœur de Jésus. Le Sauveur mourant nous a enfantés par l'ouverture de son Cœur généreux ». Et parlant à ses filles réunies autour de lui dans les premiers et doux entretiens de la petite Galerie, il leur disait: « L'autre jour, étant en oraison, considérant le côté ouvert de Notre-Seigneur, et voyant son Cœur, il m'était avis que nos cœurs se groupaient tous autour de lui, et lui faisaient hommage comme au souverain roi des cœurs. » Et encore: « Unissez vos cœurs par une sainte soumission au Cœur de Jésus lequel sera la racine de l'arbre dont vous serez les branches. »* — Abrégé de l'esprit intérieur des religieuses de la Visitation. ch. IX. p. 53. — *Et enfin: « Vous êtes établies en ce dernier siècle pour être les imitatrices du Cœur de Jésus dans la douceur et l'humilité, base et fondement de votre Ordre, qui vous donnera le privilège et la grâce incomparable de porter la qualité de* Filles du Sacré-Cœur de Jésus. » — Sentiments de saint François de Sales sur le Sacré-Cœur, p. 194.

*Filles du Cœur de Jésus, tel est le nom que leur donne leur pieux fondateur. Il les cache dans la solitude, il les enveloppe de silence et de mystère afin de leur permettre de recevoir les célestes communications; mais le* Don de l'amour *une fois reçu, il veut que, humbles violettes dans le parterre de l'Église, leur parfum dévoile au monde la douceur et l'humilité du Cœur de Dieu.*

*Depuis près de trois siècles que l'Ordre de la Visitation Sainte-Marie fleurit à Montpellier, il a été fidèle à sa mission. Ses grilles ont été rayonnantes, ses vertus exemplaires, son zèle persévérant et fructueux. S'il nous était permis de détourner quelque peu le sens des Écritures, nous mettrions volontiers ces paroles sur les lèvres du Sauveur s'adressant au ciel à saint François de Sales : « Votre Visitation a conservé mon esprit. »* « Visitatio tua custodivit spiritum meum. » Job. X. *12.*

*Trois siècles, avec leurs joies et leurs épreuves, au milieu des événements les plus divers, et une succession de vies humaines entièrement consacrées à la prière, au sacrifice, à l'immolation, ne sont-ils pas un hymne de gloire à l'Éternel?*

*Cet hymne nous l'avons perçu dans le silence et nous voulons le redire à nos lecteurs.*

*Nous souvenant des conseils et des exemples du Cardinal Pitra, notre maître, nous avons aimé à consacrer à des étu-*

*des historiques, à des recherches d'érudition, à des longues stations parmi les archives et les bibliothèques de notre ville, les loisirs que les devoirs du saint ministère nous laissaient.*

*De telles recherches ne sont point sans charme ni sans profit. Au milieu de parchemins et de papiers souvent inutiles, on trouve çà et là des feuillets précieux. L'écho des voix du passé arrive sans intermédiaire aux oreilles, et c'est une joie suave de se trouver en contact direct avec l'antiquité vivant en ces magnifiques débris.*

*Ces débris, que nous avons découverts aux archives de la Préfecture de l'Hérault, dans le fonds très considérable de la Visitation, ou qui nous ont été communiqués avec une exquise bienveillance par deux vénérées supérieures de la communauté, la Mère Louise de Chantal Bastide et la Mère Eugénie de Sales Lamothe-Tenet, nous avons essayé de les classer et de les mettre en lumière. Nous les donnons tels que nous les avons trouvés, dans toute la fraîcheur et la simplicité de leur époque. Ce sont des fruits du jardin de saint François de Sales; qu'il daigne les agréer comme un humble hommage de notre filiale piété.*

*Nous n'avons pas la prétention d'élever un monument. Le voyageur se contente de graver quelques initiales sur les pierres des pyramides qu'il a visitées. Dieu seul élève des monuments à sa gloire. Si l'homme peut ajouter quelque chose, c'est d'y mettre son nom en témoignage d'admiration, de reconnaissance et d'amour.*

*Nous mettons humblement le nôtre en tête de ces pages. Que Dieu, qui nous a permis de les assembler, leur donne d'instruire, de réjouir et de consoler ceux qui les liront.*

Immaculée-Conception de Montpellier.
En la fête de saint François de Sales, le 29 janvier 1898.

# CHAPITRE PREMIER

## De la venue et de l'établissement des religieuses.

Origine de la fondation. — Premières religieuses. — Départ d'Annecy. — Lettres de Mgr Jean-François de Sales, évêque de Genève, et de sainte Jeanne de Chantal. — Voyage par le Rhône. — Incidents. — Arrivée à Montpellier. — Accueil de Mgr de Fenouillet. — Réception enthousiaste. — Harangues de MM. les Consuls. — Établissement de la Clôture. — Grâces de conversion. — Bienfaits de Mgr de Fenouillet. — Reconnaissance canonique. — Premières vocations.

1631

MONSEIGNEUR Pierre de Fenouillet, Évêque de Montpellier (1), ayant été auparavant chanoine de la Cathédrale de Genève, durant la vie de saint François de Sales, avait lié avec lui une très étroite amitié. Quand il fut nommé par Henri IV à l'Évêché de Montpellier, le saint Évêque de Genève écrivit en sa faveur une lettre pleine d'éloges au Pape Clément VIII, et ne cessa de l'encourager dans les devoirs de sa charge.

« Une correspondance assidue s'établit entre l'Evêché de Genève et celui de Montpellier. Saint François de Sales écrivait de sa propre main, et longtemps après la mort de Mgr de Fenouillet on voyait encore seize de ses lettres appendues dans la chapelle de l'église de la Visitation que l'Évêque de

(1) *Recueil des fondations des Monastères de la Visitation Sainte-Marie*, tom. XI. *Fondation de Montpellier*, p. 333 — Manuscrit inédit appartenant aux archives du Monastère.

Montpellier avait fait bâtir en l'honneur de « son saint et « parfait ami ». A sa mort, il voulut que son cœur fut apporté dans cette chapelle, disant « n'en avoir que pour saint François de Sales ».

» La dévotion qu'il portait à ce Saint, lui fit souhaiter d'avoir dans sa ville épiscopale un monastère de Religieuses de la Visitation et pour cela, il écrivit à Monseigneur Jean-François de Sales, son frère et successeur en l'Évêché de Genève, qu'il lui voulait demander de ses Filles pour une fondation dans Montpellier, qu'il espérait que si un jour elle était faite, ce serait une des bonnes maisons de France.

» Monseigneur l'Evêque de Genève ayant été prié d'envoyer dans la Provence de ses religieuses, écrivit à Monseigneur l'Evêque de Montpellier, qu'il faisait descendre de ses Filles en Provence, et que, puisqu'il avait le désir d'en avoir, l'on se servirait, s'il l'avait agréable, de l'occasion pour les faire descendre par le Rhône toutes ensemble; mais comme le voyage de Provence pressait beaucoup, on les fit toutes partir avant d'avoir reçu la réponse de Monseigneur de Montpellier. L'Évêque de Genève et la Mère de Chantal, pour lors Supérieure du monastère d'Annecy, espérant qu'elles seraient reçues favorablement, sur la connaissance qu'ils avaient de la parfaite affection que Mgr de Fenouillet avait pour saint François de Sales, envoyèrent donc à Montpellier six religieuses professes du voile noir, avec l'obéissance suivante:

« Nous, Jean-François de Sales, par la grâce de Dieu et » du Saint-Siège Apostolique, Évêque et Prince de Genève, » à nos très chères Filles en Jésus-Christ, Louise-Dorothée » de Marigny, Gasparde-Angélique Brunier, Marie-Rénée » Faber, Marie-Jacqueline Grassis, Marie-Marguerite de Val- » lon et Marie-Éléonore de Nouvelles, religieuses professes » du Monastère de la Visitation Sainte-Marie de la présente » ville, salut et consolation du Saint-Esprit. Par ces présentes, » signées de notre main et scellées de notre propre sceau, » afin qu'en tout ce que vous ferez, concoure le mérite de » l'obéissance que vous avez vouée, et en cela, Nous con- » formant au désir de votre Congrégation, Nous approuvons » le choix qui a été fait de vos Personnes pour l'érection » d'un Monastère de votre Institut en la ville de Montpellier, » en Languedoc; Nous vous ordonnons de vous y acheminer » au plus tôt, pour, sous l'obéissance et direction de Mon-

» seigneur l'Illustrissime et Révérendissime Pierre de Fenouil-
» let, Evêque de Montpellier, ou qui vous ordonnera de sa
» part, d'appliquer vos soins et votre zèle à l'accomplisse-
» ment d'une si sainte entreprise, et de vous exercer en
» toutes sortes de bonnes œuvres, observant vos Règles et
» Constitutions, et vivant selon l'esprit de votre sainte vo-
» cation, et ce jusqu'à temps que par Nous ou Nos Successeurs
» vous soyez rappelées. Ainsi prions-Nous Dieu, qu'il vous
» bénisse et accompagne, vous tenant sous sa protection et
» sa sainte miséricorde qui vous y a appelées. Donné à An-
» necy le 14 mai 1631.

» JEAN-FRANÇOIS, Evêque de Genève. »

Voici la copie de la lettre que la digne Mère de Chantal écrivit à Monseigneur de Fenouillet.

« Monseigneur, j'ai confiance que votre Débonnaireté
» n'aura pas désagréable, que nous lui offrions les très hum-
» bles obéissances de toutes les Filles de cette Maison, avec
» celles de ces chères âmes qui sont si heureuses d'avoir été
» choisies pour aller vivre à l'abri de votre protection pa-
» ternelle, et rendre à la divine Majesté un service si digne.
» Les voilà qui s'en vont, avec une très humble générosité,
» se rendre entre vos bénites mains, Monseigneur, afin que
» par elles vous accomplissiez les desseins que la souveraine
» Providence a inspirés à votre Piété pour l'accroissement de
» sa gloire. J'espère que vous leur trouverez toutes sortes de
» dispositions pour cela, et que leur sincérité et candeur à
» vous rendre leurs très humbles obéissances, les logera
» bien avant dans votre cœur paternel; c'est le bonheur que
» je leur souhaite, mon Très Honoré Seigneur, et qu'en
» glorifiant Dieu par leur exacte observance, et la bonne
» odeur de leur sainte conversation, vous en receviez une
» parfaite satisfaction et consolation. Je prie Dieu leur en
» faire la grâce. La supérieure est une très digne religieuse,
» qui a l'honneur d'appartenir de très près à notre Saint
» Fondateur. Elle a eu le bonheur, ainsi que son assistante,
» de recevoir le voile sacré de ses bénites mains, et plusieurs
» saintes instructions. Ce Bienheureux les chérissait avec une
» dilection particulière. Je pense, Monseigneur, que pour le
» grand amour que vous portiez à ce grand Saint, vous se-

» rez bien aise de savoir ces particularités qui vous les ren-
» dront plus chères et plus agréables. Je prie Dieu de faire
» abonder en vous les plus riches trésors de ses grâces, et
» sur tout le peuple qu'il a commis à vos soins, vous con-
» server longuement en santé pour son bonheur et celui de
» ces nouvelles plantes que vous allez placer au jardin de
» votre Eglise.

» Monseigneur, baisant en tout respect vos mains sacrées,
» et prosternée en esprit à vos pieds, je demande en toute
» humilité votre sainte bénédiction, et la grâce que vous me
» teniez, pour ce que je suis, et serai à jamais de tout mon
» cœur dans une affection pleine d'honneur, Monseigneur,
» votre très humble, très obéissante et obligée fille et ser-
» vante en Notre-Seigneur.

» Sœur Jeanne Françoise Frémiot de la Visitation Sainte-Marie. D. S. B. Ce 19 mai 1631 (1). »

« Ce jour-là même, les Sœurs désignées pour la fondation sortirent d'Annecy. Elles s'arrêtèrent trois jours à Grenoble chez les religieuses de leur Ordre, pour faire préparer la barque qui les devait porter à Avignon. Étant entre Valence et Pont-Saint-Esprit, il s'éleva un vent si furieux sur le Rhône, que leur bateau en fut rompu, mais par la grâce de Dieu et les intercessions de la Sainte Vierge qu'elles implorèrent avec ardeur, elles n'eurent point d'autre mal en leurs personnes que la peur.

» Étant arrivées à Avignon, le diable se servit d'une femme de mauvaise vie pour les empêcher d'entrer dans la ville; elle se glissa dans le bateau, et n'y voyant que des religieuses, elle se licencia à leur dire des paroles libres, qui les obligèrent à la faire retirer; elle fut si outrée que, pour s'en venger, elle alla dans la ville criant partout qu'il venait d'arriver un bateau de religieuses qui avaient la peste. Cela fit ouvrir les oreilles à chacun, et l'on fit de grandes oppositions à les laisser débarquer. Il était plus de neuf heures du soir, qu'elles étaient encore sur le bord du Rhône à souffrir un très mauvais vent, pendant qu'on ne faisait qu'aller et venir pour faire savoir aux Messieurs de la ville la vérité. On venait les visiter et examiner d'où elles venaient; quoi-

(1) Lettres de sainte Chantal, tom. III, p. 602. — Paris, Plon, 1878.

qu'elles fussent en parfaite santé, à peine le pouvait-on croire, ni leur permettre d'entrer dans les carrosses que les religieuses de leur Ordre leur avaient envoyés avec Monsieur Gautry, leur confesseur. Celui-ci étant homme d'esprit, fit si bien, qu'enfin après les avoir voulu voir toutes à visage découvert, on permit l'entrée de la ville aux religieuses seulement, exceptant ceux qui étaient à leur conduite.

» Dès le lendemain de leur arrivée à Avignon, elles envoyèrent un exprès à Monseigneur l'Evêque de Montpellier pour l'avertir de leur venue. Il fut un peu surpris, parce qu'elles étaient parties d'Annecy avant d'avoir eu sa réponse, la divine Providence l'ayant ainsi permis, afin que cette œuvre dont sa Sagesse avait marqué l'heure ne reçut aucun retardement; ce qui serait infailliblement arrivé, si on l'eût attendue, car il représentait que la peste avait été extrême à Montpellier, qu'il fallait un peu différer crainte de quelque retour, et pour donner loisir de chercher une maison et de l'accommoder à leur usage; mais ayant appris par cet exprès qu'elles étaient à Avignon, il fit réponse à Monsieur Gautry, qu'il avait très agréable leur venue, mais qu'il les priait de rester quelques jours dans leur maison d'Avignon ou d'Arles, pour donner le temps de leur trouver une maison. Quoiqu'on travaillât dès lors incessamment, on eut toutes les peines du monde à en trouver une de louage; ceux qui donnaient parole, la rétractaient dès qu'ils savaient que c'était pour y loger des religieuses. Enfin, après beaucoup de difficultés, on en trouva une appartenant au sieur Bosanquet. Monseigneur l'Evêque leur écrivit qu'elles pouvaient venir, leur marquant le lieu où elles devraient aller coucher, qui fut à la ville d'Aigues-Mortes où sa Grandeur avait envoyé deux ecclésiastiques de sa part, qui les attendaient au port, pour les conduire à la maison qu'il leur avait fait préparer, et le lendemain, par son ordre, une barque fut prête pour les conduire à Pérols, qui n'est qu'à une lieue de Montpellier. Là elles trouvèrent Monsieur Gras, vicaire général de Monseigneur l'Evêque, Monsieur de Valat, son neveu et deux des principales dames de la ville. Après les avoir fait rafraîchir, on les mit dans leurs carrosses, et on les mena à leur maison. Elles y furent reçues par Monseigneur le Révérendissime Evêque du lieu, qui les y attendait avec des accueils dignes de sa grande piété. Elles se mirent à genoux et lui présentèrent leur obéissance, la lettre de Monseigneur l'Evêque de Genève, et celle de la Mère de Chantal. Il les releva, et leur fit un discours plein de tendresse avec son éloquence ordinaire; après, elles chantèrent le *Laudate* dans la salle, n'ayant point trouvé d'église préparée. Elles veillèrent une partie de la nuit pour dresser un autel dans cette même salle, qui leur servit toujours depuis d'église: Monseigneur leur ayant fait apporter tout ce qui était nécessaire, leur permit d'y faire dire la sainte Messe dès le lendemain de leur arrivée; c'était le Dimanche de la Sainte Trinité et le 15 juin. Elles souhaitaient beaucoup que ce fût le jour de leur établissement comme il est celui de leur Ordre; mais les affaires de Monseigneur l'Evêque ne le lui permirent pas, et il crut nécessaire de retarder de les mettre en clôture, pour donner satisfaction aux dames de la ville de s'édifier de leur sainte conversation .Dès ce jour-là, il y eut une si grande foule de monde à leur maison, que le maréchal de Montmorency, gouverneur du Languedoc, fut obligé de mettre des gendarmes aux portes, lesquelles se trouvèrent abattues le soir tant la presse était grande. Messieurs les Consuls, en robe rouge, les vinrent haranguer, et après, Messieurs du vénérable Chapitre de la Cathédrale de Saint-Pierre, qui joignirent aux paroles le présent d'un ciboire et d'un ostensoir d'argent; Messieurs du Clergé les suivirent, et après eux, Monsieur de Trinquère avec tout le Présidial; Monsieur le marquis de Castries avec Monsieur le Baron de Melay, capitaine au régiment de Normandie, en garnison à la citadelle, vinrent de leur part et de celle de toute la Noblesse leur faire la bienvenue. Tous les supérieurs des maisons religieuses vinrent faire offre de leurs services.

» Et ce qui est à remarquer, dit la Mère de Chaugy, c'est que tous ceux qui firent des harangues à nos chères sœurs, au sortir d'auprès d'elles allèrent à l'Evêché faire de grands remerciements à Monseigneur d'avoir procuré à leur pays une telle maison religieuse; ce qui combla le bon prélat d'une consolation indicible. Il ne se put même empêcher de dire à la supérieure: « J'ai fait établir des Pères Capucins et Jésuites, j'ai prêché deux carêmes entiers et fait plusieurs autres choses dont jamais le corps de ville n'avait dit grand merci, et, depuis votre arrivée, j'ai assez à faire d'écouter toutes les actions de grâces qui me sont faites de vous avoir appelées.

» Sur les six heures du soir, Sa Grandeur vint faire une exhortation aux religieuses. Elles s'étaient placées derrière la porte, n'ayant encore pas de grilles; s'en étant aperçu, Monseigneur se leva de son siège, et les vint prendre par la main pour les faire asseoir près de lui. Le sujet de son exhortation fut de leur faire la bienvenue de sa part et de celle de tout son peuple; il donna de grandes louanges à notre Saint Fondateur, Saint François de Sales; il loua beaucoup l'ordonnance qu'il leur a faite, de porter des crucifix sur leur poitrine dans leurs voyages, disant: « que lorsqu'il les avait vues arriver avec cette enseigne, il s'était tout réjoui dans la pensée qu'elles venaient avec cette arme lui aider à combattre les diables, et à faire sa charge »; il leur témoigna une très grande satisfaction de la joie universelle qu'il voyait répandue dans toute la ville par leur arrivée. Cette joie parut en effet si grande, qu'il n'y avait personne qui n'en bénit Dieu, même jusqu'aux huguenots, dont quasi la moitié de la ville était composée: disant qu'une semblable Retraite manquait à leur Religion.

» On eut bien de la peine à faire comprendre aux ouvriers la façon de faire des grilles et des tours, n'en ayant jamais vus; cependant on y fit travailler avec diligence.

» Le 19 juin, qui se rencontra être la Fête du Corps de Notre-Seigneur Jésus-Christ, fut choisi pour être celui de l'établissement (1). Toute la nuit qui le précéda, les violons, les hautbois et la musique ne cessèrent point de jouer et chanter. Le lendemain Monseigneur l'Illustrissime Evêque, accompagné de Messieurs de sa Cathédrale et de sa musique, officia pontificalement. Après la messe les religieuses chantèrent le *Te Deum* avant lequel Sa Grandeur exposa le Saint-Sacrement. Il remit la prédication au soir, parce qu'il devait aller porter le Très Saint-Sacrement à la procession générale, qui se fait ce jour-là. L'autel des religieuses n'était orné que de toile plissée avec de petites bandes découpées sur du taffetas incarnat, invention qui attira la curiosité de toute la ville.

» Le soir il s'assembla un si grand nombre de personnes dans leur maison pour voir cette cérémonie que les religieuses furent obligées, après le sermon et la bénédiction du Saint-

(1) Le monastère de Montpellier est le 43ème de l'Ordre selon la date des fondations.

Sacrement, de s'aller promptement enfermer dans une chambre. Les dames et les demoiselles pleuraient tendrement, sachant qu'elles étaient désormais cloîtrées, et qu'on ne les verrait plus qu'à travers les grilles. On fut plus de trois mois à ne parler que d'elles dans la ville: on était surpris de les voir derrière leurs grilles contentes, joyeuses et affables. Il n'y avait pas jusqu'aux paysans et paysannes qui ne demandassent à visiter le monastère; ils se mettaient à genoux en arrivant, faisaient des révérences jusqu'à terre, baisaient les grilles, regardaient tourner le tour avec étonnement et refusaient de se retirer sans avoir aperçu « quelques uns des anges de la sainte maison .» Ainsi nommaient-ils les religieuses.

» Dieu voulut donner une bénédiction particulière à cette nouvelle plante, dès le même jour qu'elle fut mise dans le terroir de Montpellier, par la conversion d'une jeune demoiselle des plus belles et des plus accomplies de la ville. Elle fut sollicitée par une sienne parente catholique et fort amie des religieuses, de les venir voir, espérant que cette connaissance lui attirerait quelques bonnes inspirations. Ce fut justement l'heure que le prêtre donnait la bénédiction du Très Saint-Sacrement, le propre jour de l'établissement, que Mademoiselle Marguerite de Ranchin entra dans la petite chapelle des religieuses, et que, par la vue de la Sainte Hostie, elle fut saisie d'un tremblement par toute sa personne, qui la fit d'abord jeter à genoux, et pénétrée d'un sentiment de respect et d'adoration, elle forma le dessein de se faire catholique. Elle resta quelques jours dans le monastère pour s'instruire et se fortifier dans son dessein; puis elle abjura l'hérésie, et fit sa première communion dans la chapelle de la Visitation, et fut aussitôt après mariée avec Monsieur de Vanel, fermier général, qui s'en retournant à Paris, voulut bien lui donner le plaisir de prendre avec elle toute sa famille, que cette vertueuse dame eut la grâce de convertir à notre sainte Religion. L'aîné de Messieurs ses frères a été secrétaire du Conseil, six de ses filles sont religieuses à Paris; le cadet prit l'habit de Saint François de l'Observance, et sert encore aujourd'hui utilement son saint Ordre, et son unique sœur ayant été mariée à un huguenot, conseiller à la ville de Castres, le convertit à notre sainte Religion, dans laquelle il a vécu quelques années, et y est mort; comme fit aussi leur bonne mère. Cette bonne dame, en mémoire de la grâce qu'elle avait reçue dans l'église des religieuses, et comme elle l'a cru recevoir de Jésus-Christ, par leurs prières, leur en a témoigné toute sa vie une grande reconnaissance. Elle a fondé à perpétuité une messe dans leur église pour le jour et l'octave du Très Saint-Sacrement, et ne pouvant venir finir sa vie chez elles comme elle l'aurait souhaité, elle leur a donné de quoi recevoir une fille à perpétuité à l'honneur de la Sainte Vierge, et a fini saintement sa vie dans un monastère de leur Ordre, dans la ville de Paris, à Chaillot, en qualité de bienfaitrice.

» Dès leur arrivée, les Religieuses reconnurent Monseigneur Pierre de Fenouillet pour leur vrai Père et Fondateur. Son affection était si grande à leur départir ses faveurs, qu'incessamment on les pressait de demander; et bien qu'elles acceptassent volontiers ce qui leur était nécessaire, le refus qu'elles faisaient de plusieurs autres choses, faisait que cette ardeur de leur donner allait toujours croissant. Il paya le louage de leur maison pendant les cinq années qu'elles y demeurèrent. Il fit faire à ses frais toutes les réparations nécessaires pour la mettre à leur usage. Il leur donna libéralement tous les meubles jusqu'aux cloches et aux grilles de fer; Il les nourrit pendant les premiers quinze jours de leur arrivée, leur donna une bonne somme d'argent, et l'espace de vingt et un ans qu'il vécut depuis leur établissement, on a trouvé écrit dans leurs livres de compte, qu'il leur a donné plus de mille six cents setiers de blé, trente cinq muids de vin, 42 minots de sel, de l'huile, du lard, du bois et autres denrées, n'ayant jamais cessé de leur faire et procurer du bien. La supérieure voulant une fois entre autres l'en remercier, il lui répondit: « Je reçois de Dieu par vos prières plus que je ne vous donne, et je n'ai jamais eu tant de biens que depuis que vous êtes ici. »

» Monseigneur de Fenouillet ne voulut point, par aucun acte public, prendre le titre de Fondateur, se contentant que Dieu et ses filles fussent les témoins de ses libéralités. Son affection ne se bornait pas à leur faire du bien temporel seulement, il leur en faisait aussi pour le spirituel, honorant souvent leur chaire de ses doctes et excellentes prédications. Il leur faisait lui-même la Visite, les confessait quelquefois, disait la sainte messe ordinairement dans leur chapelle, recevait leurs élections, et faisait souvent les cérémonies des filles que les religieuses recevaient. »

Voici la copie de la Permission qu'il leur donna pour leur établissement. « Nous, Pierre de Fenouillet, par la grâce de » Dieu et du Saint-Siège Apostolique, Evêque de Montpel- » lier, Conseiller du Roi en ses Conseils d'Etat et privés, son » Prédicateur ordinaire, Comte des Comtats de Melgueil et » de Monferrand, Marquis de la Marquerose, à tous ceux qui » ces présentes Lettres verront, salut. Ayant été directement » informé de la sainteté de vie, honnêteté de mœurs, piété » au service de Dieu, zèle et observance des institutions » régulières des dévotes religieuses de Sainte-Marie de la » Visitation, et espérant que si elles sont reçues en notre » diocèse, et en cette ville de Montpellier, elles feront plu- » sieurs actions et œuvres de piété qui seront à la plus grande » gloire de Dieu, et qui répandront avec édification sur tout le » peuple commis à notre charge une très bonne odeur, comme » elles font par toutes les villes de ce Royaume, et en tous » autres lieux, où les religieuses de leur Ordre sont établies; » Nous, désirant que le culte divin s'augmente de jour à autre, » et que la dévotion prenne accroissement; permettons et » concédons par ces présentes, aux dites religieuses le pou- » voir et faculté d'ériger et édifier un monastère de leur » Ordre, en cette ville de Montpellier, capitale de notre dio- » cèse, sous l'honneur et invocation de la Bienheureuse Vierge » Marie de la Visitation, avec un oratoire dans lequel on » pourra tenir le Saint-Sacrement de l'Autel, et offrir à Dieu » le saint Sacrifice de la messe, administrer le sacrement » de la Pénitence et de la Ste Eucharistie, annoncer la parole » de Dieu, ou par prédications, ou par exhortations, chanter » les offices divins, et y mener une vie religieuse selon leur » Institut, leur règle, leurs constitutions et coutumes, éta- » blies au monastère d'Annecy par le Bienheureux François » de Sales, Evêque de Genève, de sainte et glorieuse mé- » moire, à condition toutefois que pour la dite maison il ne » sera fait aucune quête d'aumône; aussi qu'elle puisse pos- » séder autant de rentes annuelles qu'il sera nécessaire pour » l'entretien des dites religieuses, et pour faire dûment le » service divin; et que les religieuses qui vivront en icelui, » pour le présent et l'avenir conformément à leurs règles et » constitutions, soient entièrement soumises sous notre charge, » visite, correction, gouvernement, et entière obéissance et » juridiction aux choses spirituelles qui dépendent de Nous

» et de nos successeurs, les Evêques de Montpellier, en foi » de quoi, Nous avons signé la présente, et y avons fait ap- » poser notre sceau. A Montpellier ce neuvième de Septem- » bre 1632.

» PIERRE, *Evêque de Montpellier.* »

« Le monastère était à peine fondé qu'il se présenta plusieurs filles pour y être reçues; mais Monseigneur et les Révérends Pères Jésuites conseillèrent à nos Sœurs de bien connaître les esprits du lieu, et d'éprouver les vocations avant d'en accueillir aucune, ce qu'elles observèrent si exactement, qu'elles furent un an sans en admettre. Enfin, le 9 septembre, la fille du juge criminel, ne pouvant plus différer l'exécution de son ardent désir, se jeta au monastère environ les six ou sept heures du soir. Sa mère le sachant, arriva au couvent avec dix ou douze de ses proches, qui ne laissèrent rien à dire pour persuader à cette jeune demoiselle de sortir: mais elle leur fit des réponses si sensées, si judicieuses, qu'ils en vinrent aux injures, désespérant de la gagner par la douceur. Sa mère lui donna sa malédiction, et protesta qu'elle la renonçait pour jamais. Elle faisait de tels cris, que nos Sœurs admiraient la force de la jeune fille, qui ne s'étonnait point d'entendre dire qu'on enfoncerait les portes pour la retirer bon gré mal gré. Monseigneur, averti de ces menaces, se rendit au monastère, quoiqu'il fût déjà dix heures, et dit quelques paroles à la postulante afin de la porter à obéir à sa mère; mais avec une grande ferveur elle se jeta à genoux, et lui dit: « Mon Sei- » gneur et mon Pasteur, je suis au bercail de Notre-Seigneur, » ne me contraignez pas d'en sortir pour m'égarer par le » monde, plutôt soyez-moi vrai Père. » Ce qui le toucha vivement et lui fit dire: « Ma fille je connais que le Saint-Esprit » parle par votre bouche. » Il se mit ensuite à apaiser la mère au mieux qu'il put, faisant retirer tout le monde et assurant que, dès que la fille voudrait sortir, nos Sœurs lui ouvriraient incontinent la porte. Cette dame, qui aimait son enfant pour elle-même, fut six semaines sans la voir et sans tenir aucun compte d'elle; mais enfin, comme toutes les choses de ce monde passent, et que le temps va toujours affaiblissant nos douleurs, au moins pour l'ordinaire, elle s'apaisa quand cette chère fille prit notre saint habit. Il se fit alors la plus célèbre assemblée qui de longtemps eût été vue à Montpellier. Dès le soir, il fallut mettre aux portes le suisse de Monseigneur le duc de Montmorency. Ce digne seigneur et son épouse, (depuis notre Sœur Marie-Henriette des Ursins) assistèrent à la cérémonie avec une si grande suite de personnes de qualité et tant de musique, qu'il n'y eut point de place pour le menu peuple.

» Petit à petit, nos Sœurs reçurent encore six filles, toutes de bon lieu, dont l'une était la nièce de M. le maréchal de Toiras. Elle entra aussi par une petite, mais agréable surprise de curiosité, où Notre-Seigneur la prit tout de bon, et, étant au monastère, elle se trouva si fortifiée qu'elle vainquit les résistances de Madame sa mère. Ce fut une grande providence de Dieu sur son âme; car possible n'eût-elle jamais possédé le bonheur de la vocation religieuse, et eût-elle eu d'extrêmes déplaisirs dans le monde, vu les tristes choses survenues en sa maison à propos de la révolte du Languedoc. »

Ainsi l'arbre de la Visitation jetait en cette terre de profondes racines. Déjà il se couvrait de fleurs, et ces fleurs annonçaient les plus doux fruits.

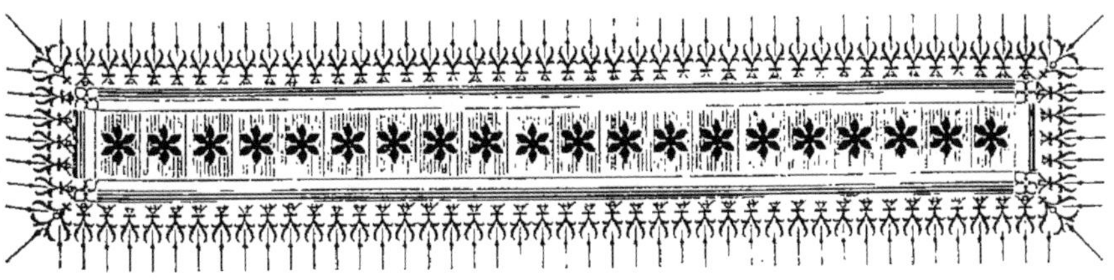

# CHAPITRE II

## De la construction du monastère et de la chapelle.

Achats de maisons. — Les Protecteurs : Louis XIII, la duchesse de Schomberg, la statue miraculeuse, Mgr de Fenouillet. — Union des monastères de Sainte-Claire et Sainte-Catherine. — Afflictions et épreuves. — Entrée des religieuses dans le nouveau monastère. — Visite de sainte Jeanne de Chantal — Mort des Sœurs Françoise-Madeleine Guibal et Jacqueline Grassis — Nombreuses réceptions. — Changement de la Mère de Marigny. — Construction de la chapelle. — Mort de Mgr de Fenouillet.

1632 — 1652

Dès la deuxième année de leur établissement à Montpellier, Monseigneur de Fenouillet voulut que les religieuses achetassent un terrain pour bâtir leur monastère.

Le 21 janvier 1632, Messire Pierre de Crouzet, conseiller du roi et trésorier général de France à Montpellier, achetait, au nom de la Mère Louise-Dorothée de Marigny, supérieure, et au prix de 1300 livres, une maison avec jardin située au Légassieu. Cette maison appartenait aux demoiselles Jeanne, Marie et Charlotte de Manifacier ; leur père, Marcellin de Manifacier, était, de son vivant, conseiller du roi et visiteur des gabelles du Languedoc.

Le 8 juin de la même année, les religieuses se procurèrent encore, au prix de 2500 livres, une maison avec jardin attenant à la précédente et appartenant à Guillaume Patris, conseiller du roi. A la même date, deux autres maisons et un jardin sont achetés pour la somme de 1000 livres au sieur Pierre Emmanuel, marchand de Montpellier.

Ces diverses maisons et jardins étaient situés au sixain Sainte-Croix et bordaient la rue allant du Légassieu à la Blanquerie et celle dite des Douze Pans de la muraille, allant de la porte de la Blanquerie à la porte des Carmes. Elles furent toutes démolies pour la construction du monastère, mais la ville ayant obligé les religieuses à maintenir la rue qui allait du Légassieu à la Blanquerie, on construisit un arc sur cette ruelle pour faire communiquer le monastère avec une partie des jardins.

Le 28 septembre 1632, au moment de la répression de la révolte de Gaston d'Orléans, le roi Louis XIII étant à Montpellier, et « voulant favoriser autant qu'il lui est possible les religeuses de la Visitation Sainte-Marie et pourvoir à ce qu'elles ne soient à l'avenir troublées en la jouissance des choses par elles acquises, et pour participer aux prières qu'elles feront dans leur monastère, » leur en confirme par un brevet la pleine possession et leur fait gracieusement remise des droits qu'elles devraient à l'Etat pour l'achat de ces maisons (1).

Six plans furent présentés par l'architecte pour le nouveau bâtiment. Mais sur l'avis de la Mère de Chantal, les religieuses se conformèrent au plan général des monastères de la Visitation.

Une tradition rapporte que le monastère fut construit avec les matériaux que Mgr de Fenouillet avait assemblés pour la construction de la cathédrale, place actuelle de la Canourgue, sur le terrain de l'ancienne église Sainte-Croix. Le Cardinal Richelieu se trouvant à Montpellier en 1629 et craignant que cette cathédrale ne devînt une forteresse, en fit suspendre les travaux.

« Le premier travail de construction que l'on fit se rencontra le jour de la fête de St. Joseph (2), ce qui obligea les religieuses à le prendre pour spécial Protecteur de cette entreprise, avec la Très Sainte Vierge son épouse, et leur Bienheureux Père. L'on proposa de lui dédier l'église lorsqu'elle serait bâtie, et elles assurèrent qu'elles en ont ressenti de très particulières assistances, dont l'une des plus considé-

(1) Pièces justificatives. I

(2) Fondation inédite de Montpellier, p. 347.

rables fut l'arrivée en cette ville de Madame la Duchesse de Schomberg. Monsieur le Maréchal de Schomberg son mari, ayant été fait Gouverneur du Languedoc, cette dame qui était d'une vertu rare, d'un esprit éminent et d'une piété solide et exemplaire, prit en grande affection le nouveau monastère qu'elle visitait fort souvent, et y répandait ses libéralités; surtout elle se plaisait à orner l'autel, et donnait tous les ans aux religieuses une somme d'argent, qui avec les bienfaits de Monseigneur l'Evêque, les faisait subsister. Tout l'argent que l'on recevait à la profession des filles était employé au bâtiment. Ce fut à la sollicitation de Madame de Schomberg et de Mgr de Fenouillet que les États de la Province leur donnèrent en l'année 1633 quatre cents écus, et quelques personnes quatre mille livres. Ce fut environ ce temps-là, qu'elles marquèrent dans leur Livre, que deux religeuses ayant une petite statue de Notre-Dame, la cachèrent dans un trou de la muraille de leur galetas, à dessein d'y aller faire secrètement leurs dévotions; y étant retournées le lendemain, elles furent surprises de la trouver sur le bord du trou; elles l'enfoncèrent encore davantage que le jour précédent, mais inutilement; elles la trouvèrent deux ou trois fois toujours sortie; elles en avertirent la supérieure, qui après s'être bien informée si quelques religieuses ne l'avaient pas fait, ayant vérifié qu'aucune n'y avait été, elle crut que la Sainte Vierge avait voulu marquer par là, que comme Mère commune, elle voulait être honorée par toutes ses filles; ce qui l'obligea à la faire mettre plus décemment dans la chambre des Assemblées, et dès lors on y eut un particulier recours dans tous les besoins, surtout pour ceux du bâtiment. Dès que l'argent manquait, on allait à cette puissante Médiatrice, et toujours il en venait. L'on a toujours depuis continué à honorer cette petite statue de Notre-Dame à laquelle on a fait une niche d'argent, et elle est aujourd'hui honorée sous le titre du Cœur virginal de la Sainte Vierge; on en fait la fête le jour de la Conception-Immaculée ».

En l'année 1632, Monseigneur de Fenouillet étant allé à la Cour, le roi lui fit offre de quelques récompenses pour les services signalés qu'il avait rendus à l'État. Ce grand prélat les refusa, se contentant de l'octroi de l'union des deux prieurés de Sainte-Claire et de Sainte-Catherine au nouveau monastère de la Visitation

Le prieuré de Sainte-Claire portait également le nom de Notre-Dame de Paradis et de Saint-Damien; on ne sait d'où lui vient le titre de Notre-Dame de Paradis. Celui de Saint-Damien lui fut donné à cause du premier monastère d'Assise. Quand sainte Claire fut canonisée, il prit le nom de cette sainte.

Ce prieuré, fondé au XIIIe siècle par l'abbé de Saint-Hibens, était situé hors des murs de la ville, à l'extrémité du faubourg de la Saunerie, vis-à-vis le cimetière de Saint-Barthélemy, près du Grand Saint-Jean, ancienne demeure des Chevaliers de ce nom (1). Les religieuses clarisses, que nos archives désignent encore sous le nom de *Minorettes*, étaient très estimées en cour de Rome. Leur bullaire est considérable. Innocent IV prend leur monastère sous sa protection particulière. Jean XXII leur accorde des indulgences et des privilèges. Innocent VI défend de porter contre le monastère de Sainte-Claire aucune excommunication sans la permission du Saint-Siège, il défend même à ses nonces de le visiter. D'après une bulle du Pape Clément VII datée du 15 des Calendes d'août 1525, et les lettres de l'archevêque de Narbonne au prévôt de Maguelone pour la faire exécuter, les religieuses de Notre-Dame de Paradis avaient été fondées avec la règle de saint Benoît; en 1250 elle furent placées par le Pape Innocent IV sous la juridiction des Frères Mineurs et prirent leur règle; en 1525 elles obtiennent de reprendre la règle et l'habit de saint Benoît.

En 1527, sur la fin de l'épiscopat de Guillaume Pellicier Ier, les religieuses de Sainte-Claire, désirant se rapprocher de la ville, allèrent habiter au faubourg de la Saunerie le couvent que les religieux de l'Observance venaient de quitter pour prendre celui des Conventuels. Elles y demeurèrent et y firent le service divin jusqu'en 1562.

Les Calvinistes s'étant emparés de la ville, en 1562, le couvent de Sainte-Claire fut ruiné et les religieuses durent fuir, abandonnant leurs archives et leurs objets précieux pour sauver leur vie et leur virginité. Raymonde de Soubeyras, alors abbesse, adressa une requête au Roi, le suppliant de lui accorder une demeure pour se loger avec huit religieuses qui

(1) D'AIGREFEUILLE — *Histoire de la Ville de Montpellier*, 1739. tom. II, p. 303.

restaient. Par lettres patentes datées de l'an 1569, Charles IX ordonna que les religieuses de Sainte-Claire de Montpellier s'établiraient dans la maison de Jean Allard jusqu'à ce que leur couvent, démoli par les rebelles, fût reconstruit. Mais les troubles devaient continuer. Sur le conseil de leur dernière abbesse, Jacquette de Thérondel, les religieuses de Sainte-Claire se retirèrent au monastère de leur Ordre de la ville de Béziers, où elles finirent leurs jours. La paix étant revenue après le siège de 1622, toutes les anciennes communautés furent invitées à revenir à Montpellier. Aucune religieuse de Sainte-Claire ne s'étant présentée, Mgr de Fenouillet obtint de Louis XIII (1) et du Pape Urbain VIII (2) l'incorporation de ce monastère, ainsi que des biens qui en dépendaient, à celui de la Visitation. Ces biens étaient la métairie de Lansargues, l'église Saint-Nicolas et ses dépendances, le mas *de las Sorres.*

Les religieuses de Sainte-Catherine étaient aussi très anciennes à Montpellier (3). Leur monastère était situé dans le Faubourg du Pila Saint-Gély, près des murailles de la ville. Ce monastère porta le nom de monastère de Saint-Gilles jusqu'en l'année 1337. Il fut détruit dans une guerre. Les filles de Saint-Gilles restaient sans demeure quand un riche bourgeois, nommé Bérenger de Meyrueis, légua par son testament du 23 avril 1348 trois mille cinq cents livres pour être employées en bonnes œuvres et particulièrement à l'établissement d'un couvent de religieux ou de religieuses. Les exécuteurs testamentaires n'ayant pas accompli ces volontés, les Ouvriers de la commune clôture (4) s'adressèrent à Durand, évêque de Maguelone; ils décidèrent d'acheter plusieurs maisons attenantes à la chapelle de Sainte-Catherine, qui était située à l'endroit où se trouve la Centrale actuelle; ils construisirent là un monastère et en firent don aux religieuses de Saint-Gilles, pour lors errantes et réduites à la plus extrême pauvreté.

(1) Pièces justificatives. II. Brevet du Roi Louis XIII.

(2) Pièces justificatives. III. Bulle du Pape Urbain VIII.

(3) D'Aigrefeuille. *Histoire de la Ville de Montpellier*, tom. II, p. 308.

(4) On appelait ainsi sept magistrats annuellement élus dans tous les rangs de la société. Ils devaient veiller à la conservation de l'enceinte fortifiée de la ville, y faire exécuter les réparations nécessaires. Les Ouvriers de la commune clôture étaient souvent pris comme patrons des chapellenies ou exécuteurs testamentaires par les particuliers; c'est ce qui explique leur intervention.

Ce monastère, bâti près de l'église Sainte-Catherine, fut nommé non seulement de Notre-Dame de Saint-Gilles, mais encore de Sainte-Catherine, jusqu'en 1455, auquel temps le monastère de Notre-Dame d'Arboras, près Lunel, lui ayant été uni, il fut nommé monastère tantôt de Saint-Gilles, tantôt de Sainte-Catherine, tantôt de Notre-Dame d'Arboras (1).

Divers autres monastères étaient venus ou vinrent dans la suite s'incorporer à lui. Ce furent, en 1366, le prieuré de Notre-Dame de las Ribes, de l'Ordre de Saint-Augustin, à Fabrègues; en 1388 l'église rurale de Saint-Maurice; en 1484 le prieuré rural de Saint-Germain de Fournel, de l'Ordre de Saint-Augustin, ainsi que le prieuré de Saint-Bauzille de Montmel. Le monastère d'Arboras était le plus important de tous par les terres qui lui appartenaient à Lunel, à Lunel-Vieil, à Valergues, à Saint-Just, à Lansargues, ainsi que les pêcheries des étangs de Mauguio et d'Aigues-Mortes. Ces biens avaient été donnés par Raymond Gaucelin, seigneur de Lunel, à sa femme Guise qui, en 1214, avait fait construire le monastère d'Arboras et y avait pris l'habit religieux.

A l'époque des premiers troubles des guerres de religion, les religieuses de Sainte-Catherine, qui vivaient sous la règle de saint Augustin, furent dispersées comme les autres communautés de la ville. La Mère Marie d'Icard, la dernière abbesse, ayant été témoin de la démolition de son monastère par les protestants, voulut en relever les ruines. Le 5 janvier 1628 elle s'adressa au Prince de Condé pour en obtenir la permission. Quelques anciennes religieuses s'étant réunies, on reprit la vie commune. En 1632 elles adressèrent une requête à l'Évêque de Montpellier, qui se trouvait à Rome, chargé par le roi d'une ambassade, le priant de leur permettre d'appeler deux religieuses réformées du couvent de Valz en Velay, de l'Ordre de Saint-Augustin, pour venir établir la réforme de leur règle dans celui de Montpellier. « Les malheurs des siècles passés, disaient-elles, nous ayant privées de beaucoup de consolations spirituelles, et ne pouvant pas sans le secours de votre Grandeur relever les ruines que notre ennemi mortel a faites à notre Ordre, il nous serait grandement difficile de pratiquer nos constitutions sans avoir pour

(1) Voir la monographie du Monastère de Sainte-Catherine et de Saint-Gilles dans la *Paroisse de Saint-Denis*, par Mademoiselle Louise Guiraud.

quelque temps des religieuses réformées de notre Ordre pour nous instruire suivant la règle qu'elles professent, notre désir n'étant autre que pour la gloire de Dieu et l'édification du prochain ».

L'Évêque de Montpellier, répondant de Rome, approuve le dessein de réforme: « Mais parce que, dit-il, les choses bonnes demandent à être bien faites, c'est-à-dire avec la prudence requise, j'ai jugé à propos de différer l'exécution jusqu'à mon arrivée à Montpellier, c'est-à-dire dans deux ou trois mois » (1).

L'abbesse de Sainte-Catherine, Marie d'Icard, avait près de 70 ans et n'avait avec elle que quatre religieuses. Mgr de Fenouillet, revenu de Rome, s'étant rendu compte des difficultés de la réforme avec un si petit nombre de sujets, obtint leur incorporation à l'Ordre de la Visitation, lequel est aussi sous la règle de saint Augustin. Deux jeunes religieuses de Sainte-Catherine prirent l'habit de la Visitation, une autre finit sa vie dans ce monastère avec le sien, et la quatrième resta dans le monde avec une pension viagère.

Louis XIII accorda, sur la prière de la reine, un brevet d'union daté de Paris le 21 janvier 1637 (2). Il stipula toutefois que les religieuses de la Visitation ne pourraient jouir des biens du monastère de Sainte-Catherine qu'après la mort de l'abbesse Marie d'Icard. Cette religieuse étant décédée le 13 novembre 1638, le roi, par lettres patentes du 5 décembre de la même année, adressées au sénéchal de Montpellier, nomma un économe à la régie des revenus du prieuré de Sainte-Catherine, en attendant que les religieuses de la Visitation eussent obtenu les bulles nécessaires de Notre Saint-Père le Pape. Par une lettre du 4 janvier 1640, sa Majesté daigna demander elle-même ces bulles au Souverain-Pontife (3). Cette lettre fut remise à Sa Sainteté par le Cardinal Ventivoglio, chargé à Rome des affaires de France. Le 9 des Calendes de décembre 1640, le Pape Urbain VIII octroya la bulle demandée (4) et chargea Mgr de Fenouillet, évêque de Montpellier, de la faire paraître et exécuter dans son diocèse, ce qu'il fit par une ordonnance du 24 avril 1641 (5).

(1) *Archives de la Préfecture*. Visitation.
(2) Pièces justificatives IV.
(3) Pièces justificatives V.
(4) Pièces justificatives VI.
(5) Pièces justificatives VII.

« Environ deux ou trois ans après l'établissement définitif des religieuses (1), Dieu voulut affliger leur communauté naissante, dans laquelle il se trouva un Judas. Ce fut une pauvre villageoise, sœur domestique, qui avait été reçue par pure charité, et qui, aveuglée d'une tentation d'orgueil, voulant être sœur du chœur, prit un matin les clefs de la clôture dans la chambre de la supérieure, et s'enfuit sans que personne s'en aperçut. Ces fidèles disciples de Jésus-Christ faillirent en mourir de douleur quand elles en eurent connaissance; elles veillèrent plusieurs nuits devant le Très Saint-Sacrement, prenant d'heure en heure de rudes disciplines, pour que Dieu touchât cette créature, et la fit revenir, car elles l'auraient reçue à bras ouverts, si elle fut revenue dans quelques jours; mais depuis, ayant su qu'elle était sans contrition de son péché, et que même elle était tombée dans la faiblesse d'esprit, Monseigneur l'Évêque, la digne Mère de Chantal et les Révérends Pères Jésuites furent d'avis qu'on ne la reprît plus, et par un grand esprit de charité, on lui fit une déclaration qu'on ne s'opposerait pas qu'elle eût son absolution de Rome. Dieu, qui permit cette affliction, permit aussi que chacun déployât sa langue contre les Règles, les calomniant de toutes les manières, en faisant des contes ridicules; les petits esprits allaient tous les jours grossissant cette matière. Ce fut pour lors que la supérieure, la révérende Mère de Marigny, fille fort sage et spirituelle, écrivit les paroles suivantes dans le Livre du couvent. « Je fus » dit-elle, hors de la peine où j'étais au commencement » de l'établissement, parce que nous étions si fort applaudies, » et que nous ne souffrions rien. Je craignais que la bénédiction de Dieu ne fût pas assez avec nous, et que cette » œuvre ne fût pas à sa gloire; mais j'ai vu par expérience » que toutes choses ont leur temps, et que celui de la souffrance n'est pas le plus mauvais, puisqu'il sert extrêmement » à élever le cœur vers Dieu, et à nous faire mépriser l'estime » ou le mépris du monde. La patience est tout le remède » que nous nous sommes essayées d'apporter à ces diverses » secousses, dont il ne se passait guère de jours, ni un long » espace de temps, que nous n'ayons été attaquées, Monseigneur, notre digne Fondateur, étant pour lors à Paris. »

(1) Fondation inédite de Montpellier, p. 348.

Les vertus et la sainte ferveur qui régnaient dans les commencements de cette maison, se prouvent assez par l'éloge sincère que l'on fera des religieuses fondatrices, et de quelques autres qui y ont saintement vécu, et qui sont mortes avec une grande odeur de vertu.

« Cinq ans après leur établissement, elles étaient allées habiter leur nouveau bâtiment (1); ce fut le 25 juin de l'année 1636 (2). Monseigneur leur Évêque étant pour lors à Rome, Madame la Duchesse de Schomberg prit le soin de faire transporter tous leurs meubles quelques jours auparavant à la nouvelle maison. Le jour venu, Messieurs les chanoines de la Cathédrale, après l'office de Saint-Pierre, accompagnés de leur musique, vinrent prendre les religieuses dans leur maison de louage; Messieurs les Consuls s'y rendirent revêtus de leur robe rouge. Les quatre premiers portaient les bâtons du dais sous lequel était le Très Saint-Sacrement, que Monseigneur l'Evêque de Nîmes, Claude de Toiras, prévôt de l'Église Cathédrale, portait; les religieuses venaient ensuite deux à deux, le voile baissé et détaché de dessus les épaules, le crucifix sur leur poitrine, et un cierge blanc allumé en leur main, et une dame de chaque côté, Madame la Duchesse et Madame la première Présidente aux côtés de la supérieure; toutes les rues étaient tapissées, et le monde en foule accompagnait la procession, et paraissait fort touché de cette cérémonie.

» Lorsqu'elles furent arrivées à leur chapelle, Monsieur Gras, vicaire général, y célébra la sainte messe; toutes les Religieuses y communièrent, après quoi elles entrèrent dans leur clôture comme dans un paradis terrestre, y ayant chacune une cellule après laquelle elles avaient tant soupiré. Madame la Duchesse traita fort splendidement les dames qui l'avaient accompagnée et les religieuses au même réfectoire, et pour donner l'exemple, elle ne voulut point tenir son rang et se mit dans le milieu de la table où étaient les dames. L'on fit tout au long du dîner la lecture, et deux religieuses servirent comme à l'ordinaire. Le soir, on eut bien de la peine à faire sortir tout le monde que la dévotion ou la curiosité avait attiré dans le monastère. Madame la Duchesse y em-

(1) Fondation du monastère de Montpellier, p. 351

(2) Au moment du transfert, les religieuses étaient au nombre de 22 — *Mémoires inédits d'André Delor*, tom. I. p. 97

ployа toute son autorité; elle était restée toute la journée, et avait assisté aux offices divins que les religieuses chantèrent selon leur coutume. Il ne resta que la fille aînée du second Consul de la ville, que Dieu par sa miséricorde avait retirée de l'hérésie à l'âge de 17 ans, et appelée quelques années après à la vie religieuse. Elle a vécu, très vertueusement et fervemment, l'espace de onze ans dans le monastère, et y est décédée pleine de mérites, ayant donné de grands exemples de vertus sous le nom de Sœur Jeanne-Élisabeth de Séguin.

» L'exemple que les religieuses de la Visitation ont donné à Montpellier leur eut vite acquis l'estime générale de tout le monde. Monseigneur l'Illustrissime Évêque de Fenouillet, la première fois qu'il leur fit la visite, se tournant vers Monsieur Bravart, chanoine de l'église cathédrale, et leur père spirituel, qui l'accompagnait, lui dit: « M'avouerez-vous la vérité; » n'êtes-vous pas touché en votre âme de voir cet Ordre? » ce que lui ayant avoué ingénûment, il lui répondit: « Vous » n'êtes pas seul, je vous en assure, car je le suis ma bonne » part ».

» La très digne Mère de Chantal, revenant de Paris en l'année 1636, passa à Montpellier, et séjourna six jours dans leur maison; elle parla en particulier à toutes les religieuses, visita le nouveau bâtiment, et témoigna une entière satisfaction, disant trouver dans cette petite maison une entière conformité avec le premier monastère d'Annecy.

» Madame la Maréchale, Duchesse de Schomberg, assurait trouver toute sa consolation dans le monastère de Sainte-Marie de Montpellier, s'édifiant beaucoup de toutes les vertus qu'elle y voyait, et de la parfaite régularité qu'on y pratiquait, dont elle faisait par après l'éloge dans les compagnies; et prenait plaisir de mener souvent, quand elle entrait au monastère, des dames avec elle pour en être les témoins; ce qui n'interrompit jamais la retraite et la récollection des religieuses. Il n'y avait pas même jusqu'aux filles du petit habit, que les dames ne purent point obliger à rompre le silence, pour répondre à leurs demandes dans les lieux où on l'observe. Le bon exemple qu'elles donnèrent, surtout par leur exacte clôture, inspira le dessein à des religieuses de Sainte-Catherine, de l'Ordre de Saint-Dominique, de se réformer, à quoi jusqu'alors elles n'avaient pas voulu entendre, et l'on vint prendre à la Visitation de Montpellier la forme des tours et des grilles. »

« Le 19 juillet 1637, dit la Mère de Chaugy (1), décéda, en notre monastère de Montpellier, notre chère Sœur Françoise-Magdeleine Guibal. Elle fut des premières reçues au monastère depuis son établissement, et la première qui en sortit pour aller au ciel. Il y eut quelque chose de fort extraordinaire en la mort de cette chère sœur, comme il y avait eu d'extraordinaires vertus en sa vie. Elle paraissait fort vigoureuse, quoiqu'elle traînât une petite infirmité. Une fois, qu'on ne lui connaissait aucun mal particulier, elle fut fortement inspirée, et la supérieure aussi, qu'elle communiât pour viatique; on ne savait pourquoi, sinon qu'on ne pouvait résister à l'inspiration, tant elle avait de douceur et de force. Elle alla donc au chœur en présence de toute la Communauté, se confessa, fit la protestation de foi, demanda pardon aux sœurs, gagna les indulgences, reçut le saint Viatique et fit son action de grâces; après quoi, étant allée à l'infirmerie, elle se mit au lit, demandant très humblement les saintes huiles. Le confesseur, la voyant si vive, si forte et si gaie, refusait de les lui donner; mais enfin cette saine malade fit tant d'instances que le confesseur dit que son bon ange était d'intelligence avec elle et parlait par sa bouche. Il lui donna l'extrême-onction, à la fin de quoi cette dévote fille, baissant humblement la tête, comme pour dire grand merci, s'endormit en Notre-Seigneur, et l'on dit plutôt: « *Bienheureux sont les morts qui meurent en Notre-Seigneur* » que le *Requiem*, tant Dieu donna d'assurance à tous les cœurs du bonheur de cette chère âme.

» Aussitôt que son décès fut su en la ville, quatre de Messieurs les chanoines députés vinrent de la part de Messieurs de la Cathédrale demander le corps de cette défunte, l'église et le sépulcre de nos sœurs n'étant pas encore bâtis. Le lendemain, le vénérable chapitre vint, avec grande musique et luminaire, lever ce béni corps pour lui donner la sépulture dans l'église épiscopale. »

Une perte plus douloureuse fut celle de la Sœur Marie-Jacqueline Grassis, une des religieuses venues d'Annecy. Elle

(1) Cette notice est tirée de l'*Année sainte*, recueil des Vies des religieuses de la Visitation selon la date de leur décès — Tom. VII. p. 478.

avait été reçue dans le premier monastère de cette ville par sainte Chantal. La simplicité et la parfaite obéissance dont elle donna dès lors des preuves, engagèrent l'Évêque de Genève à la joindre, deux ans après sa profession, aux sœurs destinées à la fondation de Montpellier.

« Ces années d'établissement et de bâtisse, est-il dit dans l'*Année sainte* (1), furent plus laborieuses pour cette religieuse, l'une des pierres fondamentales de la nouvelle maison, que pour aucune autre; mais, toujours fidèle à l'obéissance, qui était sa chère vertu, elle en avait tiré toute sa force. Parfois il lui arrivait d'avoir dix ou douze ordres à exécuter à la même heure, et toujours elle s'en acquittait avec autant de perfection que si elle n'en avait eu qu'un. Son adresse était si grande et si particulière que chacun recourait à elle, surtout sa supérieure. On la chargeait de dresser les nouvelles officières, de remplacer celles qui étaient malades, de tenir les comptes, de recevoir l'argent, de surveiller les constructions, de répondre aux ouvriers, et elle obéissait en trouvant moyen de satisfaire tout le monde. Jamais personne ne la quittait mécontent. C'était un esprit rond, généreux et loyal, une fille de peu de paroles, mais de prompts et bons effets. Elle suivait au plus près possible les intentions de ses supérieures, et se montrait toujours juste et équitable, toujours prête à supporter le prochain et à tout faire pour lui rendre service. Il n'y avait qu'à son égard qu'elle manquât de justice. On était obligé de la surveiller pour l'empêcher d'excéder ses forces, et d'assumer sur elle plus de travail qu'elle n'en pouvait supporter. Longtemps elle pétrit le pain, chauffa le four, bêcha le jardin, fit la lessive, etc.... et quand on eut des sœurs domestiques en quantité suffisante pour subvenir à ces pénibles travaux, ce fut encore elle qui leur apprit la meilleure manière de les exécuter.

» Elle acquit ensuite une grande expérience dans les emplois d'économe, de sacristine, de robière et d'infirmière, ce qui la rendit toute sa vie très attentive à ce que tout se fît dans la maison selon la Règle et les Petites Coutumes. Lorsqu'on y manquait, elle en avertissait en charité ou priait sa supérieure d'y prendre garde; mais c'était sans contrevenir le moins du monde à l'humilité religieuse. Cette vertu lui

(1) *Tom.* XI. page 514.

était en aussi grande recommandation que l'obéissance et la simplicité.

» Cet extérieur si bien réglé, si conforme à l'observance, provenait d'un vrai recueillement et d'une perpétuelle attention à la présence de Dieu. Cette bonne Sœur Marie-Jacqueline fut fidèle jusqu'à la mort à l'ancien défi général donné aux premières Mères par leur saint Fondateur, c'est-à-dire qu'elle n'omit jamais de faire six retours vers Dieu dans les temps non occupés aux méditations, offices, lectures, où l'attention doit être actuellement appliquée. Son attrait à l'oraison était un profond anéantissement devant la Majesté divine. Elle se servit de la méthode ordinaire pendant treize ans; les trois dernières années de sa vie seulement elle en changea, Notre-Seigneur lui ayant enseigné à prier d'une manière plus simple, et à s'abandonner toute à lui par une entière remise d'elle-même et un vif désir de tout faire et de tout souffrir par amour. Cette grâce la détacha de plus en plus des choses de la terre et accrut encore sa simplicité et sa naïve candeur. Quand elle parlait de son intérieur, c'était courtement, clairement et sans agencement de paroles; un quart d'heure lui suffisait pour se faire connaître, et donner une idée précise de ce qui se passait entre Dieu et son âme. Dans les occasions difficiles, elle avait coutume de s'écrier: « Vive Dieu! il faut vaincre! » ou bien: « Tout pour Dieu! » Aucune occupation ne l'empêchait de faire ses exercices ou de les reprendre soigneusement.

» Elle avait en la sainte Vierge une si filiale confiance qu'elle y recourait en toutes ses nécessités, grandes ou petites. Lui donnait-on à faire une chose dont elle n'eût pas l'habitude, elle appelait incontinent cette Mère d'amour à son aide, et, si le succès couronnait ses efforts, elle disait avec candeur: « Ce n'est pas moi que ai fait cela, mais la très sainte Vierge. » Une dévotion plus ardente encore la portait vers le Saint-Sacrement. Elle était heureuse quand on parait bien l'autel, et se montrait saintement libérale quand il s'agissait d'acheter quelque chose pour le trône du divin Roi. Étant économe, elle engageait les sœurs à travailler pour cette fin, et ses discours produisaient tant d'effet que tout le monde secondait ses désirs sans paraître surchargé. Il est vrai qu'elle était si attentive à pourvoir aux besoins de toutes que chacune se plaisait à la satisfaire. Bref, elle était si bonne et si utile qu'on croyait ne jamais pouvoir se passer d'elle. Exacte sans scrupule ni pointillerie, obéissante sans réplique, officieuse sans complaisance humaine, charitable envers toutes, compatissante à l'égard des malades et des pauvres, toujours généreuse dans l'exercice de ses charges, elle était aimée et estimée du dedans et du dehors. Quand on changeait d'économe, les artisans et les ouvriers demandaient toujours d'avoir affaire à Sœur Marie-Jacqueline, personne ne les comprenant et ne les satisfaisant comme elle.

» On n'avait à la réprimander que de sa trop grande dureté sur elle-même. Nonobstant les souffrances d'une maladie de poitrine, qui la faisait beaucoup tousser au commencement des saisons, elle ne voulait accepter aucune particularité. Si sa supérieure la condamnait à en recevoir quelqu'une, elle venait, deux jours après, protester qu'elle était à même de suivre la communauté.

» Dans sa dernière retraite, Notre-Seigneur lui inspira plus d'affection que jamais pour l'accomplissement de la volonté divine. Elle résolut de se laisser conduire en tout par la Providence, de ne plus désirer que cela et d'embrasser de bon cœur toutes les souffrances qui lui seraient envoyées. Deux jours après, elle se trouva mal et vomit le sang à gros bouillons. On alla chercher la supérieure, et, dès qu'elle la vit. « Ma Mère, lui dit-elle, il faut mourir, mais ne soyez » point en peine de moi, je ne veux que la volonté de Dieu. »

» Le médecin ayant essayé de lui donner quelque espérance, elle lui répondit: « Monsieur, je n'appréhende pas la mort, les religieuses ne doivent pas la craindre; je vois bien que ce sang est le messager du départ. » Elle vécut cependant encore six semaines pour offrir à ses sœurs l'exemple de la douceur, de la soumission, de la patience et de l'abnégation dans la maladie comme dans la santé. « Ne faut-il pas être religieuse à l'infirmerie aussi bien qu'ailleurs? disait-elle. » Jamais elle ne se laissa dispenser de ses exercices spirituels. Son cœur était toujours élevé vers Dieu et soigneux de profiter des occasions de pratiquer la vertu.

» Sur la fin, ne pouvant plus se rappeler les points d'oraison qu'on lui donnait matin et soir, elle priait sa supérieure de les lui répéter ou de prier auprès d'elle et pour elle. Chaque soir, elle lui accusait les imperfections dont elle pensait s'être rendue coupable, puis elle ajoutait: « Je suis en paix, maintenant, si je ne peux pas me confesser, notre Mère le fera pour moi. » Elle reçut les sacrements avec une grande dévotion, et témoigna ensuite beaucoup de reconnaissance à Notre-Seigneur pour la grâce de sa vocation. Les sœurs étaient étonnées de l'entendre si bien parler de Dieu, car c'était une âme qui avait toujours beaucoup plus pensé à faire qu'à dire. « O mon Dieu, s'écriait-elle, que votre volonté » soit faite! O mon Dieu, vous êtes mon père, je me laisse » à votre Providence! Je suis une misérable, je le confesse » mais j'espère en vous. » Puis tournant son cœur amoureux vers la sainte Vierge: « O ma Mère, ma Mère, ma chère » Maîtresse, disait-elle, ayez pitié de moi; vous m'avez tou- » jours aidée, j'espère en vous. *Memorare, o piissima Virgo*, ou bien: *Ave, Maria, Maria Mater gratiæ.* » Elle invoquait aussi souvent son bon ange, saint Joseph et les saints Fondateurs, dont les images étaient toujours sous ses yeux. La plaignait-on parfois de ses souffrances. « Oh! disait-elle, » je voudrais souffrir encore davantage, pour plaire à mon » Dieu et accomplir sa sainte volonté. » La veille de sa mort, comme elle se croyait mieux, sa supérieure lui dit: « Ma » sœur, ce bien-être est l'annonce du ciel. — Est-il vrai, ma » Mère, répondit-elle, que je m'en vais? » et, joignant ses mains mourantes: « O la bonne nouvelle, ô la sainte nouvelle! » Je m'en vais voir mon Dieu, voir la sainte Vierge, saint » Joseph, mon bienheureux Père, ma vénérable Mère, mes » premières sœurs! Oh! quelle joie, quel bonheur! Ne croyez » pas, cependant, que je sente en moi aucun mérite; car, » hélas! je suis une misérable, mais j'espère tout de mon » Sauveur et de l'intercession de la sainte Vierge. » Toute la journée se passa dans ces élans d'amour. Le lendemain elle fit appeler la communauté, lui demanda pardon une seconde fois, suppliant ses sœurs d'oublier les manquements qu'elles lui avaient vu commettre, et leur promit de solliciter pour elles toutes la grâce d'une exacte observance et de l'esprit d'union. « Ah! mes sœurs, ajouta-t-elle, ne perdez » jamais de vue qu'il faut être courageuses à se vaincre, et » qu'on n'acquiert les vertus qu'en détruisant les vices. » Pensant ensuite que quelques-unes étaient peureuses, elle leur dit avec une aimable cordialité: « Je prierai Notre-Seigneur » pour vous; n'ayez pas peur de moi, ni de personne. » Un peu après, son âme se troubla et il fallut aller chercher le confesseur. Elle le remercia du regard en le voyant arriver, s'unit aux actes qu'il lui suggéra, et remit son âme entre les bras de son Sauveur crucifié, au moment où l'on chantait le *Magnificat* des premières vêpres de la Présentation. Ainsi fut accompli son désir de mourir en une fête de la très sainte Vierge. Elle était âgée de 36 ans. »

Le récit de telles vertus et de telles morts, se communiquant à travers la ville, attirait à Sainte-Marie les jeunes filles de haute famille, avides de dévouement et de sacrifices. En 1650, dix-neuf ans après la fondation, on trouvait déjà dans le monastère les plus beaux noms du Languedoc. C'étaient Sr Louise de Rozel, la première reçue (9 janvier 1632) — Les deux Sœurs Marie et Claude de Sartre (9 février 1632), filles de Messire Pierre de Sartre, conseiller du roi en la cour des Aides et Finances de Montpellier — Sr Gertrude-Augustine de Trinquère, fille de Messire André de Trinquère, conseiller du roi, juge mage, lieutenant général en la Sénéchaussée, commandant et juge présidial de Montpellier (12 octobre 1633)- Sr Claude-Françoise de Saint-Bonnet de Toiras, fille de Messire Jacques de Saint-Bonnet de Toiras, seigneur de Restin, clières, Monferrier et autres places (13 juillet 1639) — Sœur Marguerite de Roquefeuil — Sr Anne-Catherine de la Croix de Sueilles — les deux Sœurs Marie-Séraphine et Françoise-Angélique de Bachelier, filles de Gabriel de Bachelier, conseiller du roi et président à la cour des Aides de Montpellier — Sr Marie-Dorothée de Gallian — Sr Marie-Marguerite de Vallon — Sr Louise-Dorothée de Caudon — Sr Catherine-Elisabeth de Ratte — Sr Jeanne-Marguerite de Saint-Privat — Sr Jeanne-Louise d'Arpajon — Sr Françoise-Agathe de Plantade — Sr Louise-Angélique de Vallat — les deux Sœurs Anne-Françoise et Marie-Agnès de Grasset — Sœur Anne-Marie de Givor — Sr Marie-Joseph de Rouvière — Sr Marie-Catherine de Maussac — Sr Marie-Renée des Torches.

La Mère Louise-Dorothée de Marigny, parente de saint François de Sales et qui avait reçu le voile de ses mains, ayant terminé ses six ans de supériorat, céda en 1636 le gouvernement du monastère à la Mère Françoise-Emmanuelle de Nouvery, qui venait d'Annecy. Elle fut réélue supérieure trois ans après, puis, son double triennat expiré, le monastère du Puy la demanda comme supérieure. Monseigneur de Fenouillet lui remit avant son départ la lettre ci-jointe, qui prouve en quelle estime et quelle vénération il tenait cette première supérieure de la Visitation de Montpellier.

« Nous Pierre de Fenouillet, évêque de Montpellier, à notre très chère et très digne Mère Louise-Dorothée de Marigny, salut en N. S.

» Déférant en ce qui peut dépendre de nous à la demande de Monseigneur l'Evêque du Puy, en conséquence de l'élection faite de votre personne par les religieuses de la Visitation Sainte-Marie du monastère de la même ville pour être leur supérieure, laquelle nous approuvons; après vous avoir souhaité la paix et consolation du Saint-Esprit, nous rendons par cet écrit témoignage très véritable de la très grande satisfaction que nous avons reçue de vous, tant pour le regard de vos mœurs et vie particulière que de votre très sage et très vertueuse conduite en la charge de supérieure du monastère de cette ville l'espace de douze années, et de la grande édification de tous les Ordres et même de tout le diocèse avec le grand avancement en la piété par la bonne odeur de vos vertus, et à cet effet nous nommons pour votre compagne notre très chère fille Claude-Agnès de Sartre, déclarant toutefois que nous n'accordons l'une ni l'autre que pour trois ans, tant seulement au bout desquels, si Dieu nous conserve en vie, nous prétendons de vous rappeler et cependant nous prions Dieu qu'il vous bénisse et vous tienne sous sa sainte garde. »

à Montpellier le 28 Mai 1646.

La Mère de Marigny revint en effet quelques annees après à Montpellier; elle y fut réélue supérieure en 1652.

Désirant bâtir leur église et n'ayant pas de ressources suffisantes, les religieuses résolurent de vendre, avec la permission de Mgr de Fenouillet, le clos de Sainte-Catherine d'Arboras. Les Ursulines de Notre-Dame de la Présentation de Pézénas, qui voulaient venir fonder à Montpellier une maison de leur Ordre, en firent l'acquisition pour la somme de 8000 livres. Le contrat fut passé le 21 janvier 1641 au parloir de la Visitation, en présence de toutes les religieuses assemblées et de Madame Françoise de Cazalèdes du Saint-Sacrement, supérieure des Ursulines, et de sœur Marie Martin, son assistante.

Avec cette somme et d'autres qu'elles reçurent probablement de la charité, les filles de saint François de Sales achetèrent en 1642 diverses maisons et jardins situés rue de la Blanquerie et attenant à leur monastère. Ces maisons appartenaient à Dame Marguerite Deleuze, épouse de François Sans, maître tisserand, à Dame Fulcrande Delage, épouse de Valentin Pomeret, maître chirurgien, et au Sieur Pierre Seguin, bourgeois de Montpellier. L'achat total se monta à 18200 livres. Louis XIV écrivit le 1er juillet 1648 à la Municipalité de Montpellier, l'engageant à céder aux religieuses de la Visitation une ruelle voisine, inutile au public.

En l'année 1650, le 22 février, Monseigneur Pierre de Fenouillet posa la première pierre de la nouvelle église et la dédia au glorieux saint Joseph.

Voici l'inscription qui fut placée dans les fondements:

HIC LAPIS FVNDAMENTO ECCLESIÆ VISITATIONIS BEATÆ MARIÆ POSITVS EST, INNOCENT. X. SVM. PONT. LVDOV. XIV GAL. ET NAV. REG. DIE XXII. FEBR. MDCL.
PETRVS DE FENOVILLET, EPVS. MONSPELLIENS. SVPER HANC PETRAM ÆDIFICANS ECCLESIAM CHRISTO, DOMVM VIRGINIBVS ET SEPVLCRVM SIBI, CASTVM MARIÆ JOSEPH SPONSVM PATRONVM AD HOC MONASTERIVM PIÈ LEGIT. FABER DIVINE JOSEPH, PETRO IN CŒLIS FABRICA ÆTERNAM DOMVM QVI TIBI IN TERRIS FABRICAVIT TEMPLVM.

« Pierre de Fenouillet, évêque de Montpellier, bâtissant sur cette pierre une église au Christ, une maison aux vierges, un tombeau pour lui-même, a pieusement choisi comme patron de ce monastère, Joseph, le chaste époux de Marie. Divin charpentier, bâtissez dans les cieux une demeure éternelle à Pierre qui vous a bâti un temple sur la terre. »

L'église fut construite avec de la pierre de Saint-Jean de Védas, sur les plans de Jean Bonnassier, architecte et maître maçon. Les travaux de menuiserie furent exécutés par Jean Vigniolles.

Le clocher ne devait être bâti que plus tard, en 1675, sur les dessins d'Antoine Arman, architecte, et sous le gouvernement de la Mère Louise-Angélique de Vallat.

Monseigneur Philibert de Choiseul Duplessis, évêque de Comminges, consacra l'église de la Visitation en l'année 1656. Le siège était vacant par la mort de Mgr Pierre de Fenouillet. Ce prélat mourut à Paris le 23 novembre 1652. Son corps fut inhumé à Saint-Eustache, et son cœur, porté à Montpellier dans l'église de la Visitation, fut mis dans une fenêtre pratiquée dans la muraille de la chapelle de saint François de Sales, qu'il avait fait lui-même bâtir. Ainsi confirmait-il sa parole « qu'il n'avait du cœur que pour saint François de Sales ». Ses neveux firent graver quelques années plus tard l'inscription suivante:

HIC PETRI FENOLLIETI COR JACET
TENVES MAGNI PRÆSVLIS MONSPELLIENSIS RELIQVIÆ,
QVI PRO MERITIS LAVDANDO IMPAR STILVS OMNIS,
QVIA PAREM ELOQVENTIA VIX HABVIT.
ITA DISCIPLINIS OMNIBVS EXCELLVIT
VT SINGVLARIS VIDERETVR IN SINGVLIS.
PASTORALIVM VIRTVTVM NVMEROS IMPLEVIT.
AFFLICTIS SOLATIVM
PAVPERIBVS VICTVM
RELIGIOSIS FAMILIIS ANNONAM LARGITER SVPPEDITAVIT.
OMNIBVS DIVINI VERBI PABVLVM FACVNDVS DISPENSAVIT.
ŒCONOMVS
QVIN ET PRÆTER OPES PROFVSÈ SPARSAS, SEMETIPSVM
LVE CONTACTIS, BONVS PASTOR IMPENDIT.
REGIBVS NOSTRIS
PRÆSERTIM HENRICO IV. VNICÈ CARVS,
OMNIBVS DEMVM AMABILIS,
VNIS EXOSVS HÆRETICIS,
QVOS VERBI DOCTRINÆQVE GLADIO SCITÈ PERDOMVIT.
QVI TANTIS IN GREGEM SVVM
CŒLESTIS AMORIS FLAMMIS EXARSIT,
NIL MIRVM
SI COR IN CINERES DEFLVAT VERÈ BEATOS,
CVM DIVINI QVO SEMPER FLAGRAVIT
INCENDII SINT PARTVS.
R. I. P.
MŒSTI POSVERE NEPOTES, ANNO 1658.

Les religieuses de la Visitation regrettèrent vivement Monseigneur de Fenouillet. Elles s'étaient habituées à voir en ce parfait ami de saint François de Sales une image de leur pieux fondateur, elles le pleurèrent comme on pleure un bienfaiteur insigne, un père dévoué.

# CHAPITRE III

## Les premières religieuses.

La Mère Louise-Dorothée de Marigny. — Sœur Gasparde-Angélique Brunier. — La Mère Marie-Renée Faber. — Sœur Marie-Marguerite de Vallon. — Sœur Marie-Éléonore de Nouvelles. — Sœur Catherine-Élisabeth de Ratte. — La Mère Françoise-Emmanuel de Nouvery. — Sœur Françoise-Emmanuel de Torches. — Sœur Jeanne-Françoise d'Audessans. — Sœur Monique-Alexis Vaquière. — Sœur Marie-Augustine de Fabre. — Sœur Claude-Agnès de Sartre. — Sœur Marie-Anne-Alexis Mourier. — Sœur Françoise-Angélique de Bachelier.

LORSQU'ON parcourt les galeries de nos musées, on s'arrête volontiers devant les portraits dont l'expression nous frappe. On les contemple longuement si le guide nous révèle un nom connu dans l'histoire ou vivant dans notre souvenir.

Tous les grands personnages, les saints, les héros n'ont pas leurs traits dessinés sur la toile, gravés dans le marbre, coulés dans le bronze, ils ne sont point sur nos places publiques ni dans nos musées.

Autrefois, le voyageur passant près du Forum jetait un regard dans l'intérieur de la demeure des Vestales; il voyait se dresser entre les colonnes du péristyle les statues des vierges de Rome. Longtemps ensevelies, on les a retrouvées debout au milieu des ruines: elles en imposent encore par leur majesté.

Dans nos monastères il y a de douces et pures physionomies, d'incomparables figures, d'autant plus dignes de nos regards qu'elles se sont cachées davantage, ne voulant être vues que de Dieu seul. Les siècles n'effacent pas ces grandes et pieuses mémoires. Peut-être même grandissent-elles à mesure qu'elles s'éloignent: placées dans une lumière sereine, elles deviennent plus sympathiques et forcent l'admiration.

La Visitation de Montpellier a vu se dérouler un magnifique cortège de grandes âmes, pouvant devenir des modèles à tous ceux qui marchent dans les voies de la perfection. Elles suscitent notre étonnement; elles ne sont point toutefois tellement haut qu'elles ne nous engagent à suivre leurs traces. C'est la sainteté des filles de saint François de Sales, la fidélité à la grâce, la simplicité dans le devoir, la ferveur dans la prière, chemins battus, mais les seuls qui ne trompent pas et peuplés de saints.

Malheureusement la Révolution, en dispersant les archives du monastère, a fait disparaître un très grand nombre de ces notices biographiques que les Supérieures envoyaient tous les trois ans aux diverses communautés de l'Ordre. On rencontre des religieuses si avides de vie cachée, qu'elles demandent à Dieu de les tenir dans l'oubli, même après leur mort; Dieu exauce ces désirs, il laisse leur nom dans l'histoire sans laisser la description de leur vertus. Bien des traits édifiants nous sont dès lors voilés, des sacrifices héroïques demeurent inconnus, des actes sublimes ensevelis dans le secret. Il semble que les fondatrices du monastère de Montpellier aient voulu être les premières à suivre cet exemple de silence et d'humilité.

Nous n'avons trouvé que trois notices, et encore très brèves, celle de la Sœur Marie-Jacqueline Grassis, publiée au chapitre précédent, et celles de la Mère Louise-Dorothée de Marigny et de la Sœur Marie-Eléonore de Nouvelles.

Les trois autres fondatrices n'ont laissé que leur nom et un pieux souvenir, vivant encore aux monastères qu'elles ont habités.

La Sœur Gasparde-Angélique Brunier, de Moular en Savoie, avait reçu le voile des mains de saint François de Sales. Après avoir été envoyée aux fondations de Belley et de Chambéry, elle vint à Montpellier, où elle finit ses jours le 17 juillet 1660. Sainte Chantal avait dit de cette religieuse: « C'est une âme solidement vertueuse; elle va droitement à

Dieu et ne cherche que lui » (1). Ces paroles suffisent à sa louange.

La Sœur Marie-Renée Faber, de Chambéry, avait été reçue dans l'Ordre par sainte Chantal, et désignée par elle pour la fondation de Montpellier; elle fut Supérieure de 1646 à 1652. Désignée pour la fondation de Toulouse, elle y fut ensuite Supérieure durant six ans. Elle mourut à Montpellier le 12 juin 1662.

La Sœur Marie-Marguerite de Vallon, d'une noble et ancienne famille du Chablais, est morte à Montpellier le 18 novembre 1688. Sainte Chantal disait d'elle à ses débuts dans la vie religieuse « Je crois qu'elle sera bonne, sincère et humble » (2).

Nous devons au monastère d'Annecy la communication de l'unique exemplaire contenant la notice de la Mère de Marigny (3). Il y est dit:

« Notre très honorée Sœur Louise-Dorothée de Marigny naquit le 4 octobre 1605 d'une des anciennes maisons de noblesse de ce pays. Ses parents étaient personnes fort chrétiennes et charitables, qui avaient l'honneur d'entrer dans l'alliance de notre saint Fondateur. Leur digne fille reçut sa place céans et l'habit de la main de notre bienheureux Père en l'année 1621; elle était âgée de 15 ans. Il lui arriva, dans cette jeunesse, d'obéir un jour avec grande répugnance au commandement que sa maîtresse lui fit de balayer une galerie, étant toute décoiffée. S'en étant accusée à notre glorieux Père la première fois qu'il vint confesser, elle en reçut cette réponse judicieuse: « Pourquoi, ma fille, ne voulons-nous pas faire ce que les autres font, avons-nous moins de prétentions pour le ciel qu'elles? » Ces paroles si douces relevèrent le courage abattu de cette chère Sœur. Une autre fois, pendant son noviciat, se trouvant encore dans quelque découragement sur les difficultés qu'il faut vaincre pour acquérir la vertu, elle se sentit tout à coup éclairée d'une lumière intérieure: elle comprit que celle qui vit avec tiédeur en religion est à charge à soi-même et d'un grand exercice aux autres. Si la perfection fait souffrir quelques croix pour avan-

(1) *Lettres de sainte Chantal*, tom. III. p. 639. Paris, Plon, 1878.
(2) Id. page 641, *Lettre à la Mère de Marigny.*
(3) Circulaire du premier monastère d'Annecy, du 30 avril 1670.

cer, elles les convertit en consolations en cette vie et en gloire pour l'éternité. Elle prit aussitôt la résolution d'être toute à Dieu. Elle y fut toujours fidèle. Ayant contracté une grave maladie, sa profession fut avancée, elle la fit dans l'infirmerie entre les mains de notre saint Fondateur. Plus tard elle la confirma solennellement et en public.

» Notre bienheureuse Mère voyant en cette chère Sœur des qualités excellentes, l'exerça aussitôt à toutes les vertus et la mit dans les charges (1). Elle l'employa aussi à écrire les livres de l'Institut, comme le Coutumier et les Réponses, qu'elle lui fit copier sept fois. Cette chère Sœur écrivit dans son cœur encore plus que sur le papier un amour si grand de toutes les maximes de l'Institut, et de la régularité parfaite que jamais elle ne les oublia. Après dix ans de religion, selon le jugement de notre digne Mère, elle était capable d'être supérieure.

» Elle fut donc envoyée en l'année 1631 à Montpellier pour y faire l'établissement de notre monastère. Elle se trouva en même temps dans l'occasion d'exercer sa soumission, laissant choisir telles sœurs que l'on voulut pour aller avec elle (2). Son courage et sa confiance en Dieu parurent parmi un très grand nombre de difficultés qu'il fallut surmonter. Elle commença donc et avança l'établissement de ce monastère dans cet esprit d'abandon et avec un amour si grand pour la régularité et la parfaite observance, qu'elle était, disent nos sœurs de Montpellier, dans tous les exercices pour y

(1) Ste Jeanne de Chantal avait une affection particulière pour la Mère de Marigny. Avant de l'envoyer à Montpellier, elle lui écrivit pour lui donner ses conseils et ses bénédictions; elle termine sa lettre en disant : « Je crois que vous ne m'oublierez jamais devant Dieu, je ferai de même et vous tiendrai toujours chèrement au milieu de mon cœur comme ma très chère et bien-aimée fille ». Ste Chantal, *Œuvres diverses*, tom. II, p. 313. Paris, Plon, 1878. A peine la sait-elle arrivée à Montpellier qu'elle lui écrit encore « Vous ne sauriez croire combien notre Seigneur me donne de bonnes espérances que vous et votre petite troupe rendrez tant de bonne odeur que vous en parfumerez tous ces quartiers là et surtout la chère ville de Montpellier. » Lettre du 22 juin 1631. *Lettres de sainte Chantal*, tom. III, p. 612.

(2) Ste Chantal lui écrivait dans la lettre citée plus haut: « Vous emmenez de bonnes Sœurs qui n'ont aucune prétention que de bien faire et vous obéir sincèrement. Soyez leur bien bonne Mère, afin qu'elles vivent avec grand contentement avec vous et en leur vocation. »

conduire ses filles et à toutes les affaires temporelles pour l'avancement du bien de sa maison. Elle avait le soin des bâtiments et s'acquittait de tout avec une grandeur d'âme qui indiquait que son esprit était incapable de bassesse. Il n'y avait pas de difficultés qui la rebutassent, là où il s'agissait d'une entreprise pour la gloire de Dieu et l'avancement de son monastère. Elle avait un zèle tout de feu pour conserver l'esprit de notre sainte vocation et de nos observances; elle serait morte plutôt que d'en laisser déchoir une seule, si petite qu'elle fût, voulant que tout fût gardé au pied de la lettre. Ceci a été sa pratique constante et fidèle durant les trente ans qu'elles a été supérieure en nos monastères de Montpellier (1), du Puy, de Billom et de Moulins. Dans ce dernier elle a fait paraître une piété aussi solide que tendre pour les choses sacrées, les offices divins, l'ornementation des autels.

» Quand elle n'était pas supérieure, elle passait tout le temps qu'elle avait de libre devant le Saint-Sacrement. Elle avait un amour et une vénération infinie pour ce mystère, un respect profond pour les sacrées personnes de Jésus, de Marie et de Joseph. Elle avait choisi saint Joseph pour protecteur de son monastère de Montpellier; elle lui érigea un oratoire et un Nazareth, voulant être la première domestique du Saint Enfant Jésus, s'assujétissant avec un saint zèle à toutes les pratiques que faisaient les Sœurs pour l'honorer.

» Son élément était de parler de Dieu, étant ennemie de tous les discours vains et inutiles. Son amitié pour ses Sœurs était forte, tendre, effective, ce qui la rendait attentive à leurs désirs. Sa manière d'entretien était judicieuse, succincte et candide, en sorte qu'elle persuadait efficacement et faisait toujours fléchir les volontés les plus rebelles tant ses paroles étaient puissantes. Elle disait qu'elle ne pouvait prendre plaisir à parler d'autre chose que de Dieu, et la douceur qu'elle y rencontrait lui dilatait parfois le cœur si agréablement qu'elle aurait passé les jours et les nuits dans ces saints entretiens. « Je n'ai, disait-elle encore, pour l'ordinaire rien

(1) Après douze ans de supériorat à Montpellier, interrompus par le triennat de la Mère Françoise-Emmanuel de Nouvery, la Mère de Marigny fut envoyée supérieure au Puy. Elle revint être supérieure à Montpellier, de 1652 à 1655.

de sensible dans l'attrait intérieur que Dieu me donne ». Cependant les vérités de la foi et les maximes de Notre-Seigneur faisaient dans son âme de si profondes impressions d'amour de Dieu et de mépris de toutes choses que si elles eussent duré, tout lui aurait été insupportable. Elle était dès lors si détachée des sentiments naturels, que venant prendre ici une supérieure pour lui succéder après son premier triennat, elle ne voulut pas demeurer un seul jour de plus que son obéissance ne marquait, afin de donner le temps à Madame sa mère de venir la voir. Par ce même motif elle ne voulut pas solliciter un canonicat pour un de ses frères à Monseigneur de Montpellier, disant qu'elle n'avait à demander pour ses parents que la crainte et la grâce de Dieu.

» Elle était saintement agissante et n'oubliait aucune chose pour établir dans les âmes qu'elle conduisait l'esprit de notre vocation par les solides vertus d'humilité, douceur, obéissance et simplicité.

» Dieu l'a toujours éprouvée par des infirmités, par de longues et douloureuses maladies qui l'ont souvent réduite à l'extrémité, mais en lesquelles elle demeurait dans une soumission également ferme aux volontés d'en Haut; voici comment elle parle dans les recueils de ses solitudes de cet abandon à la divine Providence: « Mon plus grand désir est celui que Dieu m'a donné depuis longtemps d'être à lui, et de m'abandonner très parfaitement au soin de sa Providence, dans une attention actuelle de marcher avec une grande droiture et sincérité en mes actions et dans la pratique de mes saints vœux. Je n'abonde pas ordinairement en consolations, mais mon Dieu ne m'en prive pas entièrement, car la confiance qu'il me donne en sa bonté me fait goûter de très douces affections tant à l'oraison que hors d'icelle. Ces affections répandent au fond de mon âme un assez grand courage pour ne m'étonner pas des difficultés du service de Dieu, ni des continuelles fatigues de la charge de supérieure. La connaissance que j'aie de ma misère ne saurait diminuer ma confiance, ains l'augmente beaucoup, Dieu me faisant voir ce qu'il opère et ce que fait la faible créature ».

« Comme cette âme était choisie pour de grandes choses, le Seigneur la fit passer par divers états afin de la rendre agréable à ses yeux. « Mon état d'oraison, dit-elle, est une perte de ce que je suis pour me tenir toujours en respect et confiance devant Dieu, et pouvoir lui dire: Mon désir, Seigneur, est devant vous. Je possède alors un grand silence intérieur et une paix qui n'est aucunement ébranlée par les vicissitudes de cette vie. »

« Ces faveurs divines la disposèrent aux souffrances par lesquelles Dieu voulait la sanctifier: elle avait de grands désirs de n'être point sans croix. Elle appréhendait même les adoucissements qui pourraient lui arriver: « J'aime et j'estime, disait-elle, mes maux intérieurs et extérieurs, c'est ma gloire et mon désir d'y avoir ma plus douce confiance, puisqu'en elle et par elle je me tiens plus serrée en mon Dieu ».

« Dieu, qui prend plaisir à la soumission que nous donnons tous les jours à ses ordres, lui demanda encore un consentement pour la dernière maladie dont il la voulait affliger. Quelques temps avant qu'elle en fût atteinte, elle se sentit, dans sa cellule, tout à coup saisie d'un grand mouvement de la sainte présence de Dieu. Il lui fut montré un espèce de martyre auquel elle était destinée et pour lequel son consentement était demandé: elle se jeta à genoux pour le donner plein et entier. A quelque temps de là une cruelle maladie commença l'exercice de la patience qu'elle eut à pratiquer environ quatre ans. Ce fut alors que notre bon Dieu lui fit expérimenter la vérité des paroles qu'elle avait quelquefois dites: « Qu'elle se sentait un certain fonds de capacité incroyable pour endurer beaucoup. » Un bon serviteur de Dieu, nommé frère Antoine, qui était en réputation de sainteté dans le Dauphiné, lui avait prédit qu'elle aurait tant de croix que sa ferveur en serait rassasiée, mais que Dieu la tiendrait toujours de sa main. Son mal étant contagieux, elle demanda d'être séparée de la communauté, ce qui lui fut d'une extrême peine par l'inclination qu'elle avait toujours eue à la douce société. Entrée à l'infirmerie, on lui prodigua les soins les plus tendres et les plus assidus. Ses douleurs étaient extrêmes. Depuis le matin jusqu'au soir elle parlait à Dieu pour invoquer son secours, et l'assurer de sa soumission à ses divines volontés, qu'elle adorait avec autant de tendresse que de force; elle envisageait la mort avec un cœur et un visage égal. Elle demandait des prières avec une ardeur incroyable, craignant toujours que l'intensité de ses douleurs ne la fît tomber en impatience. S'abandonnant à la volonté de Dieu, elle arriva avec piété, religion et soumission à ses derniers jours. Il ne lui en restait que trois lorsqu'elle demanda de communier en viatique. Elle reçut Notre-Seigneur avec un très grand sentiment de foi, demanda pardon à toutes les Sœurs, jusques à une du petit habit, et demeura dans ces saintes dispositions le reste du temps. Le soir que Dieu l'appela à lui, elle fit avec nous après le souper quantité d'actes de contrition, d'abandon et d'amour. Elle les réitéra pendant Matines, avec une entière présence d'esprit. Ayant prié celles qui la veillaient de la laisser reposer un peu, elle tomba en un moment dans le sommeil de l'éternité, nous laissant remplies d'édification de ses solides vertus. Elle mourut à 6 heures du soir, le 16 octobre 1669, âgée de 64 ans, et de 48 de profession.

» Elle fut grandement chérie et honorée de ses filles. Celles de Billom écrivent « que la vénération et le respect dont plusieurs d'entre elles furent saisies en la voyant et en l'entendant parler fut cause de leur entrée en religion. » Messeigneurs d'Évreux et de Montpellier donnèrent toujours une grande approbation à sa conduite, et ce dernier lui écrivit, l'ayant rappelée du Puy à Montpellier, qu'il mourrait content de laisser une si bonne Mère à ses filles; notre bienheureuse Mère de Chantal lui écrivit aussi qu'elle voudrait avoir une douzaine de Sœurs Louise-Dorothée en sa main, pour les placer où la gloire de Dieu le requerrait (1). Madame la Maréchale de Schomberg, duchesse d'Aluïn, avait en elle une confiance parfaite, et disait que tous ses déplaisirs étaient adoucis non seulement en l'entretien de cette bonne Mère, mais même en la voyant. Toute la province du Languedoc l'estima infiniment, et les dames de qualité se tenaient heureuses de lui pouvoir donner leurs filles à élever. »

L'Année Sainte contient un abrégé de la vie et des vertus de la Sœur Marie-Éléonore de Nouvelles, du duché de Savoie. Voici ce que nous lisons, tome V, page. 346.

« Notre digne Mère de Chantal, Supérieure du premier Monastère d'Annecy, conçut une grande estime de notre Sœur Marie-Éléonore, et jeta les yeux sur elle pour l'établis-

(1) Plus de quarante lettres adressées par sainte Chantal à la Mère de Marigny, à l'époque de la fondation de Montpellier, se trouvent au recueil de ses Œuvres (tom. III, IV, et V.) Ces lettres suffiraient à la gloire du monastère; elles montrent l'affection que la sainte Fondatrice avait pour la Mère de Marigny, et la sollicitude avec laquelle elle suivait tout ce qui se passait à Montpellier.

sement du monastère de Montpellier. Cette chère fille quitta donc, à l'âge de dix-huit ans, le berceau où s'étaient écoulées de si belles années et où elle laissait la vraie Mère de son âme et les restes sacrés de son bienheureux Père. A quelque temps de là, notre sainte Fondatrice, obligée de voyager en France, s'arrêta à Montpellier et lui donna mille marques de bonté. Elle retourna même sur ses pas au sortir du monastère pour recommander sa petite Éléonore à la très honorée Mère Louise-Dorothée de Marigny, alors Supérieure.

» Digne fille d'une Mère si sainte, notre chère Sœur s'acquitta merveilleusement bien de tous ses emplois. On admira sa religieuse conduite dans les charges d'assistante, de maîtresse des petites Sœurs et de sacristine. Dans cette dernière surtout parut son grand esprit de foi; elle poussait le respect jusqu'à se mettre à genoux pour faire les pains d'autel, et, lorsqu'elle entrait au chœur, c'était avec tant de modestie que toutes les personnes qui l'apercevaient en étaient dans l'édification. L'Office sacré faisait ses délices; elle y consumait ses forces et y donnait toute sa voix, qui était belle et harmonieuse,

» Lorqu'il plut à la divine Providence d'établir une ruche de Sainte-Marie dans la ville de Toulouse, le divin Roi choisit cette chaste abeille pour aller y déposer le miel exquis des vertus. La très honorée Mère Marie-Renée Faber, Supérieure à Montpellier, trouvant en notre humble Sœur un reflet de l'esprit et du cœur de nos saints Fondateurs, l'emmena avec elle à Toulouse en qualité d'Assistante. Quatre excellents sujets les accompagnaient. Quelques jours après arriva la vénérable Mère Anne-Catherine de Beaumont, qui, venant de Pignerol pour être Supérieure de la nouvelle communauté, fut heureuse d'adjoindre à ses travaux de fondation cette fille de notre bienheureuse Mère, laquelle fut toujours ce qu'elle avait été pendant l'essai de sa vie religieuse, c'est-à-dire une âme vraiment toute à Dieu et à sa règle. Elle mourut en notre monastère de Toulouse le 15 mai 1675, âgée de 62 ans, dont 46 de profession. »

Toutes les notices des autres Sœurs qui moururent au monastère de Montpellier ne nous ont pas été conservées. Nous sommes même obligés, à notre grand regret, de résumer celles que nous avons pu découvrir dans les diverses circulaires. Nous les donnons selon la date du décès.

## Sœur CATHERINE-ÉLISABETH de RATTE

« Le 21 juillet 1652, dit la Mère de Chaugy (1), décéda, en notre monastère de Montpellier, notre chère Sœur Catherine-Élisabeth de Ratte. On reconnut, dès son enfance, que c'était une âme de choix de la divine miséricorde, par l'horreur qu'elle eut de l'hérésie. Madame de Gaillard, sa mère, qui était huguenote, n'oublia rien pour la faire instruire dans sa mauvaise religion, mais ce fut chose impossible, la petite ne voulant jamais demeurer dans le temple ni ouïr les instructions. Lorsqu'on essayait de l'y arrêter par violence, elle s'évanouissait, ce qui obligea Monseigneur de Guitard de Ratte, Évêque de Montpellier, oncle paternel de cette jeune demoiselle, de l'ôter à la mère et de la marier fort jeune à M. de Sartre.

» Elle fut un exemplaire de toutes les vertus chrétiennes; Dieu la bénit de plusieurs enfants, et eut ses prières pour si agréables, qu'elle eut la consolation de voir Madame sa mère se convertir, abjurer son hérésie et mourir très dévotement et chrétiennement, âgée de quatre-vingts ans. M. de Sartre étant mort, notre chère Sœur se consacra intérieurement à Dieu. Elle avait deux fils et deux filles; ces dernières ayant fait la sainte profession en notre monastère de Montpellier, la mère, saintement jalouse de leur bonheur, mit bon ordre à l'établissement de Messieurs ses fils, et, pour éviter les oppositions qu'on aurait faites à son dessein, sans faire bruit ni sans dire adieu à personne, elle se vint jeter au monastère et dans un noviciat si rigoureux, que la Supérieure et la Maîtresse n'avaient de peine en sa conduite qu'à la retenir et à la modérer. « Hélas! leur disait-elle, je suis ve-
» nue si tard au service de Notre-Seigneur que vous me de-
» vriez faire doubler le pas, autrement, je n'arriverai qu'à
» mi-chemin de la perfection où Dieu me veut. » Elle disait quelquefois que tout ce qu'elle avait fait au monde lui paraissait une ombre et un fantôme au prix de la perfection du cloître.

» Ordinairement, cette vénérable Sœur était assise, aux récréations, à plate-terre aux pieds de la Supérieure, et, quand

(1) Année sainte, Tome VII. p. 524

on l'en voulait faire ôter. « Voici ma vraie place, disait-elle; » j'ai une si grande nécessité d'apprendre quelque chose pour » ma perfection que je ne saurais être trop proche de mon » Jésus-Christ en terre pour ouïr parler des choses saintes. » La Supérieure l'ayant une fois reprise de ce qu'elle était trop dure envers ses deux filles religieuses, et qu'il semblait qu'elle ne les connût pas, elle lui répondit: « Ma Mère, une fille » livrée à son époux n'est plus ni à père ni à mère: nos » deux Sœurs de Sartre sont épouses de Jésus-Christ, elle ont » changé de condition et sont devenues mes Sœurs, et, dans » l'état où la grâce nous a réduites, elles et moi, il ne faut » plus ni de chair, ni de sang, ni d'intérêts, ni de mollesse, » mais tout esprit et application à Dieu, oubli du monde et » abnégation de soi-même. » Elle a vécu vingt ans dans ces saintes dispositions et religieuses pratiques. Huit jours avant son décès, se sentant affaiblie, elle demanda permission à la Supérieure de parler à ses deux filles religieuses et à Messieurs ses fils. Là, sans aucun attendrissement, elle leur fit son dernier adieu; puis, après un long narré des affaires et conduite de leur maison, des voies par lesquelles Dieu l'avait menée, de ce qu'elle avait fait pour leur bien temporel et spirituel, elle leur recommanda la sainte crainte et l'amour de Dieu avec des paroles vives et efficaces, les pria de faire des actions de grâces au Seigneur de la miséricorde qu'il lui avait faite d'être religieuse, et les assura que les vingt ans qu'elle avait passés au cloître ne lui semblaient pas vingt jours. Elle leur donna à tous sa bénédiction et se retira à l'infirmerie, ne s'appliquant plus, huit jours durant, qu'à une sérieuse préparation à la mort. Ayant reçu les Sacrements, son cœur demeura absorbé en Dieu, à qui elle rendit son âme, âgée de soixante-dix-huit ans. »

## La Très Honorée Mère FRANÇOISE-EMMANUEL de NOUVERY.

« Notre Très Honorée Sœur Françoise-Emmanuel de Nouvery-Vidonne, écrit la mère Marie-Françoise de Sartre (1) était d'une des plus anciennes et illustres maisons de la Savoie. Sa mère était parente et fille spirituelle de Saint François

(1) *Circulaire du* 8 *janvier* 1669

de Sales. Toute jeune, notre chère Sœur fut placée dans une Abbaye sur laquelle sa famille avait prétention; mais elle avait tant de répugnance de se trouver dans une Religion ouverte, que, quoique ses parents soient venus exprès pour assister à sa prise de voile, elle leur résista avec tant de courage, qu'ils en furent vexés, et lui firent subir plusieurs mauvais traitements qu'elle supporta avec générosité, ce qui ne l'empêcha pas de refuser aussi l'offre du Bref de l'Abbaye que l'Abbesse désirait lui céder, et de se retirer chez elle.

» De retour chez son père, douée d'excellentes qualités, tant au corps qu'à l'esprit, on résolut de l'envoyer à la Cour de Savoie; mais Dieu, qui voulait faire de cette âme une victime de son amour, fit naître un obstacle à ce projet, et commença à faire sentir à son cœur les touches puissantes de sa grâce. Quoique le monde eût beaucoup d'attraits pour notre chère Sœur, elle connut dès lors qu'un plus puissant vainqueur l'emporterait. Elle fit part de ses sentiments à un Révérend Père Capucin, qui lui ordonna de dire, tous les jours, cinq Pater et cinq Ave, pour demander à Dieu la grâce de connaître la vocation à laquelle Il la destinait; ce à quoi elle fut très fidèle.

» Un jour de grande soirée au château de Nouvery, au moment où notre chère Sœur se livrait au jeu et à la danse avec tout son cœur, elle se ressouvient qu'elle a oublié de faire sa demande journalière; aussitôt, sans hésiter, elle quitte la danse et se retire dans une chambre, toute seule; là, se jetant à genoux, elle fait sa prière. Soudain, son cœur est saisi par la présence de Celui qui l'avait prévenue, et qui n'avait sollicité cette demande que pour y répondre. A ce moment, elle connut clairement que Dieu la voulait dans l'Ordre de la Visitation. Deux prétendantes qu'elle avait vues dans l'Abbaye où elle avait passé son enfance, et qui avaient été élevées dans notre Institut, lui avaient tellement convenu par leur modestie, leur douceur et leur piété, qu'elle conçut dès lors une grande estime pour l'Ordre qui donnait une éducation si sainte. Aussi lorsqu'elle s'y sentit appelée, elle resta convaincue que Dieu la voulait bien là, suavement occupée de Lui seul. Après avoir passé plusieurs heures à genoux, anéantie sous le poids de la grâce, elle se releva et dit courageusement: « Quand je saurais de vivre, mourir, » périr et renaître cent fois le jour, je ne serai jamais à autre

» qu'à Vous, mon Dieu! » Dans cette ferme résolution, elle refusa un parti très honorable qui ne demandait que sa personne, et obtint de son père le consentement pour son entrée dans notre béni premier monastère d'Annecy. Elle y fut reçue en 1625 par notre R^de^ Mère de Chantal; elle n'était âgée que de dix-huit ans.

» Dès ses débuts, elle jeta, dit notre T. H. Sœur de Rabutin, les solides fondements des vertus qu'elle a depuis constamment pratiquées. Pendant tout son Noviciat, elle fut un modèle de ferveur et d'observance, ce qui lui valut les suffrages de la communauté pour être reçue à la prise d'habit et à la sainte profession, Voici ce qu'on a trouvé dans ses écrits relativement à cette époque: « La première grâce, » écrivit-elle, que Dieu m'a faite, après celle de m'avoir rendue » fille de la sainte Église, c'est de m'avoir donné une vocation » si sainte, en laquelle je suis entrée le 24 août, fête de saint » Barthélémy; ce souvenir doit me donner un grand zèle » pour pratiquer la mortification dans toutes mes affections, » désirs et volontés. J'ai eu la miséricorde de prendre le » saint habit le 9 novembre, jour de la Dédicace de l'église » Saint-Sauveur, ce qui doit me faire penser que j'ai vraiment » eu le bonheur d'être placée en chemin assuré, pour que » mon cœur soit, si je le veux, un vrai temple vivant, con- » sacré au service de Dieu. O Jésus, mon Sauveur, faites que » ce soit en réalité, et non en apparence, que ce chétif et » misérable cœur, que vous m'avez donné, vous soit toujours » sincèrement fidèle. Je fis la sainte Profession le 15 novembre » de l'année 1626. Dieu me la rende profitable pour l'éternité, » afin que je le possède à tout jamais. »

« Quelques jours avant sa profession, notre chère Sœur se sentit troublée intérieurement; la responsabilité des vœux l'effrayait. Étant en oraison, Notre-.Seigneur lui fit sentir intérieurement sa présence et calma son esprit en lui montrant comment, par les vœux sacrés, Il la livrait à son Cœur. Le vœu de chasteté l'unirait à sa sacrée Humanité, celui de pauvreté à sa très sainte Ame, et celui d'obéissance à sa Divinité. En prononçant ses vœux, notre chère Sœur eut le sentiment de ces divins liens, d'une manière très sensible.

» Peu après, notre R^de^ Mère de Chantal et notre Mère de Châtel, justifiant l'estime qu'elles faisaient de la nouvelle professe, la nommèrent Assistante de la fondation de notre monastère de Crémieux et Maîtresse des Novices dans cette même maison. Dans ces deux charges elle se fit remarquer par sa sagesse et sa prudence. Après avoir passé cinq ans dans cette maison, elle fut rappelée à Annecy par notre digne Mère, qui, trouvant toujours en elle une grande disposition à servir utilement tout l'Ordre, l'accorda aux prières de la T. H. Mère de Bréchard, qui réclamait instamment son secours. Au bout de deux ans, elle fut rappelée, et élue Assistante en notre second monastère d'Annecy, et quelque temps après, Supérieure en celui-ci, et depuis, en nos monastères de Grasse et de Mâcon. Partout elle a donné de grands exemples de vertus, maintenant l'observance de tout son pouvoir, se faisant toute à tous pour les gagner à Jésus-Christ. La bonté et la douceur étaient le caractère distinctif de cette chère Mère; ces deux vertus lui attiraient les cœurs. Malgré cela, elle a eu beaucoup d'occasions de souffrance pendant les quinze années de sa Supériorité: Dieu le permettait ainsi afin que ne trouvant pas souvent la réciprocité dans les créatures, son cœur fut tout à Lui. Quelques jours avant sa mort, elle nous assura que si on l'avait vue faillir en sa conduite, c'était par manque de lumière, et jamais par mauvaise volonté.

» Elle avait appris à si bien discipliner ses passions, qu'un jour se sentant émue de quelqu'une, elle prit un fer pointu, et grava sur son cœur le signe de la croix pour attester de sa fidélité à Dieu dans cette circonstance. Elle s'adonnait aux austérités avec ferveur. Pendant son premier Triennat dans cette maison, non contente de se donner souvant de rudes disciplines, elle employait le bras d'une amie fidèle à qui elle commandait de ne la point épargner, et d'ajouter aux coups des paroles d'injure et de mépris. Les bas sentiments qu'elle avait d'elle-même lui faisaient supporter avec une douceur admirable les blâmes sur sa conduite. On avait fait courir le bruit, quand elle était Supérieure dans une autre maison, qu'elle avait rompu la clôture, pour aller à la campagne, visiter une Dame malade; ce qui lui valut des lettres de correction. Mais étant innocente, elle accepta doucement ces censures, et éclaira celles qui les lui faisaient, sans s'aigrir contre les personnes qui avaient donné lieu à cette calomnie.

» Sa pureté était angélique, elle ne vivait, ne respirait que pour Dieu, et cependant elle eut à souffrir des tentations très humiliantes, qu'elle étouffait, en se jetant sur des orties et des épines, à l'exemple des Saints.

» Dans ses oraisons et communions, elle fut souvent gratifiée de grâces extraordinaires. Tantôt, elle se voyait dans le Cœur sacré de Jésus, ou le sentait tout proche d'elle d'une manière si sensible qu'elle ne pouvait en douter. Jamais, dit la T. H. Mère d'Annecy, Dieu ne lui envoyait quelque croix, sans qu'il l'eût préparée à la recevoir par quelque faveur intérieure. Un jour, qu'elle avait une grande appréhension à s'approcher de la Sainte Table, par la vue de son indignité, Notre-Seigneur se fit voir à elle dans la Sainte-Hostie, avec un si grand éclat de gloire, qu'elle perdit de vue le prêtre; et, saisie d'un grand tremblement à la vue de la Majesté divine, elle pensait se retirer sans pouvoir communier. Elle nous avoua après, avoir vu cette Majesté redoutable, à ce moment, plus clairement qu'avec les yeux du corps. Dans une autre circonstance, étant en adoration devant le Saint-Sacrement, elle entendit une voix qui lui dit : « Tu m'es un vaisseau élu, j'établirai en » toi le siège de ma grâce et y manifesterai la force de mon » bras tout-puissant. » Toutes ces grâces et tant d'autres que nous sommes obligées de passer sous silence nous dévoilent l'union intime de cette âme avec son Dieu. Nous avons trouvé écrit, avec son propre sang, un acte d'abandon qu'elle faisait d'elle-même à Dieu, qui, se complaisant en sa chère servante, voulut la rendre une vraie Épouse de Jésus crucifié, et pour cela, lui envoya de longues et pénibles maladies qui, jointes à ses peines intérieures, en ont fait, toute sa vie, une victime de la croix (1).

» Ayant été des premières à jouir de sa conduite, la Providence voulut que nous soyions aussi des dernières à en être favorisées. Nous l'élûmes à nouveau pour Supérieure en 1661. Les infirmités l'avaient bien changée extérieurement, mais son cœur et son esprit restaient les mêmes. Dieu bénit son gouvernement par la réception de plusieurs sujets, par la fondation de notre monastère de Nîmes, et par la joie qu'elle éprouva en faisant célébrer les fêtes de la Canonisation de notre saint Fondateur, après avoir fait célébrer celles

(1) Ste Chantal lui écrivait en 1634 « Il est vrai que votre chemin est la croix : mais c'est de quoi vous vous devez le plus consoler » *Lettres*, tom. IV. p. 440.

de sa Béatification. Elle avait une dévotion non pareille à St François de Sales; aussi ce Bienheureux se manifesta-t-il à elle, le même jour qu'il fut canonisé à Rome, pendant la sainte Messe. Tout à coup, notre chère Mère vit le tableau de ce Saint tout éclatant de lumière, jetant des rayons qui arrivaient jusqu'à elle; elle en fut si ravie, qu'elle tomba en défaillance.

» Avant sa déposition, après le lavement des pieds du Jeudi saint, à la sortie du chœur, m'ayant rencontrée, elle m'avait dit en me serrant la main: « Courage, ma bonne Sœur, for-
» tifiez-vous, car vous devez me succéder et me fermer les
» yeux. » Ce qui se réalisa....

» Comme un flambeau, près de s'éteindre, redouble sa clarté, notre chère Déposée, touchant au terme de sa vie mortelle, nous donnait l'exemple de toutes les vertus: humilité, soumission, régularité etc... Sa solitude annuelle se fit dans les meilleures dispositions; elle s'y prépara à la mort. Le jour de la Présentation, elle se sentit atteinte d'un gros rhume, suivi d'une grosse fièvre qui nous la ravit au bout de neuf jours, malgré nos prières et nos larmes. Monseigneur notre digne Prélat était venu la voir, pendant sa maladie, et lui avait donné la bénédiction apostolique. Notre chère Sœur put recevoir les Sacrements avec toute sa présence d'esprit. Ce fut à genoux, sur son lit, qu'elle reçut le saint Viatique avec une foi et une ardeur dignes de sa piété, et rendit après sa belle âme à Dieu pendant que le confesseur lui donnait l'absolution, le 2 décembre 1667, à l'âge de 60 ans, dont 42 de religion, du rang des Sœurs choristes. »

## Sœur FRANÇOISE-EMMANUEL de TORCHES.

La Mère Louise-Angélique de Vallat écrit dans une circulaire du 17 février 1672.

« Notre vertueuse Sœur Françoise-Emmanuel de Torches a été le fruit mûr qu'il a plu au Seigneur de cueillir pour être servi à sa table. C'était véritablement une âme prévenue de Dieu dès sa plus tendre enfance; elle n'avait que neuf ans lorsqu'elle fit sa première communion, dans laquelle Dieu lui départit tant de lumières et de saintes ardeurs, qu'elle forma dès lors le dessein d'être religieuse. Elle ne le mit à exécution qu'après avoir supporté beaucoup de combats de la nature et de la grâce, celle-ci l'attirant par des impulsions divines qui se renouvelaient toutes les fois qu'elle communiait, celle-là par des attraits d'autant plus pressants qu'elle était l'aînée de sa famille, une des plus considérables de Béziers. Elle perdit sa mère à l'âge de douze ans. Dès lors elle choisit la Sainte Vierge pour la remplacer, et a eu en Elle toute sa vie une confiance filiale. Ce fut sans doute cette Mère de bonté qui donna l'inclination à M. le Conseiller de Torches de l'amener en ce monastère lorsqu'elle eut quatorze ans. Elle acquiesça à la volonté de son père par pure obéissance, n'ayant jamais déclaré son désir de se faire religieuse.

» Elle prit un an pour nous connaître et étudier nos Constitutions. Le Coutumier, les Réponses et autres écrits de notre saint Fondateur se trouvaient dans l'oratoire pour la commodité des Sœurs. On ne se doutait pas qu'elle allât y faire sa lecture. Comme elle avait l'esprit bon, éclairé, et le cœur généreux, elle s'enflamma d'un ardent désir de parvenir à la perfection de notre sainte vocation, connaissant clairement que c'était celle où Dieu l'appelait. Elle était née le jour de l'Invention de la Sainte Croix; elle eut le bonheur d'entrer en religion, de prendre l'habit et de faire la profession en cette fête.

» Aussi se glorifiait-elle d'être fille de la croix. Elle la porta toute sa vie en son corps, qui était fort délicat et infirme, et en son esprit, par la continuelle mortification de ses sens et de ses passions, qu'elle réprima avec tant de fidélité qu'il semblait qu'elle n'en avait point. Toutes ses délices étaient dans l'oraison et l'union avec Dieu, en laquelle elle fut d'abord attirée très puissamment et suavement; ses maîtresses avaient peine à donner des bornes à sa ferveur, qui n'en avait point. Ces saintes dispositions lui méritèrent la grâce de faire la sainte profession. Ce fut en ce jour heureux que le divin Époux la combla de ses dons ineffables. Quelque effort qu'elle fît pour les mettre à couvert, il nous parut visiblement que cette nouvelle épouse avait été enivrée des vins délicieux de son Bien-aimé.

Voici comment elle s'en expliqua elle-même à sa supérieure.

» Au commencement de la cérémonie, je sentis tout à coup un grand changement; Dieu me donna une vue très claire de mon néant et en même temps de son amour, qui le portait, nonobstant mon indignité, à me prendre pour son épouse. J'entendis cette parole intérieure: « Ma fille, je t'ap-» pelle à moi pour me faire un sacrifice, afin que tu sois toute » mienne sans aucune réserve. » Cette voix divine frappa si fortement mon esprit qu'oubliant le lieu où j'étais, je fus sur le point de me jeter à genoux pour accepter ce sacrifice et m'abandonner au divin vouloir; je me fis grand effort pour continuer la cérémonie, et, étant sous le drap mortuaire, avec une extrême joie de me voir seule et libre, je sentis mon cœur épris d'un si grand amour pour la divine Majesté, que si j'eusse pu, j'eusse voulu l'aimer dès ce moment comme je la dois aimer éternellement. J'eus aussi une connaissance particulière de l'amour que le Seigneur me portait, et cet Époux divin me fit entendre qu'il acceptait mon sacrifice et qu'il voulait que je vécusse d'une vie crucifiée et dénuée de toute propre satisfaction, à quoi je me livrai absolument. »

« Cette chère Sœur conserva le sentiment et l'effet de cette grâce, allant à grands pas dans la pratique de toutes les vertus. Elle était si pure qu'elle ne savait ordinairement de quoi se confesser, son âme étant comme une glace pénétrée du soleil de justice et impénétrable au mal. Elle s'appliquait à toutes sortes de vertus. Sa foi était très vive, son espérance bien établie en Jésus-Christ, et son amour très pur, très ardent et opérant; sa dévotion très intime, surtout envers le Très Saint-Sacrement de l'autel, devant lequel elle se tenait à deux genoux, immobile comme une statue, dans des adorations et des unions très étroites avec le Sauveur dont elle imitait la vie cachée. Elle regardait Dieu en ses supérieures, et a eu pour toutes un grand amour et respect: sa mortification allait jusqu'à l'excès: il fallait continuellement la retenir, ce qu'on n'a su si bien faire qu'elle n'ait parfois usé de sainte cruauté sur elle-même, prenant la discipline avec tant d'excès que le sang ne restait pas seulement sur le pavé, mais aspergeait les quatre murailles d'une grande chambre.

» Le jour de la Présentation de Notre-Dame, elle eut de grands mouvements de faire à Dieu le sacrifice de sa vie. Ayant une crainte et une appréhension tout extraordinaires de la mort, elle fut inspirée de se mettre trois fois le jour en état de présenter son âme à Dieu à l'exemple de notre saint Fondateur, se tenant aux écoutes de la mort dans l'attente de ce qu'il plairait à Dieu de faire d'elle. Elle continua cette sainte pratique jusqu'au vingt-deuxième jour de novembre, dans lequel tout à coup, vers minuit, l'Époux vint frapper à sa porte. Se réveillant en sursaut avec une fièvre très ardente, elle passa le reste de la nuit dans une grande souffrance; mais elle ne laissa de se lever au réveil, de faire son heure d'oraison, d'officier à Prime, de faire le peu dont nous lui avions donné la charge cet hiver, de servir à table et suivre le train commun le reste de la journée et le lendemain jusqu'après la récréation du matin, que, n'en pouvant plus du tout, ayant tiré de son corps tout ce qui lui restait de vigueur, comme elle avait accoutumé de faire, elle nous vint trouver disant qu'elle n'en pouvait plus.

» Je ne crus pas, lui ordonnant de s'aller coucher, que ce fût pour n'en relever jamais; nous la fîmes voir dès le même soir au médecin, qui employa tous les remèdes imaginables pour sa guérison, mais tous inutilement; cette chère Sœur sentit les appréhensions inévitables à la nature lorsqu'on la conduisit à l'infirmerie; elle jeta quelques larmes, se sentit toute trémousser; l'horreur de la mort la frappa: « S'il est » possible, disait-elle, que ce calice passe sans que je le boive. » Mais en même temps elle proteste qu'elle ne veut point que sa volonté se fasse, mais celle de son Seigneur et de son Maître. Ses craintes s'évanouirent bientôt, et ses appréhensions se changèrent en une douce tranquillité.

» On lui fit recevoir le sacré Viatique le huitième jour de sa maladie. Cette belle âme nous pria instamment de lui permettre de se faire mettre à plate-terre pour recevoir son Dieu avec plus de respect. « Ma Mère, nous dit-elle, la demande » que j'ai à vous faire est si juste que vous ne me la pouvez » refuser. » Nous lui témoignâmes que quelque justice qu'il y eût en son désir, elle ferait un sacrifice agréable à Dieu de s'en dénuer, puisque la grandeur de son mal ne permettait pas de la remuer sans la mettre en danger évident. Et elle se soumit.

» Il faudrait, mes Très Honorées Sœurs, que j'eusse les ardeurs de son âme pour vous exprimer quelles furent les siennes à la réception de notre divin Sauveur. Elle ne le vit pas plus tôt entrer dans sa chambre que, se soulevant elle-même, elle se tint à genoux, priant son infirmière de la soutenir, demanda pardon à la communauté avec des paroles très humbles, renouvela ses vœux, et, comme elle ouvrait la bouche pour recevoir la Sainte Hostie, son cœur éclata et elle s'écria d'une voix forte: « Mon Amour!... » Demeurant si absorbée en lui, qu'on eut de la peine à l'ôter de la pénible posture où elle était, pour la remettre dans son lit, où elle continua à s'entretenir avec son cher Amour, adhérant à ses volontés, acceptant la mort et se livrant à sa merci. Elle reçut les saintes huiles avec cette même présence et ardeur d'esprit, répondant à toutes les prières et tenant ses mains toujours jointes. Monseigneur Bosquet, notre digne Prélat, eut la bonté de lui venir donner la bénédiction apostolique qu'elle reçut avec grande satisfaction nous assurant qu'elle ne souhaitait plus rien en ce monde, sinon qu'on la laissât mourir en paix, mais nous lui dîmes qu'il fallait encore sacrifier cette inclination et se soumettre aux remèdes qu'on lui a continués jusqu'au dernier jour de sa vie.

» Son mal lui faisait souffrir des douleurs inexprimables, mais elle paraissait heureuse de souffrir. Elle nous assura que ce qui lui donnait plus de joie à cette heure, c'était d'avoir été religieuse, comme sa plus grande peine était de ne l'avoir pas été bonne. Elle ajouta dans ce même sentiment d'humilité: « Apprenez-moi comme je me dois présenter devant Dieu, je » me sens si pauvre et si dénuée! » Elle baisait sans cesse son crucifix quoiqu'elle nous parût dans une continuelle élévation et application en Dieu. Elle ne laissa aucune de nos Sœurs à qui elle ne demandât pardon en particulier et ne lui témoignât sa dilection. Elle se confessa la veille de sa mort, sur les neuf heures du soir, fit tous les actes requis et puis entra dans les inquiétudes de la mort, qu'on ne croyait pas si proche. Nous nous étions retirée, aussi bien que Monsieur notre confesseur, pour prendre un peu de repos, mais vers minuit elle s'écria: « Voici la mort qui vient! » On nous vint appeler, avec une grande partie de la communauté qui avait souhaité d'assister à sa fin. Monsieur notre confesseur y fut aussitôt que nous. Nous la trouvâmes fort bas, elle avait perdu tout à coup la vue, mais non pas l'ouïe ni la parole, qu'elle eut libre jusqu'au dernier soupir. Le doux Nom de Jésus était encore dans sa bouche, quand son âme sortit de son corps, ce qui se fit avec tant de douceur qu'elle ne changea ni de posture ni de visage, demeurant si belle que nous ne pouvions ôter les yeux de dessus d'elle. Ce fut environ les deux heures après minuit du 10 décembre de l'année passée; elle était du rang des Sœurs choristes, âgée de 23 ans. »

## Sœur JEANNE-FRANÇOISE d'AUDESSANS.

« Cette chère Sœur naquit à Montpellier (1), où Monsieur son père exerçait la charge de conseiller au Parlement. Prévenue d'une façon singulière des célestes bénédictions, elle fit pressentir de bonne heure que le Seigneur serait son calice et la portion de son héritage. Les jeux et les amusements de l'enfance, la vanité et les plaisirs du monde n'eurent jamais pour elle aucun attrait; la solitude et la prière faisaient ses délices, et, dès l'âge de sept à huit ans, elle passait une partie de la journée seule sur la plate-forme de la maison paternelle, pour ne penser qu'à Dieu, admirer la beauté de ses ouvrages et se livrer à la contemplation de son immensité. Quand sa gouvernante la reprenait de ce qu'elle s'exposait à se hâler le teint en restant si longtemps à l'air, n'ayant ni gants aux mains ni coiffe sur la tête, elle répondait: « Je n'ai que faire » de tout cela dans la prière, » et, si on lui demandait comment elle pouvait prier sans Heures ni chapelet, « Oh! disait- » elle, il n'en est pas besoin pour s'entretenir avec Dieu. » Ce fut probablement dans l'église de notre monastère et pendant la cérémonie de vêture d'une de ses parentes, qu'elle conçut le premier désir de la vie religieuse, et fut assurée que Dieu la voulait dans notre saint Ordre, car, depuis cette cérémonie, elle ne soupira plus qu'après l'heureux instant de son entrée à Sainte-Marie. Il lui arriva même plusieurs fois de s'échapper seule pour venir exprimer à nos Sœurs son ardent désir d'être bientôt admise dans leur compagnie, ce qu'elle faisait avec tant d'ardeur que la très honorée Mère Françoise-Gasparde de la Grave ne la nommait que son petit séraphin. Un jour qu'elle se rendait ainsi furtivement au monastère, elle fut surprise en chemin par sa gouvernante, qui la ramena au logis et l'enferma pour quelque temps dans une chambre, afin de la punir de ses sorties et lui faire perdre, s'il se pouvait, l'amour passionné qu'elle avait pour le cloître. Mais ni cette sévérité, ni les reproches, ni les caresses et les représentations de ses parents, qui l'aimaient extraordinairement, ne purent ébranler son généreux dessein, et bientôt, par ses instances vives et réitérées, elle triompha de tous les

(1) L'Année sainte, tome VIII. p. 645.

obstacles et obtint d'être placée comme pensionnaire à la Visitation. Elle avait alors dix à onze ans.

» Devenir une sainte et une grande sainte était le but suprême de son ambition; elle ne négligea rien pour l'atteindre, et, dès son entrée, elle fit admirer la puissance de la grâce dans sa jeune âme, toujours docile et fidèle. A sa demande, on lui donna le petit habit, faveur qui fut pour elle un nouveau motif de tendre incessamment au bien. Pour imiter les Saints dont elle lisait les vies, cette chère enfant ne laissait échapper aucune occasion de pratiquer la vertu et imaginait mille moyens de mortifier son corps, sans que personne pût le remarquer. Quoiqu'elle fût d'une faible complexion et qu'elle eût été nourrie très délicatement, elle éprouva d'abord une peine extrême de trouver si peu d'austérités dans notre Ordre, se persuadant qu'en cela consistait la perfection; mais, grâce à son esprit juste, elle ne tarda pas à comprendre que la totale et parfaite abnégation intérieure qui nous est prescrite supplée abondamment aux rigueurs extérieures, et qu'elle pourrait devenir sainte, si elle s'adonnait avec fidélité à l'observance des lois et des maximes de notre bienheureux Père. Elle se mit donc généreusement à la pratique de sa petite Règle et s'assujettit même à plusieurs points de la grande, surtout à l'attention continuelle à la présence de Dieu. Elle n'y trouvait aucune difficulté, n'ayant pas de plus grand plaisir que de penser à ce bon Maître et de parler de lui aux récréations avec les Sœurs qu'elle supposait être les plus ferventes. Procurait-on aux pensionnaires quelques divertissements propres à leur âge, M<sup>lle</sup> d'Audessans obtenait de donner ce temps à la prière, qui était, disait-elle, son plus agréable délassement. Enfin on n'aurait pu trouver une jeune fille plus recueillie, plus modeste, plus fidèle à tous ses devoirs.

» A l'âge de quinze ans, elle prit l'habit de la Religion et se donna si pleinement à Notre-Seigneur qu'en récompense elle fut gratifiée, pendant son noviciat, de l'oraison de quiétude et de celle d'union, et reçut des faveurs très particulières. Elle y correspondit par un redoublement de zèle et de fidélité. « Il fallait plutôt la retenir que la pousser, » dit la très honorée Mère Louise-Françoise de Rozel, qui avait été sa Maîtresse. Quoiqu'elle fût encore si jeune, sa ferveur, sa dévotion ne le cédaient point à celles des plus anciennes. Tout le temps du silence, elle se tenait dans un coin du noviciat avec autant de respect que si elle eût été devant le Très Saint-Sacrement. L'attrait puissant qu'elle avait pour la vie intérieure ne la rendait pas moins assidue et moins active à l'ouvrage qui lui était prescrit; son habileté pour toutes choses était remarquable. La première aux travaux communs, elle s'offrait encore à se charger de la tâche que ses compagnes n'avaient pu remplir.

» Ce fut dans les plus saintes dispositions qu'elle consomma son sacrifice à la fin de son année de probation. Pendant la cérémonie, Dieu prit une si entière possession de son cœur et de toutes ses facultés que, de son propre aveu, elle se trouva comme abîmée en lui et passa le reste de la journée sans savoir ce qu'elle faisait. A dater de cette époque, elle s'appliqua plus sérieusement que jamais à s'avancer dans la perfection de son état, et sa ferveur, loin de se ralentir, sembla s'accroître de jour en jour. Elle avait la conscience fort délicate et si éclairée que rien n'échappait à sa fidélité. Notre-Seigneur au Très Saint-Sacrement était l'objet de sa plus tendre dévotion; aux pieds de ce bon Maître, elle trouvait sa joie, sa consolation, et, dans son Cœur, elle puisait la force dont elle avait besoin pour faire constamment triompher l'esprit surnaturel sur l'esprit humain, et tendre sans cesse vers cette haute sainteté qu'elle s'était proposé d'acquérir.

» Ce fut surtout dans les épreuves qui traversèrent sa vie qu'elle sentit la nécessité de recourir à la source de toutes les grâces. Quelques années après sa profession, elle vit mourir au monastère une de Mesdemoiselles ses sœurs dont les goûts étaient entièrement conformes aux siens et qu'elle aimait beaucoup. Les efforts violents qu'elle fit pour comprimer sa douleur et pour se soumettre à la volonté divine altérèrent sa santé, et bientôt elle tomba dans des maladies étranges, inconnues aux médecins et qui la firent beaucoup souffrir. Rien de plus édifiant que la patience, la douceur, l'abandon qu'elle fit paraître en cet état. Loin de s'affliger, elle se réjouissait de se voir comme accablée de maux et disait humblement : « Après tant de grâces reçues et si peu de » correspondance de ma part, je pourrais craindre d'être rejetée » de Notre-Seigneur; mais j'espère qu'en unissant mes souf» frances aux siennes j'obtiendrai miséricorde. »

« A la joie de sa famille religieuse, elle guérit parfaitement, ce qui permit de l'adjoindre, peu après, c'est-à-dire le

12 juillet 1664, aux Sœurs qu'on envoya fonder à Nîmes un de nos monastères, sous la conduite de la Très Honorée Mère Louise-Françoise de Rozel. Ce ne fut pas sans faire un grand sacrifice que notre Sœur Jeanne-Françoise consentit à s'éloigner de sa maison de profession et de M. et Mme d'Audessans; mais elle ne le laissa pas soupçonner, et partit fort courageusement pour aller où Dieu avait marqué sa place. Elle s'y rendit très utile. Son bon et solide jugement, sa capacité peu commune la faisaient réussir en tout ce qu'elle entreprenait; aussi lui confia-t-on successivement presque toutes les charges de la maison. Comme à Montpellier, elle se distingua par une constante ferveur, une grande exactitude à l'observance et un respect, une soumission extraordinaires pour ses Supérieures, en qui elle ne voyait que Dieu.

» La très honorée Mère Anne-Thérèse de Grasset ayant succédé à la Mère Louise-Françoise de Rozel, a rendu aux vertus de notre chère Sœur le témoignage suivant, que nous reproduisons textuellement:

« A mon arrivée à Nîmes, dit-elle, je trouvai notre Sœur Jeanne- Francoise dans un notable accroissement de perfection. Son union avec Dieu était si intime qu'elle paraissait tout extasiée, même en se livrant à ses occupations extérieures. Une fois, qu'elle me rendait compte de ce qui se passait en elle et des lumières très pures qu'elle recevait à l'oraison sur les attributs divins, dans la considération desquels son esprit se perdait, je lui répliquai, pour l'éprouver, que ses œuvres ne répondaient pas assez à l'état si relevé où elle me disait être. Elle en convint avec beaucoup d'humilité, puis elle ajouta: « Ma Mère, ne vous étonnez pas des grâces dont je suis comblée; naturellement, je serais trop portée au plaisir des sens, à la recherche de l'estime et de l'amitié des personnes qui m'entourent, et c'est pour me faire éviter ce danger que notre bon Dieu m'attire fortement à lui. Je ne fais donc que me prêter aux créatures, mais je me livre tout entière à mon Bien-Aimé, qui me possède depuis l'âge de sept ans, par sa miséricorde infinie. »

« Ce beau temps de consolation, continue la digne Supérieure, ne dura pas toujours. Dix huit mois après, elle tomba dans des peines si extraordinaires et si terribles, qu'elle faisait compassion. Rien ne peut donner une idée de ce qu'elle eut alors à souffrir. Plusieurs grands serviteurs de Dieu lui aidèrent de tout leur pouvoir à tirer profit de cette rude épreuve. Elle en sortit enfin et recouvra sa paix première avec les chastes caresses de son divin Époux, grâce qu'elle crut devoir à l'intercession de notre glorieux Père saint François de Sales; aussi lui en conserva-t-elle toute sa vie une grande reconnaissance.

» Il est certain que cette sainte fille a été gratifiée de lumières surnaturelles tout à fait extraordinaires. Le fait suivant, pris entre plusieurs autres, le prouve. Appelée une fois au parloir par un religieux qu'elle n'avait point encore vu, et dont on ne lui avait jamais parlé, elle reconnut qu'il n'était pas en la grâce divine et lui dit franchement: « Prenez garde à vous, votre âme est en très mauvais état, convertissez-vous à Dieu. » Il fut fort surpris de cet avertissement, et, ne pouvant douter que le ciel ne l'eût inspiré à la vertueuse fille, il en profita et s'empressa de se réconcilier avec Notre-Seigneur, que, de son propre aveu, il avait grandement offensé.

» Cette chère Sœur me dit un jour, en confiance, que pendant une retraite, elle s'était gravé, dans un transport d'amour, le saint Nom de Jésus sur le cœur et sur les bras avec un fer chaud, ce qui fut constaté après sa mort. Elle avait un invincible courage pour faire ce qu'elle connaissait être agréable à Dieu et à l'obéissance. Lorsque je fus chargée du gouvernement de cette maison, elle était Assistante, je la fis remplacer au premier changement d'officières et je la nommai réfectorière. Elle reçut cet emploi bas et pénible avec une grande joie et le remplit avec une générosité admirable: souvent elle me remerciait de le lui avoir donné, m'assurant qu'elle avait besoin d'exercice. C'était, du reste, en toutes occasions, qu'elle se montrait disposée à tout ce qu'on voulait d'elle; de sorte que, dès qu'il s'agissait de suppléer une Sœur, je la choisissais de préférence, comme elle m'en avait bien des fois réitéré la demande, disant: « Ma » Mère, ayez une parfaite confiance de m'employer comme » bon vous semblera, et faites-moi le plaisir de me charger » sans crainte des occupations que vous n'oseriez pas donner » à une autre; car je veux être votre recours pour tout, et, » s'il plaît à Dieu, je ne vous manquerai jamais. » Elle tint parole.

» Revenue à Montpellier après neuf années environ de

séjour à Nîmes, notre Sœur Jeanne-Françoise continua d'édifier la communauté par ses vertus, et de lui rendre de très bons services dans les charges de portière, d'infirmière, etc... De plus, pour satisfaire sa dévotion aux saints anges, elle procura au monastère l'érection d'un très bel oratoire en leur honneur. Ce furent Messieurs ses parents qui fournirent toute la somme nécessaire pour ce petit monument.

» Une douloureuse maladie de poitrine vint trop tôt ravir cette vraie Religieuse à l'affection de ses Sœurs, pour qui elle était à la fois une parfaite amie et un excellent modèle. Pendant ses longs jours de souffrance, elle demeura constamment paisible, douce, patiente et soumise au bon plaisir de Dieu, et, lorsque son heure fut venue de passer de ce monde à l'éternelle vie, elle demanda et reçut les derniers sacrements avec une grande ferveur, et fit paraître beaucoup de joie d'être si près d'aller se réunir à son unique Bien-Aimé. Le 27 août 1673, vers trois heures du matin, se sentant défaillir, elle exprima le désir de voir encore une fois toute la communauté, mais nos Sœurs étaient à peine entrées à l'infirmerie qu'elle tomba en syncope. On la croyait près d'expirer, lorqu'elle se ranima tout à coup, et dit les paroles suivantes, qu'on recueillit mot à mot:

« Le pur Amour m'a éveillée ce matin et m'a donné le » bonjour en me disant: Voici la mort! Il est si beau, si » charmant, ce pur Amour, qu'il ravit et emporte tout avec » lui. Je l'avais perdu depuis quelque temps, mais il est re- » venu, et m'a fait voir qu'il a noyé tous mes péchés dans » l'abîme de son infinie bonté et miséricorde. Ce que vous » avez vu ces jours passés, c'était le purgatoire qu'il me faisait » endurer; depuis son retour, il triomphe de tout, et, si la » nature fait encore quelques grommellements, je n'en tiens » plus de compte. Mon pur Amour m'a dit que mes souffrances » étaient finies, que j'aurais une agonie fort douce et qu'étant » née un vendredi, à huit heures du matin, je mourrais le » même jour et à la même heure. » L'heureuse mourante parla ensuite de l'obligation qu'ont les âmes religieuses de marcher par les voies droites et de fuir toutes sortes de bagatelles; puis, voyant près d'elle son crucifix, son chapelet et le petit livre de nos Constitutions, elle dit: « Je prise plus ces trois choses qu'un empire, » et elle parla longuement et d'une manière admirable de la haute perfection comprise dans nos Règles,

Notre-Seigneur lui ayant donné sur ce sujet de très vives et très abondantes lumières. Ce discours achevé, elle s'écria: « C'est aujourd'hui le jour de mes noces, le jour de ma » gloire, de ma joie et de mon bonheur, enfin c'est le jour » de ma mort, qui détruira en moi tout ce qu'il y a de vil » et de terrestre, et me réunira pour jamais à mon principe » et à ma dernière fin! O moment fortuné de la mort! soyez » le bienvenu! Que les autres vous craignent et vous fuient: » pour moi, je vous appelle et vous attends avec un ardent » désir et une sainte impatience. » Ce furent ses dernières paroles. Elle s'endormit aussitôt d'un doux sommeil pour ne se réveiller que dans la bienheureuse éternité. Ainsi qu'elle l'avait annoncé, il était huit heures du matin lorsque son âme quitta ce lieu d'exil. Elle était âgée de 36 ans, dont 20 de profession. »

## Sœur MONIQUE-ALEXIS VAQUIÈRE

Cette religieuse, du rang des Sœurs converses, mourut en 1680, à l'âge de 90 ans, dont 42 de religion. Voici l'abrégé de sa vie et de ses vertus, envoyé aux diverses maisons de l'Ordre le 27 mai 1681 par la Mère Louise-Françoise de Rozel.

« Notre chère Sœur était une bonne veuve, du commun peuple de cette ville, mais prévenue de Dieu dès sa jeunesse. Malgré le soin et l'entretien de sa famille, elle ne négligeait pas ses devoirs religieux, se levait de grand matin pour aller à l'église entendre plusieurs messes, et le dimanche, elle consacrait sa journée aux offices divins. Lorsque les hérétiques se mirent à attaquer notre sainte Religion, et à abattre les églises, notre chère Sœur, embrasée d'un grand zèle pour la foi catholique, résolut de rester dans la ville avec plusieurs pauvres personnes, pour leur résister, car tout le monde prenait la fuite, effrayé de leurs menaces. Ces méchants entrèrent un jour dans sa maison, où elle se trouvait seule, son mari s'étant enfui; ils lui demandèrent de quelle religion elle était!... Elle répondit hardiment « Je suis catholique, apostolique et romaine. » Ce qu'ils n'eurent pas plus tôt entendu, qu'ils commencèrent à la battre, et la traînèrent pour la mener au prêche, mais notre jeune femme, résistant à leurs coups et à leurs menaces, leur disait hautement: « Tuez-moi, si vous voulez, mais je n'irai jamais au temple. » Indigné de tant d'audace, un de ces révoltés prit son épée et voulut la lui passer à travers le corps; elle ne témoigna aucune émotion, ni crainte. Un autre, plus humain, arrêta le bras de son compagnon, qui se contenta de lui donner un grand coup sur la tête. Se voyant toute couverte du sang qui s'échappait de cette blessure, notre héroïne se recommanda à Notre-Seigneur, témoignant une grande joie de pouvoir mourir martyre. Mais Dieu se contenta de sa bonne volonté. Toute sa vie, elle garda au front la cicatrice de sa glorieuse blessure. Se voyant vaincus par une jeune femme, ces forcenés l'abandonnèrent. Quelques bonnes personnes la recueillirent et lui prodiguèrent leurs soins. Puis, elle se retira dans sa maison, demeurant toujours inébranlable dans sa foi, et l'affirmant hautement. Plusieurs de ses voisines l'engageaient à dissimuler ses sentiments pour conserver sa vie et ses biens, mais elle, indignée de leur lâcheté, leur disait que si elles continuaient à vivre dans leur apostasie, elles seraient damnées. Ce qui en fit rentrer dix dans la véritable Église.

» Après une si généreuse action, elle vécut dans le monde, ne se livrant qu'aux bonnes œuvres. Elle rendait d'immenses services aux religieux, selon ses pauvres moyens. Se trouvant veuve et sans enfants, elle fut inspirée de venir s'offrir à notre communauté, avec tout ce qu'elle avait, qui était assez considérable pour sa condition, afin de remplir l'emploi de jardinière, ou celui que nous voudrions. Toute sa vie, elle nous a constamment édifiées par sa grande obéissance et son exacte fidélité à nos saintes Observances. Elle ne perdait presque pas la présence de Dieu. On l'entendait sans cesse parler familièrement avec son Bien-Aimé, quand elle travaillait au jardin. Elle nous disait, avec sa naïveté ordinaire, qu'elle ne pouvait se lasser de dire: « Mon Dieu! vous êtes tout à moi et je suis toute à vous. » Notre communauté avait grande confiance en ses prières, et lorque son extrême vieillesse l'eût rendue incapable d'aucun travail, elle se tint continuellement au chœur ne se lassant pas de prier pour tout le monde. Notre chère Sœur est morte, comme elle avait vécu, fort saintement, après avoir reçu les derniers sacrements avec beaucoup de ferveur. »

## Sœur MARIE-AUGUSTINE de FABRE

« Native de la ville de Pézénas (1), cette chère Sœur était tendrement aimée de son honorable famille. Sa parfaite éducation, les nombreux agréments de sa personne et les charmantes qualités de son esprit et de son cœur la faisaient fort considérer et rechercher dans le monde. Heureuse de ses succès, elle ne songeait qu'à jouir, dans les bornes d'une honnête retenue, des avantages de sa position, lorsqu'un jour il plut au Seigneur de jeter sur elle des regards de miséricorde. A l'aide d'un rayon de la grâce, ses yeux s'ouvrirent sur le néant de tout ce qui passe avec le temps ; elle comprit la nécessité du salut et les dangers que lui présentait la vie insouciante du siècle. Aussitôt elle se plaça sous la direction d'un très vertueux chanoine de Pézénas, lequel fut ravi des attraits de la grâce en cette âme et s'appliqua plus à modérer la ferveur de sa disciple qu'à l'exciter. Elle eût voulu, dès lors, abandonnant le monde qu'elle avait pris à dégoût, se réfugier dans un cloître ; mais le sage directeur crut prudent d'étudier mûrement cette vocation si spontanée. Bien loin de lui permettre de se retirer, il l'obligea même de continuer à voir les personnes qui la recherchaient et ne permit point qu'elle changeât rien à sa toilette. Quand il vit son cœur bien dégagé de toute affection et affermi en Dieu, il lui remit le livre de nos saintes Constitutions pour qu'elle les méditât et en fit un essai en son particulier.

» Cette âme fervente et résolue ne sut pas garder d'assez justes mesures pour éviter d'attirer l'attention de Madame de Fabre, laquelle s'aperçut bien vite de quelques-unes des pratiques de sa fille. La voyant se lever à cinq heures du matin, faire une heure d'oraison mentale, garder le silence à certaines heures du jour, se confesser et communier fréquemment et surtout se montrer peu soigneuse de sa parure, cette bonne mère soupçonna ce qu'elle appréhendait le plus, et n'osa pas même hasarder une seule question, dans la crainte d'apprendre une trop douloureuse vérité. Mademoiselle de Fabre, de son côté, crut qu'elle ne pouvait triompher de tous les obstacles que par la fuite. Un matin, à son réveil,

(1) Année sainte, Tome VI, page 457.

se sentant pressée d'un ardent désir d'accomplir la volonté de Dieu, elle entendit retentir au fond de son cœur ces paroles victorieuses : « Écoute, ma fille, oublie ton peuple et la maison de ton père, et le Roi concevra de l'amour pour ta beauté. » Tout enflammée, et sachant que sa mère était allée passer une journée dans un jardin hors la ville, elle jugea le moment favorable pour son projet d'évasion et courut demander la bénédiction de son directeur. Elle le trouva dans la sacristie, revêtu des ornements sacrés pour dire la sainte Messe. Le digne prêtre, fort surpris de tant de générosité, crut devoir laisser cette âme à sa ferveur et au souffle du Saint-Esprit et la bénit selon son désir. Rentrée chez elle, Mademoiselle de Fabre quitta ses vêtements de soie et ses bijoux, enlevant jusqu'aux dentelles de sa jupe, afin de ne point emporter l'enseigne de la vanité dans la maison du Seigneur, puis, revêtue d'un vieux vêtement de laine, elle déposa ses clefs sur les coffres, secoua la poussière de ses pieds et partit remplie d'allégresse pour la terre étrangère, où elle n'était point connue et ne connaissait personne.

» Après avoir fait quelques lieues, elle descendit de cheval pour assister au saint sacrifice de la Messe dans une église qu'elle rencontra sur son chemin ; en entrant dans le lieu saint, elle ôta le masque qu'elle portait selon la mode du temps, et fut malencontreusement reconnue par un homme qui alla de ce pas en porter la nouvelle à Pézénas. Madame de Fabre fut saisie de douleur en apprenant la fuite de sa fille ; son fils et un de ses neveux partirent immédiatement pour essayer de l'arrêter et de la ramener. Comme ils avaient pris la poste, ils parvinrent plus tôt qu'elle à la porte de notre monastère de Montpellier, où ils apprirent à nos Sœurs ce qu'elles ignoraient encore. Peu après, M^lle de Fabre arriva à son tour. Son frère et son cousin n'omirent rien pour ébranler sa résolution ; ils lui représentèrent la douleur de sa mère, persuadés que son cœur naturellement tendre se laisserait ébranler ; mais elle leur répondit : « Laissez-moi entrer au monastère, demain je vous apprendrai ma détermination. » A peine admise dans la maison de Dieu, elle chanta le cantique de la délivrance et passa la nuit dans de ferventes actions de grâces. Le matin venu, elle congédia ceux qui s'étaient mis à sa poursuite, en leur protestant que rien n'ébranlerait jamais sa résolution de n'être qu'à Dieu seul.

» En effet, ce premier élan ne fut point passager; sa générosité lui mérita une abondante effusion de grâces qui parurent dès son commencement et allèrent s'accroissant jusqu'à son dernier jour. Bien qu'âgée de vingt-cinq ans, elle parut aussi souple et aussi docile qu'un enfant; l'esprit de Dieu lui avait fait comprendre et goûter cette maxime du Sauveur: « Pour être faite enfant de Dieu, il faut renaître de nouveau. » Le jour de sa vêture, elle reçut la nouvelle de la mort de son vénérable directeur et comprit dès lors que le Seigneur ne lui accorderait le glorieux titre d'épouse qu'au prix d'un total dépouillement. Elle en fit son étude particulière et s'adonna au recueillement, à l'oraison, à la solitude et au silence, « ces grandes choses qui touchent Dieu de si près qu'elles semblent nous donner quelque idée de la nature divine, et nous plonger dans son immensité pour y retremper nos âmes affaiblies. » Fortifiée par ce commerce intime avec son Créateur, elle travailla efficacement à la réformation de l'homme intérieur et se façonna selon l'esprit de sa vocation. Dieu seul sait le nombre d'ennemis qu'elle eut à combattre à droite et à gauche, et les victoires qu'elle remporta avec l'aide de la grâce. Un jour, plus pressée de difficultés et de peines, elle dit à la Directrice: « Je ne suis venue en reli-
» gion que pour porter la croix: Dieu me la donne; elle as-
» sure ma vocation, je mourrai plutôt que de la quitter. »

« Le jour de sa profession fut pour cette âme vaillante, un jour de céleste allégresse. Elle consola sa bonne mère, qui lui avait pardonné sa fuite, mais qui la pleurait toujours:
« Cet habit, lui dit-elle avec ferveur, cette croix et ce voile
» sacré me plaisent mille fois plus que tous les ornements
» que votre tendresse m'avait destinés, et les noces de l'A-
» gneau sont bien préférables à celles des enfants du siècle. »

« Tout occupée de son divin Époux, notre chère Sœur n'avait d'autre délice que de méditer les saints mystères et de demeurer cachée dans le sanctuaire du Sacré-Cœur. Elle ne laissa pas que de se rendre fort utile dans les emplois qui lui furent confiés, car c'était une fille de très bon et solide jugement et d'un dévouement à toute épreuve; mais Notre-Seigneur, qui voulait se hâter de la couronner au ciel, lui fit porter presque dès sa profession la lourde croix des maladies et des infirmités, qu'elle endura avec une patience héroïque et un constant oubli d'elle-même. Elle vit arriver le dernier jour avec le sourire de l'espérance sur les lèvres, et s'endormit paisiblement dans le Seigneur. C'était le 19 juin 1682. Elle était âgée de 34 ans, dont 8 de profession. »

## Sœur CLAUDE-AGNÉS de SARTRE

« L'empressement avec lequel cette chère âme (1) correspondit à la grâce du divin Maître lui mérita cet accroissement continuel de lumières divines, qui l'aida puissamment à atteindre le sommet de la perfection.

» Elle avait quinze ans à l'époque de l'établissement de notre monastère de Montpellier, et son jeune cœur se sentait pressé d'un si ardent désir d'être à Dieu, qu'elle ne voulut pas même différer de quelques jours son entrée au couvent pour attendre sa sœur aînée, qui devait l'y suivre. Ce fut la troisième prétendante reçue à l'habit dans le nouveau monastère; elle y devint un pilier d'observance et un modèle de toutes les vertus, mais ce ne fut point sans combat: « Car elle avait, disent nos anciennes Sœurs, l'esprit haut, opiniâtre et fait au rebours de tous. » Cependant, elle entreprit avec tant d'ardeur de se détruire elle-même, pour donner le sceptre de son cœur à l'esprit de Jésus-Christ, qu'en ses commencements, en son progrès et en sa fin, elle parut un exemple achevé d'humilité, de souplesse, de douceur et d'affabilité.

» Dans sa basse estime d'elle-même, jamais elle ne laissa sortir de ses lèvres une parole de vanité ou d'excuse; dissimulant, ou plutôt oubliant ce qui lui aurait pu attirer de l'estime, elle était toujours du parti des personnes qui la reprenaient, se blâmait sincèrement et mettait au jour tout ce qui pouvait la rendre abjecte. La seule pensée des charges lui causait une peine extrême; pourtant jamais elle n'y témoigna de répugnances et les remplit toujours avec une modeste magnanimité. On pouvait l'envoyer à droite et à gauche, la mettre haut ou bas, ne lui donner aucune occupation, elle était toujours soumise et approuvait tout, surtout le rien, quand on le lui accordait, car c'était son vrai centre.

» On ne croit pas qu'elle ait jamais manqué à l'obéissance

(1) Année sainte, tom. V. p. 437.

ni à aucun point de la Règle; quelque légère que fût une observance, c'était pour elle un arrêt définitif. Voyant Dieu dans ses Supérieures, elle les révérait profondément et regardait leurs paroles comme des oracles. Une d'entre elles voulant un jour lui expliquer les raisons qu'elle avait de lui confier un emploi fort pénible. « Ma Mère, lui répondit notre vraie religieuse, je vous en supplie, point d'explications, s'il vous plaît; je suis à l'obéissance; ce n'est point à moi de savoir et de raisonner, mais à votre Charité de commander; je n'ai rien à faire qu'à obéir jusqu'à la mort. » Une seule fois, on connut l'extrême répugnance qu'elle avait à se surmonter, ce fut au moment de quitter sa maison de profession pour aller à Nîmes établir un nouveau monastère. Lorsque la porte de clôture fut ouverte, on lui vit faire deux pas en arrière avant d'en franchir le seuil; mais aussitôt, levant les yeux au ciel, sans dire une seule parole d'attendrissement, elle sacrifia ses plus chères inclinations.

» Après avoir très utilement servi cette communauté naissante, notre chère Sœur fut désignée pour accompagner au Puy la très honorée Mère Louise-Dorothée de Marigny, qui venait d'y être élue, et enfin, après six ans d'absence, elle revint à Montpellier édifier son cher berceau.

» Une âme si humble et si obéissante avait parfaitement dominé tous les sens. Il est presque impossible de comprendre jusqu'à quel point elle portait sa mortification. Elle ne levait les yeux qu'à l'heure des récréations, et ne proférait jamais une parole vaine ou inutile. Sa conversation était toute céleste, et c'était la blesser que de lui témoigner quelque attachement. Elle ne savait ce que c'était que le superflu ou les prévoyances humaines, et, lorsqu'on faisait les distributions en usage, telles que bougiés ou choses semblables, elle gardait le strict nécessaire et rendait le reste à la Supérieure ou à l'économe. Cependant, cette âme si pure et si dégagée se croyait sincèrement la plus criminelle du monde; elle n'approchait du saint tribunal que noyée dans ses larmes; et les Supérieures, qui savaient avec quelle humble exagération elle accusait ses légères imperfections, se croyaient obligées de prévenir les confesseurs extraordinaires qui étaient exposés à méconnaître cette humble pénitente. Accablée de l'impression de la sainteté divine, elle ne voyait en son âme que péché et malice, et Dieu, jaloux de son cœur, ne permit pas qu'elle trouvât jamais auprès des créatures de soulagement à ses peines; aussi ne le désirait-elle pas et ne cherchait-elle jamais à s'ouvrir à qui que ce fût en dehors de ses Supérieures ordinaires. Jamais, non plus, elle n'omit une seule communion ni aucun exercice spirituel, quelle que fût sa souffrance intérieure: la divine Eucharistie et l'oraison étaient ses uniques soutiens. Elle demeurait aux pieds de son Sauveur, voilé sous les saintes espèces, dans un si profond oubli d'elle-même et de toutes choses, qu'elle se laissait piquer par les guêpes et les mouches au point d'en avoir le visage prodigieusement enflé; il fallut que l'obéissance l'obligeât à se précautionner contre de telles piqûres par de légers mouvements. Le nombre de génuflexions qu'elle faisait devant le Saint-Sacrement est chose incalculable; jamais elle ne s'assit au chœur, même dans son âge avancé, si ce n'est pendant l'Office lorsqu'il est ordonné, et alors c'était avec un raffinement de mortification qui lui rendait cette posture plus pénible que toute autre. Lorsque, vers la fin de sa vie, il lui fut permis d'employer à la prière tout le temps qu'elle voudrait, elle ne sortit plus de la chapelle que pour les exercices de communauté, et encore se plaignait-elle que le temps lui manquait pour satisfaire à ses dévotions.

» C'était bien à ses dépens, cependant, que cette âme fervente servait le Seigneur, car elle n'avait ni goût sensible, ni consolation intérieure. Toujours unie à son divin Sauveur, elle le suivait dans ses sacrés mystères, et, pour cela, elle avait ainsi distribué les jours de la semaine: le lundi, elle tenait compagnie à Jésus-Christ au jardin des oliviers; le mardi, au désert; le mercredi, à la colonne de la flagellation; le jeudi, au cénacle; le vendredi, au Calvaire; le samedi, au sépulcre; le dimanche, elle demeurait dans la plaie du sacré côté de son divin Époux. Elle avait adopté quatre maximes qu'elle rapportait aux vertus cardinales, et qui faisaient son occupation habituelle. « La force réside en la présence de » Dieu, disait-elle: *Marche en ma présence et tu seras parfait.* » — La prudence fait aspirer aux biens éternels; je me regar- » derai comme une pèlerine qui soupire après sa patrie, et » je m'encouragerai par ces paroles de N.-S. à sainte Cathe- » rine de Sienne: *Ma fille, pense à moi, et je penserai à toi.* — » La justice consiste à se conformer au bon plaisir divin. » *Le caractère des filles de la Visitation*, dit notre bienheureux

» Père, *est de voir la volonté de Dieu en toutes choses et de la* » *suivre.* — La tempérance ou la vraie mortification fait adhérer » à Dieu de moment en moment, d'action en action. Je le » laisserai donc faire de moi tout ce qu'il lui plaira, sans me » mettre en peine de rien, ni me porter moi-même à quoi » que ce soit, disant souvent en mon cœur, ainsi que notre » saint Fondateur : *Tout ce qui n'est pas Dieu n'est rien.* »

« La charité de cette fervente Sœur reluisait en toutes ses actions. Pour la dépeindre, nous ne pouvons qu'emprunter les propres paroles de l'Apôtre : elle était *patiente*, car aucune syllabe de plainte ne sortit jamais de sa bouche ; *douce et bienfaisante*, ses paroles et ses œuvres étaient empreintes d'affabilité et de dévouement ; *elle n'était point envieuse*, car elle se réjouissait du bonheur du prochain plus que du sien propre ; *elle n'était point précipitée*, il n'y avait rien de plus modéré, de plus calme et de mieux réglé que toute sa conduite ; *elle ne s'enflait point d'orgueil*, mais demeurait anéantie devant Dieu et devant les créatures ; *elle ne se piquait et ne s'aigrissait point*, jamais son cœur ne fut blessé que par les épines de la couronne de son Sauveur ; *elle ne se réjouissait que de la vérité, elle croyait tout, espérait tout et souffrait tout.* C'était là son véritable caractère, et si elle excédait en quelque chose, c'était en louanges du prochain, duquel jamais elle n'avait que du bien à dire. En un mot, on peut résumer toute sa vie en disant qu'elle a consumé les forces de son âme et de son corps au service parfait de Notre-Seigneur dans la plupart des charges de la religion.

» Quelques mois avant sa précieuse mort, elle fut arrêtée à l'infirmerie par une jaunisse universelle et par les douleurs que lui occasionnait un squirrhe au foie; toutefois, elle ne se ralentit point dans son exactitude à ses exercices, et à tous ceux de la communauté qu'on lui permettait de suivre. Elle attendait ainsi de pied ferme ce que le Seigneur ordonnerait de son sort. Un jour, le médecin la trouvant plus assoupie, conseilla de la mettre au lit et de lui administrer les derniers Sacrements. Il ne fallut aucun ménagement pour lui annoncer cette nouvelle, la plus consolante qu'elle pût apprendre. Après avoir dîné avec les autres infirmes, elle se coucha et se prépara tranquillement à sa confession. Vers le soir, quelques convulsions ayant paru, on lui apporta le saint Viatique. Quoique un peu surprise de cette mesure si prompte, elle ne se permit aucune réflexion sur le motif qui faisait agir. Le lendemain, qui fut le jour de sa mort, la Supérieure, la voyant fort agitée, lui dit que Dieu, par ces douleurs, voulait lui donner une nouvelle occasion de mérites : « Ma Mère, dit » notre humble Sœur, ne me parlez pas de mérites. Jésus-Christ » seul a mérité, et c'est mon bonheur ; car que serais-je sans » lui ? » Peu après elle perdit l'usage de ses sens, mais non la connaissance, et reçut avec ferveur les saintes onctions ; puis, saisissant d'une main le livre de nos saintes Règles et de l'autre le crucifix, comme trophées de ses victoires, elle les conserva pendant sept heures étroitement serrés, malgré les convulsions qui ne la quittèrent plus jusqu'au moment de son décès. Ainsi, cette âme victorieuse se présenta au Seigneur, les armes et les palmes à la main, pour recevoir la couronne des élus. Elle était âgée de 68 ans, dont 51 de profession. C'était le 18 mai 1683. »

## Sœur MARIE-ANNE-ALEXIS MOURIER

La mère Louise-Angélique de Valat, supérieure du Monastère de Montpellier, communique en ces termes, le 30 août 1685, le décès de cette religieuse.

« Notre chère Sœur était native de Saint-Thibéry, petite ville du diocèse d'Agde, d'une honorable famille. Fille unique et très bien faite de sa personne, ses parents avaient pour elle un amour de complaisance; aussi ne voulurent-ils jamais consentir, malgré leur piété et leur vertu, à ce que cette enfant chérie se fît religieuse, quoiqu'elle le désirât ardemment, ayant fait vœu de chasteté étant encore toute jeune. Elle se soumit cependant à leurs volontés, car ils lui laissèrent pleine liberté pour vaquer à ses exercices spirituels. Mais Dieu, jaloux de ce cœur, lui enleva bientôt les auteurs de ses jours, et notre jeune fille ne songea plus, dès lors, qu'à son entrée en religion. Elle demandait instamment à Notre-Seigneur de lui faire connaître l'Ordre où il la voulait; lorsque, une nuit, elle vit en songe une grande procession de religieuses Bénédictines, pour lesquelles elle avait une grande vénération, car il y avait un monastère de cet Ordre dans son pays; elle vit donc ces religieuses l'inviter gracieusement à les suivre, mais elle ne pouvait s'y décider, sentant une opposition qu'elle ne pouvait vaincre. Tout à coup lui apparaît un Prélat d'une beauté charmante, revêtu du rochet et du camail, qui la regarde avec douceur. Elle court se jeter à ses pieds et se donne à lui. Depuis ce songe, ayant ouï parler, et vu le portrait de notre saint Fondateur, elle ne douta plus que Dieu la voulait dans l'Ordre que ce Saint avait fondé. Elle fut confirmée dans ce sentiment par M. l'Abbé de Lavergne, qui donnait à ce moment-là une Mission dans Saint-Thibéry. Désireuse d'exécuter au plus tôt son projet, elle partit avec une de ses amies, parente d'une de nos Sœurs, et nous arriva, comme si elle eût été assurée de sa réception, avec tous ses effets, argent, etc., ayant bien mis ordre à toutes ses affaires. Elle supplia notre Très Honorée Mère Françoise-Emmanuel de Nouvery, alors en charge, de la recevoir au nom de la Très Sainte Trinité, en qui elle plaçait toute sa confiance. Pour faciliter sa réception, elle fut encore trouver Monseigneur Bosquet, alors notre Evêque, et lui dit qu'elle avait eu quelquefois l'honneur de lui demander l'aumône pour les pauvres, mais qu'à présent, elle venait la lui demander pour elle, le suppliant de lui accorder l'entrée dans notre monastère ; ce qu'il fit en effet. Nous la reçûmes avec l'assurance qu'on nous donna que c'était une sainte fille, d'une vie exemplaire, et qu'on vénérait, depuis un miracle qui s'était fait grâce à son scapulaire. Le feu avait pris dans un tas de gerbes de blé et menaçait de consumer tout, quand elle envoya son scapulaire pour le jeter au milieu des flammes ; le feu s'éteignit aussitôt, et le scapulaire fut retiré intact ; on l'a depuis conservé comme une relique. On ne peut dire la joie qu'éprouva notre nouvelle prétendante de se voir en la maison du Seigneur. Quoiqu'elle fût âgée de plus de 38 ans, elle se rendit souple et maniable, comme une enfant, entre les mains de sa Supérieure et de sa Maîtresse. Pendant tout son noviciat, elle souffrit, sans rien dire, d'un mal violent à une jambe ; il y avait même inflammation ; de crainte d'être renvoyée, elle eut recours au ciel, et obtint une parfaite guérison. Sa profession eut lieu en son temps. Notre chère Sœur fut toute sa vie un modèle de perfection ; douce, charitable, fille de prière et d'oraison. Le jour et la nuit étaient employés à ces saints exercices, avec la permission de ses Supérieurs. Elle avait aussi un grand attrait pour les austérités, prenait souvent la discipline jusqu'au sang ; on en voyait les marques partout où elle l'avait prise. D'une grande exactitude à observer nos saintes Règles, elle avait renoncé à se confesser tous les jours, selon son ancienne coutume du monde ; elle suivait en cela la communauté. La dernière fois qu'elle s'approcha du saint Tribunal, elle dit à une de nos sœurs : « Ma Sœur, priez Dieu pour moi, afin qu'il me donne un bon *Peccavi !* » Elle était à ce moment-là en parfaite santé, mais le lendemain un accès se déclara. Le médecin, appelé en toute hâte, prescrivit les remèdes nécessaires. Elle put encore, un jour après, descendre au chœur pour entendre la sainte messe, après laquelle elle fut reprise d'un autre accès, et transportée à l'infirmerie. On n'eut que le temps de lui faire administrer le Sacrement de l'Extrême-Onction ; elle ne put recevoir les autres Sacrements, car un transport au cerveau lui avait fait perdre toute connaissance. Elle expira le 1er octobre, en la fête du Saint-Rosaire qui tombait ce jour-là, en cette année 1684. Elle était âgée de 60 ans, dont 20 de profession religieuse, du rang des Sœurs choristes. »

## Sœur FRANÇOISE-ANGÉLIQUE de BACHELIER

La Mère Louise-Angélique de Valat, Supérieure du Monastère, a écrit le 30 août 1685 la notice suivante sur cette religieuse, décédée le 21 avril 1685, à l'âge de 60 ans, dont 41 de profession, du rang des Sœurs choristes.

« Cette chère Sœur a passé la plus grande partie de sa vie dans des peines et travaux intérieurs les plus cruels. Elle a toujours vécu dans la plus grande mortification, se privant de tous plaisirs ; elle était si humble, qu'on l'aurait prise pour une pauvre fille à qui l'on faisait la charité, quoiqu'elle fût d'une naissance illustre, et qu'elle eût apporté au monastère des biens considérables. Dans sa dernière maladie, qui dura sept mois, elle ne pouvait souffrir qu'on lui donnât quelque soulagement. Un jour, elle me dit : « Hélas ! ma Mère, votre Charité et toutes nos Sœurs ont trop de bontés pour moi, je mériterais d'être abandonnée et jetée à la voirie. » Fille d'observance et très régulière, notre chère Sœur aimait aussi le travail commun ; les emplois bas et pénibles étaient de son goût, ce n'est qu'à contre-cœur qu'elle a exercé ceux qui la mettaient dans les premiers rangs. C'était une vraie vierge sage qui avait toujours de l'huile dans sa lampe par sa vigilance et son zèle qui était des plus éclairés. Elle fut gratifiée d'un don d'oraison sublime. Dans les intervalles que ses peines lui laissaient, elle se fondait en tendresses et en amour pour son Dieu. Je l'ai vue dans cet état de paix et de jouissances, pendant les six ans que j'ai eu l'honneur de la servir. « Ma Mère, me disait-elle sans cesse, je meurs de faim, donnez-moi le Pain céleste, autrement je tomberai en défaillance: » et le jour de la sainte communion, elle était si absorbée et perdue en Dieu, qu'elle ne se sentait pas. Enfin, dans n'importe quel état d'âme, elle nous a toujours paru un modèle de charité, d'humilité et de patience inaltérable dans ses grandes infirmités et la longue maladie qui précéda sa mort. Elle communia en Viatique le Dimanche des Rameaux, étant levée; mais voyant qu'elle s'affaiblissait de plus en plus et que l'enflure montait, nous lui fîmes administrer l'Extrême-Onction le Samedi-Saint, après qu'elle se fût confessée à Monsieur notre confesseur, en qui elle avait une grande confiance. Celui-ci nous a assuré, après sa mort, que c'était une sainte, qu'elle passait les années sans qu'il trouvât en elle matière d'absolution. Comme notre chère Sœur ne se sentait pas plus mal qu'à l'ordinaire, elle nous dit que nous étions trop pressées pour lui faire donner les Saintes Huiles; mais Notre-Seigneur nous guidait si bien, qu'après matines, étant retournées à l'infirmerie, nous la trouvâmes plongée dans un sommeil qui nous parut léthargique; aussitôt nous fîmes la recommandation de l'âme avec quatre ou cinq de nos Sœurs, ne la croyant pas assez bas pour appeler la communauté et Monsieur notre confesseur. Mais nous ne l'eûmes pas plus tôt achevée, que cette pure colombe poussa un faible gémissement et expira. »

# CHAPITRE IV

## La Mère Louise-Angélique de Valat.

Sa famille. — Sa parenté avec Mgr de Fenouillet. — Amitié de sa mère pour les premières religieuses. — Ses relations avec la communauté. — Ses progrès dans la piété. — Pensionnaire au monastère. — Visite de Ste Chantal à Montpellier. — Elle est remarquée par la bienheureuse Fondatrice. — Son entrée au Noviciat, ses épreuves. — Sa profession. — Heureux présages. — A travers les emplois. — Son voyage à Annecy. — Maîtresse des Novices et économe. — Miraculeuse multiplication. — Elle est nommée Supérieure. — Sa consécration à la Sainte-Famille. — Dieu bénit son gouvernement. — Ses vertus éminentes et ses croix. — Son zèle pour la foi catholique. — Elle écrit les annales du monastère. — Sa précieuse mort.

En quittant Rome pour se fixer sur les bords du Bosphore, l'empereur Constantin avait donné son palais du Latran aux Vicaires de Jésus-Christ. C'est dans cette demeure que les Successeurs de saint Pierre, sortant enfin des Catacombes, vinrent habiter. Les siècles s'écoulèrent avec quelques intervalles de paix, mais la lutte fut presque continuelle. Quand, au moyen âge, les hérésies eurent disparu, et que les factions populaires se furent calmées, le Pape Innocent III voulut orner la grande salle de son palais en plaçant au milieu des trophées des victoires les portraits de ses prédécesseurs. Cette galerie des Souverains Pontifes représentait le passé de l'Église, ses épreuves, ses combats et ses triomphes. Innocent III, qui jetait sur son siècle tant de lumières et tant de vertus, devait bientôt occuper une place importante au milieu de ces athlètes de la foi.

Nous avons raconté au chapitre précédent la vie et les vertus de quelques-unes des premières religieuses de la Visitation de Montpellier. Mais il est un nom qui remplit les annales du monastère et résume à lui seul son histoire depuis l'époque de la fondation jusqu'à la fin du XVII^e siècle. C'est celui de la mère Louise-Angélique de Valat. Sa notice biographique est une de celles qui ne peuvent se résumer sans détriment pour l'histoire et pour la piété. La voici telle que nous la trouvons dans l'*Année sainte*, tome III, page 737.

« Le Seigneur, qui veilla autrefois avec tant d'amour sur le berceau de Moïse, entoura d'une protection spéciale celui de notre Sœur Louise-Angélique. Une grâce providentielle la conduisit dans le sanctuaire, où, à la vue de tant de miséricordes, elle pouvait bien répéter, dans l'effusion de sa reconnaissance, ces paroles du Roi-Prophète: *A peine ai-je vu le jour que vous fûtes mon soutien; au sortir du sein de ma mère, vous me prîtes sous votre protection.* (Ps. XXI, 10).

» M. Jacques de Valat, son père, était un vaillant gentilhomme, qui se distingua entre tous les officiers de l'armée royale dans la guerre contre les huguenots révoltés; aussi fût-il récompensé par l'estime de Louis XIII et par la charge de mestre-de-camp. Les services importants qu'il rendit à l'État et à la Religion lui méritèrent encore la considération et l'amitié de Monseigneur Pierre de Fenouillet, Évêque de Montpellier. Ce pieux Prélat lui accorda sa nièce en mariage, de préférence à tous les autres partis qui se présentaient.

» Dieu bénit les deux époux, que l'esprit chrétien, la crainte du Seigneur et le respect pour la loi divine animaient également. Leurs enfants naquirent tous heureusement doués, mais entre eux on remarqua surtout notre Sœur Louise-Angélique. Elle vint au monde le 14 mai de l'année 1628, et parut presque aussitôt une enfant privilégiée, uniquement destinée au Seigneur. Monseigneur de Fenouillet entrevit ses heureuses dispositions et lui voua dès lors une tendresse toute paternelle.

» Pendant qu'elle s'épanouissait sous l'œil de sa mère, le bon Évêque, à qui son Église, si longtemps désolée, devait déjà le rétablissement de ses droits et de sa gloire, conçut encore le projet de doter sa ville épiscopale d'un Monastère de la Visitation. Natif de la Savoie, il avait été chanoine de l'église cathédrale de Genève, du vivant de notre saint Fondateur, avec lequel il était fort lié, ainsi qu'on peut s'en assurer dans les lettres de ce Bienheureux; il le regardait comme son père dans l'épiscopat, et disait lui être redevable des saintes dispositions qu'il avait apportées à son sacre. Il crut donc ne pouvoir mieux lui marquer sa reconnaissance qu'en attirant à Montpellier un nouvel essaim des abeilles spirituelles de ce saint Instituteur; d'ailleurs, il espérait ainsi préparer une ruche pour son aimable petite avette, car il ne doutait point que Dieu ne lui destinât cette faveur.

» Notre sainte Mère de Chantal choisit pour la nouvelle fondation six de ses filles, toutes très vertueuses et fort exemplaires, dont la Mère Louise-Dorothée de Marigny fut nommée Supérieure. Entre les dames qui leur firent bon accueil, Madame de Valat se déclara leur plus zélée et charitable protectrice; par complaisance pour Monseigneur de Fenouillet, son oncle, elle aurait dû le faire, lors même que sa piété et son inclination ne l'y auraient point excitée. Sa petite Constance n'avait que trois ans à l'arrivée des fondatrices, et, bien qu'elle semblât née pour notre Institut, on ne jugea pas possible de l'enfermer si jeune au Monastère. En attendant qu'elle eût l'âge requis, Madame de Valat la remit entre les mains d'une Sœur du tiers-ordre de Saint-Dominique, fille d'une éminente vertu, morte depuis en odeur de sainteté. Toutefois, à cause de l'union très étroite qui existait entre M^me^ sa Mère et nos Sœurs, de la proximité de leur maison, et du désir que la pieuse institutrice avait de voir son élève profiter des exemples et des instructions des Religieuses, l'aimable enfant devint très familière avec la Communauté. Du reste, Monseigneur de Fenouillet, fondateur et bienfaiteur insigne du Monastère, avait donné des permissions fort amples à sa nièce et à sa petite fille, et ces licences furent approuvées par notre sainte Mère de Chantal, qui en écrivit les paroles suivantes à la Supérieure: « Il ne doit point nous » fâcher de rendre la reconnaissance que nous devons, ma » chère fille, quand elle n'est pas contre notre conscience ni » contre notre premier devoir, comme je ne vois pas que » soient les entrées de Madame de Valat, ni la réception de » sa petite, à cause du titre de fondateur que Monseigneur » a, par lequel il peut donner ces privilèges à qui il lui plaît.

» Enfin, il faut correspondre aux grandes cordialités par de » grandes cordialités » (1).

« La chère enfant trouvait tant de plaisir au Monastère que souvent elle tâchait d'échapper à sa gouvernante pour aller, comme elle le disait en bégayant, jouir de son privilège. La maison du Seigneur lui semblait préférable à la maison paternelle, où, cependant, aucune des jouissances de la vie ne lui faisait défaut. Quoique nos Sœurs ne s'occupassent alors que de la récréer doucement, elles ne laissaient pas de la former petit à petit à la vertu, et de cultiver les premières semences de piété qu'on voyait germer dans son âme innocente. On lui parlait de Dieu, on lui apprenait à penser souvent à Dieu, et, dès que sa langue fut déliée, on l'excita fréquemment à s'en servir pour répéter les oraisons jaculatoires qu'on lui avait enseignées. Cette méthode d'aspirations avait si fort impressionné son esprit, que, toutes les fois qu'elle voyait la Supérieure ou quelque Sœur se parler bas, elle s'imaginait que c'était pour se suggérer quelque prière. » A peine eut-elle six ans qu'elle s'adonna à la lecture de la Vie des Saints, et autres livres de piété. Elle s'en occupait avec tant de goût qu'on la voyait quelquefois fondre en larmes; bien mieux, elle aurait voulu imiter toutes les vertus des amis du bon Dieu, surtout leur mortification, leur recueillement, leur fidélité à l'oraison. Dès cet âge tendre, elle conçut de très vives ardeurs pour le très saint Sacrement de l'autel, et, dans son désir de communier, elle se présenta un jour à la sainte Table, avec l'espérance qu'on ne la reconnaîtrait point. Son projet n'ayant point réussi, car le prêtre, qui savait ou devinait son âge de sept ans, la passa sans lui donner Notre-Seigneur, elle en eut un profond chagrin, et s'écria qu'elle s'en plaindrait à son oncle, Monseigneur l'Évêque.

» Ce fut à cette époque que notre nouveau Samuel entra dans le Monastère, qui devait être son séjour jusqu'à l'éternité. Une dame, amie de Madame de Valat, désirait placer sa fille chez nos Sœurs, mais l'enfant en témoignait un vif chagrin; on pensa que la société d'une petite compagne l'aiderait à faire son sacrifice, et Constance s'offrit de bonne grâce à l'accompagner. Elle sut même si bien encourager son amie, qu'elle aussi ne voulut plus sortir. Mademoiselle de

(1) *Lettres de sainte Chantal*, tom. III. page 670.

Valat, quoique la plus jeune des pensionnaires, devint aussitôt leur modèle. Son esprit doux et agréable, son âme grande, généreuse et portée comme naturellement au bien, mille qualités charmantes la rendaient tout à fait aimable, et l'on ne pouvait se défendre de s'y attacher. Mais déjà elle cherchait avant tout à plaire à Dieu; aussi se tenait-elle cachée autant que possible. La solitude faisait ses délices; ses meilleures récréations étaient celles qu'on lui permettait d'employer aux lectures spirituelles ou à quelques pratiques de dévotion et de mortification. Sa naissante ferveur s'accrut si rapidement « qu'au bout de six mois, disent nos anciennes » Sœurs, on eût pris cette chère enfant pour une Religieuse » avancée en âge, tant il est vrai que la grâce sait vaincre » les faiblesses de l'enfance aussi bien que les révoltes du » cœur. » Notre sainte Mère de Chantal, informée des admirables progrès de cette âme privilégiée, lui envoyait de douces caresses chaque fois qu'elle écrivait à la Supérieure de Montpellier. En même temps, cette digne Mère répondait à la vénération de Monsieur et de Madame de Valat par un religieux retour. Une fois, cependant, elle refusa de leur écrire, par un motif dont les Saints ont seuls le secret: « Je n'écris » pas de ma main à M^me^ de Valat, dit-elle, parce que je vois » que le bon M. de Valat fait trop d'état de ce qui vient de » moi; car vous lui en parlez selon votre affection, et je » n'aime pas cela. »

« Vers le mois de juin 1636, le Monastère de Montpellier eut le bonheur de recevoir la visite de cette digne Fondatrice. A peine le bruit de son arrivée eut-il circulé dans la ville, qu'on se prépara pour une réception solennelle. Le clergé, la noblesse, la justice vinrent successivement et en corps lui adresser des discours si pleins d'éloges « qu'elle en devenait, » disent les anciens mémoires, toute rouge, comme une jeune » fille qui reçoit une humiliation. » Nos Sœurs ne savaient comment témoigner à cette digne Mère la joie que leur donnait sa présence; on imagina de lui offrir un bouquet composé d'autant de petits cœurs dorés qu'il y avait de personnes dans la Communauté. Sa Charité les compta pendant la récréation, et trouva qu'il en manquait deux; on lui dit que c'étaient ceux des deux plus jeunes enfants qui ne portaient pas encore le petit habit; réponse qui mortifia si fort notre petite Constance qu'on ne pouvait l'en consoler. Notre digne

Mère prit le soin d'essuyer ses larmes en l'assurant qu'elle serait un jour une de ses filles, ainsi que sa petite compagne.

» Le court séjour de notre sainte Mère n'empêcha point Mlle de Valat de remarquer en elle des vertus dont elle ne perdit jamais le souvenir et qu'elle s'efforça d'imiter. Après le départ de cette bienheureuse Fondatrice, la chère enfant demanda instamment qu'on la revêtît du petit habit, et, l'année suivante, on la jugea digne d'être admise à la première communion, qu'elle eut le bonheur de faire à l'âge de neuf ans et demi, la nuit de Noël 1637. Sa piété, sa modestie, sa tendre dévotion furent admirables; dès lors, on la vit croître de plus en plus dans l'amour de Dieu. Son exactitude à garder les petites règles allait presque à l'excès, et prouvait ce que peut, sur un cœur tendre et innocent, le désir de plaire à N.-S. Mme de Valat, étant un jour entrée dans le Monastère à la suite de Madame la maréchale de Schomberg, gouvernante du Languedoc, trouva sa fille au chœur, où elle priait avec beaucoup de recueillement. S'approchant d'elle aussitôt, cette bonne mère lui fit diverses questions, mais l'enfant ne répondit que par signes. « Pourquoi, lui dit-elle au sortir du chœur, pourquoi m'accueillez-vous ainsi? — « C'est, lui répliqua la » chère petite, parce que ce lieu est un de ceux où notre » Règle nous défend de parler. » Madame la maréchale, touchée de tant de fidélité, conçut une grande estime pour l'Institut qui formait de telles âmes, et devint une des plus signalées bienfaitrices du Monastère.

» Lorsque Constance eut atteint l'âge de treize ans et demi, on lui accorda la grâce d'entrer dans les exercices du noviciat, et l'on n'eut point de peine à la former à nos usages et à l'esprit de la Visitation. Bien loin de manquer à quelques-uns de ses devoirs, elle avait besoin qu'on l'empêchât de les outrepasser. Aussi, dès qu'elle eut quinze ans, la reçut-on au saint habit. Le jour de sa vêture arrivé, elle vola plutôt qu'elle ne courut à l'autel où elle désirait si vivement être immolée. Monseigneur de Fenouillet ne consacra pas cette innocente victime avec moins de joie.

» L'année du noviciat fut véritablement une année d'épreuves pour notre Sœur Louise-Angélique. Les Supérieures, appréciant le trésor qu'elles avaient entre les mains, s'étudièrent à en tirer un bon parti. Les mortifications, les humiliations, les corrections lui furent distribuées à temps, et peut-être à contre-temps, sur des sujets plus ou moins réels: on la privait de tout ce qui lui eût été agréable, on lui imposait tout ce qu'on imaginait devoir la contrarier, on lui faisait porter le linge le plus grossier qu'il y eût dans la maison, etc. Un jour même, on lui fit échanger une robe fine et toute neuve, que lui avait donnée Madame sa mère, contre une autre entièrement usée et rapiécée. La fervente novice obéissait, non seulement sans montrer de répugnance, mais avec plaisir; elle trouvait sa joie dans les mortifications et sa gloire dans les humiliations les plus fâcheuses; ainsi s'avançait-elle dans la connaissance de son néant et dans l'union avec Dieu.

» Aux épreuves extérieures, le Seigneur voulut joindre, pour l'exercice de cette âme fervente, les tribulations intérieures, beaucoup plus redoutables dans un âge aussi peu avancé. Pendant trois mois, notre Sœur Louise-Angélique fut attaquée de violentes tentations contre sa vocation. Le démon lui livra de terribles assauts, lui représentant très vivement la grandeur et l'étendue d'un engagement qui n'a d'autres bornes que celles de la vie, et qui nécessite une mort générale, absolue, à toutes les créatures et à soi-même. Le combat fut si rude que la pauvre novice, perdant le sommeil et l'appétit, tomba dans une grande langueur. Les Supérieures, à qui elle s'ouvrit naïvement de ses peines, ne jugèrent pas devoir rien changer à la sévérité de leur conduite; au contraire, elles doublèrent les épreuves, et, par des mortifications incessantes, la tinrent toujours en haleine sans lui donner le temps de retomber sur elle-même ni de se relâcher. Cette direction extraordinaire, qui ne conviendrait point à une vertu commune, réussit parfaitement pour notre chère Sœur; aussi avait-elle un esprit fort et supérieur, qui, se raidissant contre sa nature, savait changer les obstacles en moyens. Bientôt le Seigneur, satisfait de tant de générosité, lui rendit la joie de sa présence; elle reprit ses premières ardeurs et sentit son courage renouvelé. La fin de son année de noviciat fut un temps de douceur et de paix; pendant la retraite qui précéda sa profession surtout, elle jouit avec abondance des communications divines.

« Il me semble, dit-elle dans l'écrit qu'elle a laissé, que » j'ai ouï plusieurs fois distinctement dans mes oraisons, et » surtout après la sainte communion, ces paroles de mon » Sauveur: — Ma fille, comme je suis caché dans mon Père,

» je veux aussi que, par proportion, ta vie soit cachée en » moi; que tu ne cherches jamais la gloire et l'estime des » hommes, ni même ton goût et ta propre satisfaction; mais » que tu t'oublies et te perdes toi-même, pour faire, de mo» ment en moment, ce que je te montrerai. — Ce sera donc » là le grand exercice de mon âme de regarder Dieu présent » au dedans de moi-même, et, dans quelque emploi que je » sois, de conformer toutes mes actions intérieures et exté» rieures au modèle que m'a offert Jésus-Christ pendant sa » vie mortelle. »

« Dieu lui donna aussi, dès lors, comme une assurance qu'elle vivrait longtemps, malgré la délicatesse de sa complexion, que sa vie serait traversée de beaucoup de croix et de souffrances, mais que son divin Époux la soutiendrait toujours et demeurerait avec elle.

» Rien n'égala l'intime ferveur avec laquelle notre chère Sœur prononça l'acte irrévocable qui la liait à Dieu. Monseigneur de Fenouillet, qui reçut ses vœux, excita encore ses ardeurs par un discours rempli d'onction, où il développa ces paroles d'Elcana à Anne, mère de Samuel: « Voilà que je me donne à vous et que je vaux plus que douze enfants: » les appliquant au grand don de la vocation religieuse, mille fois préférable à ce que le monde peut offrir de plus séduisant. L'impression de grâce, déposée dans l'âme de notre Sœur Louise-Angélique en ce jour d'ineffable bonheur, dura autant que sa vie; saintement éprise de l'amour de son état, elle répétait: Mon Bien-Aimé est à moi et je suis à Lui. Volontiers elle aurait cherché à inspirer les mêmes sentiments et à procurer le même bien à tout le monde.

» Ce jour même, qui était celui de la fête de saint Roch, 1664, on parla, pendant la récréation, de ce grand Saint, natif de Montpellier, et la Directrice dit à ses novices: « Voilà bien » un Saint du pays, mais nous n'en connaissons aucune sainte; » tirons qui d'entre nous sera la première. » Le sort tomba sur la nouvelle professe, qui, regardant ce hasard comme un avertissement du ciel, y trouva des motifs pressants pour se sanctifier.

» Peu de temps après sa profession, notre chère Sœur devint gravement malade; on la mit entre les mains de médecins qu'on croyait habiles, mais qui ne réussirent qu'à augmenter ses douleurs par un traitement entièrement contraire à son tempérament. Le remède le plus sûr qu'elle employa fut un parfait abandon à la volonté de Dieu; au milieu des plus vives souffrances, elle disait avec effusion de cœur: « Je ne veux plus vivre qu'à Dieu et de Dieu; ainsi, la maladie ou la santé, la mort ou la vie me seront la même » chose. Je ne me glorifierai que dans la croix de Jésus-Christ, » dans mon infirmité et dans la toute-puissance de mon Dieu; » il fortifiera ma faiblesse, affermira ma foi, augmentera mon » espérance et sera l'objet de mon amour. »

« Dieu se contenta des dispositions de son cœur et du sacrifice de sa volonté. Peu à peu, la santé lui fut rendue contre toute espérance. Elle ne se servit de ses forces que pour les dépenser au service du Seigneur et de la sainte Religion. Nommée portière à dix-huit ans, elle s'appliqua surtout à conserver un profond recueillement au milieu des occasions distrayantes; aussi porta-t-elle partout le parfum de la ferveur et de l'union à Jésus-Christ, et quoique, dans ses rapports fréquents avec le dehors, elle entendît souvent le langage de Babylone, elle ne parla jamais que le langage de Jérusalem.

» Dans les emplois de coadjutrice et de dépensière, elle s'étudia beaucoup à contenter ses Sœurs; elle y réussit, mais aucune charge ne convint mieux à sa piété que celle de sacristine. Par respect pour des fonctions qui lui donnaient l'occasion de faire sa cour à son divin Maître, caché sous les voiles eucharistiques, elle veilla sur elle-même afin d'avoir le cœur encore plus net, les mains encore plus pures, appliquant à sa charge ce verset du psaume 27: *Quis ascendet in montem Domini?... Innocens manibus et mundo corde.* Chaque fois qu'elle entrait dans la sacristie, elle visitait en esprit et adorait avec foi le très saint Sacrement de l'autel, se délectant à multiplier les actes de son amour et de sa fidélité.

» A peu près à cette époque, la très honorée Mère Françoise-Gasparde de la Grave, fondatrice et première Supérieure du Monastère d'Albi, s'arrêta quelque temps à Montpellier en se rendant à Annecy; elle distingua cette jeune professe, déjà si mûre et si vertueuse, et l'accepta bien volontiers pour compagne dans son voyage à notre sainte Source. Nous n'essayerons pas d'exprimer la consolation qu'éprouva le cœur de notre Sœur Louise-Angélique auprès des tombeaux de nos bienheureux Père et Mère, ni le profit spirituel qu'elle retira de la vue et de la conversation de nos premières Sœurs.

Elle recueillit de cet aimable et pieux pèlerinage une part abondante à l'esprit de nos saints Fondateurs, la conserva fidèlement et la transmit ensuite à toutes les âmes qui lui furent confiées. Cependant, malgré toute l'édification qu'elle rapportait dans son âme et toutes les précautions prises pour que ce voyage ne nuisît point à son recueillement, elle demanda, aussitôt qu'elle fut rentrée dans sa chère solitude, la grâce de faire sa retraite de dix jours afin de réparer les brèches que ses rapports avec le monde auraient pu faire à sa vertu. En ces heures de prières, elle se sentit attirée surtout à une soumission aveugle aux ordres de Dieu, et résolut d'accepter, non seulement sans se plaindre, mais encore avec amour et plaisir surnaturel tout ce qui lui viendrait de la part du Seigneur. « Je ne cesserai jamais de vous bénir » et de vous aimer, ô mon Dieu, dit-elle, malgré les afflic- » tions les plus amères, les maladies les plus aiguës, les pertes » les plus sensibles. » C'est ainsi que la Providence la préparait à recevoir le coup le plus douloureux qui pût lui arriver, la mort de Monseigneur Pierre de Fenouillet, qui advint vers l'année 1652. Son affliction fut grande; mais, après avoir adoré la volonté du souverain Maître, cette âme humble et désintéressée se consola par ce qui eût augmenté la peine de bien d'autres. Elle se persuada qu'ayant perdu l'appui d'un Évêque et d'un oncle qui l'aimait si tendrement, et devenue par là moins utile à la Communauté, elle serait plus facilement oubliée, plus volontiers laissée sans distinction au dedans et sans liaison au dehors, et plus unie à Dieu, dans le sein duquel son cœur se croyait en droit de reposer avec d'autant plus de confiance qu'elle n'avait plus de protection humaine. Néanmoins, elle ne réussit point à s'effacer comme elle le désirait; ses vertus et son mérite personnel la firent toujours distinguer et chérir.

» Maîtresse des petites Sœurs, elle fit de toutes ses élèves de véritables chrétiennes ou d'excellentes religieuses. Dès l'âge le plus tendre, elle leur apprenait à ne soupirer que pour Dieu, à ne parler que de lui et à chanter ses louanges. Elle les prémunissait contre les dangers du siècle, leur montrant qu'il est impossible de s'y préserver de la corruption si l'on n'use d'une perpétuelle vigilance et d'un continuel recours à la prière. « Car, disait-elle, si l'on n'y prie sans » cesse, on y périt sans ressource. »

« Les succès dont Dieu bénit le travail de notre Sœur Louise-Angélique firent juger qu'elle s'acquitterait aussi bien de l'éducation religieuse des novices. On ne se trompa point. Elle réunissait les qualités que demande la Constitution, et surtout ce mélange de douceur et de fermeté qui peut tout sur le cœur en inspirant l'affection et le respect. Son application spéciale était d'inspirer à ses élèves cet esprit intérieur sans lequel la vie religieuse n'est qu'une ombre vaine, mais qui, animant nos actions, les rend toutes, même les plus basses, vraiment dignes de la vie éternelle. Persuadée que l'exemple est plus efficace que les paroles, elle servait de modèle pour la pratique des vertus, particulièrement pour celle de l'humilité, fondement de toute perfection. On la voyait assujettie aux pratiques faites pour donner de la confusion, afin que ses novices fussent plus empressées à les rechercher elles-mêmes, et à les embrasser courageusement lorsque la Providence les leur présenterait. Elle leur apprenait à souffrir sans peine les paroles les plus rudes, à supporter les humeurs les plus fâcheuses, à se porter aux occupations les plus viles, en cherchant, par de pieux artifices, à passer sous leurs yeux par ces différentes épreuves.

» On la chargea de l'économie dans un temps où les affaires étaient assez compliquées et embarrassantes. Elle craignait cet emploi entre tous, à cause des préoccupations matérielles qui l'accompagnent et qui peuvent si facilement détourner du saint repos en Dieu; cependant, elle se confia en la vertu de l'obéissance et entreprit avec dévouement les travaux de sa charge. Sa charité, réglée par la prudence, et son inclination bienfaisante, mesurée aux ressources de la Maison comme aux besoins de ses Sœurs, ne laissèrent jamais lieu de se plaindre d'elle. Elle vivait d'abandon à la Providence divine, sans aucune inquiétude et sans parcimonie; quand les fonds étaient épuisés, elle avait recours au Père céleste, qui nourrit les oiseaux des champs et fait croître l'herbe de la prairie; souvent elle en a reçu des secours vraiment miraculeux.

» La Sœur dépensière venant un jour la prévenir que l'huile allait manquer: « Faites le signe de la croix sur le vaisseau, lui répondit-elle, et puisez ensuite avec assurance. » La bonne Sœur, frappée de ces paroles et du ton qui les accompagnait, suivit simplement cet avis; sa confiance ne fut point vaine:

le peu d'huile qui restait se multiplia miraculeusement, en sorte qu'il fournit aux besoins du Monastère pendant quatre mois. Ce ne fut pas en cette seule occasion que la vertueuse économe éprouva visiblement la protection du ciel.

» Quoique la Maison n'eût que le strict nécessaire pour vivre, les fêtes de la canonisation de notre saint Fondateur furent célébrées avec pompe, et, par conséquent avec grandes dépenses; cependant, tous les frais furent payés sans que la Communauté s'endettât. Il semblait que notre chère Sœur pouvait, à son gré, puiser dans le fonds inépuisable des richesses divines. Ce fut à cette époque qu'on acheva la chapelle commencée à l'honneur de notre saint Fondateur par Monseigneur de Fenouillet. Ce grand Prélat avait ordonné par son testament que son cœur y fut déposé après sa mort, comme un gage de sa tendre et filiale affection pour son bienheureux Père.

» Quelques années après, la Communauté, ravie des vertus de notre Sœur Louise-Angélique, et confiante en sa grande capacité aussi bien qu'en la bonté de son cœur, la choisit pour Supérieure à la satisfaction générale. La répugnance naturelle que cette âme vraiment humble avait pour cette charge était si grande qu'elle dit à quelqu'un: « Si j'avais su pouvoir l'éviter, j'aurais volontiers cherché à paraître stupide ou insensée. »

« Le premier usage que cette chère Mère fit de la supériorité, toutes les fois qu'on l'élut, fut de la consacrer à Dieu, de qui toute puissance dérive comme de sa source. Plus que jamais elle s'efforça de se dépouiller de sa propre volonté par une résolution invariable de ne parler, de n'agir et de n'ordonner, que d'après l'esprit de ce Supérieur suprême, qu'elle consultait sans cesse, qu'elle écoutait fidèlement et qu'elle appelait constamment à son aide.

» Cependant, comme elle ne se croyait pas digne d'être instruite immédiatement par Dieu même, elle choisit la Très Sainte Vierge pour sa médiatrice, et le glorieux saint Joseph pour son protecteur. Pour consacrer sa personne et sa famille religieuse à Jésus, Marie et Joseph, elle fit préparer un autel dans les lieux réguliers et les endroits principaux du Monastère, y fit déposer une image de cette Trinité terrestre et prépara une procession, pendant les stations de laquelle, agenouillée avec toutes ses filles, elle prononça l'acte de consécration et d'union qu'elle avait composé. A l'oratoire de Nazareth, elle fit cette dévote prière: « Je, Louise-Angélique » de Valat, résigne et remets la supériorité à Jésus, mon a- » dorable monarque, à Marie, sa très sainte Mère, et à Joseph, » son fidèle gardien, suppliant très humblement ces trois per- » sonnes très saintes de prendre en leur entière possession » les cœurs de toutes les filles de cette Maison, leur intérieur » et extérieur, leur amendement, correction, avancement, pro- » grès et perfection. Je prie instamment Jésus, mon adorable » Maître, de veiller sur tous leurs besoins spirituels et d'y » pourvoir selon la richesse et l'abondance de son Cœur divin, » source de toute bonté. Je le prie aussi très humblement » d'étendre sa conduite sur le temporel, de le bénir, de le » conserver et de lui donner l'accroissement qu'il sait lui être » nécessaire. Je supplie la bienheureuse Vierge Marie et saint » Joseph, son virginal époux, d'être les économes de ce Mo- » nastère, d'en conserver et d'en augmenter les biens spiri- » tuels et temporels, protestant de vouloir reconnaître, comme » un effet de leur bonté et de leur protection, tous les biens » qu'il plaira à Dieu de nous départir. Et pour cela, une fois » la semaine, je viendrai en ce lieu remercier cette sainte » Famille de toutes les grâces que nous aurons reçues; en » outre, me regardant comme la très petite et indigne lieu- » tenante de Jésus-Christ, mon Maître et mon Directeur, je » n'entreprendrai rien dans ma charge qu'après l'invocation » de Jésus, Marie et Joseph. »

Au réfectoire, elle dit: « Jésus, mon adorable Maître, je » vous prie que par Marie et Joseph vous sanctifiiez ce lieu » où nous prenons notre réfection corporelle. Faites-nous la » grâce de la prendre comme vous l'avez fait en ce monde, » et que tous les actes d'humilité et de mortification qui se » pratiquent en ce lieu soient dignes de vous être offerts et » de vous être agréables. » A la chambre des assemblées: » Jésus, mon Souverain, Marie et Joseph, nous vous supplions » très humblement de présider à toutes les récréations et con- » versations que nous tiendrons en ce lieu; nous les unissons » aux divines conversations et innocentes récréations que » vous aviez ensemble, » et les Sœurs répondirent: « Jésus, » soyez au milieu de nous comme au milieu de Marie et de » Joseph. » A l'oratoire de saint Joseph: « Je supplie le grand » saint Joseph, protecteur de cette Maison, d'être notre fidèle

» avocat auprès de Jésus et de lui demander pour nous l'es-
» prit d'oraison, de vie intérieure et de silence; et, comme il
» a été, par ses soins, le fidèle gardien de Jésus et de Marie,
» qu'il le soit de nos âmes par ses intercessions. » Enfin, la dévote Mère récita dans toutes les autres stations des prières spéciales, que nous omettons pour abréger, mais qui prouvent son désir de voir Jésus-Christ seul régner à sa place et par son entremise, en tout et partout.

» Ce bon Maître se laissa trouver à l'âme qui le cherchait avec tant d'ardeur; « il remplit si abondamment de son esprit la Mère et les filles, que le Monastère devint un paradis, disent les anciens mémoires; l'ordre y était invariable, la paix sans altération, et la ferveur de chacune si constante qu'on les aurait prises pour des Anges. » Aussi la digne Supérieure les excitait-elle souvent à imiter ces Esprits bienheureux, en leur faisant remarquer, la ressemblance et l'union que les Religieuses, surtout les filles de la Visitation, doivent avoir avec les célestes Intelligences. Elle donna même à ses filles le défi d'imiter les Anges en pensées, en paroles et en actions. Au moins une fois chaque jour, il fallait nourrir en son esprit la pensée des Anges, qui est Dieu seul; une fois parler le langage des Anges, c'est-à-dire de Dieu, de ses perfections et de son amour; une fois agir comme un Ange, par promptitude à l'obéissance et à toutes les pratiques de vertu. Ce pieux défi, fidèlement observé, produisit un admirable fruit dans la Communauté.

» Afin d'entretenir dans les cœurs l'ardeur de la charité, la fervente Supérieure avait grand soin de la maintenir toujours dans son propre cœur; car elle savait qu'une Mère ne peut donner que de sa plénitude. Elle entretenait ce feu sacré par la lecture des saints livres et par la réception des Sacrements. De tous temps l'Écriture avait été, pour cette âme de foi, un arsenal spirituel où elle trouvait des armes pour combattre ses ennemis, un flambeau toujours brillant qui éclairait ses pas; elle s'y attacha plus encore dès qu'elle fut Supérieure. Découvrant de doux mystères dans l'Evangile de Saint Jean, elle le lut si assidûment qu'enfin elle le sut par cœur. C'est de ce riche trésor qu'elle tirait les paroles toutes de feu par lesquelles elle animait ses Sœurs au saint amour. Elle avait le don de gagner les cœurs et d'attirer la confiance. Convaincues d'avance qu'elles trouveraient l'esprit de Dieu et la charité de Jésus-Christ dans le cœur de leur bonne Mère, ses filles n'avaient point de peine à lui confier leurs difficultés, leurs tentations et leurs besoins. Elle les recevait toujours avec douceur, les écoutait avec plaisir et les reprenait avec tendrese. Quoique naturellement sage et prudente, elle était véritablement simple comme la colombe. Son cœur était toujours d'accord avec ses lèvres; elle allait fidèlement le droit chemin, et ne se servait jamais ni de finesse ni d'artifice pour arriver à ses fins. Les jugements téméraires lui faisaient horreur: « Ce défaut, disait-elle, provient de la malice du » cœur et de la petitesse de l'esprit, quoiqu'il se couvre sou» vent du prétexte de zèle pour la régularité et pour l'avan» cement des âmes. C'est de lui que naissent les soupçons, les défiances, qui dénaturent les faits et les paroles, et font prendre une paille pour une poutre. » Cette bonne Mère ne tombait point dans ces travers; naturellement bienveillante et animée d'une charité universelle, elle estimait toutes ses Sœurs et ne jugeait jamais sur les apparences; au contraire, elle savait adroitement couvrir les défauts et fortifier les défaillantes.

» Le don du discernement des esprits lui avait été amplement accordé; il parut singulièrement au sujet d'une jeune professe qui, après avoir passé son noviciat dans une admirable ferveur, était tout à coup tombée dans un pitoyable relâchement. La sage Supérieure demanda le secours de Dieu pour aider cette âme qui semblait s'acheminer à sa perte, et reconnut que le démon s'était transformé en ange de lumière pour mieux la tromper; en effet, sous prétexte qu'il faut cacher ses vertus, il avait réussi à lui faire prendre à l'extérieur des façons dissipées, orgueilleuses, indépendantes, capricieuses et pénibles à tout le monde. Cette pauvre âme en souffrait la première, et n'aurait pas manqué de glisser bientôt dans le précipice du désespoir, sans l'aide charitable de sa Supérieure, qui lui fit voir l'illusion de l'ennemi et la fit rentrer dans la voie de la simplicité, de la confiance et de la ferveur. Elle y marcha avec actions de grâces, et si généreusement qu'en six mois elle acheva sa couronne, et s'en alla brûler au ciel de cet amour qui l'avait consumée sur la terre.

» Le Seigneur ne laissa point manquer la Mère Louise-Angélique du grand moyen de sanctification renfermé dans les croix et les contradictions. Malgré le respect et la tendre affection de toutes ses filles, ses deux premiers triennats furent pour elle un temps de difficultés. Elle eut à traiter des affaires très importantes, non seulement pour la Maison, mais encore pour tout l'Institut; affaires extrêmement délicates, difficiles à ménager et fort sensibles pour elle dans toutes leurs circonstances. Sa vertu y fut mise aux dernières épreuves. Un courage ordinaire y eût succombé, mais le Seigneur, qui était sa force et son appui, fut aussi son protecteur et son refuge: « Dieu m'a choisi les croix les plus exquises, » écrivait-elle à une personne de confiance; quelque grandes » qu'elles paraissent au dehors, elles sont encore plus doulou- » reuses par la part que mon cœur y prend, et je puis dire » avec le Prophète: *Les eaux de la tribulation ont pénétré jus-* » *que dans le fond de mon âme.* » Dans ces tristes conjectures, elle se comporta avec tant de prudence et sut si bien joindre la force à la douceur, qu'en soutenant les droits de la Religion elle ne laissa pas de conserver l'estime des personnes intéressées. Celles-ci demeurèrent fort édifiées de sa conduite.

» Après ses deux triennats, notre très honorée Sœur fut instamment demandée par plusieurs de nos Monastères, mais ses sentiments d'humilité, d'accord avec la tendre affection de sa Communauté, lui firent toujours décliner ces honneurs. « Pour le dedans, disait-elle, il faut se soumettre; mais pour » le dehors, il est permis de représenter ses raisons. »

« Une maladie fort grave faillit l'enlever à la vénération de ses Sœurs; elle reçut tous les sacrements, et l'on n'attendait plus que son dernier soupir, lorsqu'on eut la pensée de vouer un certain nombre de messes au tombeau de notre saint Fondateur, d'habiller un pauvre, et de le nourrir pendant une année. Aussitôt elle recouvra la santé et vécut encore quinze ans, qu'elle regarda comme un don vraiment miraculeux de la Providence. Elle les employa mieux que jamais au service de la divine Majesté et de la sainte Religion.

» Après la mort de la très honorée Mère Louise-Françoise de Rozel, notre chère Sœur Louise-Angélique reprit le gouvernement de la Communauté. Elle recueillit dans ces deux triennats le fruit des épines qui avaient environné les premiers, et Dieu lui fournit de nouvelles occasions d'exercer sa charité et son zèle pour le salut des âmes.

» Ce fut d'abord à l'égard de quelques filles de l'Enfance,

que l'autorité ecclésiastique venait de séparer de M$^{me}$ de Mondouville, leur institutrice, et de disperser en plusieurs monastères (1686) (1). Celles qui furent envoyées en notre maison de Montpellier s'y comportèrent sagement et regardèrent comme un très grand bonheur de jouir auprès de nos Sœurs de la paix et de la tranquillité. Elles profitèrent des instructions de la digne Supérieure qui, de son côté, n'oublia rien pour pacifier leurs troubles et adoucir la peine de leur exil.

» En l'année 1685, la révocation de l'édit de Nantes avait fourni à la Mère Louise-Angélique l'occasion de témoigner

(1) Madame de Mondouville, née Jeanne de Juliard, fille d'un conseiller au Parlement de Toulouse, resta veuve assez jeune. C'était « une personne de tête et de capacité, ferme, altière, séduisante, ayant l'instinct et le génie de la domination. »

De concert avec l'abbé de Ciron, le Saint-Cyran de ce petit Port-Royal, elle posa les bases de l'Institut de l'Enfance, ainsi nommé parce qu'on prétendait y honorer le mystère de la sainte Enfance de Notre-Seigneur. Malheureusement, l'esprit de cette divine Enfance, la simplicité, l'humilité, l'obéissance n'entrèrent point dans les Constitutions de Madame de Mondouville. Son but était d'offrir une retraite honorable et sûre aux filles qui n'avaient pas le goût ou la facilité de s'établir dans le monde, et que les vœux de religion n'attiraient point. On devait s'y occuper à quelques œuvres de charité, telle que l'éducation de la jeunesse. Il n'y avait aucune espèce de clôture, et l'on n'y prononçait que le vœu de stabilité, dont la signification était dépendante de la fondatrice. Celle-ci, nommée Supérieure perpétuelle, exerçait une domination absolue, qui tenait de la majesté d'une reine; elle était la souveraine des consciences; elle seule en avait la clé; les Supérieurs ecclésiastiques, le confesseur lui-même, n'avaient aucune autorité au-dessus ni même égale à la sienne. Ses filles étaient de trois rangs: 1° Les demoiselles nobles de robe ou d'épée: elles seules pouvaient prétendre aux premiers emplois; — 2° les personnes d'une condition inférieure, quoique toujours honorable; elles n'avaient droit qu'aux emplois secondaires; — 3° les femmes de chambre ou servantes. Le vêtement n'était point uniforme; il était noir, blanc, gris ou feuille morte, suivant l'âge, la qualité et la condition des sujets, etc., etc.

Une institution semblable, fondée sur l'esprit humain, eut le sort de toutes les œuvres que l'Esprit de Dieu n'anime point. Commencée en 1662, dès l'année 1663 on parla de la supprimer à raison des abus qui commençaient à s'y introduire; en 1666 et en 1682 on s'en occupa plus sérieusement, mais des protecteurs jansénistes éloignèrent encore la catastrophe. Enfin, en 1686, un arrêt du Conseil supprima pour jamais cette institution, et tous les membres en furent disséminés en différentes maisons. Madame de Mondouville fut reléguée aux Hospitalières de Coutances, où elle mourut en l'année 1702. Les griefs reprochés à cette institution étaient de plusieurs sortes: on accusait Madame de Mondouville d'avoir donné asile à des ecclésiastiques suspects en matière de doctrine; d'avoir une imprimerie clandestine au service des novateurs; enfin l'on disait, et non sans vérité, que cette maison était un foyer de troubles et d'indépendance comme Port-Royal, mais qu'elle avait de moins les apparences d'austérité et de régularité religieuses.

son zèle pour notre sainte foi. Les Supérieurs ecclésiastiques lui adressèrent plusieurs dames des plus opiniâtres et des plus considérables du parti protestant. Toutes, il est vrai, ne se convertirent pas, mais toutes demeurèrent édifiées et charmées de sa douceur et de sa vertu. En digne fille de saint François de Sales, elle pénétrait dans les cœurs par les insinuations de la charité. Au lieu de disputer et de souffrir qu'on disputât avec ces dames, elle voulait qu'on leur fît aimer la religion, qu'on parlât peu et qu'on priât beaucoup. Chacune des personnes qui firent auprès d'elle abjuration de l'hérésie donnèrent de véritables marques de conversion.

» Les Anglais et les Irlandais avaient une part toute particulière à son intérêt et à ses prières. La ville de Montpellier en attirait beaucoup; ils venaient en respirer l'air si pur et si doux, étudier la science de la médecine, ou profiter du secours de ses habiles docteurs. La pieuse Mère s'efforçait de leur procurer une grâce mille fois plus grande encore, celle de leur conversion à la vraie foi; elle eut souvent le bonheur d'y réussir. Une dame anglaise, la comtesse O'Brien, fort attachée à la religion anglicane, prit néanmoins tant de plaisir à la conversation de la Mère Louise-Angélique, qu'elle lui confia sa fille, âgée seulement de trois ans et demi. Cette aimable enfant était admirablement douée; à sa sortie du couvent, à l'âge de sept ans, elle savait tout le catéchisme et toutes les prières catholiques. Il est vrai que sa famille s'efforça d'enlever les traces d'une si bonne éducation; mais Dieu ne voulut pas laisser anéantir le travail fait en cette jeune âme: l'enfant mourut avant que le venin de l'hérésie eût envahi son cœur innocent. La comtesse O'Brien écrivit elle-même à la Mère Louise-Angélique pour lui demander quelque consolation, et lui envoyer, en même temps, des cheveux de sa fille dans un cœur garni de diamants. Une autre dame anglaise, fort bonne catholique, ayant obtenu, contre toute espérance, la guérison de son mari, déclara ne devoir cette grâce qu'aux prières de cette chère Mère, et lui en témoigna sa reconnaissance, par un présent d'un grand prix, qui fut consacré à l'église.

» Lorsque notre vertueuse Sœur eut déposé la charge de Supérieure, elle ne s'occupa plus que de Dieu et du soin des novices. Bien loin de se prévaloir de son expérience et de son habileté dans les affaires, elle semblait n'y avoir jamais eu de part et ne donnait de conseils que lorsqu'on lui en demandait. La communauté avait en elle une confiance qu'elle ne pouvait ignorer, mais elle ne s'en servait que pour porter les Sœurs à la vertu, maintenir la paix dans la maison, entraîner au respect et à l'affection envers la Supérieure. Son exemple était si édifiant sous ce rapport que, dans une visite régulière, le Père spirituel du Monastère crut devoir lui en témoigner publiquement sa satisfaction. Aussi ne voulut-il jamais consentir à ce que cette respectable Sœur sortit de la Communauté; il était trop assuré qu'elle était comme l'âme et la règle vivante de sa propre famille religieuse. Après avoir exercé quatre ans la charge de Directrice, notre Sœur Louise-Angélique demanda un peu de repos; elle l'employa à écrire la fondation du Monastère et les vies des premières Religieuses, pour servir aux chroniques de l'Ordre, que nos Sœurs de Saint-Denis voulaient composer. Après la lecture du Nouveau Testament, elle n'aimait rien autant que les Écrits de nos saints Fondateurs et les vies de nos Sœurs défuntes. Comme une abeille industrieuse, elle ramassait sur toutes ces fleurs embaumées le miel des vertus qu'elle réservait pour le Seigneur, et dont elle se trouva pourvue abondamment lorsqu'il l'appela au royaume éternel.

» Il lui restait peu de temps à passer sur la terre, mais elle eut encore un beau jour qui lui rappela les saintes ardeurs de sa jeunesse, et qui renouvela toute sa reconnaissance. Ce fut celui du cinquantième anniversaire de sa profession religieuse, qu'elle célébra en public et fort solennellement. Sa dévotion la porta, moyennant la permission de sa Supérieure, à habiller un pauvre prêtre; ses parents et ses amis lui procurèrent tous les ornements nécessaires pour la sainte Messe, et, de plus, un très beau calice de vermeil. La joie de cette journée sembla rajeunir cette respectable Sœur; néanmoins, depuis lors, ses infirmités s'accrurent notablement, et elle ne songea plus qu'à se préparer au grand voyage de l'éternité.

» Cependant, quelques mois après, en l'année 1695, la Communauté n'hésita point à la réélire pour la cinquième fois. Elle en éprouva une très vive douleur, mais elle dut se soumettre. Au lieu de répondre à l'expression de la joie de ses filles, elle leur adressa ces paroles qui les attristèrent: « Ce ne sera pas pour longtemps. » On se rassura un peu, la voyant présider à tous les exercices et suivre la Règle, comme dans sa jeunesse; elle se montrait partout la première, surtout à l'oraison du matin.

» Vers la fête de la Toussaint, un surcroît de travail et de fatigues épuisa ses forces. La petite vérole atteignit la Communauté; plusieurs Sœurs furent très gravement malades, et une petite nièce de la Supérieure, charmante enfant de cinq ans, mourut en quelques jours. Les assistances charitables que cette vraie Mère donna à ses filles, auraient accablé une personne plus vigoureuse; dès lors, elle dépérit visiblement.

» Le jour de l'Annonciation de l'année suivante (1696), la fièvre se joignit à l'épuisement et l'on perdit tout espoir de la conserver. Les médecins les plus habiles furent appelés; on les conjura de ne rien épargner pour une guérison si désirée. La vertueuse malade, l'ayant appris, en fut contristée; elle pria instamment ces Messieurs de la laisser mourir en bonne et pauvre Religieuse. L'assoupissement ne lui enlevait rien de sa présence d'esprit, elle parlait toujours de Dieu et des matières spirituelles fort dévotement et très à propos. On lui proposa de gagner le Jubilé, qui n'était point encore ouvert pour le diocèse; elle accueillit cette faveur avec reconnaissance, et se disposa à la réception des sacrements avec une grande application. Avant de se confesser, elle pria une Sœur de l'aider à faire son examen, et, comme elle avait peine à se ressouvenir d'avoir fait un péché depuis sa dernière confession, la Sœur lui dit: « Votre Charité devrait « s'accuser de quelque faute de la vie passée, d'un mensonge, « par exemple. — Un mensonge! répondit-elle, grâces au « Seigneur, je ne sache pas en avoir dit aucun depuis que je « suis à Dieu. » Lorsqu'elle eut reçu le saint Viatique, on la pria de donner encore quelques avis à la communauté. « Qui « suis-je, dit-elle, pour oser parler devant mon Dieu? » Quelques instants plus tard, elle exhorta toutes ses filles à l'observance des Règles, à la parfaite union des cœurs, puis elle ajouta que, si le Seigneur lui faisait la miséricorde de la placer dans son paradis, elle espérait obtenir de sa bonté qu'on ne reçût jamais dans la maison que des filles capables d'une solide vertu. Monseigneur de Colbert, évêque de Montpellier, lui fit l'honneur de la visiter; Madame sa sœur et Mademoiselle sa nièce souhaitèrent aussi de lui dire le dernier adieu, et le firent par la petite fenêtre de l'infirmerie. Cette chère Mère leur parla sans aucun attendrissement, bien qu'elles fondissent en pleurs; elle leur recommanda de n'aimer que la vertu, seul bien véritable, et, les confiant à la sainte Famille de Jésus, Marie et Joseph, elle ajouta avec calme et gravité: « Adieu, ma chère sœur, nous nous reverrons dans « l'éternité. » Après quoi, elle ne voulut plus qu'on lui parlât de ses parents. « Il ne faut point, dit-elle, écouter les sentiments de la nature; rien que Dieu, mes Sœurs, rien que Dieu! » puis elle s'écria comme dans un saint transport: « Oh! que la « vertu est belle! » répétant plusieurs fois ces paroles. Ensuite elle tomba dans une espèce d'assoupissement et ne parla presque plus; cependant, on l'entendit produire des actes de foi, d'espérance et de charité, et redire ce verset du psalmiste: « *Comme le cerf altéré désire les fontaines des eaux, ainsi mon âme vous désire, ô mon Dieu!* » Enfin, après une longue et paisible agonie de huit heures, cette vertueuse Mère expira dans le baiser du Seigneur, le 30 Mars 1696, à l'âge de 68 ans, dont 52 de profession. Son visage ayant paru d'une beauté ravissante, on se hâta de faire tirer son portrait, ce qu'on n'avait pu jusque-là obtenir de son humilité; mais si ce fut une consolation à ses filles de considérer les traits de leur digne Mère, leur cœur conserva encore plus précieusement le souvenir de ses grandes et religieuses vertus. »

Sous le cinquième Supériorat de la Mère Louise-Angélique de Valat, le 29 décembre 1685 la Communauté était ainsi composée:

S.r Louise-Angélique de Valat, supérieure — S.r Anne-Françoise de Grasset, assistante — S.r Marie-Dorothée de Gallian — S.r Marie-Brigitte de Manse — S.r Marie-Emmanuel de Sarret, conseillères.

S.r Marie-Marguerite de Valon — S.r Anne-Thérèse de Grasset — S.r Anne-Marie de Girard — S.r Marie-Joseph de Rouvière — S.r Marie-Renée de Torches — S.r Anne-Marguerite de Sueilles — S.r Madeleine-Elisabeth de My — S.r Claire-Françoise Rival — S.r Catherine-Séraphique de Montagne — S.r Marie-Gabrielle de Castries — S.r Louise-Marguerite de Crouzet — S.r Marie-Thérèse de Ratte — S.r Jeanne-Charlotte Beaufin — S.r Brigitte-Angélique de Massane — S.r Brigitte-Agnès d'Hugues — S.r Marie-Henriette de Castries — S.r Marie-Constance de Crouzet — S.r Rose-Angélique de l'Espine — S.r Marie-Madeleine de Brie — S.r Christine-Angélique de Priolo — S.r Marie-Séraphine Richard — S.r Marie-Eléonore de Gabrial — S.r Louise-Angélique de Gabriac — S.r Louise-Henriette de la Roquette — S.r Marie-Angélique de Murles — S.r Louise-Thérèse de la Roquette — S.r Gabrielle-Angélique de Vallette des Plans — S.r Jeanne-Madeleine de Laurès, religieuses professes.

# CHAPITRE V

## Les Fondations.

Projets de fondations à Pézénas et à Béziers — Fondation à Toulouse, à Bourg-Saint-Andéol, à Nîmes — Bienveillantes sympathies — Anne d'Autriche à Montpellier — Le Cardinal de Bonzi et les évêques de la Province — La duchesse de Verneuil.

Les âmes fleurissaient à la Visitation. Celles dont nous venons de raconter la vie ne nous offrent-elles pas un spectacle reposant ? Mais la maison elle-même, comme un arbre nouvellement planté, produisait ses fleurs. Le nombre des religieuses s'accrût si vite que bientôt il fallut fonder. Quand la ruche est trop pleine, les abeilles s'en vont au loin. Les avettes de saint François de Sales s'étaient multipliées ; divers essaims partirent pour produire ailleurs le doux miel de la perfection (1).

Deux ans à peine après l'arrivée des premières Mères à Montpellier, un acte notarié du 22 février 1633 porte que « Madame Antoinette d'Avanson, femme de Messire Raymond de Thézan, vicomte du Poujol et de Murat, baron d'Olargues, Boussagues et autres places, désirant de tout son cœur favoriser le dessein que les dames religieuses de la Visitation

(1) Sainte Chantal avait même espéré que « la très bonne et brave maison de la Visitation de Montpellier servirait de pépinière pour l'Espagne, avec l'aide de Dieu. » *Lettre à la Mère de Marigny*, tome III, p. 671.

Sainte-Marie ont fait de s'établir dans la ville de Pézénas avec la permission de l'Évêque d'Agde, donne à ces religieuses la somme de 10000 livres. » Ce projet, pour des motifs que nous ignorons, ne put réussir. Une lettre de sainte Chantal à la Mère de Marigny (1) nous apprend que la ville de Béziers désirait aussi la fondation d'un monastère, mais cette fondation n'eut pas lieu.

Toulouse, capitale de la Province, devait la première ouvrir ses portes aux Visitandines de Montpellier.

Du vivant de saint François de Sales, des personnes pieuses avaient déjà parlé de cette fondation, ainsi qu'on le voit par ce billet que le saint prélat adressait à la vénérable Mère de Chantal: « Ma Fille, Dieu veut être glorifié par notre petite Congrégation. L'on demande de nos Sœurs en divers endroits comme à Chambéry, Turin, Toulouse, et autres. » Et sainte Chantal écrivait à une supérieure ces mêmes paroles: « Ma Fille, si vous avez des sujets solidement vertueux et établis dans la vraie humilité, il serait bon de seconder les intentions de l'archevêque de Toulouse, qui ne tendent qu'à la gloire de Dieu et au bien du prochain. Ce grand prélat pourrait faciliter notre établissement à Toulouse, ce qui serait un très grand bien, puisque c'est non seulement une très bonne ville, mais encore toute sainte. » Dans d'autres lettres qu'elle écrivit à la Mère Louise-Dorothée de Marigny, alors supérieure du Monastère de Montpellier, elle l'exhortait de tout son pouvoir à procurer cette fondation. La Mère de Marigny regarda le désir de sainte Chantal comme un ordre et travailla à sa réalisation. Elle envoya d'abord à Toulouse M. Facinet, confesseur du Monastère, pour étudier la possibilité de cette entreprise. M. Facinet resta trois semaines à Toulouse et ne rencontra d'abord que de l'opposition. Ce fut Guillaume de Richard, abbé de S. Sever, official de Mgr l'archevêque de Toulouse et conseiller au parlement, qui aplanit les obstacles, et servit d'intermédiaire entre les religieuses, la ville et l'Archevêque. La ville donna l'autorisation par lettres qui furent enregistrées le 12 septembre 1646. Mgr l'Archevêque Charles de Montescal, étant à Paris, répondit à l'abbé de Richard qu'à son retour il passerait par Montpellier pour régler cette affaire. Il y vint en effet peu de temps après, célébra la

(1) *Lettres de sainte Chantal*, tome IV, p. 139.

messe dans la chapelle de la Visitation, vit longuement Mgr de Fenouillet dans le parloir du Monastère, et donna son agrément au projet. Il ne voulut toutefois donner sa permission par écrit avant d'être de retour à Toulouse (1).

Les religieuses de Montpellier lui adressèrent une demande dans laquelle elles disaient: « N'ayant pour objet que l'honneur et la gloire de Dieu pour lequel elles tâchent d'augmenter leur Ordre, elles ont depuis longtemps désiré s'établir dans la ville de Toulouse, capitale de la Province, mais n'ayant pas eu jusqu'à ce jour les fonds nécessaires pour cette fondation, elles avaient été contraintes de différer la poursuite de leur dessein. Dieu, favorisant leurs bonnes intentions, avait inspiré à une dame de très grand mérite de donner un fonds de 12000 livres pour commencer ce monastère...... » Elles suppliaient donc Mgr l'archevêque de vouloir bien les accueillir.

Les religieuses de Montpellier devaient envoyer sept de leurs Sœurs, acheter une maison avec jardin, et payer une pension annuelle de 1500 livres pour l'entretien de ces sept religieuses, jusqu'à ce qu'elles aient trouvé ailleurs de quoi s'entretenir.

L'Archevêque répondit par un acte du 3 décembre 1646 et adressé « A nos très chères filles en N. S. les religieuses du monastère de la Visitation Sainte-Marie de Montpellier. »

« Attendu que l'expérience nous fait voir le grand profit qui revient à tous nos diocésains de plusieurs monastères de religieuses réformées qui sont dans notre diocèse: Dieu faisant paraître ordinairement la grandeur des trésors de sa sagesse et de sa puissance même dans la fragilité et la faiblesse de votre sexe, et d'autant plus dans l'institution de votre Ordre, qui reçoit les infirmes que les autres refusent, et donne le moyen aux plus valétudinaires filles et veuves de se cloîtrer et adoucir les incommodités de leurs infirmités dans le repos et l'assurance de la vie régulière pour leur corps et pour leur âme, par un dessein digne de l'esprit et de la sainteté du bienheureux prélat qui est votre fondateur: nous accordons et concédons aux sept religieuses professes de votre monastère, que vous avez nommées pour le dit établisse-

(1) *Fondation des monastères de la Visitation*, tome XI, p. 361, manuscrit des archives du monastère de Montpellier.

ment, la faculté de pouvoir venir en cette ville et y ériger un monastère de votre Ordre avec l'Oratoire et Chapelle sous l'honneur et l'invocation de la B. Vierge Marie de la Visitation, pour y vivre religieusement suivant les règles, constitutions et coutumiers du monastère d'Annecy, établies par feu votre bienheureux Père François de Sales, Évêque et prince de Genève. »

La Mère de Blonay témoigna beaucoup de zèle pour cette fondation. Elle écrivit à la Mère Marie-Renée Faber, supérieure du monastère de Montpellier, de ne rien épargner pour une telle œuvre et c'est sur ses vives instances que Mgr de Fenouillet permit que la maison de Montpellier fît les avances nécessaires pour cet établissement si désiré.

Les religieuses envoyées de Montpellier étaient: S.r Marie-Eléonore de Nouvelle, professe d'Annecy, S.r Louise-Françoise de Rozel, S.r Jeanne-Françoise de Lézignan, S.r Anne-Thérèse de Grasset, S.r Jeanne-Louise d'Arpajon et S.r Marguerite-Catherine Guiraille.

Ces religieuses, ayant reçu toutes les permissions requises, préparèrent leur départ. En même temps, la Mère Marie-Renée Faber, supérieure, recevait une lettre de Mgr l'Evêque de Genève qui lui ordonnait d'aller conduire les Sœurs destinées à la fondation, et de rester à Toulouse jusqu'à l'arrivée de la Mère Anne-Catherine de Beaumont, alors supérieure à Pignerol en Italie.

Elles se mirent en route le 17 décembre 1646. Elles passèrent à Pézénas, où Mgr l'Evêque d'Agde les accueillit avec une très grande bonté. Il les logea chez lui, les confessa, les communia le lendemain dans la chapelle et leur donna de salutaires conseils pour la fondation qu'elles allaient entreprendre.

Elles furent reçues à Béziers et à Narbonne par les Révérendes Mères de Notre-Dame avec des cordialités sans égales. Passant par Carcassonne, elles reçurent une lettre de l'abbé de Richard qui les priait de passer les fêtes de Noël dans le monastère de Prouille, parce que leur maison n'était pas encore prête pour les recevoir. Elles furent accueillies par Madame d'Albret, l'abbesse, et par toutes les religieuses, avec des bontés inexprimables. Ces Dames paraissaient édifiées de la vertu des filles de François de Sales et ne voulaient point entendre parler de leur départ. Il eut lieu néanmoins le lendemain de Noël, et le jour de Saint Jean elles arrivèrent au Château d'Escalquens, appartenant à l'abbé de Richard qui les y reçut avec mille témoignages de joie et de bienveillance. Il les conduisit dans la chapelle du Château pour s'offrir à Notre Seigneur. « La divine bonté, ajoute le manuscrit, se fit sentir à leurs âmes avec une surabondance de grâces si extraordinaires, qu'elles ne purent s'empêcher de s'en faire part les unes aux autres, toutes ayant éprouvé les mêmes consolations; comme aussi le bon abbé qui dit n'en avoir jamais eu de pareilles. Ce que chacun prit pour un présage que Dieu serait bien servi dans cette nouvelle maison. »

Lorsqu'elles approchèrent de Toulouse, plusieurs dames de qualité vinrent au devant d'elles et les conduisirent à l'église de Saint-Michel, attendant que leur confesseur eût présenté leurs obédiences à Mgr l'Archevêque, qui témoigna une grande satisfaction de leur arrivée. Sa Grandeur ordonna qu'elles fussent reçues dans le monastère des révérendes Mères de Notre-Dame jusqu'à ce que leur maison fût en état de les loger. C'était le 28 décembre, jour anniversaire du décès de leur bienheureux Père, qu'elles avaient fait leur entrée dans Toulouse. Un grand serviteur de Dieu, Monsieur de Combales, chanoine de l'église abbatiale de Saint-Saturnin, les voyant passer devant sa maison, fut saisi d'un particulier sentiment de la présence de Dieu accompagné de beaucoup d'onction intérieure. Il fut inspiré en même temps d'ouvrir le livre du Nouveau Testament, où il lut ces paroles de S. Paul: « Mes chers frères, je suis certain que mon arrivée vers vous ne sera pas inutile. »

Le lendemain de leur arrivée, Mgr de Montescal fut les voir, leur promit sa protection et leur donna tout pouvoir d'agir selon leurs Règles et leurs Constitutions.

Après trois jours passés chez les révérendes Mères de Notre-Dame, leur maison étant en état de les recevoir, elles prirent congé de leurs charitables hôtesses. C'était le 31 décembre 1646. Dès qu'elles furent arrivées à leur demeure, située au faubourg S. Étienne, elles se mirent en devoir de dresser un autel dans une modeste chapelle que l'abbé de Richard bénit à 7 heures du soir.

Le lendemain, premier jour de l'an 1647, Mgr l'Archevêque dit la sainte messe, et exposa le Saint Sacrement. Monsieur le duc d'Arparguay, Messieurs du Parlement en grand nombre, et plusieurs autres personnes de qualité assistèrent à cette cérémonie. On chanta le *Te Deum* et un Révérend Père Jésuite prononça un très beau sermon, où il fit remarquer que Dieu donnait ce jour-là une très bonne étrenne à la ville de Toulouse, par l'établissement d'un monastère de filles de la Visitation. Ensuite on donna la bénédiction du S. Sacrement.

La Mère Anne-Catherine de Beaumont, première supérieure du monastère de Toulouse, étant arrivée le 17 février, la Mère Marie-Renée Faber revint à Montpellier.

En promettant 1500 livres par an à la maison de Toulouse, celle de Montpellier avait promis plus que ses ressources ne lui permettaient. Aussi la Mère de Beaumont, malgré la pauvreté de son monastère, se contenta-t-elle d'un partie de la somme convenue. Elle adressa à la supérieure de Montpellier l'acte suivant :

« Vive Jésus! — Nous, soussignée, supérieure du monastère de la Visitation Sainte-Marie de Toulouse, ayant su que nos chères Sœurs de la Visitation Sainte-Marie de Montpellier ont été contraintes de promettre par contrat à Mgr l'Archevêque de Toulouse la somme de 1500 livres de pension pour faciliter notre établissement en cette ville, voyant que la susdite somme excède leurs forces et pouvoir, nous promettons à notre chère Sœur Marie-Renée Faber, supérieure, de ne point exiger du dit monastère les 1500 livres, mais seulement dans le besoin ce qui sera nécessaire jusqu'à la concurrence de 600 livres par année, s'il eschet que nous en ayons besoin.

En foi de quoi j'ai signé la présente quittance le 23 février 1647. » S.r ANNE-CATHERINE DE BEAUMONT.

Il exista de tout temps une charité très grande entre le monastère de Montpellier et celui de Toulouse. Ils échangaient volontiers leurs supérieures après leurs triennats. La supérieure de Toulouse en 1658 était la Mère Marie-Renée Faber, qui avait été supérieure à Montpellier de 1646 à 1652, et avait accompagné les fondatrices; elle écrivait le 3 décembre de la même année à la Mère Louise-Françoise de Rozel, revenue à Montpellier et supérieure de la maison : « En sincère vérité, je n'ai pas moins d'affection pour le service de votre maison que pour celle-ci dont vous êtes les mères, et je voudrais m'arracher le cœur et les yeux pour vous donner la satisfaction que vous désirez. »

Deux monastères si unis dans l'affection devaient l'être

aussi dans les œuvres. En 1662 il fut question de l'établissement d'un nouveau monastère à Bourg-Saint-Andéol, dans le diocèse de Viviers. Toulouse et Montpellier devaient fournir les premiers sujets et les premières ressources, sous la direction de la Mère Fouquet, de Toulouse, et d'une autre Mère de Montpellier.

Madame de Maleval avait donné sa maison de Bourg-Saint-Andéol aux religieuses de la Visitation de Montpellier pour la fondation d'un monastère de leur Ordre. Cette pieuse dame était dangereusement malade à Toulouse. Mgr Louis-François de la Baume de Suse, évêque de Viviers, l'ayant appris, écrivit de Bourg, le 24 novembre 1662, aux religieuses de Montpellier pour les avertir et leur manifester ses craintes de voir les volontés de la défunte contrariées par l'opposition de ses parents. Il ajoutait: « J'ai tant d'affection, mes très chères filles, pour votre Ordre, et je serais si aise que le dessein que la dite dame de Maleval avait eu d'établir une maison en cette dite ville, fut exécuté, comme en étant le Seigneur spirituel et temporel et y faisant ma demeure ordinaire, que vous ne devez pas douter, mes très chères filles, que je vous donne fort volontiers ma protection et n'appuie vos intentions en tout ce qui pourra dépendre de moi. »

Deux jours après, Mgr de Suse annonçait la mort de Mme de Maleval, et disait que ses héritiers ou successeurs avaient envoyé deux hommes pour s'emparer de la maison et de tout ce qu'elle contenait; mais y étant allé, il avait fait mettre ces deux hommes en prison. Il demande qu'on envoie au plus tôt un fondé de pouvoirs pour s'occuper de cette affaire.

Le 27 novembre 1662, il expédiait l'avis suivant aux religieuses du Pont-Saint-Esprit comme étant les plus proches: « Les Révérendes Mères de la Visitation Sainte-Marie du Saint-Esprit sont averties de la part de Mgr l'Évêque de Viviers que Madame de Maleval est morte il y a déjà cinq ou six jours, et comme elle a fait un legs très considérable à l'Ordre de la Visitation pour une fondation du dit Ordre en cette ville du Bourg-S.-Andéol, sous la direction de la Révérende Mère Fouquet qui est à Toulouse et d'une autre Mère qui est à Montpellier, le dit Seigneur a cru devoir avertir les Mères du Saint-Esprit de cette mort pour en avertir les autres, parce que la chose presse, à cause que les parents ont déjà voulu se saisir de la maison qui est ici et des meubles qui sont dedans, quoique la dite maison et tous ses meubles soient donnés pour la dite fondation. »

Le 3 décembre, l'Evêque de Viviers écrit à la supérieure du monastère de Montpellier que l'envoyé fondé de pouvoirs était arrivé et qu'il avait pris possession de la maison et des biens de Madame de Maleval, en faveur du monastère de Montpellier, au nom de Madame de Sartre.

Le 3 décembre, Mgr de Suse écrivit une dernière fois: « Mes très chères filles. Je vous fais ce mot de ma main pour vous dire que vous apprendrez par le donneur de la présente toutes choses et diligences que nous avons faites pour votre établissement en cette ville. Voyez dans la suite ce qu'il restera à y faire, assurées que vous devez être que de mon côté je n'oublierai rien de tout ce qui pourra dépendre de moi pour votre satisfaction et pour votre avantage. » (1).

Madame la Comtesse de Rochefon, belle-sœur de l'évêque de Viviers, petite parente de saint François de Sales et dont une des sœurs était supérieure à Grenoble, soutint avec fermeté les intérêts de la Visitation de Montpellier.

Mais Monseigneur de Viviers ignorait que M^me de Maleval, étant à Toulouse pour un procès, avait reçu beaucoup de secours par les puissantes recommandations que lui donna la T. H. Mère Marie-Thérèse Fouquet. Ces circonstances amenèrent un changement dans ses premières dispositions qui étaient en faveur de Montpellier et l'inclinèrent, malgré les instances de la Mère Fouquet pour l'en détourner, à prendre dans la maison de Toulouse les religieuses fondatrices.

Le chargé d'affaires écrivait, le 28 décembre 1662, à la supérieure de Montpellier que M. de Larderat, grand vicaire de Mgr l'Archevêque de Narbonne, représentant les religieuses du monastère de Toulouse, était arrivé à Bourg-S.-Andéol et avait pris possession de tous les biens de M^me de Maleval en leur faveur. A son retour il devait s'arrêter à Montpellier, et informer la communauté de tout ce qui s'était passé.

Le monastère de Toulouse fit donc seul la fondation de

(1) Ces lettres de Mgr de Suse se trouvent aux archives de la préfecture de Montpellier (série H, fonds de la Visitation). Sur l'une d'elles on lit ces mots: « Nous conservons ces lettres pour faire voir qu'on nous a recherchées pour la fondation du Bourg et que nous n'y avons rien fait qu'en suite des sollicitations que nous en a fait Mgr de Viviers. »

Bourg-S.-Andéol. Celui de Montpellier était destiné par la Providence à faire celle de Nîmes, un an après.

La fondation de Nîmes était dans les vœux de sainte Chantal. Le 9 novembre 1631 elle écrivait déjà à la Mère de Marigny: « Je serais bien aise que vous eussiez la sœur de Mgr de Nîmes, parce que ce sera un bon moyen de réveiller la fondation qu'on parlait de faire en cette ville. Je serais consolée qu'il y ait encore une de nos maisons proche de vous. (1) »

L'acte de cette fondation est du 8 juillet 1664; il a été écrit au parloir des religieuses du monastère de la Visitation de Montpellier.

Madame Antoinette de Méjanes, veuve de noble François de Saugnac, seigneur d'Aigues-Vives, résidant à Montpellier, par dévotion particulière et à la gloire de Dieu fonde à perpétuité en la ville de Nîmes sous le bon plaisir de Mgr l'illustrissime et révérendissime évêque de cette ville un monastère de religieuses de la Visitation Sainte-Marie.

Cette fondation est confiée au zèle de la R. Mère Françoise-Emmanuel de Nouvery, supérieure de Montpellier, et des Sœurs Anne-Thérèse de Grasset, assistante, Marie-Marguerite de Valon, Marie-Dorothée de Gallian et Marie-Françoise de Sartre, conseillères.

La fondatrice donne comme dotation de ce monastère les propriétés qu'elle possède sur le territoire de Lansargues, propriétés qui lui viennent de sa mère Isabeau d'Hebles. Mme de Méjanes donne en plus la somme de 2000 livres pour subvenir aux premières dépenses, un calice et un ciboire d'argent, une cloche, un ornement complet, un tapis d'autel, et divers autres objets nécessaires à une récente installation.

En retour les religieuses s'engagent à donner à Madame de Méjanes le privilège des fondatrices; savoir: la permission d'entrer dans le monastère avec sa suivante pour y demeurer tout le temps que bon lui semblera. Elles promettent que dans trois ans à partir de la fondation elles recevront dans le monastère de Nîmes une fille de vocation ou veuve, sans dot, à la nomination de Mme de Méjanes. Elles prieront enfin pour le repos de l'âme de la fondatrice et établiront des fondations de messes à son intention.

(1) *Lettres de sainte Chantal*, tome III, p. 670, — et tome IV, p. 48 et 54.

Mme de Méjanes voulant que ses bienfaits ne soient acpagnés d'aucun sacrifice, déchargea bientôt le monastère de Nîmes de toutes ces obligations. Les religieuses ne purent oublier celles de la reconnaissance.

Les Sœurs désignées pour le nouveau monastère furent la Mère Louise-Françoise de Rozel, élue supérieure de la fondation, S.[r] Claude-Agnès de Sartre, S.[r] Anne-Françoise de Grasset, S.[r] Madeleine-Élisabeth de My, S.[r] Jeanne-Françoise d'Audessan, nommées conseillères.

Elles partirent le 12 juillet 1667, et plusieurs dames de Nîmes en étant averties allèrent au-devant d'elles assez loin de la ville. Les habitants les reçurent aux portes et les conduisirent au couvent des Révérendes Mères Ursulines, où Mgr l'évêque les attendait. Après avoir pris un peu de repos dans cette communauté, elles furent conduites par Mme de Méjanes leur fondatrice et plusieurs autres dames de qualité dans leur maison; une foule de peuple les accompagnait avec des démonstrations de joie incomparable.

Le lendemain 13 juillet, Mgr de Nîmes vint dire la messe dans la chapelle. Après le *Laudate* l'évêque fit le sermon et bénit le monastère. Dans l'après midi il revint encore donner la bénédiction du Saint Sacrement. Cette fondation se fit avec joie et applaudissement universel, ce qui est d'autant plus merveilleux que plus de la moitié de la ville était des personnes hérétiques (1).

Le monastère de Nîmes subsista jusqu'à la grande Révolution et devint un foyer de dévotion et de douce piété.

De même que dans le ciel les étoiles se dédoublent, au firmament de l'Église de France le monastère de la Visitation de Montpellier brillait d'un doux éclat, et deux autres monastères avaient reçu de lui la lumière et la vie.

La Reine de France, Anne d'Autriche, se trouvant à Montpellier en 1660 avec Louis XIV son fils, vint faire ses dévotions dans la chapelle des filles de sainte Chantal et se recommander à leurs prières.

« Elle s'aperçut, disent les Annales, qu'aucune des religieuses ne levait les yeux pour la regarder, étant si accoutumées à la mortification de leurs sens, qu'elles se seraient fait un scrupule de les contenter en cette occasion si extra-

(1) *Manuscrit des fondations*. tome II, *Fondation de Nîmes*, p. 495.

ordinaire ; mais elle leur commanda avec une bonté royale de la regarder, voulant bien être connue d'elles. Toutes leurs délices étaient dans l'oraison et à parler de Dieu, même dans les récréations dont elles sortaient pour l'ordinaire le cœur tout enflammé de l'amour de Dieu. Leur paix, leur union et leur observance étaient si grandes, qu'elles ressemblaient plutôt à des anges qu'à des filles; toute leur émulation était à qui serait la plus sainte. Il fallait que la supérieure prît garde et veillât à empêcher ou retenir les excès où la ferveur et l'amour de la pénitence les portaient. »

Le spectacle de telles vertus attirait dans la chapelle ou dans les parloirs de la Visitation tout ce que la Province comptait de plus noble et de plus distingué.

« Nous avons l'honneur, écrivent les religieuses en 1682, (1) de voir très souvent à notre autel, pendant les États, Messeigneurs les prélats de notre Province. Monseigneur le Cardinal de Bonzi nous dit les trois messes le saint jour de Noël. Madame la duchesse de Verneuil vint passer cette nuit avec nous assistant à nos offices avec une piété admirable. Elle ne s'est pas contentée de nous honorer de ses visites aussi souvent qu'elle a pu, mais elle a bien voulu encore nous donner des marques de sa bonté, non seulement par sa protection, mais encore par ses bienfaits, distinguant cette maison d'avec les autres maisons religieuses de cette ville. Nous n'avons jamais vu cette illustre princesse sans être édifiées de sa haute vertu, dont elle a laissé dans tous ces quartiers de grands exemples. Nous vous conjurons, nos très honorées Sœurs, de joindre vos prières aux nôtres pour sa précieuse conservation. Elle en a bien besoin dans l'état douloureux où l'a mise la perte qu'elle vient de faire de M. le Duc son mari, notre illustre gouverneur, dont la Province est en deuil. »

La Duchesse de Verneuil se faisait surtout un bonheur d'assister aux vêtures et aux professions des religieuses ; elle se plaisait à les revêtir de leur voile après l'avoir reçu des mains de l'officiant. La dernière à qui elle l'imposa en cette même année 1682 fut sœur Gabrielle-Angélique de Valette des Plans, fille de Messire Léonard de Valette, Seigneur des Plans, Président en la cour des comptes, aides et finances de Montpellier.

(1) Circulaire du 20 août 1682.

Mgr l'Evêque d'Uzès présida la cérémonie et Mgr l'Évêque de Mirepoix prononça l'allocution.

Mais ce qui attirait les fidèles à la Visitation, c'était leur dévotion à l'égard de l'aimable François de Sales. Cette dévotion date de l'origine du monastère, elle grandit avec les années et se manifesta enthousiaste et profonde dans les fêtes que nous allons raconter.

# CHAPITRE VI

## Les fêtes de la Béatification du Vénérable François de Sales à Montpellier.

16 avril 1662

Lettres de Mgr Bosquet au Pape Alexandre VII et à la Mère de Nouvery — L'ornementation de la façade et de l'intérieur de l'église de la Visitation — Le Chapitre, l'Évêque, le Sénéchal et les Consuls assistent à la cérémonie — Chant du *Te Deum* — Éloge du B. François de Sales par Mgr Bosquet — Réjouissances publiques — Illuminations — Office pontifical et panégyrique par le R. P. Fournel S. J.

Le décret de la béatification du grand évêque de Genève fut signé à Rome le 28 décembre 1661 par le pape Alexandre VII et publié solennellement onze jours après.

Monseigneur François Bosquet, à peine installé sur le siège de Montpellier, avait écrit au Vicaire de Jésus-Christ.

*Très Saint Père,*

« La canonisation de François de Sales, jadis évêque de Genève, est de telle importance pour la Religion apostolique et romaine en ces quartiers, que j'ai cru pouvoir dire à Votre Sainteté qu'il est de sa piété d'y travailler, et comme cela comprend tout ce que j'y pourrais ajouter de plus étendu sur ce sujet, je supplierai seulement très respectueusement Votre Sainteté de me croire avec la soumission que je dois.

Le très humble et très obéissant serviteur de Votre Sainteté

FRANÇOIS
*évêque de Montpellier.*

à Montpellier, le 3 Avril 1658. »

Quand Mgr Bosquet apprit la nouvelle de la béatification, il en éprouva une très grande joie, et il écrivit aussitôt de Béziers où il se trouvait en ce moment, la lettre suivante à la Mère Françoise Emmanuel de Nouvery, supérieure de la Visitation de Montpellier.

Béziers, le 31 janvier 1662.

*Ma très chère fille en N.-S.-J.-C.*

« Enfin nous voilà tous contents, puisqu'il a plu au Saint-Siège de nous permettre d'honorer publiquement la mémoire de notre bienheureux Père du culte que nous rendons à ceux que Dieu couronne de sa gloire dans le ciel. Je prie de tout mon cœur qu'il soit notre protecteur et notre intercesseur auprès de Dieu et qu'il nous obtienne par ses prières la grâce d'imiter ses vertus.

» Le bref que je vous renvoie nous permet deux choses principales. La première, de célébrer sa fête comme d'un confesseur et pontife dans les églises de vos monastères le 29 du mois de janvier; à quoi nous satisferons avec l'aide de Dieu l'année prochaine, s'il nous donne vie. La seconde de célébrer dans six mois dans votre église et dans la cathédrale la fête de sa béatification au jour que j'ordonnerai. Et j'espère le faire l'un et l'autre en personne par la grâce de Dieu aussitôt après nos États. Cependant vous recevrez sans doute les instructions qu'on vous promet du monastère d'Annecy et vous préparerez toutes les magnificences nécessaires pour une si grande solennité. Il me tarde d'être en liberté pour aller joindre mes vœux, mes prières et mes joies avec les vôtres, tout autant que j'ai été retenu par le respect que je dois aux ordres de l'Église, à souffrir qu'on rendît à ce Saint aucun honneur public. Je désire, maintenant que ces défenses sont ôtées, faire paraître le respect interne que j'ai eu toujours dans mon cœur pour sa sainteté, de laquelle je n'ai jamais douté, même durant sa vie. Les obligations singulières que je lui ai et que je désirerais pouvoir publier, m'ont attaché depuis quarante années à son service et à lui rendre dans le secret de mon cœur les honneurs qui sont dus à une âme prédestinée. Et maintenant j'ai une joie extraordinaire de pouvoir dilater mon cœur et d'en faire connaître à tout le monde mes plus secrets sentiments. Nous en dirons davantage à notre venue. Cependant, offrez-lui pour moi et pour mon diocèse vos prières avec les miennes qui ne vous manqueront jamais, tout indignes qu'elles soient d'être présentées à Dieu, puisqu'elles sont d'un misérable pécheur, mais qui a un grand désir de devenir meilleur et d'être toujours

Ma très chère fille en N. S. J. C.
Votre très humble et très affectionné serviteur

François
*évêque de Montpellier.* »

Les fêtes de la béatification furent célébrées à Montpellier le dimanche 16 avril 1662.

Monseigneur Lamothe-Tenet prélat de la maison de Sa Sainteté, ancien recteur de la Faculté catholique de Toulouse, à qui les gloires de la Visitation sont demeurées si chères, a bien voulu mettre à notre disposition, avec une exquise bienveillance, un manuscrit sans nom d'auteur, dédié à Mgr Bosquet, qui contient le récit des fêtes célébrées à Montpellier pour la béatification de S. François de Sales.

Voici cette relation.

« Puisque la renommée, cette parleuse, vous a appris une partie de ce que les dévotes religieuses de la Visitation Sainte-Marie ont fait dans notre ville pour honorer la mémoire de leur bienheureux fondateur, et que vous souhaitez d'en avoir toutes les particularités, je vous les écrirai avec joie et serai ravi de satisfaire à une curiosité aussi belle et louable que la vôtre. Je vais donc vous marquer, le plus succintement qu'il me sera possible, les principales circonstances de cette sainte cérémonie.

» Le dimanche seizième de ce mois, on vit devant la porte de l'église de la Visitation un dôme soutenu par quatre arcs de triomphe, terminé et fermé comme la couronne de nos rois et sommé d'une croix. Le tout très bien entendu et composé de laurier et autre verdure, arrêtée par des bandes en forme de large ruban, rayées des couleurs de l'Église, blanc, rouge, vert, cramoisi et violet.

» Au-dessous du dôme et sur la porte de l'église était un fort beau portrait du bienheureux François de Sales, revêtu de ses habits pontificaux. Ce tableau était posé dans une bordure dorée et au-dessous pendait un cartouche avec cette inscription « *et beatificavit illum in gloria* » et à l'arc qui était vis-à-vis de celui-là en pendait un autre avec ce quatrain fait à l'honneur du bienheureux:

Cet arc victorieux célèbre la mémoire
Du bienheureux François notre aimable prélat.
Son illustre vertu qui méprisa l'éclat
Triomphe maintenant au séjour de la gloire.

» Au-dessus de la porte de l'église en dedans, on voyait une fort belle galerie, qu'on avait fort proprement ajustée et qui était destinée pour y placer la musique, les violons et les hautbois, mais la presse fut si grande qu'on fut contraint de la donner à ce qu'il y avait de beau monde de la ville, qui n'avait rien oublié ce jour là en ses habits pour honorer la fête de notre Bienheureux.

» Depuis le pavé jusqu'à huit pieds de hauteur on avait peint tout autour de l'église une balustrade, sur le bord de laquelle venait battre une riche tapisserie surmontée d'un rang continu de fort beaux tableaux. Le long de la frise il y avait un grand nombre de plaques de vermeil doré avec leurs bras portant chacun un flambeau de cire blanche, et entre ces plaques étaient posés de petits portraits de ce Bienheureux avec des couronnes de fleurs. Au milieu de la nef pendait en forme de chandelier un cul de lampe surmonté de trois cercles, qui allaient en diminuant, soutenant quatre douzaines de cierges de cire blanche; il y en avait un semblable dans le chœur, le tout d'or, d'argent et de cinabre.

» L'autel, outre le riche tabernacle dont il est toujours orné, fut paré, avec ses crédences, d'un ouvrage en broderie d'or et d'argent, dont les fruits en confusion étaient de soie et d'un travail si exquis que les yeux les plus fins et les plus délicats étaient obligés d'avouer qu'il ne se pouvait rien voir de plus beau et de mieux travaillé.

» Sur les gradins il y avait une trentaine de chandeliers d'argent, chacun garni de son cierge de cire blanche dans un très bel ordre, et entre les chandeliers on y voyait dans des pots d'argent des bouquets fort riches et fort bien faits.

» Au-dessus était le voile du tabernacle, semblable au devant d'autel, et au milieu il y avait un rideau nacarat, qui donnait de la curiosité à ceux qui le regardaient et qui ignoraient à quel dessein on l'avait mis en ce lieu. Mais ce qui rendait la chose aussi magnifique qu'on se la puisse imaginer était l'éclat et le brillant que donnaient à cette riche étoffe les lumières dont nous venons de parler et la réflexion qui s'en faisait sur deux grandes glaces qui étaient posées au dessus du dit voile.

» On commença aux premières vêpres la cérémonie de cette manière.

» Le chapitre partit de la cathédrale vers les quatre heures du soir pour venir processionnellement dans l'église de la Visitation. Ces Messieurs étaient devancés par six trompettes, autant de hautbois, douze violons de notre bande et la musique: ensuite marchaient les prêtres habitués du chœur, MM. les Chanoines et Monseigneur notre Évêque revêtu de ses habits pontificaux, assisté des chanoines qui étaient personnats. Le chape de Monseigneur était à fond d'argent à grands ramages rouge cramoisi, rehaussé d'une fort riche broderie d'or. Celles de son diacre et sous-diacre étaient de même, le fond de la mitre était parcillement blanc rehaussé d'une broderie d'or, fort délicatement travaillée, grelée de perles et doublée d'un satin cramoisi. M. le Sénéchal suivait de près avec les Consuls en robe rouge, accompagnés de leurs estafiers, et après, tout le peuple en foule. Étant arrivés à l'église et entrés dans le chœur qui était ce jour là destiné pour eux seulement, Monseigneur de Montpellier prit sa place qui était une chaise posée à droite sur un marchepied couvert d'un tapis, vis à vis du treillis du chœur des Religieuses, garnie d'un damas cramoisi, couvert de nattes d'or, et le dais était paré de même. Messieurs les chanoines s'assirent sur des bancs qu'on leur avait préparés et leurs prêtres derrière eux.

» Après que la musique eut achevé de chanter les psaumes qu'on avait commencés en venant, Monseigneur de Montpellier vint au devant de l'autel avec ses assistants, où il fit lire tout haut par son secrétaire la bulle de la béatification qu'on célébrait, et s'étant mis à genoux, il entonna le *Te Deum* que la musique acheva; ensuite on dit quelques versets, et après, Monseigneur dit l'oraison composée par Notre Saint-Père le Pape. L'oraison finie, les Religieuses chantèrent un motet en musique en l'honneur du Bienheureux Saint François de Sales, et cela avec des voix si douces et si bien concertées qu'elles excitèrent la dévotion de tous ceux qui se trouvaient dans l'église. Le motet achevé, Monseigneur l'Évêque entonna le *Veni Creator*, et ce fut pour lors que le rideau nacarat, dont je vous ai parlé tantôt, fut tiré comme par une main invisible, et l'on vit paraître le portrait au naturel du Bienheureux François de Sales, dont lui-même avait fait présent à feu Monsieur de Fenouillet évêque de cette ville, et je puis dire que, joint à l'éclat et à la magnificence de l'autel, il ne portait pas moins à l'admiration et au respect qu'au recueillement et à la dévotion. Au même instant, le chœur de musique, les violons et les hautbois et plusieurs autres sortes d'instruments firent un agréable mélange d'harmonie, qui, étant accompagnée du bruit confus qui se faisait au dehors par les fanfares des trompettes, le bruit des tambours, la mousqueterie des sixains de la ville et le tonnerre du canon, imprimait dans les cœurs une sainte terreur et une tendre dévotion.

» Le *Veni Creator* achevé, on chanta vêpres en musique, après lesquelles Monseigneur l'Évêque monta en chaire avec ses habits pontificaux, où il fit l'éloge du Bienheureux François de Sales d'une manière si touchante qu'il n'y eut personne dans son auditoire qui ne fût très persuadé que sa bouche ne parlât que de l'abondance de son cœur, et qu'il louait dans le Saint, dont il porte le nom, les vertus dont il est revêtu lui-même. Étant descendu de chaire il trouva une collation superbe que les Religieuses lui avaient préparée, et à laquelle il ne voulut point toucher, mais s'en étant retourné au chœur, il en partit avec le chapitre dans le même ordre qu'il en était venu.

» Sur le soir, Monsieur le Sénéchal, avec son chapeau de cérémonie qu'il avait aussi à la procession, partit de la maison de ville à la tête des Consuls qui étaient derechef en robe rouge, et suivis de leurs estafiers avec bon nombre de trompettes, de violons et de hautbois et quantité de flambeaux de cire blanche pour allumer un feu de joie qu'on avait préparé devant le monastère des Religieuses de la Visitation. On n'oublia rien pour rendre ce feu un des plus beaux feux qu'on ait vus il y a longtemps à Montpellier. Je ne m'arrêterai pas à vous en faire le détail; ce qu'il y eut de particulier, ce fut qu'on vit souvent en l'air en lettres de feu: *Vive Jésus* et *Vive le Bienheureux François de Sales.* Les sixains de la ville s'y trouvèrent derechef et firent plusieurs décharges de leurs mousquets, et le canon de la citadelle joua comme il avait fait auparavant, après un grand nombre de boîtes et de pétards. Quoiqu'un si grand bruit dût en apparence empêcher d'ouïr toute autre chose, grand nombre de ceux qui étaient le plus près de l'église ne laissèrent pas d'entendre un concert de voix fait par les saintes filles de la Visitation, qui chantaient des hymnes en l'honneur de leur bienheureux Père, qui charmèrent peut-être davantage que si dans le calme on les eut ouïes dans leur chœur, où tous les jours elles se font admirer de tous ceux qui ont l'oreille délicate.

» On vit dans cette rue tant de beau monde et un si grand concours de peuple, qu'il semblait que toutes les maisons dussent être abandonnées: néanmoins en se retirant on trouva les rues éclairées d'un nombre infini de lumières qu'on avait mises aux fenêtres, ce qui faisait bien discerner les maisons des catholiques d'avec celles des huguenots, qui voyaient avec beaucoup de déplaisir la joie avec laquelle nous honorions un prélat qui a affaibli leur parti de soixante et douze mille âmes, et qui sans doute par son intercession le détruira entièrement dans le diocèse dont il a été le pasteur, puisqu'on voit déjà de grandes marques de sa protection dans les ordres que Monsieur de Bouchu y exécute de la part du Roy.

» Le lundi sur les neuf heures du matin, Messieurs les chanoines de la cathédrale revinrent en procession avec le même ordre et la même suite que le jour précédent. Monseigneur l'Évêque dit la messe pontificalement et à l'élévation du Très Saint Sacrement tous les instruments de musique se firent encore mieux entendre qu'aux premières vêpres, et de plus tout le canon de la citadelle, qu'on avait rangé sur la courtine qui regarde vers le couvent de Sainte-Marie, fit une décharge fort à propos et qui semblait n'en faire qu'une avec celle qui se faisait devant l'église.

» L'après diner Monseigneur l'Évêque et le chapitre purent

reprendre leur place, mais seulement avec leurs habits ordinaires. Vêpres furent chantées par les Religieuses et par le chœur de musique du chapitre; et ensuite le R. Père Fournel, jésuite, qui s'était fait admirer pendant le carême dans l'église Notre-Dame, monta en chaire et fit un panégyrique, qui par la sublimité des pensées et la délicatesse du langage donna une merveilleuse satisfaction à l'assemblée, qui était aussi grande et aussi belle qu'on la peut souhaiter. Pendant que Monseigneur se préparait pour donner la bénédiction, les Religieuses chantèrent un motet qui ravit tellement la compagnie que l'on crut entendre un chœur d'anges, plutôt que des filles, et la commune voix fut qu'elles s'étaient surpassées elles-mêmes et que la joie, qu'elles avaient de voir l'honneur qu'on rendait à leur bienheureux Père, leur avait causé ce transport.

» Il semble qu'il ne se pouvait rien ajouter à la magnificence avec laquelle cette sainte cérémonie s'est passée; néanmoins on tient que les Religieuses ont été surprises et qu'elles n'ont pas eu le temps de se préparer. Mais elles prétendent d'aller infiniment au delà à la fête de la canonisation que l'on croit être bientôt, et elles se préparent déjà à faire des choses qui sembleront incroyables. »

# CHAPITRE VII

## Les Fêtes de la Canonisation de Saint François de Sales à Montpellier.

du 28 Janvier au 6 Février 1667.

Décoration de l'Église de la Visitation. — Le Sanctuaire. — Le Rétable.— Portrait du Saint. — Description de l'Autel et du Tabernacle. — Tableaux, emblèmes et armoiries. — Piété et zèle de Mgr. Bosquet. — Ouverture des fêtes. — Réjouissances populaires. — La solennité et son octave. — Cérémonies et discours. — Le Gouverneur, les Consuls, le Chapitre Cathédral, les paroisses de la ville, les Ordres religieux. — Concours d'étrangers. — Clôture des fêtes à la Cathédrale. — Procession générale. — Le triomphe de Saint François de Sales. — Fruits consolants.

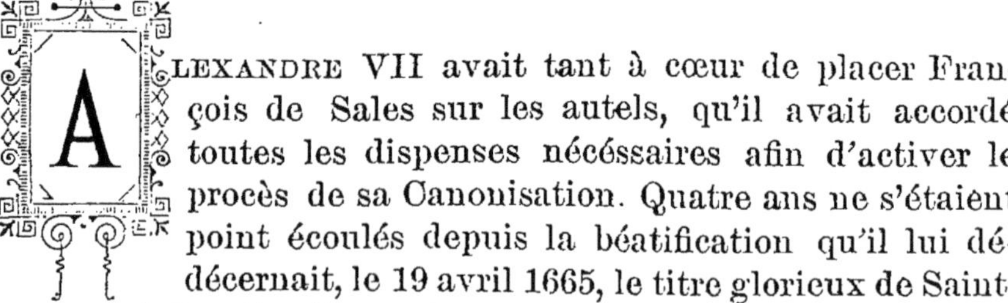

ALEXANDRE VII avait tant à cœur de placer François de Sales sur les autels, qu'il avait accordé toutes les dispenses nécéssaires afin d'activer le procès de sa Canonisation. Quatre ans ne s'étaient point écoulés depuis la béatification qu'il lui dédécernait, le 19 avril 1665, le titre glorieux de Saint. On célébra des fêtes solennelles dans toutes les Visitations de France. Celle de Montpellier se distingua par l'éclat, l'ordre et la magnificence de ses cérémonies.

Nous possédons un double récit manuscrit de ces fêtes. Celui que nous publions nous a été gracieusement communiqué par M. Gaudin, l'éminent bibliothécaire de la Ville.

Il provient de la bibliothèque de Mgr Bosquet. Nous le complèterons dans sa partie la plus intéréssante en ajoutant des notes tirées d'un autre manuscrit ayant appartenu à Mgr Lamothe-Tenet.

« Si les amateurs du monde qui n'ont pu voir de leurs yeux ces actions éclatantes, où les grands de la terre font quelquefois paraître leur magnificence, témoignent tant de passion pour en apprendre le détail, et demandent avec tant d'instance qu'on leur en fasse le récit, l'on ne doit pas trouver étrange que les amateurs de Jésus-Christ, qui ne peuvent être présents à ces cérémonies augustes qu'on fait à sa gloire dans ses sacrés temples, aient une sainte avidité d'apprendre les choses qui s'y passent, et qu'ils demandent avec empressement qu'on leur en dresse des relations. Il serait à désirer que la curiosité des premiers fut éludée, puisqu'elle est profane, et qu'il ne se trouvât point de plume assez lâche pour s'engager au service d'une passion qui n'est pas des moindres de l'esprit humain; mais pour la curiosité des seconds, comme elle est sainte, elle doit être satisfaite, et ceux à qui Dieu a donné quelque habileté pour écrire en useraient sans doute à sa gloire, s'ils s'étudiaient à les contenter. Ils ne fourniraient pas par leurs écrits un aliment à la curiosité, comme font les auteurs du siècle, qui n'écrivent que des choses vaines ou très inutiles, mais ils donneraient à la piété des fidèles une nourriture propre pour l'entretenir, et ils exciteraient dans ceux qui n'ont pu se trouver aux saints mystères la même ardeur qu'on a vue en ceux qui s'y sont trouvés.

» C'est le fruit que j'attends de la relation que je vais faire de ce qui s'est passé dans la solennité de Saint François de Sales, Évêque et Prince de Genève, célébrée avec un si grand concours de monde, et une ardeur si grande de tous les fidèles, dans l'église des religieuses de la Visitation Sainte-Marie, dont il a été le fondateur. Je la ferai brièvement et sans artifice, et selon l'ordre naturel qui a été gardé dans cette fête; je décrirai premièrement la décoration de l'église, où a été célébrée la canonisation de ce Saint, ensuite je rapporterai les saintes cérémonies et les pieux exercices qu'on y a faits le jour de la Fête et durant l'Octave.

» On aurait sujet de reprocher leur lenteur aux pieuses filles de ce glorieux Saint, qui vivent selon son esprit dans le monastère de cette ville, et de croire que c'est manque de zèle pour sa gloire, qu'elles ont différé si longtemps de rendre publique la joie que sa canonisation leur a causée, si l'on ne savait que ce délai n'a pas été volontaire, et qu'en cela elles ont suivi la sage conduite de leur Prélat, (1) qui n'ayant pas moins d'ardeur pour faire observer les saints canons qu'il a de lumière pour les connaître, n'a pas vu (quelque empressement qu'il eût pour faire honorer ce grand Saint) qu'il fallût s'écarter des règles prescrites, ni célébrer sa solennité avant d'avoir reçu de Rome la Bulle du Pape qui l'autorise. La longue attente de ce saint Oracle a été un long exercice de patience pour ces dignes filles qui, saintement jalouses de leurs sœurs, par qui elles se voyaient devancées dans les pieux offices qu'elles devaient à leur saint Père, enviaient bien leur bonheur, et sentaient de secrets transports pour les imiter; mais elles demeuraient avec respect dans les termes de l'obéissance qui, ainsi qu'une digue, retenait le torrent de leurs désirs, quand ils étaient plus impétueux. Elles se contentaient d'offrir intérieurement leurs vœux à leur bon Père, et de s'unir en esprit, à leurs sœurs, qui avaient l'avantage de les précéder, attendant avec soumission ce jour heureux, auquel elles pourraient à leur tour, le voir à leur aise dans le ciel et célébrer sur la terre sa solennité.

» Ce jour heureux, qu'elles avaient demandé avec tant d'instance, et mérité par tant de soupirs, arriva enfin, et la joie qu'elles eurent fut d'autant plus grande, que leurs désirs avaient été plus longs et plus enflammés. Comme le jour auquel la Bulle de sa canonisation assigne sa fête n'était pas loin, Monseigneur trouva bon qu'on différât la cérémonie jusqu'à ce temps et l'entre-deux fut employé par ces saintes filles à faire les préparatifs pour la fête, (2) et à décorer leur église comme je vais dire.

(1) Monseigneur François Bosquet.

(2) La pluie n'ayant pas cessé de tomber pendant les trois semaines qui précédèrent les fêtes, la supérieure assembla toute la communauté et ordonna une procession dans l'enclos du monastère : les reliques du Saint y furent portées. Les religieuses firent des prières pour obtenir un temps favorable, elles passèrent même en oraison la nuit de l'avant veille de la fête. Il pleuvait à torrents, mais le matin de la solennité vers les 5 h., le temps se remit au beau, et resta serein pendant toute l'octave. La nuit même de la clôture la pluie reprenait avec abondance.

» Un riche pavillon de tapisseries à fleurs couronnait le haut du sanctuaire, et à grosses ondées de plis, venait fondre de deux côtés jusqu'à la naissance de la voûte de l'église, qui dans toute son étendue était aussi parée des mêmes étoffes. Dans l'ouverture qui était au milieu, l'on découvrait comme en un lointain, un ciel azuré semé d'étoiles, où le grand Évêque de Genève paraissait ainsi qu'un soleil, rayonnant de gloire, et environné de Séraphins qui semblaient s'avancer pour le recevoir et se presser pour lui donner place. C'était le premier objet qui se présentait à la vue, en entrant dans l'église, et les yeux qui en étaient surpris, ne se seraient jamais lassés de le contempler, si l'éclat encore plus brillant d'un paradis qui était au fond du sanctuaire ne les eût attirés à lui. Le Saint y était assis, avec une majesté toute divine sur un trône d'ardentes nuées, tenant d'une main un cœur embrasé, d'où sortait un feu sans fumée, symbole de la pureté de son amour, et de l'autre un cercle radieux, au milieu duquel était écrit en lettres d'or: *Vive Jésus*, qui était sa devise. Il était revêtu de ses habits pontificaux, la mitre et la crosse posées à ses pieds, sur un marchepied formé de nuages, dans les replis desquels on voyait sortir des têtes d'anges qui semblaient admirer ce nouveau Saint. Pour lui, il paraissait vivant aux yeux du peuple, mais vivant en Dieu, et si extasié et absorbé pour ainsi dire en lui, qu'on ne pouvait le regarder sans être touché de dévotion. Le tableau où il était représenté de cette sorte, et qu'on peut dire avoir été le chef-d'œuvre d'une main habile, était enchâssé dans une riche bordure d'or bruni et placé dans un enfoncement d'environ trois pieds, au milieu d'un rétable magnifique où l'on ne savait ce qu'il fallait plus admirer, de la matière ou de la façon; l'une et l'autre en effet étaient admirables: car la matière n'était qu'or, qu'argent, que cristal; et la façon était si nouvelle que je ne sais si l'on avait encore rien vu d'approchant.

» C'était une pièce d'architecture d'ordre corinthien, de la hauteur de vingt-deux pieds; mais au lieu de pierre et de bois, il n'entrait que des riches métaux et des étoffes précieuses (1). Sur six superbes piédestaux posés trois d'un côté

(1) L'autel était paré d'un très riche brocart d'argent, chamarré de grandes dentelles d'or et d'argent, donné par Madame de Castries et orné de ses armes en broderie.

trois de l'autre, dans une juste symétrie, s'élevaient autant de pilastres qui soutenaient une architrave, au dessus de laquelle était la frise, surmontée d'une corniche, avec ses appendices et ses finiments. Les piédestaux étaient garnis de velours vert, la limace et le soubassement d'argent, la bordure de même et les panneaux ornés d'un chérubin, qui soutenait un feston de fruits d'argent, attaché avec des rubans d'or, voltigeant en l'air. Les pilastres hauts de douze pieds étaient garnis de glaces, de miroirs joints ensemble si parfaitement que ce ne semblait être qu'une seule pièce. Ils étaient bordés d'un filet d'or, avec les chapiteaux et bases de même métal; l'architrave et la corniche étaient d'argent, et la frise garnie de glaces comme les pilastres, et bordée tout autour d'un filet d'or. Entre les piédestaux et les pilastres, il y avait des degrés en pyramide, garnis d'un grand nombre de chandeliers et de vases d'argent ciselés, où étaient des bouquets aussi d'argent, des plus rares qu'on eût pu trouver. Tout au haut de ces degrés reposait un grand et beau miroir à la bordure dorée où les flambeaux allumés près l'un de l'autre multipliaient leur flamme, avec leur clarté, ce qui éblouissait si fort les yeux, qu'on avait peine à les regarder. Au-dessus de ces belles glaces, deux bustes du Saint où ses reliques étaient enchâssées, étaient posés en deux belles niches, dont le fond était d'un beau satin bleu, avec la bordure d'argent et la coquille de même, et aux côtés, des roses aussi d'argent d'où pendaient des festons de fruits et de feuilles qui descendaient jusqu'au bas. Au côté des chapiteaux des pilastres et au-dessous de l'architrave, des consoles d'argent garnies de cierges éclairaient le haut du rétable et faisaient voir sur la corniche les plus riches couronnements que les architectes aient pu inventer, des figures dorées placées aux endroits qui répondaient aux chapiteaux. Des tableaux rares qui répondaient à ceux au-dessus des niches, des panaches, des aigrettes et cent autres ornements allaient par un ordre symétrique aboutir à un grand miroir placé au milieu sur le grand tableau, qui formait le frontispice du rétable. Dans cette glace un peu penchée, on voyait redoubler l'éclat des cierges allumés sur les degrés de l'autel, et ceux qui dans la nef ne pouvaient, à cause de la foule, voir le tabernacle, n'avaient qu'à lever les yeux pour le voir en haut aussi bien qu'il était en bas. Les montants aux côtés des pilastres, étaient aussi garnis d'un ordre égal de miroirs, de tableaux, de chérubins, de plaques d'argent, avec une si grande profusion de cire blanche, qu'on ne pouvait rien voir de plus lumineux.

» Mais toutes ces richesses n'étaient rien auprès du magnifique trône qu'on avait dressé sur l'autel, en haut d'un superbe tabernacle pour le Saint des Saints, je veux dire pour le Roi de gloire qui réside corporellement dans l'Eucharistie. Ce très auguste Sacrement était enfermé dans un riche soleil en vermeil doré, au milieu d'un plus grand soleil formé de l'éclat de cent flambeaux, qui réfléchissaient leur lumière dans une belle glace de Venise, dont la bordure en octogone garnie de cristal multipliait encore les réflexions. Une couronne à la royale suspendue en l'air, sans qu'on vît ce qui la tenait, pendait sur cet auguste trône, et marquait la souveraineté de l'Homme-Dieu, qui daignait y faire sa résidence. Les diamants, les rubis, les perles et les émeraudes, qui y étaient ce semble pêle-mêle, obscurcissaient par leur éclat celui de l'or qui les portait; et l'on eût dit à voir tant de joyaux mis ensemble, qu'il n'y en avait qu'un seul qui les valait tous.

» Du haut de la voûte, vers l'entrée du chœur, pendaient au milieu de deux rangs de lampes d'argent trois lustres de cristal de roche, soutenus par un cordon de soie cramoisie, et attachés à un triangle enrichi de roses d'argent. L'on ne se pouvait rien figurer de plus brillant, et ce beau cercle de lumière dardait de toutes parts de si vifs rayons, que quand il n'y eût point eu d'autres flambeaux, l'église eût été éclairée comme en plein jour. Mais ceux qui brûlaient incessamment sur une corniche, qui régnait autour de l'église, augmentaient encore la clarté et faisaient comme une couronne de feu, qui entourait tout l'édifice. Ils étaient posés sur des chandeliers d'argent à un pied l'un de l'autre, et dans les vides de riches bouquets remplissaient des vases aussi d'argent, si ce n'est que par-ci par-là il y avait des figures dorées qui représentaient les Apôtres et les saints Docteurs.

» Au-dessus de la corniche et sur la pente de la tapisserie à fleur, qui descendait de la voûte, la vie du Saint était représentée en de grands tableaux qui avaient leurs cadres dorés, et étaient expliqués dans les vides par des emblèmes en camaïeu qui étaient liés par des rubans d'or.

» Le premier tableau représentait Saint François de Sales

dans son jeune âge, lorsque dans le dessein qu'il avait pris de se consacrer à l'Église, il quitta devant son Évêque les livrées du monde pour prendre les livrées de Jésus-Christ. Dans l'emblème qui lui répondait, un pigeon blanc comme la neige prenait son vol vers une église avec ces mots dans un rouleau volant: *Diliciæ Domini futurus.* " Il sera les délices du Seigneur"; pour exprimer que son innocence le rendrait un digne ministre des autels et qu'il serait, ainsi qu'un Samuel, le favori du Dieu qu'il allait servir.

» Le second le représentait devant le Pape Clément VIII et un grand nombre de cardinaux, où, dans l'examen qu'on fit de sa doctrine, il parut si savant dans ses réponses que le Pape en l'admirant, fut contraint de dire, qu'il avait dans son fonds une source d'eau vive, dont il pouvait se désaltérer lui-même, et en arroser le champ de l'Église. C'est ce qui était exprimé dans l'emblème, où un jardin émaillé de fleurs était arrosé par plusieurs canaux qui coulaient d'une grande source qu'on voyait sourdre au milieu, avec ces paroles: *Fonte suo riguus.* « Il a dans lui-même de quoi s'arroser. »

» Dans le troisième, il paraissait ravi en extase durant la cérémonie de sa consécration à l'Épiscopat, où il vit, comme il dit lui-même les trois Personnes divines, qui opéraient intérieurement en son âme, ce que les Évêques opéraient extérieurement en son corps. Le peintre avait exprimé cette onction intérieure dans l'emblème où il avait tracé un autel à l'antique sur lequel découlait d'une corne sortant d'une nuée, une huile céleste avec ces paroles: *Chrismate ab æthereo.* « Son onction est toute divine. »

» On le voyait dans le quatrième tout brûlant de zèle dans l'exercice de ses missions, au milieu d'une troupe innombrable d'hérétiques, qu'il convertissait à la foi par la force de sa parole, et par les lumières de ses saints exemples. Pour exprimer ces conversions qui faisaient succéder dans les âmes aux ténèbres de l'erreur la lumière de la vérité, on voyait luire dans l'emblème une belle aurore devant qui la nuit disparaissait, avec ces mots tirés d'une prose de l'Église: *Noctem lux eliminat.* « La lumière du jour chasse les ténèbres de la nuit. »

» Mais comme le Saint ne chassait pas seulement les ténèbres de l'esprit, mais encore l'esprit de ténèbres du corps des possédés, on le voyait dans le cinquième tableau, chassant le démon du corps d'un énergumène par l'énergie de ses exorcismes. Son emblème représentait un bouclier lumineux, qui fendait les nues, marqué d'une croix d'or chargée en cœur d'une colombe d'argent, qui est le symbole du Saint-Esprit, et au-dessous un abîme, où des serpents et des hiboux se précipitaient avec ces mots: *Hoc monstra fugantur.* « Ce signe met en fuite les monstres de l'enfer. »

» Dans le sixième, il était aux prises avec la mort qu'il obligeait à rendre sa proie, en ressuscitant un jeune homme qui s'était noyé. Ce miracle si signalé y tenait lieu de tous les autres, qui comme ils sont en très grand nombre, ne pouvaient être mis en un seul tableau. L'emblème qui l'accompagnait, exprimait assez bien cette victoire remportée sur la mort, par une main céleste qui terrassait un squelette à coup de massue. L'âme de l'emblème étaient ces paroles: *Edomat indomitam.* « Il vainc l'invincible. »

» Il écrivait dans le septième son livre incomparable de l'AMOUR DE DIEU; un globe de feu descendu du ciel tombait sur sa tête tandis que son cœur embrasé d'amour faisait couler de sa plume autant d'ardentes étincelles qu'elle formait de caractères. Ce qui était figuré dans un emblème par une plume ardente et lumineuse qui tombait du ciel avec ces mots: *Lucet et ardet.* « Elle est toute lumière et toute flamme. »

» Dans le huitième qui se trouva posé sur la grille du chœur des Religieuses, les premières Mères de l'Ordre recevaient de leur Saint Patriarche les règles de l'Institut qu'elles devaient suivre, et s'engageaient sous sa conduite dans le sentier de la perfection. Elles étaient autour de lui comme des abeilles autour de leur roi, avec un désir de le suivre et de l'imiter. C'est ce que représentait l'emblème posé tout auprès où un essaim d'abeilles suivait son roi, qui volait premier, avec ce mot d'Horace: *Ibimus, ibimus ubicumque præcedes.* « Nous vous suivrons, nous vous suivrons partout. »

» Le neuvième le faisait paraître dans son lit où la langueur de sa charité l'avait réduit, plutôt que les atteintes de sa maladie. L'emblème l'exprimait assez par le symbole d'un tournesol, qui lassé de suivre le soleil penchait sa tête languissante et semblait dire qu'il mourait d'amour. L'âme était prise du Cantique, et c'était cette douce parole de l'amante: *Amore langueo.* « C'est l'amour qui me fait languir. »

» Enfin dans le dernier qu'on avait placé dans la chapelle,

son âme toute rayonnante était portée par un ange dans le ciel. Dieu l'y attendait dans une gloire, pour lui faire part de sa vie, pour qui elle avait tant soupiré. Le symbole qui marquait son retour à Dieu, était une flamme de feu, qui s'élevait vers le ciel pour aller luire dans sa sphère, avec ces paroles: *Vis innata rapit.* « C'est son ardeur, qui l'élève au ciel » (1).

» Il y avait encore d'autres emblèmes posés entre les portraits du Roi, de la Reine et de la défunte Reine-Mère, sur le devant des deux tribunes qui formaient au bas de l'église une espèce d'amphithéâtre capable de contenir un grand nombre de personnes. Et sur la chapelle du Saint, qui était aussi richement parée, sept emblèmes d'un moindre volume y représentaient sur la pente d'un beau pavillon les vertus qui portaient ses habits pontificaux. La Force appuyée sur sa colonne soutenait la mitre. Le Zèle qu'on eût dit être tout flamme supportait la crosse. La Charité portait la chape toute déployée. La Virginité tenait l'aube qu'elle avait tissée. La Tempérance portait le cordon; la Religion la croix, et la Foi l'anneau. Sur l'autel qui était orné très richement, le buste du Saint où étaient ses reliques était exposé au milieu de deux autres bustes de deux Papes, qui étaient placés sur les crédences. Tout le reste de l'église au-dessous de la corniche était tendu de magnifiques pièces de tapisseries, et la chaire du prédicateur d'un tapis à la turquesque relevé d'or et d'argent, avec des franges d'or et de soie. Vis-à-vis de la chaire et sur la grille des Religieuses étaient exposés les portraits de sa Sainteté, de Monseigneur de Montpellier, et du défunt Évêque Monseigneur Fenouillet, fondateur de ce monastère, et leurs armoiries blasonnées dans des cartouches d'or ornaient le portail de l'église avec celles du Saint, et de l'Ordre de la Visitation, logées parmi des festons de myrte et de laurier. Celles de sa Majesté, de Monseigneur de Verneuil, notre gouverneur, de Monsieur le Marquis de Castries, gouverneur de la ville et de la citadelle, paraissaient au haut d'un arc de triomphe, qu'on avait dressé devant la porte, et qui faisait face des deux côtés de la rue. Le portrait du Saint en demi-corps était au milieu de cet ouvrage et en semblait faire le couronnement.

(1) La plupart de ces tableaux avaient été faits par les plus grands peintres d'Italie.

» Voilà un faible crayon des principaux ajustements de cette église, qui devait être le théâtre de la gloire de ce nouveau Saint, car j'avoue qu'il est bien échappé des choses à ma plume, aussi bien qu'à ma mémoire, que ceux qui ont été présents auront remarquées. Je passe à l'autre chef de ma relation qui sera plus utile et de plus grande édification, pour ceux qui prendront la peine de la lire. Car qui doute que les cérémonies qu'on a faites en cette église, et les exercices de piété qu'on a pratiqués, ne soient plus glorieux à Dieu et plus agréables à son Saint, que ces décorations magnifiques, qui n'ont rien d'estimable en elles-mêmes, mais qui tirent leur prix et leur valeur de la seule ardeur des personnes qui les ont fait faire. C'est cette ardeur sainte et généreuse qu'on ne saurait assez louer, dans les pieuses filles de ce grand Évêque qui, dans les honneurs qu'elles devaient à leur Père, n'ont point eu d'autres bornes que leurs saints désirs. La grande dépense qu'elles ont faite est une preuve de leur zèle, et le travail de plusieurs mois qu'elles ont employés à faire des parements dignes de la solennité de cette fête, seront durant plusieurs siècles des monuments augustes de leur piété. Nous les décrirons ci-après à mesure que jour par jour, nous rapporterons le bel ordre qui a été gardé durant l'Octave, pour la célébration des Saints Mystères.

» Mais avant que de m'y engager, il faut que je rende ce témoignage public à la piété de Monseigneur, que dans cette rencontre, elle a paru avec tant d'éclat qu'elle a ébloui les yeux de ses ennemis, qui sont ceux de l'Église; et que par l'exemple de ses actions il a allumé dans le cœur de tous les catholiques une telle ardeur pour ce grand Saint, qu'il n'est pas possible que dans une autre ville du Royaume, on en ait pu remarquer une plus grande. Ce grand Prélat qui a un zèle égal à la science, et qui par ses soins persévérants a fait changer de face cette ville, voulant profiter d'une occasion si favorable pour inspirer à son peuple de nouveaux sentiments de piété, n'a rien omis de ce qui pouvait contribuer au plus grand appareil de cette fête; prenant lui-même la peine de marquer l'ordre et le temps des divins offices, et s'y rendant tous les jours si assidu, nonobstant les incommodités de la foule et de la chaleur, que c'est une espèce de miracle, que parmi tant de fatigues, il ait pu tant se conserver. La tendresse qu'il a pour Saint François de

Sales, de qui il porte le nom, et qu'il s'est proposé pour son modèle, lui a fait trouver durant tous ces jours, de la joie dans la peine et du repos dans le travail, et l'a rendu infatigable dans tant d'exercices dont un seul est capable de lasser. Voici comment ces exercices se passèrent, suivant les ordres qu'il avait donnés.

» Le vingt-huitième de janvier, veille de la solennité du glorieux Saint, l'ouverture s'en fit environ les trois heures après-midi par les Messieurs du vénérable chapitre de la Cathédrale qui se transportèrent processionnellement dans l'église de Sainte-Marie, avec Monseigneur l'Évêque revêtu de ses habits pontificaux (1). L'étendard du Saint, d'un taffetas blanc tapissé et bordé d'une grande dentelle d'or, était porté par un prêtre revêtu de dalmatique de damas blanc, et des enfants couronnés de fleurs et vêtus en anges, en tenaient les cordons et les houppes d'or et d'argent. Un pinceau savant et délicat y avait représenté le Saint de la grandeur au naturel, la mitre en tête, et la crosse en main, avec des habits très somptueux, et un rayon de gloire qui le couronnait. Vous auriez dit à voir sa main droite levée qu'il avait dessein de bénir le peuple, sur qui il semblait jeter de si doux regards, qu'il n'y avait personne qui n'en fût touché (2). La vue de ce saint drapeau fit quitter leur besogne aux artisans; et dès qu'il parut dans les rues, on vit fondre vers lui une foule innombrable de personnes de toute condition, de tout âge et de tout sexe qui se joignirent à la procession. La musique chantait dans la marche l'hymne des Confesseurs Pontifes, et le carillon des cloches dressé exprès pour cette fête, dans un endroit commode du monastère, semblait y appeler le peuple par son harmonie. On ouvrit l'église de la Visitation qui parut à ceux qui la virent si éclatante et lumineuse, par la multitude innombrable de cierges ardents disposés de toutes parts avec une merveilleuse symétrie, qu'ils furent contraints d'avouer que c'était une image de l'Empyrée, la plus naïve qu'on peut figurer. On y chanta

(1) Ils étaient précédés de deux cents mousquetaires, ou sixain du quartier Sainte-Croix, dans lequel se trouvent l'église de St. Pierre et la chapelle de la Visitation. Ces soldats étaient conduits par leurs officiers en bel ordre, tambour battant et enseigne déployée.

(2) Cette bannière devait demeurer toute l'Octave suspendue à la voûte de la chapelle.

d'abord, selon l'ordre prescrit pour les processions, le *Tantum ergo Sacramentum*, en l'honneur du Saint Sacrement qui était exposé, et l'antienne des Pontifes en l'honneur du Saint. Monseigneur l'Évêque récita l'oraison, et après avoir révéré ses saintes reliques, tandis que le peuple entrait en foule, il officia pontificalement aux premières vêpres, qui furent chantées en musique, et saintement terminées par la bénédiction qu'il fit du Saint Sacrement. Il entonna ensuite le *Te Deum*, et cet hymne d'action de grâces remplit la bouche des chantres durant le retour de la procession.

» Le jour finissait avec cette pompeuse cérémonie, mais la piété de Messieurs les Consuls, qui voulurent, au nom de la ville, témoigner leur respect vers ce grand Saint fit retarder les approches de la nuit, suppléant à l'absence du soleil par l'éclat d'un grand feu de joie qu'ils allumèrent devant l'église aidés de Monsieur le Sénéchal, et par une infinité de lampes allumées qu'ils avaient fait mettre sur l'arc de triomphe, et sur les fenêtres des maisons voisines (1). Ils firent aussi la dépense d'un feu d'artifice qui représentait une grande pyramide flanquée de deux tours, d'où comme d'un gibet ou d'un Vésuve l'on vit sortir des torrents de flammes, dont les unes s'élançaient dans le ciel et se changeaient en étoiles; les autres s'éparpillant en étincelles, causaient des pluies de feu, et les autres voltigeaient en l'air en divers replis et paraissaient des serpents ailés. Sur la base de cette machine, on voyait écrites avec des caractères de flamme ces saintes paroles: *Vive Saint François de Sales* (2).

» Pendant que les yeux étaient éblouis par l'aspect de tant de feux, les oreilles étaient étourdies par la décharge des boîtes et de la scopetterie du quartier de Saint-Pierre qui

(1) « Messieurs les Consuls, en robe rouge, partirent de la maison de ville; Il avaient à leur tête le Sénéchal Mr. le Marquis de Toyras autant illustre par sa vertu et par son zèle exemplaire pour le service de Dieu que par la valeur qu'il a héritée de ses ancêtres. Ils étaient devancés dans leur marche par leurs estafiers, violons, trompettes, hautbois et quantité de flambeaux de cire blanche. Le bûcher se trouvait entre la porte de la ville et l'arc de triomphe qu'on avait élevé devant la porte de la Visitation. Dès qu'il fut allumé, la citadelle temoigna par le bruit de plusieurs canonades la part qu'elle prenait à cette réjouissance. »

(2) Au sommet brûlait un cœur entouré de ces mots : *Cor ardet amore Dei*, symbolisant l'amour que le Saint avait eu pour son Dieu.

était sour les armes. Parmi ce fracas, qui donnait un plaisir mêlé d'horreur, on sentait une joie sincère d'entendre retentir, parmi le bruit confus d'une multitude innombrable, les cris qu'on faisait à l'honneur du Saint, et le concert des violons, dont la douceur paraissait d'autant plus grande qu'ils étaient entendus moins distinctement.

» Le lendemain qui était le jour de la fête, dès que l'église fut ouverte, elle fut remplie : elle ne désemplit point de tout le jour, y ayant comme un flux et reflux de monde qui entrait pour faire sa dévotion, ou qui sortait après l'avoir faite. Messieurs les chanoines de la Cathédrale y revinrent en procession pour chanter la grand'messe, qui fut pontificalement célébrée par Monseigneur l'Évêque, (1) qui l'après-dîner, après les vêpres chantées par le même chapitre de la Cathédrale, monta en chaire avec ses habits pontificaux, et y prononça le panégyrique du Saint, d'une manière si touchante, qu'il paraissait bien que son cœur parlait plutôt que sa bouche, ou que sa bouche ne parlait que de l'abondance du cœur (2). Quoique le travail de tout le jour l'eût fatigué et qu'il eût besoin de repos après l'action qu'il venait de faire, il ne voulut se délasser qu'au pied des autels, où après que la musique eut chanté l'hymne, il récita les prières et donna la bénédiction du Saint Sacrement. Les religieuses entonnèrent ensuite un beau motet fait à l'honneur du Saint, et par des Alleluia redoublés témoignèrent l'excès de leur joie, et l'harmonie de leurs accords arrêta encore quelque temps ceux qui ont l'oreille délicate, et il fit dire à plusieurs que si les anges descendaient du ciel, ils ne chanteraient point ni plus dévotement ni plus joliment.

» J'oubliais de dire qu'en ce jour, l'autel fut si bien paré,

(1) A l'offertoire, l'Évêque fit baiser les reliques du Saint à ses assistants, aux chanoines et aux prêtres ; il les remit ensuite au chapelain des religieuses, qui les fit baiser par les Consuls et les fidèles. A l'élévation, les trompettes et les tambours se firent entendre, le sixain qui était en armes devant l'église salua par la décharge des mousquets, et la citadelle tira plusieurs fois le canon. L'Évêque communia les religieuses et tout le peuple.

(2) Mgr Bosquet développa le texte de l'Ecclésiastique. XLV. « *Dilectus Deo et hominibus Franciscus cujus memoria in benedictione est. Similem fecit illum in gloria sanctorum.* » Tout son discours fut sur l'amour de complaisance.

par un ouvrage en broderie qu'elles-mêmes avaient travaillé, que ceux qui le considéraient de près, et qui étaient capables d'en juger, étaient convaincus qu'il ne se pouvait voir rien de mieux; et que les doigts industrieux de ces saintes ouvrières n'auraient pu faire ce miracle, si ce zèle enflammé dont leur cœur brûlait pour la gloire de leur saint Père, ne leur eût animé la main et conduit l'aiguille. Les corbeilles de fruits que des oiseaux becquetaient, et les bouquets de fleurs qui étaient enfermés dans les cartouches d'or sur un fond d'argent, trompaient les yeux par leur couleur, et on avait même peine à se désabuser en faveur de l'art, quand on reconnaissait en y appliquant la main, que la nature n'y avait nulle part. Ces fleurs et ces fruits si bien peints, qui par un agréable mélange confondaient le printemps avec l'automne, semblaient avoir été formés par les rayons d'un grand soleil qui était au milieu, où l'on voyait éclater l'image du Saint, en demi-corps. La chape, la chasuble, les dalmatiques et le dais de la communion étaient de même travail que le parement, et l'on s'en servit durant l'Octave pour tous les offices.

» Le jour suivant qui était le Dimanche, la dévotion du peuple redoubla. L'église fut occupée dès le point du jour, et il y en eut qui craignant n'y pouvoir rentrer s'ils en sortaient, y demeurèrent jusqu'au soir. L'autel était paré d'un riche brocart à fleurs, avec six montants de grandes dentelles, et le traversier d'une précieuse crépine; le tout moitié or, moitié argent, et d'un ouvrage aussi riche que nouveau, et qui n'avait point encore paru. Monseigneur l'Évêque ayant dit la messe de la communauté, et communié de sa main toutes les Religieuses, (ce qu'il continua de faire durant l'Octave), y fit un second panégyrique du Saint, dans lequel il parut lui-même tout embrasé des flammes du divin amour, dont la force, ainsi qu'il le fit voir, avait changé le grand Saint François de Sales en un Séraphin. Après le sermon, Messieurs de la Collégiale Saint-Sauveur (1), qui étaient venus processionnellement rendre leurs respects au Saint, chantèrent la messe solennelle avec la musique, où Monsieur

(1) Aux membres de la Collégiale Saint-Sauveur s'étaient joints les membres du Chapitre de la Trinité; ils ne faisaient qu'un même corps dans l'église de Sainte-Anne, nouvelle paroisse que Monseigneur Bosquet venait d'ériger.

de Solas, grand archidiacre de l'église cathédrale et doyen de la Collégiale Saint-Sauveur officia. L'après-dîner, la procession de la paroisse de Saint-Pierre précédée d'un grand nombre de petits enfants vêtus en anges (ce qui se vit encore dans toutes les autres processions) y vint chanter vêpres en musique; et Monsieur Tournesy, docteur en théologie et chanoine de l'église Saint-Sauveur, fit à la louange du Saint un discours très solide et très judicieux (1). Après quoi Monseigneur donna la bénédiction du Saint Sacrement.

» Le lundi trente et unième du mois et le troisième de l'Octave l'autel fut paré d'une riche moire d'argent chamarrée de grandes dentelles d'or et d'argent. La paroisse de Notre-Dame y vint le matin en procession. La compagnie des Dames de la Miséricorde se joignit à elle et édifia, ce jour, par sa modestie ceux qu'elle édifie tous les jours par ses bonnes œuvres. Monsieur de Bouillaque, chanoine de la cathédrale et archidiacre de Valence chanta la messe et la musique lui répondit, après que le Révérend Père Dalmas, de Briançon, docteur en théologie de la Très Sainte Trinité de la Rédemption des captifs, y eut fait un beau sermon à l'honneur du Saint (2). L'après-dîner les RR. PP. Prêcheurs s'y rendirent en procession, suivis d'un grand nombre de peuple, et des Dames de la Congrégation du Tiers-Ordre de Saint Dominique, rangées deux à deux, et tenant chacune un cierge à la main. Ils chantèrent alternativement les vêpres avec la musique. (Ce qui fut observé durant le reste de l'Octave par les autres Communautés qui s'y rendirent à leur rang, y étant excitées par l'Ordonnance de Monseigneur, et par leur propre piété). Le Révérend Père Jean Mahuet, professeur en théologie et prieur, y prêcha dignement les vertus du Saint (3), et Monseigneur donna la bénédiction.

(1) Il prit pour texte ces paroles de St. Paul aux Galates « *Alter alterius onera portate, et sic adimplebitis legem Christi* » et fit voir comment Saint François de Sales était arrivé au sommet de la perfection par l'exercice de l'amour du prochain, lequel était une marque de l'amour qu'il portait à Dieu.

(2) Il montra d'après ces paroles du Cantique: *Ordinavit in me charitatem*, comment la charité avait embrasé le cœur de S. François de Sales dès son enfance.

(3) Sur ces paroles du Psaume 68. « *Zelus Domus tuae comedit me*, » il fit voir dans son premier point Saint François de Sales en sa vie privée animé, comme un séraphin, d'un zèle savant et prudent pour donner la

» Le Mardi, premier de Février et le quatrième de l'Octave, l'autel était orné d'une rare broderie de soie sur un fond de satin violet, grêlée de perles, à bandes égales, l'une de la dite broderie et l'autre de moire d'argent, garnies de dentelles d'or et d'argent. La paroisse de Sainte-Anne vint le matin en procession pour révérer les Reliques du glorieux Saint. Monsieur Trial, chanoine de la cathédrale fit l'Office et le Révérend Père Mathieu du Saint-Esprit, carme déchaussé, y prêcha fort éloquemment (1). L'après-dîner, les Révérends Pères Trinitaires chantèrent vêpres, et le Révérend Père Le Seigle, de la compagnie de Jésus, fit un discours digne du sujet (2). La bénédiction fut donnée par Monseigneur.

» Le mercredi qui fut le jour de la Purification, Monseigneur l'Évêque, après avoir célébré la messe à son ordinaire, fit une troisième effusion de son cœur par un troisième discours qu'il prononça à la gloire de Saint François de Sales, qu'il ne se peut lasser de louer, comme il ne se lasse point de l'imiter. Les Révérends Pères Cordeliers chantèrent la messe, et soutinrent parfaitement par l'excellence de leur voix et l'harmonie de leur chant la réputation qu'ils ont acquise de bien célébrer l'Office divin. Ils officièrent aussi l'après-dîner à vêpres, et le Révérend Père Verdier, de leur Ordre, y fit le discours avec beaucoup d'agrément (3). Monseigneur donna la bénédiction. Le parement de ce jour était

sainteté à son âme qui est la première maison de Dieu, et dans le second il le fit voir comme un chérubin en sa vie publique, éclairé d'une science zélée et amoureuse pour rendre la sainteté à l'Église qui est la seconde maison de Dieu.

(1) Il se servit de ces paroles du livre des proverbes (V. 15. 16) que la Pape Clément VIII avait dites à François de Sales après son examen d'épiscopat « *Bibe aquam de cisterna tua, et fluenta putei tui: Deriventur fontes tui foras, et in plateis aquas tuas divide,* » Il fit voir que Saint François de Sales avait été une source d'élite pour toute l'Église d'où ont coulé, 1. des paroles de vie pour convertir les hérétiques, 2. des lumières effectives pour instruire les pécheurs, 3. des vertus exemplaires pour se faire imiter des justes.

(2) Il montra sur ce texte « *Dilectus Deo et hominibus* » comment le Saint s'est rendu aimable à Dieu par sa piété et par le zèle de sa gloire, aimable aux hommes par sa prudence et par sa douceur.

(3) Les paroles qui lui servirent de sujet furent celles-ci : « *Arbor bona bonos fructus facit* ». Il compara le Saint à un arbre qui a porté le fruit des bonnes œuvres, le fruit des miracles, le fruit de plusieurs justes dans l'Église.

un beau brocart de soie à la mode, chamarré de grandes dentelles d'or et d'argent avec une crépine de même façon.

» Le jeudi troisième de Février et le sixième de l'Octave, les Révérends Pères Carmes mitigés vinrent célébrer la grand' messe, et le Révérend Père Saturnin de la Visitation, docteur en théologie, définiteur et prieur, fit un discours éloquent à l'honneur du Saint (1). L'après-dîner les Révérends Pères Capucins dirent vêpres et le Révérend Père François de Toulouse gardien des Capucins de Frontignan, un des grands missionnaires de son Ordre, fameux par ses écrits, parla des vertus du Saint avec autant de zèle que d'éloquence et d'érudition (2). La bénédiction fut donnée à l'ordinaire par Monseigneur.

» Le vendredi, le Révérend Père Éleuthère Thomas, docteur en Sorbonne, prieur des Augustins, fit un discours savant et solide (3), ensuite duquel ses religieux chantèrent la messe. Vêpres furent dites par les Révérends Pères Récollets, et le Révérend Père Marc-Antoine Rebourt, d'Uzès, gardien, prêcha avec beaucoup de force et de vigueur (4) Le peuple fut béni par Monseigneur.

» Le samedi jour de l'Octave, des Révérends Pères de la

(1) Sur ce texte de Saint Jean : « *Etiamsi mortuus fuerit vivet* ». Il dit que si la vie a son principe dans l'esprit, son siège dans le cœur et son sujet dans le corps, on peut dire que Saint François de Sales est encore tout vivant sur la terre, puisque son esprit vit dans ses écrits, son amour dans le cœur de ses filles, et son corps dans son sépulcre miraculeux qui donne la vie aux morts.

(2) Il se servit de ce texte : « *Mirabilis Deus in sanctis suis* », et fit voir Saint François de Sales ayant quatre faces, le comparant à l'aigle par la sublimité de son esprit tout divin qui parait dans ses écrits, au bœuf par les grands fatigues qu'il a endurées, au lion par son invincible courage et une confiance sans égale quand il s'agissait des intérêts de Dieu, enfin à l'homme à cause de sa grande douceur et affabilité qui l'ont rendu l'amour et les délices de son siècle.

(3) Sur ces paroles de Saint Paul : « *Gratia Domini nostri Jesu Christi et charitas Dei et communicatio Sancti Spiritus sit cum omnibus vobis.* » Il montra comme Saint François de Sales avait été une véritable image de la Sainte Trinité, en ce que le Père lui avait communiqué sa puissance, le Fils sa sagesse et le Saint Esprit son amour, mais que c'était une puissance sans violence, une sagesse sans vanité, un amour sans intérêt.

(4) Prenant pour texte ces paroles : « *Venite et videte quanta fecit animae meae.* » Il fit voir le Saint selon l'esprit de Dieu, selon le cœur de Dieu et tout en Dieu.

Merci vinrent le matin rendre hommage au Saint, et le Révérend Père Hyacinthe Carrat, de Toulouse, leur commandeur, fit un bel éloge (1). L'après-dîner, la Compagnie des Pénitents blancs, où les plus apparents sont enrôlés, voulut donner à son tour des marques publiques de la vénération qu'elle a pour le nouveau Saint. Ces illustres pénitents s'assemblèrent dans leur chapelle au nombre de deux ou trois cents, et s'étant revêtus de leurs sacs, la plupart pieds nus, ils partirent rangés deux à deux, avec un ordre admirable et une modestie très exemplaire; et après avoir traversé la ville qu'ils firent retentir de leurs cantiques, ils se rendirent à l'église de Sainte-Marie, dont ils redoublèrent l'éclat par celui des flambeaux qu'ils portaient aux mains. Comme il y avait en ce jour-là un redoublement de ferveur dans la dévotion, et que le concours du monde était extraordinaire, on fut obligé de tenir quelques heures les portes fermées ; et on ne les ouvrit que quand la procession fut proche, afin quelle pût y tenir son rang et occuper les places qui lui étaient dues. Les vêpres furent chantées solennellement, et le Révérend Père Layné, un des prêtres de l'Oratoire, à qui Monseigneur a commis son Séminaire y fit au gré de tous la conclusion des sermons pour les religieuses (2).

» Mais Monseigneur l'Évêque la fit le lendemain solennellement pour tout son peuple dans la cathédrale de Saint-Pierre. Ce grand Prélat, brûlant de zèle pour la gloire de son Saint Patron, après avoir fait trois discours à sa louange dans Sainte-Marie, y avoir célébré tous les jours la messe, donné tous les jours la bénédiction, assisté infatigablement

(1) Expliquant ce texte : « *Quasi stella matutina in medio nebulæ, quasi luna plena in diebus suis lucet et quasi sol refulgens, sic ille effulsit in templo Dei.* » Il montra que Saint François de Sales avait été en sa jeunesse jusqu'à sa vocation au sacerdoce comme une étoile du matin que Dieu a attachée au ciel mystique de son Église pour servir d'exemple à la jeunesse. Il avait été dans son sacerdoce comme l'astre des nuits pour diriger les âmes au milieu des ténèbres du monde: enfin dans l'épiscopat il avait éclairé l'Église comme un soleil en son midi par ses écrits et l'avait embrasée du feu du saint amour par les ardeurs de son zèle.

(2) Il se servit de ces paroles : « *Vitam petiit a te et tribuisti ei longitudinem dierum in sæculum sæculi.* » Psaume 20. Il fit voir que le désir de la vie de Dieu l'avait sacrifié sur la terre et que la possession de cette vie le glorifiait dans le ciel. Cette vie avait été l'objet de ses mérites et la couronne de ses travaux.

à tous les offices qui s'y firent, et exhorté tous les fidèles à la piété vers ce grand Saint par ses paroles et par ses exemples, ne crut point encore avoir assez fait, si pour terminer avec plus de pompe la solennité, il ne la transférait dans sa cathédrale où tout le peuple le pût révérer, non plus comme un patriarche d'Ordre, comme il avait paru dans Sainte-Marie, mais comme un grand Évêque de l'Église, et comme le modèle de tous les chrétiens. Il y fit porter ses reliques par des prêtres, au retour de la procession des pénitents ; il voulut que le lendemain, qui était le dimanche, elles y fussent exposées sur le maître-autel. Il officia à la messe pontificalement et communia de sa main un grand nombre d'habitants et près de quatre cents confrères de la Congrégation des Bourgeois et Artisans, qu'on vit ranger ainsi que des anges, auprès de l'autel, et qui répandirent partout où ils furent en procession, l'odeur de leur piété et de leur bon exemple. Leurs pieux Directeurs y parurent sans y paraître, car ne suivant pas de corps ces bons congréganistes, ils le suivirent d'esprit, et il n'y eut personne dans la ville, qui les voyant marcher si dévotement ne connût, que c'était dans l'école de la vertu, je veux dire dans la maison des Révérends Pères Jésuites, que ces bonnes gens étaient instruits. Ce fut pour eux principalement, et pour l'instruction de tout le peuple, que Monseigneur monta en chaire avec ses ornements pontificaux, et que tel qu'un Ambroise ou qu'un Augustin qui abaissaient quelques fois leur style pour se faire entendre aux plus simples, il proposa le grand Saint François de Sales comme le modèle de vie commune, dans laquelle les gens de travail peuvent et doivent se sanctifier. Mais quelque soin qu'il prît de s'abaisser, on vit briller parmi cette simplicité naïve dont il débitait ces matières, des choses si rares et si curieuses, qu'au jugement même des plus délicats, nulle étude n'était comparable à une négligence de cette nature. Ce furent les derniers traits qu'il donna au tableau du glorieux Saint, et comme la dernière touche dont il releva toute sa beauté. Il n'appartenait qu'à un grand Évêque d'achever l'éloge d'un grand Évêque, et il fallait qu'un ouvrage si sacré ne reçut sa dernière main que des mains sacrées.

» Ce ne fut pas néanmoins par là que cette cérémonie auguste se termina. Elle finit l'après-midi par une procession générale, la plus dévote qu'on eût jamais vue. Nous pouvons la nommer le triomphe de Saint François de Sales. Tous les quartiers en armes marchaient devant, précédés de leurs capitaines et autres officiers. Ils défilaient en bel ordre, quatre à quatre, et par les fréquentes décharges de leurs mousquets, ils faisaient servir à la joie ce qui ordinairement ne sert qu'au massacre. Après cette soldatesque de la terre marchait la milice du ciel : je veux dire des légions d'anges ou de petits enfants qui les représentaient à merveille, tant par leur innocence et leur bonne mine, que par le somptueux appareil de leurs vêtements. Ils portaient à la main des banderolles de satin ou de taffetas, marquées de l'empreinte de Saint François de Sales ou de quelques emblèmes qui le figuraient. Les uns marchaient devant l'étendard porté par un prêtre en dalmatique, les autres suivaient; et les mieux faits et plus grands d'entre eux soutenaient les cordons et les houppes d'or et d'argent qui pendaient en l'air. Ces troupes angéliques qui semblaient être venues du ciel étaient suivies d'autres qui semblaient y tendre. C'étaient une trentaine de pèlerins qui marchaient deux à deux fort modestement. Ils avaient le bourdon en main, le roquet sous l'épaule, les coquilles au chapeau et à la ceinture le chapelet. Ils étaient suivis de la Compagnie des Pénitents blancs, au nombre et dans l'ordre du jour précédent. Après eux marchaient tous les Ordres religieux qui ont accoutumé de se trouver en semblables cérémonies. Les paroisses venaient après, suivies des deux chapitres de Saint-Sauveur et de la Trinité, et après, le clergé et les chanoines de l'église cathédrale avec leurs haumusses et leurs surplis. Un chœur de musique et la grande bande des violons répandaient partout la joie par leur chant et par leurs concerts. Ils se faisaient d'autant mieux entendre que le respect des reliques du Saint imposait silence et tenait tout le monde dans une religieuse attention. Elles étaient enchâssées dans un buste du Saint porté par deux prêtres revêtus de dalmatiques, sur un petit brancard couvert d'un satin blanc à fleurs et bordé d'une crépine d'or et d'argent. Six autres prêtres allaient devant, et six après avec des flambeaux et des encensoirs. Monseigneur l'Évêque marchait après vêtu pontificalement, au milieu de deux dignités revêtues de dalmatiques et portant un reliquaire d'argent fait en cœur où il y avait encore des reliques du Saint. Il était suivi d'un grand nombre de Présidents, Conseillers et autres Officiers de la Cour des Comptes, Aides et Finances, du Présidial en corps, de Monsieur le Sénéchal, de Messieurs les Consuls en robe rouge (1), et enfin d'une foule de monde si prodigieuse, que si l'on n'eût su qu'il y avait cinq à six mille étrangers qui étaient venus de toute part honorer la fête, on eût dit qu'il fallait que tout Montpellier fût catholique, puisqu'il y avait à la suite de cette procession presque autant de personnes qu'il y a d'habitants.

» Durant la marche, quand on fut en vue de la Citadelle, elle salua le Saint par la voix foudroyante de l'artillerie et, par le bruit de ses canons, porta bien avant dans les champs la joie que la fête causait dans la ville. Ce fut en l'absence de Monsieur le Marquis de Castries gouverneur, par les soins de Monsieur de Tremolet, lieutenant de la Citadelle, et selon les ordres de sa Majesté qu'on fit la décharge (2). Ce religieux Prince ne se contentant pas d'avoir agi à Rome avec succès pour que le Saint fût canonisé, voulait encore pour témoigner sa piété envers lui, le canoniser à sa manière partout le Royaume. Cette procession si solennelle se termina enfin dans l'église de Sainte-Marie, où après avoir remis les reliques sur l'autel, Monseigneur l'Évêque, que la joie qu'il avait de voir en son peuple une dévotion si ardente avait empêché de sentir le poids d'une journée si laborieuse, mit enfin la clôture à la fête et à la cérémonie par la bénédiction solennelle du Saint Sacrement, qui fut reçue à genoux et tête nue, par une infinité de personnes qui remplissaient la grande rue de la Blanquerie, et toutes autres qui y vont aboutir.

» Ainsi finit cette auguste pompe et cette magnifique cérémonie, où avec la gloire du Saint, on a vu éclater la piété des catholiques de la ville, qui bien loin de diminuer s'est toujours accrue et est enfin arrivée à un point que les plus ardents zélateurs de l'honneur de Dieu n'y ont rien trouvé à désirer. Durant toute l'Octave l'église a été presque toujours pleine sans aucun désordre, depuis le matin jusqu'au soir. Les messes y ont été dites incessamment depuis les

(1) Archives Municipales. *Cérémonial consulaire*, série BB. n. 2, page 130.

(2) Pièces justificatives — VIII. Lettre de M. de Louvois à M. le Marquis de Castries.

quatre heures jusques après-midi et les deux autels ne pouvant suffire, il fallut pour contenter la dévotion des prêtres qui venaient, en dresser un troisième dans la sacristie. Que dirai-je du prodigieux concours des étrangers, qui de tous les quartiers du diocèse se sont rendus en cette ville pour avoir part à cette fête; parmi lesquels on a vu des personnes de condition venir à pied de quatre lieues et s'en retourner de même, par un sentiment sincère de dévotion? Qui pourrait compter les confessions générales et particulières qui se sont faites dans toutes les églises de la ville, et le grand nombre de communions qu'il y a eu à toutes les messes? Monseigneur l'Évêque en aurait été tous les jours lassé, si un Pasteur, zélé comme lui, pouvait se lasser donnant cette pâture divine à ses brebis. Il eut la consolation de voir réunie tous les jours en cette église, la plus saine partie de son troupeau, qui comme dans une sainte bergerie venait pour y entendre sa voix ou pour y être nourrie de sa main. Il y remarqua des âmes choisies qui par leur assiduité au divins Offices, et par la ferveur de leurs prières au pied des autels faisaient voir l'élévation où sa conduite les a portées. Mais surtout, il reçut une joie bien sensible de voir ses pieuses filles que le grand Saint François de Sales lui a engendrées dans son Église, si ornées des vertus du Saint et si remplies de l'Esprit de Dieu. Il a été témoin de leurs vœux et de leurs prières; et il les a vues, ainsi que des anges, occupées les jours entiers à leur Dieu dans leur Saint ou à leur Saint en Dieu. Elles de leur part ont été ravies de jouir si longtemps de la présence de leur bon Prélat, et d'avoir pour approbateur de leur zèle celui qui en fait tant paraître pour la gloire de leur Saint Père. C'est ce qui les rendait et plus ferventes dans leurs oraisons et plus assidues dans leurs exercices. Je ne doute point que ce glorieux Saint, touché des prières de tant d'âmes saintes, n'emploie son crédit pour nous dans le ciel, et que par le mérite de ses intercessions il n'obtienne de Dieu pour tous ses dévots des grâces singulières qui les sanctifient. Tous les catholiques du diocèse sont de ce nombre, et ils doivent espérer que, comme ils se sont engagés à son service dans la solennité de sa fête, il s'engagera de sa part à les protéger.»

# CHAPITRE VIII

## Piété et Ferveur.

Dévotion à Saint François de Sales. — Confrérie en son honneur. — Ses fêtes célébrées avec la participation des Évêques des États. — Saint Joseph patron du Monastère. — Prières pour le Pape, le Roi, les Majestés Britanniques. — Reconnaissance à la Reine d'Angleterre. — Mort du Cardinal de Bonzi. — Décès de la Sœur Louise-Angélique de Roquefeuil de Gabriac. — Troubles causés par le protestantisme. — Premières relations de Mgr. Colbert avec la Visitation. — Centenaire de la fondation de l'Ordre. — Décès des Sœurs Marie-Angélique de Murles et Marie-Madeleine de Brie. — Le jansénisme à Montpellier. — L'Évêque impose des confesseurs hérétiques. — Souffrances dans le Monastère. — Quelques religieuses vont à la Visitation d'Arles. — Mgr de Charancy. — Retour des religieuses. — Première fête du Sacré-Cœur. — Le triomphe. — Gouvernement de la Mère Catherine-Thérèse de Saint-André. — Nouvelle ferveur. — Décès de la Mère Marie-Françoise de la Croix de Sueilles, de la Sœur Marie-Marguerite de Vaissière. — Mgr de Villeneuve, bienfaiteur de la Communauté. — Union de l'abbaye de Gigean au Monastère. — Décès de la Mère Marie-Élisabeth de Bouvillevert, de la Sœur Marie-Cécile Itier et de la Mère Marie-Agnès de Sarret. — Gouvernement de la Mère Emmanuel-Amédée de Compeys. — Confrérie et chapelle du Sacré-Cœur. — Mort de Mgr de Villeneuve. — Son successeur, Mgr de Durfort protège la Visitation. — Décès des Sœur Marie-Rosalie de Bourges, Louise-Françoise de Mareschal, Catherine-Antoinette Gandon, Marie-Henriette de Saint-Julien.

Les fêtes de la Canonisation de Saint François de Sales devaient laisser de douces impressions. Les fidèles à qui les religieuses avaient appris à vénérer leur fondateur, et qui sur leurs conseils puisaient dans ses écrits la piété parfaite, maintenant qu'il était sur les autels, l'invoquaient avec plus de confiance et de ferveur. Plusieurs personnes le prirent pour patron et modèle; on recourait à lui dans les peines et les besoins. Sa chapelle fut bientôt trop petite pour contenir les tableaux votifs et les offrandes qui témoignaient sa puissante protection. « On dit à Montpellier, écrit une Supérieure, que la dévotion à Saint François de Sales est passée comme héréditaire des pères aux enfants. » Une confrérie, ayant son siège à la Visitation, fut établie en son honneur: Mgr Bosquet et Mgr Charles de Pradel son successeur, en furent les premiers membres. Grâce au zèle et au concours de tous les confrères de plus en plus nombreux, la solennité de Saint François de Sales se célébrait tous les ans avec un grand éclat. Quand les prélats du Languedoc se trouvaient à cette époque réunis à Montpellier pour le tenue des États, ils se faisaient tous un pieux devoir de se rendre ce jour-là à la Visitation. La Mère Louise-Angélique de Valat écrivait en 1672: « Notre joie s'est trouvée entière à la fête de notre Saint Patriarche, ayant eu tout ce qu'il y a de plus considérable dans la Province du Languedoc à notre église, à l'occasion des États qui se sont encore tenus cette année à Montpellier. Mgr l'Évêque de Saint-Papoul officia pontificalment aux premières et secondes vêpres, à la messe et au salut. Mgr du Puy prêcha dans son ordinaire éloquence et piété le jour de la fête; et le dimanche dans l'Octave, Mgr l'Archevêque de Toulouse nous donna la musique des États qui, jointe à une belle symphonie, nous fit bien de l'honneur les trois jours que nous fîmes fête, mais ce qui nous honora le plus ce fut la présence de douze de Messeigneurs les prélats, qui tous dirent la sainte messe à notre autel et assistèrent à l'office ». (1) En 1691 la Mère Marie-Henriette de la Croix de Castries écrivait: « La dévotion pour notre S. Fondateur va toujours croissant. Tous les ans, pour sa fête, nous en voyons les fruits. Les messes se disent de plus en plus nombreuses dans notre chapelle et les communions se multiplient. Cela dura jusqu'après-midi et durerait jusqu'au soir si c'était permis. Monseigneur notre digne Évêque, Mgr de Pradel, nous a fait l'honneur, cette année, de venir dire la messe de communauté, et notre Père spirituel chanta la grand'messe; quelques Prélats dirent aussi la messe et Monseigneur le Cardinal de Bonzi ne pouvant venir célébrer le saint sacrifice, étant fatigué, vint communier dans la chapelle de notre Saint. Le R. Père Viguier jésuite, connu dans tout le Royaume par ses

(1) Circulaire du 17 Février 1672.

belles prédications, prêcha le panégyrique du Saint avec son éloquence ordinaire. Notre église étant trop petite pour contenir la foule empressée de l'entendre, la rue était pleine de monde. Monseigeur notre Évêque présida la cérémonie et donna la Bénédiction du Saint Sacrement. Ce fut lui, qui par dévotion pour S. François de Sales, nous procura la musique à la grand'messe et au Salut; ce qu'il a la bonté de faire, tous les ans, lorsqu'il se trouve ici. Nous avions souffert son absence de dix mois avec beaucoup de peine, aussi son retour nous a-t-il comblées de joie. C'est un Prélat des plus aimables qu'on puisse voir; il a la douceur de notre saint Fondateur; son mérite le distingue à la Cour et dans la Province; il est infatigable dans le soin de son diocèse, et a pour notre Communauté une estime particulière. Mgr le Cardinal de Bonzi, pour se dédommager de n'avoir pu dire la sainte messe le jour de la fête de notre Saint, vint la dire dans son Octave; il nous fait cet honneur de temps en temps. L'année dernière, à son retour de Rome, il nous apporta des indulgences et quatre corps saints. Il nous a donné aussi son portrait et les œuvres du Père Avila. Il honore cette maison de sa bienveillance et de sa protection. Il est en ce moment à Rome pour l'élection du Pape. Dieu nous le donne tel qu'il faut à sa gloire et au bien de la France (1) ».

Dans la même circulaire la Mère Marie-Henriette de la Croix de Castries ajoutait: « Nous avons remis la conduite de cette maison au grand Saint Joseph, ayant besoin d'un secours aussi puissant que le sien pour nous tirer heureusement des affaires que le malheur du temps suscite toujours aux maisons religieuses. Nous lui faisons, à cet effet, une prière journalière, et nous avons habillé un pauvre aveugle, nommé Joseph, en son honneur..... Les marques de distinction que l'Institut reçoit de notre grand Monarque, et, depuis peu, celles qu'il a eu la bonté de nous donner, au sujet du don gratuit et du huitième des amortissements (2), nous sollicitent fortement, outre les obligations générales, à prier

(1) Circulaire du 12 Mars 1691.

(2) On trouve aux archives de la préfecture de l'Hérault 25 lettres de la Sr. Thérèse de Rabutin, du premier monastère de la Visitation de Paris, à la Mère Henriette de Castries, au sujet du droit d'amortissement dont on demandait d'être en partie exemptées.

sans cesse pour la conservation de sa Personne sacrée, et pour la victoire de ses armes sur les ennemis de l'État.

» L'élection d'un bon Pape (1), le rétablissement de leurs Majestés Britanniques (2) et la paix entre les Princes chrétiens nous tiennent si fort au cœur, que nos chères Sœurs voudraient toujours être en prières pour toutes ces nécessités publiques. Nous avons commencé, pour cela, dès le premier dimanche de carême, une dévotion qui durera jusqu'à Pâques. Chacune, à son tour, fait un jour de retraite, communie et donne tout son temps à la prière et à la pénitence.

» Nous avons aussi de grandes obligations à la Reine d'Angleterre qui honore notre saint Ordre par ses bontés. C'est à ses puissantes recommandations que nous sommes redevables de l'exemption du don gratuit. Nous sommes toutes pénétrées de reconnaissance pour ses royales faveurs, et nous ressentons vivement l'état malheureux dans lequel elle se trouve. Nous nous sommes unies, avec plaisir à nos chères sœurs de Chaillot, ainsi que sa Majesté l'a désiré, pour faire une dévotion, tous les samedis, pendant quelques mois, pour le bon succès des affaires de leurs Majestés Britanniques, pour lesquelles nous continuerons, jusqu'à la fin, nos vœux et nos prières avec toute l'ardeur dont nous sommes capables. Nous estimons nos sœurs de Chaillot fort heureuses de jouir si souvent de la présence de leurs Majestés, et d'être les témoins fidèles de vertus si héroïques et si rares dans les personnes de ce rang. Nous sommes avec ce cher monastère dans une grande union et douce communication, et nous ne leur avons pas une petite obligation pour les grâces qu'elles ont obtenues à nos maisons de Savoie, par le moyen de la Reine d'Angleterre et pour l'empressement qu'elle ont mis à obtenir d'Elle l'exemption des amortisements de tout l'Ordre, plutôt que le leur particulier qu'elles auraient pu avoir facilement ».

Le Cardinal de Bonzi qui portait tant d'intérêt à la Visitation de Montpellier ne devait pas tarder de quitter ce monde. Il mourut le 11 juillet 1703, amèrement regretté des filles de sainte Chantal. Elles écrivent : « Notre Province a fait une perte irréparable par la mort de Son Éminence le Cardinal de Bonzi,

(1) Innocent XII fut élu le 12 juillet 1691.

(2) La Révolution de 1688 avait chassé Jacques II de son trône. Louis XIV offrit au royal exilé le château de Saint-Germain.

Archevêque de Narbonne. Comme Président des États, il a gouverné avec tant de gloire et de bonheur que sa mémoire sera dans une éternelle bénédiction. Tous ces pays lui ont des obligations immortelles. Son mérite, ses grandes qualités, son cœur bienfaisant, et un caractère de bonté qui régnait dans toute sa conduite lui avaient acquis l'estime des grands et des petits. Il n'a jamais renvoyé personne de quelque condition qu'elle fût insatisfaite ou mécontente. Nous ne pourrions aussi vous exprimer jusqu'à quel point allait l'amour des peuples pour ce grand Cardinal, dont les aumônes et les libéralités envers les pauvres n'ont pas fini avec la vie. Il les a fait ses héritiers universels à sa mort qui arriva en cette ville et qui fut accompagnée d'un deuil public, chacun croyant avoir perdu un père, une mère et un puissant protecteur. Nous laissons à juger à vos Charités quelle a dû être la douleur de toute son illustre famille. Notre très honorée Mère, sa digne nièce, pour laquelle il avait une tendresse toute particulière, en a été vivement pénétrée; mais elle a porté ce coup avec la vertu et la force que l'on pouvait attendre de sa parfaite conformité à la volonté de Dieu. Mgr de Bonzi avait toujours honoré cette communauté d'une bienveillance particulière, nous en donnant des marques dans toutes les occasions. Nous avons tâché de lui rendre nos devoirs devant le Seigneur par nos prières. Nous dîmes les vigiles des morts à neuf leçons et célébrâmes un service solennel dans notre église.

» Cette perte fut suivie de celle de notre chère Sœur Louise-Angélique de Roquefeuil de Gabriac, des plus anciennes noblesses du pays. Nous en avons été d'autant plus touchées que nous nous y attendions le moins, paraissant la plus saine et la plus vigoureuse de toutes. Depuis l'âge de neuf ans qu'elle était chez nous jusqu'à quarante quatre que nous l'avons perdue, nous ne l'avions jamais vue malade, mais toujours plus empressée pour servir et la nuit et le jour celles qui l'étaient. Elle avait l'esprit généreux, l'âme innocente, le cœur charitable et bienfaisant. C'est tout ce que nous en pouvons dire, ayant demandé avec instances qu'on ne parlât point d'elle après sa mort » (1).

Les maux de l'Église causaient une douleur bien autrement

(1) Circulaire du 2 janvier 1704.

grande aux filles de saint François de Sales. Le Protestantisme renouvelait en ce moment ses ravages. « Nous sommes pénétrées d'une vive douleur, écrivent les religieuses (1), à la vue des désordres que les fanatiques font dans ce pays. Ils ont pris les armes depuis un an et demi pour rétablir l'exercice de leur religion, et il n'est point d'excès et de cruautés qu'ils n'exercent contre les catholiques, depuis ce temps-là (2). N'ayant pu entrer dans les villes, ils ravagent la campagne. Mais ce qu'il y a de plus effrayant ce sont les sacrilèges, profanations et les impiétés horribles qu'il ont commises en brûlant les églises, les autels et les tabernacles, massacrant les prêtres avec une inhumanité qui n'a point d'exemple jusqu'ici. Les curés qui ont échappé à leur fureur ont été obligés d'abandonner leur paroisse pour se mettre à couvert de la persécution, car ils ont juré la perte de tous les ministres du Seigneur pour abolir, s'il leur était possible, le culte divin et les sacrées cérémonies de notre sainte Religion. Il n'y a aucune sûreté sur les chemins quelque soin que l'on prenne pour se garantir. Nous apprenons, tous les jours, quelque nouveau malheur; mais ce qui nous touche bien sensiblement, c'est de savoir nos chères Sœurs de Nîmes, exposées à leurs insultes par la situation de leur maison, qui est dans un faubourg éloigné de la ville, où il y a peu de monde pour les secourir. Dans cette appréhension, notre très honorée Mère les a pressées, dès les commencement de ce désordre et plusieurs fois encore dans la suite, de venir se réfugier chez nous, ayant fait préparer un quartier dans notre maison pour les y recevoir; nous les avons fondées et nous nous ferions un véritable plaisir de les mettre en sûreté parmi nous. Mais soutenues par une vive confiance en Dieu, au milieu de leurs larmes, elle ne sont pas ébranlées; elles nous rassurent même, nous disant qu'on a donné des ordres si sévères qu'elles ne risquent plus. Nous ne pouvons donc que gémir devant Dieu tâchant de fléchir sa colère par nos prières, nos pénitences et l'humiliation de nos cœurs. La seule consolation qui nous reste, c'est que de tous les catholiques qui sont morts de la main des rebelles, en haine de la Religion, aucun n'a apo-

(1) Circulaire du 2 janvier 1704.

(2) Il s'agit des courses des Camisards, qui ne vinrent pas jusqu'à Montpellier, mais tuèrent beaucoup de catholiques dans les villages, entre autres à Saturargues.

stasié sa foi, tous l'ont soutenue jusqu'au dernier soupir de leur vie dans les tourments les plus affreux. Parmi ces martyrs il y avait des personnes de tout âge et de toute condition. Nous regretterons toujours une jeune dame de qualité âgée de 22 ans, qui avait porté le petit habit chez nous. Elle avait entrepris un petit voyage de quelques lieues sans escorte. Passant dans un bois, elle fut attaquée par une troupe de ces malheureux qui l'attendaient. Percée de plusieurs coups, elle mourut sur place, après avoir donné des marques de sa foi et de sa religion avec un courage et une fermeté dignes de sa naissance et de son éducation ».

La persécution qui fait des martyrs n'est point encore la plus à craindre. Une autre plus redoutable allait bientôt sévir. Mgr de Pradel avait été remplacé en 1696 sur le siège épiscopal de Montpellier par Mgr Charles-Joachim Colbert de Croissy. Les premières relations de ce prélat avec la Visitation furent cordiales. Les Sœurs écrivent en 1704 « Mgr notre Évêque nous honore toujours des marques d'une particulière bienveillance. Il nous fait la grâce de venir célébrer la messe dans notre église à toutes nos grandes fêtes et nous donne la musique. Il nous fait aussi celle de vouloir être notre Père spirituel et de ne confier qu'à lui seul le soin de veiller sur nous parmi ses grandes occupations. Il se rend attentif à nos besoins, mais surtout il examine avec beaucoup d'exactitude la vocation des filles qui se présentent, ne permettant qu'elles ne soient reçues qu'après avoir longtemps éprouvé leur persévérance. Il n'omet rien de tout ce qui peut nous aider à marcher dans les voies de Dieu, et il a toujours eu soin de nous pourvoir d'un digne confesseur. »

On profita de ces bonnes dispositions pour célébrer en 1710 le premier centenaire de la fondation de l'Institut. Après un siècle, l'Ordre comptait 147 monastères répandus dans tout l'univers chrétien. Le 22 juin 1709 le pape Clément XI avait adressé aux religieuses de la Visitation un très beau bref (1), les invitant à renouveler en elles l'esprit de leur saint Fondateur et à rendre à Dieu, en cette année séculaire, d'abondantes actions de grâces pour les bienfaits dont le ciel les

(1) *Clemens papa XI — Dilectis in Christo Filiabus monialibus monasteriorum Ordinis Visitationis Beatæ Mariæ Virginis Immaculatæ a Sancto Francisco Salesio instituti ubivis existentium. — Pastoralis officii divina dispensatione, etc.*

avait comblées. Le Pape accordait une indulgence plénière à toutes les personnes qui, s'étant confessées et ayant communié, visiteraient une église de la Visitation. Mgr Colbert s'associa de tout cœur à cette solennité.

En 1707, avec son agrément, on avait refait la façade du monastère, construit la porte principale, sur les dessins de François Desfours, habile ouvrier, et en 1714 on élevait le rétable du grand autel (1).

Mgr Colbert prenait part aux deuils de la communauté. Le 7 juillet 1711, mourait Sœur Marie-Angélique de Murles d'une des plus nobles et des plus anciennes familles du pays. Elle était petite-fille de Monsieur de Bon, Premier Président à la Cour de Montpellier. Étant au monastère depuis l'âge de 14 ans, elle s'était rendue aimable et édifiante pour tous. Elle quittait la terre à quarante ans. « Nous aurions beaucoup de choses à dire de cette chère Sœur, écrit la Mère de Massanne, mais il faut céder à une humilité qui l'a portée à nous prier de ne point parler d'elle après sa mort (2) ».

La sœur Marie-Madeleine de Brie rendait son âme à Dieu deux ans plus tard, le 30 juillet 1713. Elle était née à Paris de parents vertueux mais dépourvus des biens de la fortune. Demeurée orpheline, Madame de Vanel la recueillit et la fit élever dans le monastère des dames chanoinesses de Chaillot. Nous avons raconté la conversion de Mademoiselle de Ranchin dans la chapelle de Montpellier et son mariage avec M. de Vanel. Devenue veuve, elle s'était retirée à la Visitation de Chaillot en qualité de bienfaitrice. Comme la duchesse de Montmorency, elle souhaitait de se faire religieuse, mais une paralysie presque complète mit obstacle à son ardent désir. Gardant un précieux souvenir du monastère de Montpellier, elle y fit une fondation pour recevoir à perpétuité une fille qui tiendrait sa place et qui serait nommée: « fille de la Vierge ». Marie-Madeleine de Brie fut la première agréée. Madame de Vanel, l'ayant retirée de pension, la garda six mois auprès d'elle et lui reconnaissant une véritable vocation, elle la dirigea vers Montpellier le 20 juillet 1696. Marie-Madeleine de Brie s'attira par ses qualités éminentes l'estime et la vénération des religieuses « Elle avait l'esprit

(1) On en trouvera la description au chapitre suivant.
(2) Circulaire du 15 avril 1714.

sage et solide, un cœur sans fiel. C'était une fille de paix, séparée de tout, très intérieure. Elle avait beaucoup de piété, de religion et de dévotion à la Sainte Vierge ». (1) Admise à la profession, elle s'acquitta de ses charges avec beaucoup de régularité. Passant un jour devant le Saint Sacrement elle se sentit fort pressée de faire à Dieu le sacrifice de sa vie. Atteinte d'une maladie de poitrine, elle reçut le Saint Viatique avec beaucoup de piété et de présence d'esprit. « On ne peut voir, disent les Annales, plus de douceur, de tranquillité et d'indifférence pour la vie et pour la mort que notre chère sœur en a témoigné durant sa maladie. Une sœur lui ayant demandé si elle ne souhaitait pas avoir des reliques de notre Saint Fondateur, notre chère malade lui répondit en souriant : pourquoi cela, ma chère sœur? C'est, lui dit-elle, pour vous procurer du soulagement et votre guérison, si Dieu le voulait permettre par l'intercession de notre Saint Fondateur. Cela serait bon, répondit la malade pour une autre, et non pour moi qui ne suis bonne à rien. Laissez-moi aller, il est temps de partir ». Elle entra dans une douce agonie et expira bientôt.

Sa place fut occupée par une demoiselle de qualité, Marie-Gabrielle de Camby de Fons, parente de Mme de Vanel. C'était une nouvelle convertie qui ayant reçu la grâce d'entrer dans la religion catholique, avait reçu en même temps celle de la vocation.

Mgr Colbert continuait à cette époque d'honorer de sa bienveillance le monastère de la Visitation et les sœurs demandent des prières pour sa conservation. Mais la bulle *Unigenitus* du pape Clément XI venait de paraître (2). C'était la condannation des *Réflexions Morales* de Quesnel et le dernier coup porté au Jansénisme. Mgr Colbert était devenu un ami des Jansénistes. En prenant possession de son siège, il était accompagné du célèbre Père Pouget, de l'Oratoire, l'auteur du *Catéchisme de Montpellier*, l'âme de la secte. L'évêque de Montpellier acceptait les constitutions des Souverains Pontifes Innocent X et Alexandre VII contre les erreurs de Jansénius. Il avait même adhéré à la bulle de Clément XI *Vineam Domini Sabaoth* et déclaré par un mandement donné le 5 Mars 1706

(1) Abrégé des vertus de notre T. H. Sœur Marie-Madeleine de Brie par la Mère de Massanne.

(2) 8 septembre 1713.

que l'on ne satisfait point par le silence respectueux à l'obéissance due aux Constitutions des Souverains Pontifes, mais qu'il fallait s'y soumettre intérieurement, rejeter non seulement de bouche mais même de cœur et regarder comme hérétique le sens du livre de Jansénius condamné dans les cinq propositions (1).

Le respect que Monseigneur Colbert avait montré jusque-là pour les décisions de Rome s'affaiblit lorsqu'il vit paraître la bulle *Unigenitus*. Il fut un des premiers à protester contre cette bulle et à en appeler au futur Concile général. Son opposition se signala pendant vingt-cinq ans par des mandements et des écrits qui rendirent son nom cher aux appelants (2). Le séminaire de Montpellier, dirigé par les Oratoriens, devint le foyer de la résistance, le refuge des partisans de Quesnel (3). Mgr Colbert accueillait tous les dissidents dans son diocèse; il était devenu leur protecteur et leur chef. Il faut dire à la gloire de notre Église qu'elle resta fidèlement attachée aux doctrines du Siège apostolique. Le Clergé, élevé dans les saines doctrines par Mgr Bosquet dès la fondation du séminaire, le Chapitre de la cathédrale, les membres de la Faculté de Théologie acceptèrent avec empressement la bulle *Unigenitus* et la défendirent sans amertume mais sans faiblesse contre l'Évêque. Les Ordres religieux, à part les Oratoriens, soutenaient les enseignements de Rome. Les Jésuites qui professaient la Théologie à la Faculté et les Récollets se distinguèrent entre tous par la fermeté de leur-foi. L'Évêque jeta sur eux l'interdit: ce fut en vain. L'Église de Montpellier souffrait de l'aveuglement et de l'opposition de son pasteur, mais elle restait immaculée dans ses croyances, inébranlable dans sa fidélité au Vicaire de Jésus-Christ.

Les communautés de femmes souffrirent davantage. Mgr Colbert leur imposa des confesseurs jansénistes qui jetèrent le trouble dans les consciences en les terrorisant. Le monastère de la Visitation ne fut point à l'abri de ces vexations et de ces contraintes. Dieu sembla protéger les filles de Saint François de Sales en leur donnant, durant tout l'épiscopat de Mgr Colbert des Supérieures au cœur tendre, d'une

(1) Thomas. *Mémoires historiques sur Montpellier*, pag. 208.
(2) Louis de la Roque. *Les évêques de Maguelone et de Montpellier*, p. 206.
(3) Eugène Thomas. *Le Séminaire de Montpellier*, pag. 68.

foi sûre et éclairée, d'un zèle actif pour la bonne cause: telles que les Mères Marie-Henriette de la Croix de Castries, Brigitte-Angélique de Massanne, Marie-Thérèse de Ratte, Marie-Françoise de la Croix de Sueilles et Marie-Élisabeth de Bonvillevert. Toutefois ces Mères, malgré leur vigilance, ne purent maintenir parmi les religieuses une paisible union. La pression était si forte que la communauté se divisa. En 1725 plusieurs religieuses, devant le refus de l'Évêque de donner des confesseurs orthodoxes, préférèrent s'exiler. C'étaient la Mère Marie-Agnès de Sarret et les Sœurs Marie-Charlotte-Jacquette de Caze, Marie-Élisabeth-Angélique de Perdrix et Marie-Gabrielle de Camby de Fons. Elles obtinrent du roi la permission d'être transférées au monastère d'Arles où elles demeurèrent douze ans. Les Annales exaltent la fermeté et le courage de ces dignes filles de Sainte Chantal.

Mgr Colbert mourut le 8 avril 1738 sans avoir rétracté ses erreurs jansénistes, avec le regret de n'avoir pas fait entendre sa protestation contre la bulle *Unigenitus* devant un Concile. « Il recommanda sa doctrine à tous ceux qui l'entouraient jusqu'au moment où sa voix cessant d'être intelligible, il montra dans son appel cloué sur sa poitrine le témoignage de 30 ans de combat (1) ».

L'épiscopat de Mgr Colbert avait duré quarante deux ans. Durant une période de vingt années, il n'y eut pas de profession religieuse à la Visitation (2).

Pour unir les esprits et réparer les ruines, il fallait donner à Mgr Colbert un successeur qui offrît les plus hautes garanties d'orthodoxie et de soumission à l'Église. Le choix du roi se porta sur Mgr George-Lazare Berger de Charancy, évêque de Saint-Papoul depuis le mois de mars 1735, et connu par ses sentiments d'opposition à la cause janséniste. Ce prélat fit son entrée dans son nouveau diocèse le 15 Novembre 1738, et son premier soin fut de publier un mandement dans lequel il rappelait les décisions de l'Église et conviait les prêtres et les fidèles à s'y soumettre d'esprit et de cœur. L'union se fit peu à peu, les âmes respirèrent, et derrière les grilles des monastères il y eut une explosion de sainte joie: les chaînes tombaient, les consciences étaient libres.

(1) Eugène Thomas. *Le Séminaire de Montpellier*, pag. 72.
(2) Pièces justificatives — XIII. Registre des professions.

Monseigneur de Charancy, ayant appris que quelques religieuses de la Visitation de Montpellier avaient été obligées de se retirer au milieu de leurs sœurs d'Arles, s'empressa de les rappeler. Elles revinrent en 1739. Leur retour fut une fête. La vivacité de leur foi et leur inébranlable résistance avaient formé une auréole autour de leur front. Comme si leur arrivée eût été le triomphe de la bonne cause, l'Évêque ordonna que l'on solennisât dans la chapelle de la Visitation une grande fête en l'honneur du Sacré-Cœur. C'était la première fois que la fête du Sacré-Cœur était solennellement célébrée dans le diocèse: il convenait que ce fût à la Visitation. L'étincelle devait jaillir pour le Languedoc de ce monastère, comme elle avait jailli pour la France entière, soixante ans avant, du monastère de Paray-le-Monial. Par une juste récompense, les sœurs revenues d'Arles furent providentiellement désignées pour préparer le premier trône du Sacré-Cœur (1).

Les religieuses écrivent quelques années plus tard: « Nous nous flattons, nos très honorées Sœurs, que vos Charités prendront part à la consolation que nous avons eue de l'établissement de la Confrérie du Sacré-Cœur de Jésus dans notre église. Mgr notre digne prélat nous obtint de notre Saint Père le Pape un bref qui accorde aux associés les indulgences et les privilèges ordinaires; il y joignit un mandement pour exhorter les fidèles de son diocèse d'entrer dans cette Confrérie; il le fit par ces paroles: « Nous vous conjurons, mes très chers Frères, de profiter d'un moyen que la bonté infinie de Dieu vous offre pour se communiquer à vous. Puisque Jésus-Christ daigne nous ouvrir son Cœur adorable, ne refusons pas d'y entrer, établissons-y notre demeure, étudions-en les sentiments et les dispositions pour y conformer les nôtres. » Cette vive exhortation eut son effet par l'empressement des fidèles à se faire inscrire sur le régistre de la Confrérie qui fut établie le 10 du mois de Mai 1743. Le grand nombre de personnes qui vinrent dans notre église pour rendre leurs hommages à ce Cœur adorable nous édifia infiniment. Nous le sommes de plus en plus de l'empressement et de la dévotion des fidèles qui viennent chaque premier vendredi du mois assister aux exercices d'amende honorable et de consécration au Sacré-Cœur. Le premier vendredi après l'octave

(1) Voir au Chapitre X la vie de la Sœur Marie-Charlotte de Caze.

du Saint Sacrement, la fête est des plus solennelles: elle commence aux premières vêpres. Les matines sont chantées au point du jour; des messes pendant lesquelles on distribue la sainte communion se célèbrent toute la matinée. Le soir, il y a le chant des vêpres, le sermon et la bénédiction du S. Sacrement. Messieurs les musiciens de la Cathédrale, qui sont tous confrères, ne manquent jamais de chanter un beau motet. Mgr notre digne Prélat nous fait toujours l'honneur de dire la messe et donner la bénédiction. Messeigneurs les Évêques de Montauban, d'Uzès et du Puy en font de même aux fêtes, qui se trouvent dans le temps des États. Nous supplions ce divin Cœur de répandre sur cette sainte association et sur les personnes qui la composent les grâces abondantes dont il est la source et d'augmenter le nombre de ses adorateurs » (1).

Le Cœur de Jésus prenant possession du monastère, devenait un foyer de lumière, une source de grâces, un centre d'amour. On sent que les âmes aiment, sinon plus fortement, du moins plus tendrement. « Le Roi de céans » apparaît et il entraîne à sa suite dans les voies du sacrifice et de l'abnégation les compagnes et les sœurs de Marguerite-Marie. Les croix sont peut-être plus nombreuses, mais elles paraissent moins lourdes à porter; les battements des cœurs sont à l'unisson de ceux du cœur du Maître; ce sont les mêmes désirs d'immolation, les mêmes appels de la souffrance, les mêmes ardeurs de l'amour.

La Mère Marie-Françoise de la Croix de Sueilles mourait le 12 décembre 1748 animée de ces admirables sentiments. « Nommée notre assistante, écrit la Mère Catherine-Thérèse de Saint-André, (2) elle nous était aussi précieuse et aussi édifiante par ses vertus religieuses que chère et respectable par les vertus de son cœur. Sa fermeté et son zèle, dans l'exercice de sa charge, l'ont portée à faire les derniers efforts pour soutenir, malgré des infirmités habituelles, l'assiduité qu'elle demande. Depuis deux ans nous étions alarmées sur sa santé. Elle souffrait, mais toujours avec toute la soumission

(1) Circulaire du 22 Novembre 1747.

(2) La Mère Catherine-Thérèse de Saint-André était professe du premier monastère de Grenoble; elle vint à Montpellier avec la sœur Anne-Madeleine du Vivier.

possible dans le regard de la volonté de Dieu. Une fièvre ardente nous l'a enlevée malgré nos vœux et nos plus tendres soins au douzième jour de sa maladie. Elle a eu le bonheur de recevoir tous les secours et les sacrements des mourants qui lui ont été administrés par M. Reboul, chanoine de Notre-Dame de Bonheur, digne ecclésiastique, bien propre et par son attachement à la saine doctrine et par l'onction de ses paroles, de soutenir ces bons sentiments de foi, d'amour, de confiance dont elle formait les actes avec la plus tendre piété. Son agonie a été violente et douloureuse; mais malgré les souffrances de cet état, elle n'a pas perdu un moment pour le rendre méritoire. A mesure qu'elle voyait la destruction de son corps, elle ranimait toutes les puissances de son âme pour faire à Dieu la plus parfaite acceptation du sacrifice de sa vie, embrassant amoureusement le crucifix, s'unissant de tout son cœur aux actes qu'on lui suggérait et aux prières qu'on faisait pour elle. C'est dans ces saintes dispositions qu'elle a expiré, un quart d'heure avant minuit, en présence de plusieurs de nos sœurs et de nous, âgée de 76 ans dont 57 de profession » (1).

L'année d'après, la Mère Thérèse de Saint-André écrivait encore: « Le Seigneur vient d'exiger de nous un nouveau sacrifice par la mort de notre très honorée et chère sœur Marie-Marguerite de Vaissière. Nous perdons en elle un modèle de toutes les vertus. Attachée à la croix par une longue et douloureuse maladie, cette fidèle épouse a reçu du divin Crucifié le caractère et les mérites de ses précieuses plaies. Son mal lui causait des douleurs aiguës, qu'elle a supportées près de six mois avec une force d'esprit, une vertu et une patience héroïque. La vue frappante de la mort, et plus encore ses vives lumières sur la sainteté et la justice de Dieu ne lui ont laissé ressentir dans sa dernière maladie que des sentiments d'amour, de paix et de confiance. Ces saintes dispositions étaient le fruit et la récompense d'une vie pure et innocente, fervente et mortifiée, remplie d'ardeur et de zèle pour la pratique de la plus parfaite observance de nos règles. Elle a eu le bonheur de recevoir très à propos les derniers sacrements quelques jours avant sa mort, et d'être assistée par le R. P. Hippolyte, gardien des Récollets, qui avait sa

(1) Circulaire du 13 décembre 1748.

confiance depuis vingt-cinq ans. Après une douce et tranquille agonie, elle a pu dire rendant son âme à son Créateur; « Voici que j'entre dans mon repos, parce que le Seigneur m'a comblée de ses biens. » Elle était âgée de 69 ans dont 49 de profession, du rang des sœurs choristes » (1).

Mgr de Charancy était mort le 14 février 1748, après dix ans d'un épiscopat réparateur. Les disputes jansénistes prenaient fin dans le diocèse de Montpellier. Il importait toutefois au bien de l'Église et au complet apaisement des esprits de ne confier la succession qu'à un prélat déjà éprouvé par la fermeté de son caractère et par son attachement aux décisions du Saint-Siége (2). Ces qualités se trouvaient heureusement réunies dans la personne de Mgr François-Renaud de Villeneuve, évêque de Viviers depuis 1724. Transféré à l'évêché de Montpellier, il prit possession de son siège le 13 novembre 1748.

Mgr de Villeneuve fut un des bienfaiteurs insignes de la Visitation. A peine arrivé dans son diocèse, il eut à s'occuper de l'abbaye de Saint-Félix de Montseau à Gigean. Ce monastère de religieuses, vivant d'abord sous la règle de Saint Benoit, puis sous celle de Saint Bernard, avait été fondé dans le XIIe siècle par Bermond de Levesone, évêque de Béziers (3). Autrefois très prospère, il ne comptait plus qu'une religieuse, Marianne de Manse, restée seule depuis la mort de la dernière abbesse Madame de la Fare, décédée au mois d'août 1746. La maison tombait en ruines, les bâtiments étaient délabrés et les revenus, environ 2500 livres, ne suffisaient point pour les réparations à faire et surtout pour assurer l'avenir. Madame de Manse consentait volontiers à l'union de son abbaye avec un autre monastère.

Le 18 juin 1749, Mgr de Villeneuve promulgua un décret par lequel il supprimait à perpétuité l'abbaye de Gigean et annexait les revenus et les biens de ce monastère à celui de la Visitation, à la charge toutefois de payer une pension annuelle de 1000 livres à la sœur Marianne de Manse, admise dans une autre maison de son Ordre, de faire dire à perpé-

(1) Circulaire du 4 Mars 1749.

(2) M. Louis de la Roque. *Les Évêques de Maguelone et de Montpellier pag.* 179.

(3) D'Aigrefeuille, tom II p. 298. Voir aux archives de la Préfecture de l'Hérault le fonds très considérable de l'abbaye de Gigean.

tuité dans l'église de Gigean, moyennant la somme de 200 livres, quatre messes par semaine pour tenir lieu de celles qui se disaient à l'abbaye, de donner annuellement une aumône de 100 livres qui sera distribuée aux pauvres de Gigean par les directeurs du bureau de charité de cette ville. Le surplus des revenus sera employé au payement de la pension à perpétuité de deux religieuses nommées par le roi et reçues sans dot dans le monastère, ou bien de deux pensionnaires qui seront pareillement élevées et nourries gratuitement depuis l'âge de 7 ans jusqu'à celui de 16. Ce qui restera encore servira au payement de la pension des filles de nouveaux convertis de la Province, qui seront élevées dans la religion catholique, au monastère de la Visitation. Le nombre de ces filles, dont l'Évêque se réserve la nomination et le choix, sera déterminé proportionnellement aux revenus restant, à raison de 200 livres pour chaque pensionnaire. A cet effet les revenus de Gigean ne seront pas confondus avec ceux du monastère, on en tiendra un compte à part que l'on soumettra tous les ans à l'Évêque, afin qu'il puisse déterminer le nombre des pensionnaires que le monastère est obligé de recevoir. Mgr de Villeneuve ordonne que le monastère de Gigean soit mis aux enchères et vendu au plus offrant (1).

Louis XV, par lettres patentes données à Compiègne au mois d'août 1749 confirma le décret de l'Évêque de Montpellier.

Les nouvelles pensionnaires devaient être placées dans un corps de logis séparé de celui de la communauté. Le monastère n'étant pas assez grand, on acheta au prix de 11000 livres à Madame Marie de Montlaur de Murles, épouse de noble Joseph-Étienne de Montlaur de Restinclières, seigneur de Murles, une maison et un jardin qui n'étaient séparés que par un mur de l'enclos des religieuses. Par lettres patentes données à Compiègne au mois juillet 1751, et dûment enregistrées en la cour du Parlement de Toulouse, le Roi autorisa cet achat (2). « Nous trouvons dans cette acquisition, dit la Mère de Saint-André, l'avantage d'éloigner de nous le bruit et la dissipation qui troubleraient la tranquillité » (3).

(1) Décret de Mgr de Villeneuve touchant la réunion de l'abbaye de Gigean au monastère de la Visitation. Archives de la Préfecture, Série B. 408.

(2) Pièces justificatives, IX.

(3) Circulaire du 8 Février 1752.

Après un double triennat, fécond en œuvres, la Mère Catherine-Thérèse de Saint-André, revenait à Grenoble laissant après elle d'unanimes regrets. La Mère Marie-Agnès de Sarret fut élue à sa place. C'était une de celles qui avaient préféré changer de monastère plutôt que de subir les confesseurs jansénistes imposés par Mgr Colbert. Elle mourut remplie de mérites, le 12 mars 1758, cinquième année de son supériorat. « Le vide qu'a laissé dans ce monastère, écrit la Mère Emmanuel-Amédée de Compeys sa remplaçante, la chère et respectable Mère Marie-Agnès de Sarret, morte supérieure de cette maison, la fera longtemps regretter. Son mérite si connu dans notre Ordre, qu'elle a édifié par ses rares vertus, la vivacité de sa foi qu'elle a honorée par le sacrifice de son repos et de sa tranquillité, les peines qu'elle a prises pour le soutien de cette communauté, nous font ressentir au delà de toute expression la grandeur de cette perte. Les divers talents qu'elle possédait la rendaient très nécessaire à cette maison, et c'eût été pour moi personnellement une grande consolation d'avoir pu profiter de ses exemples édifiants et de ses sages conseils » (1).

La Mère Marie-Agnès de Sarret avait été précédée dans la tombe par la Mère Marie-Élisabeth de Bonvillevert et par la sœur Marie-Cécile Itier. La Mère Marie-Élisabeth de Bonvillevert était une ancienne et respectable Déposée; elle avait été Supérieure de 1731 à 1737. Durant sa longue carrière, elle avait exercé divers emplois à la grande satisfaction de la communauté. Douée d'une santé vigoureuse, elle l'employait sans ménagements. « Elle n'a pas moins servi, disent les religieuses, (2) pour notre édification les dernières années de sa vie, alors que l'âge et les infirmités avaient diminué ses forces. Celles de son âme prenaient toujours un nouvel accroissement dans la prière et le recueillement. Sa piété solide et profonde la portait sans cesse vers Dieu. Sa douceur et bonté envers le prochain se répandaient sur toutes ses actions et toutes ses manières religieuses. Tout en elle inspirait le respect et la vénération. C'est dans ces saintes dispositions qu'elle attendait la venue de l'Époux, sa lampe allumée, uniquement occupée de la douce espérance des biens

(1) Circulaire du 1 Avril 1761.
(2) Circulaire du 7 Septembre 1751.

à venir. La vue de la mort lui était toujours présente pour s'y préparer. Elle a eu le bonheur de recevoir très à propos tous les sacrements de l'Église et de profiter de la grâce du Jubilé, puisant aux fontaines du Sauveur, à ces sources de grâces et d'indulgences que l'Église nous ouvre dans ces temps heureux. Munie de tous ces secours et assistée du R. P. du Garric, recteur du collège des Jésuites, dont les paroles pleines d'onction étaient si propres à la soutenir dans les sentiments d'une amoureuse confiance en la miséricorde de Dieu, elle entra dans une douce et tranquille agonie. Après avoir reçu la bénédiction apostolique elle expira en prononçant, comme dernière parole, le saint nom de Jésus. C'était le 7 septembre 1751. Elle était dans la soixante-dix-septième année de son âge et la soixantième de sa profession. »

La sœur Marie-Cécile Itier était une humble tourière. Elle garda la porte du monastère pendant trente et un ans. Infatigable au travail, elle ne voulait prendre du repos qu'à la dernière extrémité. La piété était sa ressource dans les peines; elle profitait de tous les moments libres qu'elle avait pour s'entretenir avec Dieu dans la prière. « Cette chère sœur était fort charitable; plusieurs personnes ont toujours trouvé en elle des conseils et des secours dans leurs besoins. Son cœur rempli de compassion pour les malheureux, lui faisait trouver des moyens pour les soulager dans leurs misères » (1). Atteinte d'une fièvre maligne, elle souffrit avec beaucoup de patience et fit généreusement le sacrifice de sa vie. M. Trinquier, curé de la paroisse, en qui elle avait beaucoup de confiance, l'assista avec zèle et charité dans ses derniers instants. Ayant reçu les sacrements de l'Église, elle expira le 20 mars 1755, âgée de 59 ans.

La Mère Emmanuel-Amédée de Compeys, qui succédait à la Mère Marie-Agnès de Sarret, était professe du premier monastère d'Annecy. Venant à Montpellier, elle s'arrêta dans les maisons de Chambéry, les deux de Grenoble, de Saint-Marcellin, de Romans, de Valence, de Montélimart, de Pont Saint-Esprit et de Nîmes. « Dans le peu de séjour que nous avons fait, dit-elle, dans ces monastères, nous avons reconnu avec joie cet esprit de régularité et d'union qui caractérise les filles de Saint François de Sales. Nous bénissons le Seigneur de

(1) Circulaire de la Mère Marie-Agnès de Sarret, 20 Mars 1755.

cette conformité de sentiments qui se maintient dans notre Institut, et le prions de vouloir toujours la conserver. » Elle ajoute: « Nous avons eu la douce consolation de trouver dans le monastère de Montpellier une communauté des plus aimables et des plus régulières. Le désir le plus ardent de nos chères sœurs est de se perfectionner dans l'esprit de leur état. Eloignées de toute nouveauté en fait de doctrine, on ne peut surpasser leur délicatesse sur ce point important » (1).

Le Cœur de Jésus opérait au dedans ces merveilles de grâces et ménageait au dehors des consolations, qui n'étaient pas moins sensibles à la communauté. « Nous voyons, écrit encore la Mère de Compeys, (2) quantité de personnes, tant ecclésiastiques que séculières, s'engager tous les jours dans la Confrérie du Sacré-Cœur de Jésus, et rendre assidûment à ce divin Cœur leurs hommages avec une modestie et une dévotion exemplaires, capables d'en imposer aux cœurs les plus insensibles. Il parait bien visiblement que ce culte religieux est un moyen des plus efficaces que Dieu nous a donné dans ces derniers siècles pour ranimer dans les âmes le désir et l'amour de la perfection. Nous avons fait placer dans le chœur de notre église un grand tableau au milieu duquel ce divin Cœur est représenté rayonnant de gloire, environné d'anges en adoration: Au-dessus est le Père éternel qui le regarde avec complaisance, au-dessous sont des personnes de tous les états qui lui rendent hommage. »

La Mère de Compeys, ayant excité le zèle des membres de la Confrérie, parvint bientôt à ériger une chapelle spéciale en l'honneur du Cœur de Jésus, objet principal de sa dévotion. Ses deux triennats terminés à Montpellier, elle fut élue à Toulouse, où elle gouverna six ans avec autant de sagesse que de succès. Annecy voulut, à son tour, jouir du bonheur d'avoir cette fervente sœur et la rappela pour succéder en 1771 à la très honorée Mère Claudine-Amédée Favier. « Notre reconnaissance, disent les religieuses de Montpellier, (3) pour les bontés dont la Mère de Compeys nous a honorées depuis que nous avons eu l'honneur d'être sous sa respectable conduite, ne finira qu'avec la vie. » La Mère de Compeys mourut au monastère de Turin l'an 1798, âgée de 82 ans.

(1) Circulaire du 1 Avril 1761.
(2) Même circulaire.
(3) Circulaire du 21 Octobre 1785.

La reconnaissance n'était pas moins grande envers Mgr de Villeneuve, si dévoué à la Visitation, si généreux pour elle. Il mourut le 24 janvier 1766 pendant la tenue des États du Languedoc, laissant une mémoire en vénération. Longtemps après, les prêtres qui l'avaient connu en parlaient encore comme d'un prélat extrêmement remarquable par l'ardeur de son zèle, l'abondance de ses aumônes, l'austérité de sa vie, son amour pour son clergé et son dévouement à tous les devoirs de l'Épiscopat (1). « La perte de ce prélat, écrit la Mère Marie-Félicité Journet, (2) fut une plaie pour son diocèse. Un Évêque rempli de zèle et de tendresse pour les pauvres, infatigable dans les fonctions du ministère évangélique, même dans la plus extrême vieillesse, généralement regardé comme un saint, mortifié jusqu'à faire vœu, on l'a trouvé écrit de sa main, de n'accorder à la nature aucune satisfaction volontaire, méritait bien les regrets et la vénération publique. Et quand il n'aurait pas été notre Père encore plus par ses bontés pour nous que par sa place, nous devions à sa mort répandre bien des larmes, non sur lui que Dieu a sans doute récompensé, mais sur nous qui perdons un modèle édifiant de toutes les vertus. »

Mgr de Villeneuve fut remplacé sur le siège épiscopal de Montpellier par Mgr Raymond de Durfort, évêque d'Avranches. Ce prélat fit son entrée le 21 novembre 1766. La science et la sagesse de ses discours, la douceur de ses manières, l'affabilité répandue dans toute sa personne attirèrent et retinrent les fidèles autour de lui (3). « Le Seigneur toujours attentif aux besoins de ceux qui se confient en lui, nous dit encore la Mère Marie-Félicité Journet, nous a rendu un Père en Mgr de Durfort. Nous retrouvons dans sa personne tout ce qui peut gagner notre respect et notre confiance. Outre un caractère de douceur et d'affabilité, une piété tendre et exemplaire, une vigilance pleine de zèle sur son troupeau, nous avons reçu de lui des témoignages particuliers de son affection. Ayant donné à Messieurs les Vicaires généraux le soin des

(1) M. l'abbé Coste. *Vie de M. Coustou*, p. 17. — M. le chanoine Saurel, à qui l'on doit tant d'ouvrages de si grande valeur, a inauguré ses savants travaux sur l'histoire religieuse de notre diocèse par une belle *Vie de Mgr de Villeneuve.*

(2) Circulaire du 14 Mai 1770.

(3) Mgr. Besson. *Oraison funèbre de Mgr de Durfort* — Besançon 1868.

divers monastères de cette ville, il nous fit l'honneur de nous dire qu'il ne voulait nous donner d'autre supérieur que lui-même et qu'il nous donnait une entière liberté de nous adresser à lui directement. »

Mgr de Durfort devait présider les fêtes célébrées à Montpellier en l'honneur de la canonisation de Sainte Jeanne de Chantal. La communauté se préparait déjà dans l'allégresse à ces prochaines solennités quand le ciel vint coup sur coup demander le sacrifice de quatre ferventes sœurs. Le 26 janvier 1768 mourait la sœur Marie-Rosalie de Bourges, le 2 février la sœur Louise-Françoise de Mareschal, le 22 mars la sœur Catherine-Antoinette Gandon, et le 28 août de la même année la sœur Marie-Henriette de Saint-Julien.

La sœur Henriette de Saint-Julien était nièce de M$^{me}$ de Ranchin. Nous n'avons pas sa notice biographique. Sur le régistre des vœux on trouve ces simples mots: « Cette chère sœur nous a constamment édifiées par sa fidélité à ses devoirs, son exactitude à l'observance, sa générosité dans ses continuelles infirmités. Elle était âgée de 40 ans, dont 20 de profession, du rang des sœurs choristes. »

La sœur Catherine-Antoinette Gandon, s'était rendue remarquable dans tous les emplois de son rang de sœur domestique. Elle était très édifiante par sa piété et son assiduité à la prière. Elle exerçait surtout sa charité au service des malades ; rien ne pouvait lasser son dévouement. Frappée d'une cruelle infirmité, elle se regardait comme un membre inutile et attendait la mort avec confiance. Elle l'accueillit avec soumission quand elle se présenta, heureuse de se réunir à son Principe. Elle était âgée de 71 ans, dont 44 de profession religieuse (2).

La sœur Louise-Françoise de Mareschal soutint aussi avec une patience exemplaire une longue et pénible maladie. « Ce n'a pas été la seule chose par laquelle Dieu rendit cette chère défunte une vraie victime du Calvaire. Elle fut tourmentée durant toute sa vie par des peines d'esprit et des scrupules qui la crucifiaient. Elle nous a, dans tous les temps, édifiées par son amour pour son état, sa régularité, sa mortification, et sa pauvreté; en un mot c'était une fille d'une

(1) Circulaire du 14 Mai 1770.

(2) Circulaire du 23 Mars 1768.

vraie piété. Nous ne doutons pas que le Seigneur, après l'avoir purifiée par tant de peines, n'ait couronné ses vertus. Il lui rendit la paix plusieurs jours avant sa mort, mais si parfaitement que M. l'abbé Farjon, chanoine de la cathédrale et vicaire général, qui l'a assistée avec une charité digne de son zèle, nous dit, qu'elle n'avait plus besoin de confesseur ni de supérieure. Elle rendit son âme à son Créateur, en prononçant ces paroles: « Jésus, soyez... » qu'elle ne put achever. C'était le jour de la Purification de la Sainte Vierge, envers laquelle cette chère sœur avait une dévotion très grande » (1).

La sœur Marie-Rosalie de Bourges était une âme d'élite. « Séparée du monde avant de l'avoir connu, écrit la Mère Marie-Félicité Journet, (2) elle fut confiée à nos sœurs dès la plus tendre enfance. Nous l'avons vue croître également en âge et en sagesse. L'innocence de ses mœurs et la douceur de son caractère nous la firent bientôt chérir. Des vertus rares et au-dessus de son âge lui méritèrent notre estime et nos suffrages. Depuis sa plus tendre enfance, elle manifestait le désir d'embrasser notre saint Institut et de se consacrer à Dieu. Toute sa vie avait été un espèce de noviciat. Son caractère s'était développé sous nos yeux et ses inclinations nous étaient parfaitement connues. Aussi en cédant à ses désirs, nous étions bien assurées de correspondre aux desseins de miséricorde que Dieu avait sur elle. Qui nous eût dit alors que celle que nous avions vue naître ne nous était donnée que pour quelques jours! Pleine de feu et de force, vigilante, infatigable, appliquée à son devoir, au delà du devoir même, elle se faisait à tout et n'a jamais reçu d'autre reproche dans ses différents emplois que de les trop bien remplir. Cet amour rigoureux du devoir était le fruit d'une conscience délicate que l'apparence du moindre mal effrayait. Timorée jusqu'à de pieux excès, elle éprouva bien des alarmes, mais elle en fut toujours la seule victime. Personne n'a su mieux dévorer des peines intérieures: elles ne lui firent jamais perdre ce visage serein, ni ces manières prévenantes qui nous la rendaient si chère. Dieu la préparait par des épreuves au sacrifice d'une vie qu'il allait lui demander. L'habitude de souffrir et la haine de son corps l'avaient endurcie contre le mal et la mort

(1) Circulaire du 4 Mars 1768.
(2) Circulaire du 4 Février 1768

même. Aussi que d'exemples nous a-t-elle donnés sur son lit de douleur! Depuis plus de deux mois, elle était forcée de s'y tenir immobile et y était attachée par tous ses membres comme à une croix, retraçant par cette douloureuse situation et plus encore par les sentiments de son cœur l'image de Jésus crucifié. Enfin après une maladie de trois mois, une agonie de quatre jours, dans les plus vifs transports de joie et d'amour, elle a rendu paisiblement son âme à son Créateur. Elle était dans la 21e année de son âge et la 3e de sa profession, du rang des sœurs choristes. »

Ces quatre religieuses quittaient ce monde à la veille des fêtes de la canonisation de Sainte Jeanne de Chantal. Heureuses messagères de la communauté, elles allaient assister aux réjouissances du ciel dont celles de la terre ne devaient être qu'un faible écho.

# CHAPITRE IX

## Fêtes de la Canonisation de Sainte Jeanne de Chantal célébrées à Montpellier.

14 Janvier 1769.

Vision de Saint Vincent de Paul. — Canonisation de Sainte Jeanne de Chantal. — Relation des fêtes à Montpellier par la Mère Marie-Félicité Journet. — Préparatifs. — Mandement de Mgr de Durfort. — Ornementation de l'autel, du sanctuaire et de la chapelle. — Le portique. — Processions. — Lecture de la bulle. — Joie publique. — Concours du clergé et des fidèles. — Les panégyriques. — Clôture des fêtes à la cathédrale. — Fruits de piété et de conversion.

Saint Vincent de Paul, ayant appris la nouvelle de la mort de la Mère de Chantal voulut célébrer pour elle la sainte messe. Arrivé au second *memento*, il vit un globe de feu s'élever de la terre et un autre descendre du ciel. S'étant rencontrés, ces deux globes entrèrent dans un autre plus lumineux et plus grand. Il lui fut en même temps révélé que le premier de ces globes était l'âme de la Mère de Chantal, le second celle du Bienheureux François de Sales: le troisième représentait l'Essence divine. L'âme de la fondatrice se réunissait à celle du fondateur et les deux à Dieu leur souverain principe.

Deux âmes si unies dans la vie et dans la gloire, devaient l'être aussi sur les autels. Béatifiée par Benoit XIV le 21 Novembre 1751, la bienheureuse Jeanne de Chantal recevait en 1767 les suprêmes honneurs de la Canonisation. Clément XIII mettait autour de son front l'auréole des Saints.

« Pendant une année entière, dit Mgr Bougaud, (1) toutes les églises et toutes les Visitations tressaillirent de joie, et saluèrent avec des démonstrations du plus tendre amour cette sainte et illustre femme, devenue de plus en plus leur gloire et leur appui. »

Le monastère de Montpellier se souvenait de la visite de la Sainte: il donna le plus grand éclat à ces solennités qui rappelèrent celles de la canonisation de Saint François de Sales, célébrées juste un siècle avant.

La relation de ces fêtes nous a été conservée dans une circulaire de la Mère Marie-Félicité Journet, du 14 Mai 1770 (2). La voici:

« Nous avons à rendre compte à Votre Charité de la solennité la plus consolante que nous ayons jamais célébrée, et nous prévoyons bien que nous ne pourrons vous exprimer que très imparfaitement les sentiments que nous y avons éprouvés. Votre expérience personnelle pourrait seule vous en donner une idée. Ce qui a ajouté un grand surcroît de consolation, c'est que nous avons vu dans les personnes du dehors un empressement presque égal au nôtre, et tous les témoignages de la piété la plus tendre, la plus vive, la plus sincère. Et certes nous avions bien lieu d'espérer qu'il en serait ainsi. Nous n'étions pas les seules à nous préparer dans le secret du monastère à célébrer cette grande fête. Pendant que des prêtres, pleins de charité pour notre maison, nous y disposaient par les instructions les plus touchantes, qu'ils nous rappelaient, et les devoirs de notre sainte vocation, et la reconnaissance, la ferveur qu'exigeait de nous la grâce d'une si belle solennité, notre illustre Prélat, (3) qui avait

(1) *Histoire de Sainte Chantal.* tom II. p. 558.

(2) Imprimée à Montpellier par Augustin-François Rochard, seul imprimeur du Roi, Place du Petit-Scel-1770.

(3) Mgr Raymond de Durfort. Nous remercions M. le Chanoine Saurel d'avoir fait revivre cette belle figure d'évêque en des pages pleines de charme et d'intérêt — RAYMOND DE DURFORT *évêque d'Avranches et de Montpellier, archevêque de Besançon.* Montpellier. Calas. 1898.

voulu que cette fête fût différée jusqu'à ce temps, parce qu'il souhaitait de s'y trouver, animé du zèle le plus vif pour le bien de son diocèse, fit publier un mandement pour l'annoncer. Le but principal de ce mandement n'était pas tant d'en régler l'ordre, et d'en fixer la durée que d'apprendre à ses diocésains à en retirer tout le fruit que le ciel y avait attaché pour eux. Il y faisait en abrégé un panégyrique accompli de notre sainte Mère ; il y présentait le contraste frappant de la gloire vaine et passagère des héros du siècle avec la gloire solide et durable qu'avait acquise Sainte Françoise en s'élevant à la sainteté. En se félicitant lui-même d'avoir en elle un si beau modèle à offrir à son troupeau, il l'exhortait à mettre en elle sa confiance, et surtout à se faire une gloire et un devoir d'imiter ses vertus éminentes. Cet ouvrage, (nous osons nous le persuader), a bien plus contribué à exciter la dévotion publique et à donner à notre fête une sainte et religieuse célébrité, que tout ce que nous pouvions faire nous-même de préparatifs, pour manifester notre zèle et notre reconnaissance envers la Sainte Fondatrice qui en était l'objet.

» Ce digne Prélat, à l'attention duquel rien n'a jamais paru échapper de ce qui pouvait rendre la solennité plus brillante, ordonna dans ce mandement que le samedi, 14 janvier, on sonnerait toutes les cloches des églises de la ville et des faubourgs depuis deux heures jusqu'à trois, et que tout le clergé séculier et régulier se rendrait à deux heures et demie à l'église cathédrale pour venir de là en procession à notre église, assister à la publication solennelle de la Bulle de canonisation et aux premières vêpres, par où devait commencer cette sainte Octave, en l'honneur de notre glorieuse Mère.

» Avant d'entrer dans le détail de toute cette fête, nous devons essayer de donner à Votre Charité une idée de la décoration de notre église qui a été généralement approuvée. Il serait assez inutile pour cela de faire ici la description de notre rétable qui est un des plus beaux, peut-être même le plus fini en son genre de tous ceux qu'il y a dans cette ville, s'il n'avait fait une grande partie de la décoration. Il est d'ordre composite, formé pour ainsi dire de deux corps d'architecture, placés l'un sur l'autre. Le premier corps présente quatre grandes colonnes et quatre pilastres de marbre de Caunes placés en face. Au milieu est un autel en tombeau fait de marbres de diverses couleurs et très-bien assortis; les gradins à double rang sont aussi de divers marbres. Le tabernacle n'est qu'en bois, mais il est sculpté avec la dernière délicatesse, orné sur le devant et sur les côtés de figures ou de trophées symboliques et tout doré, ce qui contraste à merveille avec le reste du rétable. Au-dessus s'élève un grand tableau de la Visitation de la Sainte Vierge, dans un très beau cadre doré. La corniche qui règne sur les chapiteaux des colonnes est ceintrée, en forme de baldaquin au-dessus du tableau et ornée de pentes et de glands dorés. A la même hauteur que le tableau sont placées entre les deux colonnes à droite et à gauche, et au-dessus des portes de la sacristie deux grandes statues dorées, représentant l'une Saint Augustin et l'autre Saint François de Sales. Le second corps, élevé au-dessus du premier, n'a que deux colonnes de marbre qui appuyent sur la corniche du premier corps, au milieu desquelles est une grande gloire toute dorée. Sur leur frise, on voit deux anges qui, dans un groupe de nuages, soutiennent une croix. Sur les côtés, au-dessus des deux colonnes qui sont près des murailles latérales, paraissent encore deux anges dorés portant, l'un un cœur enflammé, l'autre un Saint Nom de Jésus. Nous ne devons pas oublier de dire à Votre Charité que dans tout ce rétable le fond est d'un gris de perle très clair, et tout ce qui peut y être doré l'est avec la plus grande exactitude et dans le meilleur goût.

» Ce rétable, tel que nous venons de le décrire, ayant encore tout son éclat, (vu qu'il n'est fini que depuis quelques années), entrait au mieux dans le plan qui nous avait été proposé pour décorer l'église entière. Voici les changements que l'on jugea à propos d'y faire, ou plutôt les embellissements que l'on y fit. D'abord on avait couvert le tableau de la Visitation d'une toile d'un bleu d'azur parsemé d'étoiles en or. Sur le devant et à quelque distance du tableau, on avait formé une grande gloire de figure ovale, les nuages en étaient de gaze d'argent en relief; on y voyait plusieurs têtes de chérubins. Les rayons brisés qui en partaient étaient aussi faits de gaze d'argent tendue sur un fond jaune, ce qui leur donnait tout le brillant de l'or le plus beau; ils s'étendaient sur les côtés, jusqu'aux premières colonnes, d'autres tombaient sur les gradins de l'autel, et d'autres s'élevaient presque jusqu'au baldaquin. Dans le fond de cette gloire était un tableau de notre Sainte Mère, fait uniquement pour cette occasion. Elle y était représentée dans un groupe de nuages lumineux, les mains et les yeux élevés vers le ciel, où elle paraissait portée par les anges. Sur le tabernacle, où appuyait cette goire, on avait placé deux grandes branches de lis, peints au naturel, dont les fleurs portaient quantité de bougies et montaient à une hauteur convenable. Ces bougies donnaient aux nuages l'éclat le plus vif, tandis que des lampions arrangés avec art par derrière réfléchissaient leur lumière sur le tableau.

» C'était au milieu, ou plutôt au bas de cette gloire que devait être exposé le Saint Sacrement. Notre ostensoir étant trop petit, on eut la bonté de nous prêter celui de la paroisse de Notre-Dame de cette ville, qui est assurément un des plus beaux que l'on puisse voir et qui semblait fait pour cette décoration. Il est d'argent, d'environ trois pieds et demi de haut. Le piédestal qui le porte représente un autel que soutiennent sur les côtés un aigle et un lion. Sur ce piédestal est placée debout une statue de la Sainte Vierge, ayant sous les pieds le globe de la terre, le croissant de la lune et le serpent dont elle écrase la tête. C'est sur ses bras élevés et étendus en croix que cette statue, sur laquelle tous les traits de la vénération et de l'amour sont exprimés au mieux, supporte une gloire enrichie de pierres précieuses, et ornée de rayons brisés dans laquelle est mise la Sainte Hostie. Mais revenons à notre décoration.

» Au-dessus du baldaquin paraissaient deux anges peints, qui tenaient de leurs mains une grande couronne de fleurs, dont ils semblaient couronner la Sainte. Enfin au haut de la voûte, l'on avait attaché un dais d'une grandeur proportionnée. Le ciel, les glands, les festons en étaient peints en or et les rideaux faits à bandes coupées de gaze d'argent et d'une étoffe en cramoisi, soutenus de chaque côté par des anges posés sur la corniche du rétable. Les gradins de l'autel étaient ornés de grands chandeliers d'argent avec des cierges de trois livres et de beaux bouquets de fleurs artificielles. Nous devons ajouter ici, que pour relever cette décoration du milieu de l'autel, on avait revêtu les colonnes, les pilastres et les plaques de marbre de leur base, de gaze d'argent; que ces colonnes étaient entourées d'une guirlande de fleurs; que de chaque côté, sur les portes de la sacristie on avait mis d'une colonne à l'autre une planche couverte d'une étoffe en or, avec une très belle frange, et que sur cette planche était posé un grand vase de fleurs rangées en pyramide entre deux branches de lis, garnies chacune de quatorze bougies.

» Le reste de l'église fut décoré dans le même goût et presque dans le même ordre d'architecture que l'autel. On essaya de faire disparaître les défauts de symétrie qui s'y trouvaient et l'on y réussit. On fit régner tout le long des murailles une suite de pilastres peints en marbre bleu, veiné en or, dont la corniche allait se réunir à celle du rétable. Entre ces pilastres on voyait dans le sanctuaire, d'un côté la grille de notre chœur et de l'autre la chapelle du Sacré-Cœur (dans laquelle on dressa le trône de Monseigneur l'Évêque, le jour où il officia), et dans la nef la chapelle de notre Saint Fondateur, et vis-à-vis celle de notre Sainte Mère. Enfin deux grands tableaux que l'on nous avait prêtés, l'un de l'Immaculée-Conception, l'autre de saint Vincent de Paul garnissaient l'entre-deux des derniers pilastres. Ces pilastres au nombre de six de chaque côté étaient garnis dans toute leur hauteur de plusieurs bras dorés portant des cierges; et au-dessus des arceaux des chapelles et des deux tableaux dont nous venons de parler, étaient suspendus de petits tableaux emblématiques soutenus par des anges, et attachés aux pilastres par une guirlande de fleurs peintes.

» Le premier de ces emblèmes représentait trois globes de diverses grandeurs, qui se réunissaient, selon la célèbre vision de Saint Vincent de Paul, avec cette devise: *Consummati in unum. Ils sont réunis en un.* Le second un phénix qui se brûle sur son bûcher pour revivre bientôt de ses cendres. La devise était: *Ex isto funere vivet. Il trouvera sa vie dans sa mort même.* Le troisième un aigle qui prend son essor dans les airs malgré les coups du ciel, et les attaques de la part des hommes, représentés par le feu d'un canon et la foudre qui partent en même temps. On lisait autour ces mots: *Per fulgura et ignes. Il s'élève à travers les éclairs et les feux.* Le quatrième, un aigle qui éprouve ses petits en les présentant aux rayons du soleil, avec cette devise: *In suis non fallitur. Il ne se méprend point dans la connaissance de ses aiglons.* Le cinquième un miroir ardent frappé des rayons du soleil, et qui les réfléchit au loin, et la devise était: *Hinc splendor et ardor. C'est de là qu'il tire et sa splendeur et son ardeur.* Enfin le sixième représentait un tournesol épanoui qui semble suivre le cours du soleil et le regarde toujours. Il avait pour devise: *Quocumque sequar. Je vous suivrai partout.*

» Nous ne vous parlerons pas de la décoration de nos chapelles. Nous n'avons eu à y ajouter que des cierges et des bouquets. Elles étaient dejà bien ornées par elles-mêmes, en particulier celle de notre sainte Fondatrice. Nous y avions fait faire depuis peu un tableau représentant son apothéose, et un très-bel autel de marbre. Cet autel est un ouvrage fini en son genre, et l'art de l'ouvrier qui l'a construit à parfaitement secondé son zèle et sa reconnaissance pour notre sainte Mère, à la protection de laquelle il se croit redevable de sa guérison dans une maladie des plus dangereuses. Le tableau est aussi estimé par les connaisseurs; il est de la main d'un très noble peintre de la Province. Entre le tableau et les gradins de l'autel, il y a deux reliquaires très proprement enchâssés dans le mur, où sont des reliques des saints Martyrs et de nos saints Fondateur et Fondatrice. Nous ne devons pas omettre que le fond de la chapelle est sculpté en plâtre, orné sur les côtés de trophées d'église dorés, ainsi que le cadre du tableau et qu'elle est fermée d'une balustrade de fer.

» Ce détail tout long qu'il est, et quelque circonstancié qu'il paraisse à nous-même, ne rend que bien faiblement ce que nous tâchons d'exposer à Votre Charité, et nous voyons que malgré notre soin et notre exactitude, il nous échappe encore bien des choses, dont la réunion rendrait moins imparfaite l'idée que nous essayons de vous donner de notre décoration. Nous n'avons rien dit, ni des tentures en couleur de feu dont nous avons fait tapisser toute l'église jusqu'à la voûte, ni des nœuds et des agrafes en dentelles d'argent qui ouvraient ces tapisseries devant les chapelles, ni du grand nombre de cierges ou de bougies dont l'église était éclairée, qui allaient à près de trois cents, ni de neuf lustres en cristal qui étaient suspendus à la voûte, ni d'un portique à trois portes que l'on avait formé au fond de l'église au-dessous de la tribune en face du grand autel, aux côtés duquel étaient deux cartouches où étaient peintes sous leurs symboles ordinaires la Foi et la Charité, ni d'un tambour que l'on avait construit en bois en dehors de l'église et qui formait un vestibule assez spacieux ayant une issue de chaque côté. Il était couvert et garni de grandes tapisseries. L'entrée principale qui était tournée vers la belle rue de la Blanquerie où est situé notre monastère, avait une avenue plus étendue que l'autre et était ornée d'un arc de triomphe. Sur le haut on voyait les écussons des armes de Monseigneur l'Évêque, de la Ville et de notre Ordre, liés ensemble par une guirlande de laurier et au-dessous une inscription en lettres d'or où on lisait ces mots latins : *Sanctæ Joannæ-Franciscæ Fremiot de Chantal, Fundatrici Ordinis Monialium de Visitatione. En l'honneur de Sainte Jeanne-Françoise Frémiot de Chantal, Fondatrice de l'Ordre des Religieuses de la Visitation.* Cet arc de triomphe et ce tambour étaient accompagnés d'une suite de pilastres peints en marbre qui formaient plusieurs arceaux et étaient surmontés d'une galerie en balustres, tenant toute la largeur de la rue.

» Ce fut au milieu de cette décoration extérieure garnie de lampions et de pots à feu, que l'on tira, le premier et le second jour, un feu d'artifice et grand nombre de fusées volantes qui réussirent très bien. Le mauvais temps empêcha de tirer un troisième feu d'artifice le dernier jour de l'Octave, ainsi qu'on l'avait projeté; mais les ouvriers de la maison qui avaient voulu en faire les frais, pour nous témoigner à leur manière la part qu'ils prenaient à nos fêtes, le renvoyèrent à huit jours après, au jour de la fête de Saint François de Sales.

» Avant d'aller plus loin, nous croyons devoir vous faire part du zèle des dames Religieuses du Refuge, dont le monastère est situé vis-à-vis du nôtre. Elles firent plusieurs jours de suite une très belle illumination sur leurs fenêtres qui donnent dans la rue. Elles eurent plusieurs jours la bonté de nous prêter une partie des beaux tapis de pied dont tout notre sanctuaire était couvert. Aussi nous fîmes laisser très volontiers au vestibule extérieur une grande ouverture, couverte seulement d'une tapisserie que l'on pouvait relever aisément, par où ces dames purent voir, de leur parloir, dans cette église, jouir du spectacle de la décoration de l'autel et recevoir la Bénédiction du Saint Sacrement.

» Un autre point dont nous croyons encore devoir vous

faire part (nous jugeons de l'intérêt que Votre Charité y prendra par celui que nous prenons nous-même à de pareils détails dans les lettres de nos chères et honorées Sœurs), c'est l'acquisition des nouveaux ornements dont nous avons enrichi notre sacristie dans cette conjoncture. Pouvions-nous en trouver une qui méritât mieux de notre part et tous les efforts du zèle et toute l'ardeur du travail? C'est à l'un autant qu'à l'autre que nous sommes redevables d'une belle aube brodée sur de la filoche avec un goût merveilleux, ouvrage de nos sœurs, de même que plusieurs tours de nappes d'autel, brodées de la même manière; d'une seconde aube en dentelles haute de quatre pans, que nous avons eu l'heureuse occasion d'acheter pour en assortir une semblable qu'une de nos sœurs avait donnée lors de sa profession. Nous avons aussi fait une chasuble, avec les deux dalmatiques, d'un drap broché d'or et d'argent, garnies de galons d'or, et deux chapes de dauphine d'un très-bon goût garnies de même de galons et de franges.

» Enfin tous nos préparatifs étant finis; la solennité comença le samedi 14 de janvier, comme il avait été ordonné, par le carrillon de toutes les cloches de la ville et des faubourgs. La procession générale se rendit à notre église vers les trois heures (1) et là, selon les cérémonies ordinaires, la Bulle de la Canonisation ayant été présentée dans un bassin d'argent à Monseigneur l'Évêque par M. notre Aumônier, le Prélat, en habits pontificaux, la mit sur l'autel, l'encensa et la remit au grand-archidiacre, qui monta en chaire pour en faire la lecture. Dès que cette lecture, que tout le monde entendit debout, à l'exemple de Monseigneur l'Évêque, fut achevée, le bruit des bombes que l'on tira, la symphonie des trompettes et des tambours, réunie au son de toutes nos cloches, qui se firent entendre dans le même moment, fit éprouver à tout le monde un je ne sais quel saisissement religieux dont l'impression se peignait sur tous les visages. Au milieu de ces témoignages éclatants d'allégresse et nous pourrions ajouter, au milieu des larmes de joie qu'ils nous firent verser à nous et à bien d'autres personnes, on exposa le Saint Sacrement.

» Monseigneur l'Évêque entonna les premières vêpres, qui

(1) Cérémonial consulaire. Série BB. n. 8. p. 368.

furent chantées solennellement par les musiciens de la cathédrale, et donna la Bénédiction du Saint Sacrement. Après quoi, la procession s'en retourna dans le même ordre qu'elle était venue. Pour éviter des répétitions et abréger notre récit, nous devons vous dire ici que cette première procession servit de règle et de modèle pour celles des différents corps qui vinrent faire l'Office pendant les huit jours, qu'elles furent toujours précédées, soit en venant soit à leur retour, de la bannière de la Sainte portée par des ecclésiastiques, qu'après le premier jour le célébrant portait un reliquaire d'argent fait en forme d'ostensoir, où est une relique assez considérable de notre sainte Mère, qu'en venant on chantait l'hymne du bréviaire romain, prise de l'Office des Saintes Femmes, et au retour le *Te Deum*. On disait une messe propre qui nous a été envoyée de Paris et aux vêpres des antiennes aussi propres qu'un prêtre de cette ville a composées.

» Le lendemain 15 du mois, l'Office fut célébré par Monseigneur l'Évêque suivi de son chapitre. La messe fut chantée en musique ainsi que les vêpres. M. le maître de musique, qui avait fait choix de certains morceaux admirables et propres à la solennité, fut si bien secondé que tout s'exécuta au mieux.

» Du reste Monseigneur notre Évêque, également attentif à nous donner des marques toujours nouvelles de sa bonté et à animer la piété des fidèles par son exemple, non seulement nous fit l'honneur de dire très souvent pendant l'Octave notre messe de communauté, mais vint tous les jours malgré ses occupations assister au sermon et donner la Bénédiction.

» Le 16, l'Office fut célébré par Messieurs les chanoines de l'église collégiale, le 17 par M. le curé de la paroisse Saint-Pierre, sur laquelle est notre maison, le 18 par celui de la paroisse Notre-Dame, le 19 par celui de la paroisse Sainte-Anne, le 20 par celui de la paroisse Saint Denis, le 21 par les religieux Cordeliers, Récollets et Capucins réunis sous une même croix; enfin le Dimanche 22, par MM. les ecclésiastiques du Séminaire. Pour ne rien omettre de ce qui peut faire connaître notre zèle et celui de MM. les curés dans cette solennité, nous ajouterons qu'outre les boîtes que nous eûmes soin de faire tirer tous les jours à l'élévation de la grand'messe et le soir à la Bénédiction, il s'en tira aussi plusieurs par l'ordre de ces Messieurs, devant la porte de leur église, lorsque leur procession en partait, ou qu'elle y rentrait. Nous ne vous parlons pas du grand nombre d'ecclésiastiques qu'ils menèrent à leur suite, ni de la majesté, de la pompe édifiante, de la piété avec laquelle les Offices urent solennisés; nous aurions bien de la peine à rendre la chose telle que nous avons eu le bonheur de la voir. Nous nous persuadons aisément qu'il n'est point de ville où le zèle pour la gloire de notre Sainte Fondatrice ait été plus éclatant et plus universel qu'il l'a été dans celle-ci.

» Mais ce serait ravir à Votre Charité ce qu'il y a eu peut-être de plus édifiant, que de ne pas vous faire part des sermons qui ont été prêchés pendant ces huits jours. M. l'abbé Loys, chanoine de la cathédrale, qui prêcha le premier jour, avait pris pour texte ces paroles de la Sagesse, Chap. III. « *Le Seigneur a éprouvé les justes comme l'or dans la fournaise, et il les a reçus comme une hostie d'holocauste.* » Son discours portait tout entier sur l'éloge que faisait notre Saint Fondateur de sa fidèle coopératrice. « *Elle a l'âme grande*, disait d'elle Saint François de Sales, *et un courage pour les saintes entreprises au-dessus de son sexe.* » Sans s'écarter de ces paroles respectables qu'il cita, il tira de son texte une division toute naturelle. Elle fut grande, nous dit-il, par cet esprit de sacrifice qui fut son caractère particulier, dans les épreuves par où Dieu la fit passer comme l'or qu'on éprouve dans la fournaise ; elle fut grande par ce même esprit de sacrifice, en s'immolant elle-même à la volonté de Dieu comme un holocauste agréable à ses yeux. Le premier point présentait cette grandeur d'âme dans les épreuves. Ce fut elle qui lui fit supporter la perte de ce qu'elle avait de plus cher avec une soumission inaltérable, les humiliations et les outrages avec une patience et une humilité profondes, les désolations intérieures et les aridités avec une confiance inébranlable. On voit aisément les traits qui entrent dans ce plan. Le prédicateur, qui ne voulait rien omettre de ce qui relevait la gloire de Sainte Françoise, sut encore y faire entrer et y présenter avec éloquence le trait de l'impression du saint nom de Jésus sur sa poitrine et son zèle à assister et à servir les pauvres et les malades. Dans le second point il nous la montra également grande lorsque, appelée à une perfection plus sublime et à l'institution de son Ordre, elle se présenta à Dieu comme un holocauste agréable, qu'elle quitta tout, qu'elle se quitta elle-même et qu'elle eut à essuyer mille peines et mille fatigues. Tout cela fut développé sous ces trois idées aussi nobles que faciles à retenir: le sacrifice de son cœur, de son esprit et de son corps. La solennité de ses obsèques, la vision de Saint Vincent de Paul, les miracles opérés à son tombeau, la fondation de 86 monastères, tous ces traits exposés avec force, il les présenta comme l'accomplissement de la parole de l'Écriture, qui promet à l'âme juste, même sur la terre, une gloire solide pour récompense. Il conclut enfin par une prière à la Sainte, dans laquelle après lui avoir offert l'hommage de tous les Ordres de l'Église et de l'État, il réclame sa protection spéciale pour le Pasteur de ce diocèse, pour son clergé, pour cette ville et pour notre maison.

» Nous nous sommes, peut-être un peu trop étendues sur le premier discours et nous sentons que cette Relation serait excessivement longue, si nous en usions de même pour les autres. Mais la manière dont ce sujet fut rempli, avec l'approbation universelle, nous a comme entraînées malgré nous dans ce détail, autant que la reconnaissance et le respect particulier dont nous sommes remplies pour ce digne chanoine, qui nous accorde dans mille occasions avec une bonté inaltérable tous les secours de son ministère. Nous nous resserrerons pour tous les autres, nous essayerons cependant de vous les faire connaître; et, quoique nous n'ayons pas avec leurs auteurs, du moins avec tous, les mêmes rapports, nous n'avons pour eux ni moins d'estime ni moins de respect; leurs talents, leur zèle, leur piété, leur mérite digne de leur place, exige bien que nous partagions avec le public ces justes sentiments.

» Le second panégyrique fut prêché par M. l'Abbé Banal, chanoine et prieur de l'église collégiale de Sainte-Anne. Il avait pris pour son texte ce passage de l'Écriture de Saint-Jacques: *La Religion pure et sans tache consiste à visiter les orphelins et les veuves dans leur affliction et à se conserver pur de la corruption du siècle présent.* » Ce fut sous les traits indiqués dans ce texte qu'il fit l'éloge de notre Sainte Mère. Elle eut, nous dit-il, une piété véritablement charitable envers les pauvres et les malheureux, et elle sut se préserver des écueils du siècle et s'élever à une perfection sublime. L'orateur sans laisser échapper presque aucun des traits principaux de son histoire sut profiter très utilement de tous ceux qu'il rapporta, pour instruire ses auditeurs sur les devoirs de la charité à l'égard des pauvres et sur le soin d'éviter les dangers de la vie mondaine.

» Nous passons au troisième qui fut prononcé par M. l'abbé Pas de Beaulieu, prieur commendataire de Cassan. Celui-ci composé dans le goût le plus simple et le plus rempli de cette piété solide qui distingue son auteur, avait pour texte ces paroles des Proverbes, chap. X: « *La mémoire du juste sera accompagnée de louanges, mais le nom des méchants périra.* » Il se bornait aux trois vertus principales de la Sainte, sa foi, sa patience, son amour. Ces trois vertus formaient les trois points de son panégyrique. Il les développa avec une délicatesse de sentiments et une justesse d'esprit qui font l'éloge de ses talents.

» M. Castan, curé de la paroisse de Notre-Dame, fit le quatrième panégyrique. Son texte fut pris du livre de Judith, Chap. XV: « *Vous avez agi avec un courage héroïque, et votre cœur s'est affermi parce que vous avez aimé la chasteté..... C'est pour cela que vous serez bénie éternellement.* » Il considéra ensuite la Sainte Fondatrice dans les deux états du monde et de la Religion; dans le monde attentive à en éviter les écueils, dans la Religion, zélée à embrasser la croix de Jésus-Christ. Ce discours tout propre à instruire, et digne d'un curé que le zèle anime, était également utile, comme on le voit, et aux personnes du monde et à celles qui vivent dans le cloître, et présentait notre Sainte Mère comme un modèle accompli pour tous les états.

» Le cinquième jour, M. Cussac, curé de la paroisse de Sainte-Anne, prononça un discours où l'on remarquait autant de force que de dignité. Ces paroles de J.-C. à la Chananéenne: « *O femme que votre foi est grande* » furent son texte. Il fit voir que la foi avait été l'âme de toute la conduite et forme en quelque façon le caractère distinctif de la sainteté de Sainte Jeanne-Françoise. Dans le premier point il nous montra la force de sa foi dans les victoires qu'elle a remportées et qui l'ont sanctifiée. Sa foi, nous dit-il, fut une foi vive et agissante qui la fit trionpher du monde, c'est-à-dire des attraits, des terreurs, des erreurs du monde; une foi ferme et généreuse qui la fit triompher d'elle-même, c'est-à-dire, de la tendresse de son cœur, de l'excès de son affliction, des répugnances de la nature, des épreuves de la piété, de la faiblesse de son sexe, et pour ainsi dire, de ses propres triomphes. Dans le second point, la récompense de sa foi dans les succès que Dieu lui a acordés et qui l'ont glorifiée : succès commencés dans les dons éminents dont elle fut ornée, continués avec plus de gloire dans l'institution et les progrès de l'Ordre de la Visitation, et enfin consommés et portés à leur comble dans les miracles. Cet éloge fut terminé par une péroraison éloquente sur sa Canonisation et sur la solennité qu'on en célèbre dans tout le monde chrétien.

» M. Manen, curé de la paroisse de Saint-Denis, qui prêcha le sixième jour, prit pour texte ces paroles du Psaume CXI. « *La mémoire du juste sera éternelle.* » Et après les avoir appliquées à notre Sainte Mère, il restreignit le sujet de son éloge dans des bornes plus étroites que les autres prédicateurs, se bornant à sa vie religieuse. D'abord comme Institutrice, elle a enrichi l'Église par la fondation de son Ordre, comme Supérieure elle a soutenu et affermi son Ordre par la sagesse de son gouvernement, comme simple Religieuse, elle l'a édifié par la sainteté de ses exemples. Ce discours n'a pas été un de ceux que nous ayons le moins goûté. Il nous semblait plus propre à notre situation et plus capable d'augmenter notre respect, notre amour, notre confiance pour la Sainte Fondatrice qui en était le sujet.

» Le lendemain septième jour de l'Octave, où l'Office comme nous l'avons déjà dit, fut célébré par les trois maisons des Franciscains (spectacle des plus édifiants par le grand nombre, la modestie, la piété, l'union de tous les religieux), un religieux Récollet, homme de beaucoup d'esprit, nous fit un panégyrique, dans lequel il nous montra que la Sainte Mère de Chantal avait été dans son siècle, la gloire de l'humanité et le triomphe de la Religion. Les œuvres de charité, son zèle pour la piété dans l'institution de son Ordre furent le fond et les preuves de ces deux propositions.

» Enfin, le dernier jour, M. Bessière, prêtre, professeur de théologie et directeur du Séminaire, ayant pris pour texte ces paroles du II. livre des Machabées, Chap. VII. « *Elle allia un courage mâle avec la faiblesse d'une femme,* » prononça un panégyrique très ingénieux dont voici en abrégé tout le plan. Il comparait Sainte Françoise à une victime : l'amour de Dieu, dit-il, fit en elle ce que l'on faisait autrefois pour les victimes qui étaient offertes au Seigneur en holocauste. Elles étaient dépouillées, immolées et consumées. L'amour de Dieu la dépouilla des espérances du siècle, des biens du siècle, du siècle même. L'amour de Dieu la blessa, l'immola par la pratique des austérités et des mortifications. Ce fut dans ce second point que l'auteur peignit avec force, comme un martyre d'amour, le trait de l'impression du nom de Jésus sur sa poitrine. Enfin l'amour de Dieu la consuma. Et là il parla de sa tendre piété, de l'ardeur, de la sublimité de son oraison, enfin de sa mort et des miracles qui l'ont précédée et suivie.

» Tout ce que nous marquons ici à Votre Charité est bien peu capable, nous le sentons, de vous donner une idée juste des talents de tous nos prédicateurs; nous voudrions pouvoir y ajouter une expression vive du contentement que nous avons éprouvé à les entendre, des applaudissements qu'ils ont reçus, de l'empressement des personnes les plus distinguées à venir à leurs discours, et surtout vous faire connaître l'impression salutaire de piété et de vertu qu'ils ont faite sur bien des personnes.

» Ce fut après ce dernier sermon et après la Bénédiction du Saint Sacrement, que Monseigneur l'Évêque entonna le *Te Deum* pendant lequel on éleva la bannière de la Sainte à la voûte de notre église, au bruit des bombes et au son de toutes nos cloches. Cette cérémonie, qui se termina par l'Oraison *pro gratiarum actione*, fut la dernière dans notre église. Après qu'elle fut finie, Messieurs les ecclésiastiques du Séminaire, qui avaient fait l'Office ce jour-là, portèrent processionnellement une seconde bannière à l'église cathédrale. M. le supérieur du Séminaire la présenta en notre nom à M. le prévôt, lequel en la recevant au nom du chapitre, répondit de la manière la plus flatteuse pour nous. Ensuite elle fut élevée à la voûte pendant que l'on chantait le *Te Deum*.

» Ainsi s'est terminée cette fête que nous avions longtemps désiré de célébrer, et qui nous a comblées de la plus sensible consolation. Nous nous entretenons encore avec joie de la dévotion que tous les fidèles de cette ville et plusieurs personnes des villages voisins ont fait éclater dans cette conjoncture. Vers les trois heures du matin, le vestibule extérieur était rempli de peuple qui attendait le moment où l'on ouvrirait les portes, et l'on pourrait bien dire que durant ces huit jours notre église ne désemplit pas. Le nombre des messes qui ont été dites aux quatre autels qu'il y a dans l'église ou à un cinquième que l'on nous permit de construire à la tribune, a été jusqu'à 382 et les communions environ à 6000. Mais ce qui il y a eu de plus édifiant, c'est que le simple peuple n'a pas été le seul à marquer de la dévotion, la plupart des personnes de distinction ont voulu participer aux grâces de l'Église dans cette solennité. Nous connaissons même des protestants qui se sont convertis, d'autres qui donnent de grandes espérances de retour à l'Église, d'autres fidèles enfin qui ont assuré avoir reçu, par l'intercession de notre Sainte Mère, des faveurs très particulières et qui tiennent du prodige.

» Combien de fois n'avons-nous pas été nous-mêmes les témoins ou les confidentes de la tendre confiance des personnes du dehors! Et Dieu sait quel attendrissement de cœur nous avons souvent éprouvé dans ces moments! Il sait les larmes de consolation que nous avons répandues, le désir même de notre perfection que nous avons senti se ranimer en nous, la conviction intime que nous avons eue de la protection spéciale de notre Sainte Mère sur nous! Il sait dans quelle situation de bonheur nous avons passé cette Octave solennelle, combien de fois nous avons béni le jour précieux, où le Seigneur nous appela à être les Filles de Sainte Françoise de Chantal! Qu'il est à désirer que ces sentiments ne s'effacent jamais dans nos cœurs, et que tandis que la confiance des peuples pour notre Sainte Fondatrice se soutient toujours, nous, qui sommes ses Filles, nous ne laissions jamais se démentir notre fidélité à observer les lois qu'elle nous a données et à nous former sur ses exemples! Puissions-nous conserver toute la vie ces désirs si dignes de notre vocation, que cette solennité a renouvelés en nous, et, puisque nous formons ici-bas *Son Troupeau* chéri et sa famille, puissions-nous par notre piété, par nos vertus, par notre sainteté augmenter sa gloire sur la terre, et devenir dans tous les temps *sa joie et sa couronne.* »

Cette fête fut la dernière grande joie des religieuses de la Visitation de Montpellier. Il semble que Dieu leur en a ménagé les douceurs, afin de les préparer aux souffrances et aux douleurs qui les attendent. Encore vingt ans et la tourmente révolutionnaire éclatera pour tout ruiner.

# CHAPITRE X

## Les dernières fleurs.

Le Sacré-Cœur, source de grâces et de vie religieuse à la Visitation. — Les sœurs Louise-Angélique de Valat de Saint-Roman. — Thérèse-Félicité Planiol. — Jeanne-Thérèse Aliquot. — Jeanne-Marie Genouillac. — Thérèse-Rosalie Roux. — Christine-Angélique de Saint-Roman. — Marie-Charlotte de Caze. — Marie-Françoise Fargeon. — Françoise-Marguerite Cabanel. — Marie-Anne-Christine Deloche. — Marie-Aimée Périer. — Louise-Xavier Bénézech. — Thérèse-Angélique Deschesnes. — La Mère Thérèse-Auguste Bernex. — Les dernières Mères. — A la veille de la Révolution. — Solennelle consécration à la Sainte Vierge.

Il est des fleurs qui s'épanouissent comme par bouquets sur une même tige. A la Visitation de Montpellier, au déclin du dernier siècle, on dirait que les âmes se hâtent de fleurir. Au dehors les évènements se précipitent, on pressent qu'une violente tempête va se lever. Les uns, séduits par des idées généreuses, poursuivent un idéal trompeur; les autres, manifestement mauvais, fils de Voltaire et des philosophes, n'ambitionnent rien moins que la ruine de la société. La religion, la famille, la propriété, le pouvoir, le bien et le mal sont mis en doute; les bases de la société paraissent à découvert, et ces fondements de granit, que le christianisme et la royauté avaient donnés à notre France, sapés depuis un siècle, menacent de s'ébranler.

Tout est calme et radieux au dedans. Le divin Cœur inonde le monastère de ses chauds rayons; il y entretient la flamme du zèle, les pures joies du saint amour. « Nous ne cessons de mettre en Dieu notre confiance, écrivent les religieuses (1), bien persuadées que, pourvu que nous cherchions sincèrement son royaume et sa justice, tout le reste nous sera donné par surcroît. C'est surtout auprès du Cœur adorable de notre divin Sauveur que nous trouvons toute notre consolation; nous éprouvons tous les jours sensiblement combien cette sainte dévotion est une source abondante de grâces et de bénédictions; nous n'avons pas de plus grande satisfaction que d'être témoins de la piété des fidèles, dans les jours destinés à honorer ce divin Cœur. Le respectable clergé de ce diocèse se distingue surtout par son zèle pour en augmenter et perpétuer le culte. »

Parmi les prêtres les plus actifs à propager la dévotion au Sacré-Cœur, il est juste de placer M. l'abbé de Mirman, chanoine théologal de la cathédrale. Les religieuses disent dans la même circulaire: « Sa tendre dévotion pour le Sacré-Cœur de Jésus lui fait entreprendre tout ce qu'il croit être capable de contribuer à sa gloire; et notre église se trouve embellie par les soins qu'il prend de faire décorer la chapelle qui lui est dédiée. Elle avait été bâtie depuis plusieurs années, et avait grand besoin d'être ornée. Mais nos facultés ne nous permettant pas d'entreprendre cette dépense, le zèle de M. de Mirman y a suppléé. Cette chapelle est aujourd'hui très belle, le fond est orné de sculptures très fines, toutes dorées. L'autel, qui est en bois, est aussi sculpté et doré. Il a des ouvertures par lesquelles, à travers des cristaux, on voit de précieuses reliques que M. de Mirman a obtenues de Rome (2). Le tableau, qui a été aussi fait à Rome, représente le Sauveur, de grandeur naturelle, présentant lui-même son Cœur à l'adoration des fidèles. »

Cette chapelle était en face de la grille du chœur des religieuses. Le même regard allait du tabernacle à l'image vénérée, embrassant à la fois la réalité et le symbole du divin amour. Devant ce double foyer de lumière et de grâces, la sainteté allait tous les jours croissant. Les vies se confondent avec les vertus. Nous n'avons pas toutes les notices des sœurs décédées à cette époque. Nous réunissons et nous résumons

(1) Circulaire du 22 août 1774.

(2) Ces reliques, très belles et très importantes, furent reconnues en 1775 par Mgr de Malide successeur de Mgr de Durfort sur le siège épiscopal de Montpellier. Voir cet authentique aux *Pièces justificatives*, n. X.

ici celles que nous avons trouvées. C'est une guirlande qui semble avoir fleuri autour du Sacré-Cœur, et ces fleurs sont les dernières écloses, les dernières cueillies au ciel avant les tristes jours de la Révolution.

## Sœur LOUISE-ANGÉLIQUE DE VALAT DE SAINT-ROMAN.

« Sœur Louise-Angélique de Valat de Saint-Roman était née à Montpellier, d'une famille distinguée et de grande probité. Son père, désirant lui donner une éducation selon son rang, la confia aux soins de la très honoré sœur Marie-Françoise de Sueilles sa cousine; la jeune enfant n'avait que six ans lorsqu'elle fut admise dans notre pensionnat. Elle avait une raison au-dessus de son âge, et était douée des plus riches qualités. Ce fut le jour de sa première communion qu'elle entendit l'appel divin. Fidèle à la voix de Dieu, à l'âge de quinze ans, elle déclara à ses parents sa généreuse résolution. Mais ceux-ci mirent tout en usage pour la détourner de son dessein. Belle, bien faite, douée d'un esprit solide, d'une grande mémoire, ayant beaucoup de facilité pour s'énoncer, elle avait toutes les qualités que le monde estime, aussi ses parents désiraient-ils l'établir avantageusement; et pour la faire changer de résolution, ils lui firent les plus belles offres. Son aïeule paternelle lui offrit tout son héritage, mais notre jeune fille fut inébranlable. Sa fidélité lui fit surmonter tous les obstacles, et ses parents, devant ses instances réitérées, crurent devoir sacrifier leur attachement à la sainte volonté de Dieu. Elle entra donc au noviciat avec grand bonheur, en remplit les devoirs avec exactitude, soutint avec courage et ferveur les épreuves qui ne lui furent pas épargnées par sa digne maîtresse, dont le caractère et la manière de faire étaient loin de convenir à la jeune novice; mais elle ne fit jamais paraître sa répugnance, et eut toujours pour sa maîtresse beaucoup de soumission et de respect. En peu de temps, elle acquit toutes les vertus religieuses; aussi la communauté l'admit-elle à la sainte profession, après son année de noviciat. Les vœux sacrés, en resserrant ses obligations, donnèrent un nouveau lustre à sa ferveur et à sa vigilance. On ne différa pas de se prévaloir de ses talents pour la mettre à la tête de différents emplois. Employée d'abord au pensionnat, puis nommée portière, sacristine, on lui confia plusieurs fois la conduite des novices, charge dans laquelle elle excellait; elle n'avait qu'un but: faire de ses novices de dignes et ferventes épouses de Jésus-Christ. Dans la charge d'assistante, elle se fit remarquer par son grand esprit de régularité, son zèle pour l'Office divin et pour nos saintes observances. Son obéissance vis-à-vis de ses Supérieures a été exemplaire. C'était une âme pure qui pouvait dire avec David: « *Pour moi j'ai marché dans l'innocence.* » Élevée dans la maison de Dieu dès sa tendre jeunesse, elle ignora toujours tout ce qui peut ternir la belle vertu de pureté. L'esprit de prière et d'oraison était sa vie. Tant de grâces et de vertus nous rendaient infiniment chère cette très honorée sœur, quand il plut à Dieu de couronner sa fidèle servante, après quelques jours seulement de maladie. On eut le temps de lui faire administrer les derniers sacrements, et cette belle âme expira en redisant plusieurs versets des Psaumes, le 21 janvier, fête de sainte Agnès, à l'âge de 73 ans, dont 56 de profession. Elle était du rang des sœurs choristes, et laissait trois de ses nièces religieuses. »

## Sœur THÉRÈSE-FÉLICITÉ PLANIOL.

« Le Seigneur, écrit la Mère Thérèse-Auguste Bernex (1), vient d'exiger de nous un sacrifice bien grand en appelant à lui notre chère sœur Thérèse-Félicité Planiol qui, quoique d'un âge peu avancé, était un fruit mûr pour le ciel. Elle était née à Montpellier, et avait reçu dans sa famille une éducation très chrétienne; plus tard, ses parents la confiaient aux Dames Noires de cette ville pour terminer son éducation. De retour dans sa famille, sa conduite fut exemplaire. Cependant notre jeune fille aurait aimé le plaisir et la liberté, d'autant plus, qu'étant portée à la vertu, elle ne voyait rien de dangereux pour son salut dans les plaisirs innocents qu'elle goûtait dans le monde; mais le Seigneur avait d'autres vues sur elle, et la pressait fortement de se donner à lui. Ce fut au moment où on l'engageait à aller voir une de ses

(1) Circulaire du 16 janvier 1775.

sœurs richement établie à Marseille, qu'elle se décida, malgré les répugnances de la nature, et d'après l'avis d'un sage directeur, à demander une place dans notre monastère. Son extérieur nous convint, et vu ses pressantes sollicitations, nous lui promîmes de la recevoir. Au bout de quelque temps, à l'insu de ses parents, elle sortit secrètement de sa maison, et après avoir reçu le Pain des forts, elle nous arriva. Nous la reçûmes avec joie, et quand elle eut essuyé courageusement les reproches de sa famille, elle entra au noviciat où elle remplit ses devoirs avec ferveur et exactitude; d'une humeur toujours égale, elle était simple comme une enfant entre les mains de sa maîtresse. La communauté, édifiée de ses bonnes dispositions, la reçut avec satisfaction à la vêture et à la sainte profession.

» Cette chère sœur était un modèle d'obéissance et de régularité. Elle avait une humilité profonde et un grand mépris d'elle-même qui la portait à se mettre toujours audessous des autres et à leur céder en tout. Fervente au-delà de ses forces, elle ne s'épargnait en rien, et aurait voulu s'appliquer aux travaux les plus pénibles. Favorisée dès l'enfance du don de prière, elle faisait ses délices de l'oraison. Toujours affamée du Pain de vie, elle y puisait les grâces pour répondre aux desseins de Dieu sur elle, et pour supporter avec courage et patience ses douloureuses infirmités. C'était ainsi que notre chère sœur poursuivait sa course, quand il plut au Seigneur de lui envoyer un surcroît de souffrances. Habituée à souffrir, elle ne pouvait se persuader que c'était le signal de la fin. Une hydropisie de poitrine se déclarant, nous lui fîmes administrer les derniers sacrements par Monsieur le chanoine Loïs, grand archidiacre de la cathédrale de Saint-Pierre, en qui elle avait une entière confiance. Ce digne ecclésiastique l'assista avec beaucoup de zèle et de charité jusqu'à son dernier soupir, qu'elle rendit le 16 janvier 1775, à trois heures de l'après-midi. Elle était âgée de 29 ans, dont 9 de profession, du rang des sœurs choristes. »

## Sœur JEANNE-THÉRÈSE ALIQUOT.

« Nous venons demander à votre Charité, écrit la Mère Marie-Julie de Plantade (1), les suffrages de notre saint Ordre

(1) Circulaire du 25 novembre 1776.

pour le repos de l'âme de feu notre très chère sœur Jeanne-Thérèse Aliquot, du rang des sœurs domestiques. C'est à la suite d'une infirmité qui lui occasionnait de grandes souffrances, surtout depuis deux ans, qu'elle a été atteinte du mal qui nous l'a ravie. Cette chère sœur était un modèle de patience et de générosité. Étant propre à remplir tous les emplois de son rang, elle ne se ménageait point et se sacrifiait pour les intérêts de la communauté. Obligée de s'arrêter à l'infirmerie à la suite d'une violente attaque, elle nous édifia par sa soumission au bon plaisir divin. Le mal s'aggravant malgré les soins qu'on lui procurait sans cesse, nous fîmes appeler Monsieur notre confesseur, M. l'abbé Brun, directeur du Séminaire, qui l'avait visitée plusieurs fois dans sa maladie et en qui elle avait une entière confiance. Il ne put lui donner le saint Viatique, à cause de ses fréquents vomissements, mais il lui administra l'Extrême-Onction et lui appliqua les indulgences. Ce bon Père l'assista avec beaucoup de zèle jusqu'à son dernier soupir, qu'elle rendit le 25 novembre 1776. Elle était âgée de 52 ans, dont 24 ans de profession religieuse. »

## Sœur JEANNE-MARIE GENOUILLAC.

La Mère Marie-Julie de Plantade écrit encore (1): « Le Seigneur vient encore de nous affliger, en retirant à lui notre chère sœur Jeanne-Marie Genouillac, du rang des sœurs domestiques. C'était une âme simple qui allait à Dieu sans détour, aimant beaucoup sa vocation, et très attachée à la communauté dont elle prenait vivement les intérêts. Elle mettait tous ses soins à apprendre les travaux de son rang à celles qui y étaient encore novices. De grandes infirmités l'obligèrent souvent à prendre du repos, mais, dès qu'elle se sentait mieux, elle reprenait ardemment son travail. La générosité seule la soutenait; la voyant dépérir sensiblement, nous l'obligeâmes à se rendre à l'infirmerie. Peu après, elle tomba dans une grande faiblesse qui, jointe à ses souffrances, la conduisit au tombeau. Elle a reçu les derniers sacrements avec beaucoup de ferveur. Constamment on lui voyait remuer

(1) Circulaire du 28 mai 1777.

les lèvres pour faire des aspirations, elle ne perdait pas la présence de Dieu; aussi, nous disait-elle avec simplicité, qu'à quelque moment que nous la prissions, nous la trouverions toujours dans la volonté de Dieu. Elle a vu venir la mort avec calme et bonheur, et a conservé jusqu'au dernier moment toute sa connaissance, malgré une longue et pénible agonie. Elle était âgée de 75 ans, dont 52 de profession religieuse. »

## Sœur THÉRÈSE-ROSALIE ROUX.

« Notre chère sœur, dit une circulaire, était native de Montpellier, d'une famille foncièrement chrétienne. Son père était un illustre avocat, et sa mère, une femme d'un esprit supérieur et d'un caractère élevé, qui sut supporter avec une patience inaltérable, une infirmité très grande, et les plus violentes peines intérieures. Notre chère sœur fut confiée, pour son éducation, d'abord aux Dames de Saint Maur, puis aux Dames Ursulines. Mais, n'aimant pas du tout le couvent, et sa mère désirant qu'elle y demeurât, elle obtint encore de changer pensant que dans un autre elle se trouverait mieux. Elle demanda de venir chez nous, mais sans aucun dessein d'avenir. Elle nous resta un an, et sortit avec plusieurs de nos pensionnaires qui avaient terminé leur éducation. Sa mère, à cause de ses infirmités, ne pouvant veiller sur sa conduite, la confia aux Dames Ursulines de Pézénas. C'est là que Dieu l'attendait. Elle retrouva, dans cette maison, une jeune fille qu'elle avait connue chez nous, et qui désirait se consacrer à Dieu. Les entretiens qu'elle eut, soit avec elle, soit avec quelques jeunes religieuses bien ferventes de cette maison, furent les moyens dont Dieu se servit pour l'attirer à lui. Un jour, dans un élan de ferveur, sans prendre le temps de la réflexion, elle fit vœu de se faire religieuse. Cependant sa mère étant morte, son père l'appela auprès de lui, mais elle ne resta que quelques années dans le monde, et vint se présenter chez nous, pour être admise à son essai, sans avertir son père. Celui-ci, contrarié de ce départ subit, vint la faire sortir, mais voyant la persévérance de ses résolutions, lui permit peu après de suivre sa vocation. Pendant son noviciat, notre chère sœur eut des épreuves bien sensibles; elle les supporta avec générosité et put faire la sainte profession en son temps. Très habile et d'une adresse extraordinaire, la communauté espérait beaucoup l'employer, quand des infirmités l'assaillirent tout à coup. Le Seigneur, qui avait des desseins de miséricorde sur cette âme, voulant bientôt la retirer à lui, la fit passer par le crible des peines intérieures. L'approche des sacrements était pour elle un supplice; elle craignait toujours de n'être pas disposée à les recevoir. Cette crainte la tenait éveillée toute la nuit qui précédait le jour où elle devait communier. Sans cesse, elle soupirait avec l'apôtre, après la délivrance de son corps, vu les combats qu'elle était obligée de livrer à ses passions. Le Seigneur exauça ses désirs, et pour achever de la purifier, lui envoya une maladie de langueur, puis un mal violent, inconnu aux médecins, qui lui faisait pousser les hauts cris. Elle disait au plus fort de ses souffrances: « Mon Dieu! mon amour! » Monsieur notre confesseur qui l'avait assistée tout le temps de sa longue maladie avec une grande charité, ayant été obligé d'aller faire un voyage, Monsieur l'abbé Loys, grand archidiacre de la cathédrale, son ancien confesseur, en qui elle avait toujours eu une grande confiance, vint l'aider, avec son zèle ordinaire, à bien mourir. Il lui administra les derniers sacrements et ne la quitta qu'un instant avant sa mort qui arriva le 19 août 1778. Elle était âgée de 34 ans, dont 13 de profession religieuse, et du rang des sœurs choristes. »

## Sœur CHRISTINE-ANGÉLIQUE DE SAINT-ROMAN.

« Notre chère sœur était née à Montpellier, d'une famille distinguée, et fort dévouée à notre monastère depuis sa fondation, en mémoire de Mgr de Fenouillet, évêque de Montpellier. Cet illustre prélat était l'arrière grand-oncle de notre chère sœur. Du vivant de notre sainte Mère de Chantal, il nous avait appelées dans cette ville et comblées de bienfaits. Aussi l'a-t-on nommé à juste titre, le Père de notre maison.

» Née avec un caractère heureux et porté au bien, douée des plus aimables qualités de l'esprit et du cœur, notre bien-aimée sœur fut tendrement chérie de ses parents, particulièrement de sa mère qui avait pour elle une grande prédilection, ce qui n'offusquait pas ses frères et sœurs, car elle savait aussi s'en faire aimer. Sa physionomie était des plus attrayantes: une grande candeur et une grande simplicité s'y reflétaient, ainsi que dans ses manières, fort distinguées d'ailleurs. Son esprit était vif et pénétrant; en un mot, elle possédait tout ce qui peut plaire au monde. Loin de se prévaloir de tous les avantages dont Dieu l'avait si bien pourvue, elle résolut de les lui sacrifier. Confiée dès l'âge de dix ans aux soins et aux instructions de sa tante, religieuse dans notre monastère sous le nom de sœur Louise-Angélique de Saint-Roman, elle sut profiter des leçons et des exemples qui lui furent donnés, et fut fidèle à la voix de Celui qui l'appelait à son service. Après avoir été sagement éprouvée par ses parents et par M. l'abbé Dusfour, notre confesseur ordinaire, qui possédait toute sa confiance, elle demanda son admission parmi nous. Prévenue en sa faveur et connaissant ses excellentes qualités, la communauté la reçut avec joie. Ses premiers pas dans la vie religieuse furent encore dirigés par sa vénérée tante Louise-Angélique, qui était alors directrice du noviciat. Celle-ci s'appliqua à faire de sa bien-aimée nièce une parfaite religieuse, et elle y réussit. Admise en son temps à la prise d'habit et à la sainte profession, notre chère sœur fut aussitôt employée comme aide à divers offices. Nous espérions la voir bientôt à la tête de ces mêmes emplois, quand Dieu l'affligea d'infirmités qui la mirent dans l'impuissance de les remplir. Dans cet état de crucifixion, elle se montra d'une grande édification. Bonne, prévenante, serviable et compatissante, elle s'efforçait encore à rendre quelques services, surtout aux malades. Elle était portée aux austérités corporelles, et s'y serait livrée, malgré sa faible santé, si l'obéissance le lui eût permis. Son attrait pour l'oraison et la vie intérieure lui donnait de suaves consolations. Grande admiratrice de nos saints Fondateurs, elle était vraiment éloquente lorsqu'elle parlait d'eux et de la sagesse de leurs prescriptions: « Quel bonheur, nous disait-elle, avons-nous d'être filles de la Visitation!... » C'est dans ces saintes dispositions qu'elle fut atteinte du mal qui nous la ravit. Un crachement de sang très violent nous annonça que la fin était proche. Nous nous flattions cependant de la conserver encore quelque temps; mais tout l'art des médecins ne put conjurer le péril. Monsieur l'abbé Poujol lui administra les derniers sacrements, et l'assista tout le temps de sa maladie avec ce zèle et cette ferveur qui le caractérisent. Après une courte agonie, notre chère mourante rendit sa belle âme à son Créateur, à dix heures du soir, le 28 septembre 1778 » (1).

## Sœur MARIE-CHARLOTTE DE CAZE.

« Cette chère sœur était née à Montpellier. Son père était un gentilhomme, malheureusement engagé dans les erreurs des protestants; mais ses sentiments n'influèrent point sur ceux de sa fille qui eut toujours une foi inébranlable, comme nous le verrons dans cette notice. Sa mère mourut après lui avoir donné le jour, la laissant dans un état mortel. Une personne qui se trouvait là, s'empressa de lui donner l'eau baptismale. On fit cela avec tant de précipitation que, par une négligence impardonnable, on oublia d'aller inscrire le baptême de l'enfant sur le registre de l'église. Aussi, à sa profession, n'ayant pas d'extrait de baptême, on jugea prudent de lui réitérer ce sacrement sous condition, la veille de la cérémonie des vœux, dans notre chapelle.

» L'éducation de notre chère sœur fut confiée aux Dames de la Providence de notre ville. Elle retrouva, dans ce pensionnat, sa sœur aînée, beaucoup plus âgée qu'elle, et qui dès lors lui tint lieu de mère. Gratifiée bientôt de la vocation religieuse, notre chère sœur ne tarda pas à répondre à l'appel divin. Mgr Colbert, évêque de Montpellier, et parent de notre jeune sœur, vint lui même demander l'admission de Mlle de Caze dans notre famille. A sa considération, on l'accepta, quoiqu'elle n'eût que quatorze ans. Ayant atteint l'âge prescrit, elle entra au noviciat et mérita, par sa ferveur, d'être reçue au saint habit et à la sainte profession en son temps. Elle n'avait que seize ans quand elle prononça ses vœux. Ses progrès dans la vie religieuse avaient été rapides, malgré les grandes infirmités qui l'assaillaient depuis son enfance; son tempérament ne se fortifiera qu'avec l'âge.

» Portée aux austérités, malgré son peu de santé, elle s'industriait, afin d'obtenir la permission d'en pratiquer quelqu'une, et alors elle savait contenter sa ferveur. D'une foi

(1) Circulaire de la Mère Marie-Julie de Plantade du 29 septembre 1778.

ferme et invincible, elle sut fortement résister à une personne respectable par sa dignité (1), et qui avait pour elle les bontés d'un père, pour rester fidèle aux décisions de la sainte Église. Ayant beaucoup d'obligations à cette personne, notre chère sœur lui témoigna en toute occasion son respect et sa reconnaissance, mais elle fut inébranlable lorsqu'il s'agit de choses pouvant altérer la pureté de sa foi. A ce sujet, elle eut à subir des épreuves bien fortes, et capables d'amollir et de faire fléchir un cœur moins ferme que le sien. Devant tant d'assauts à soutenir, et de plus, sa conscience se trouvant gênée pour la réception des sacrements, elle se joignit à un petit essaim qui, ayant à sa tête la respectable Mère Marie-Agnès de Sarret, si estimée dans l'Institut, se rendit dans notre chère ruche d'Arles afin de garder intacte la foi. Notre chère sœur de Caze quitta tout ce qui pouvait l'attacher ici avec grande générosité, et fut accueillie, ainsi que ses compagnes, par nos sœurs d'Arles avec cette cordialité qui caractérise les filles de saint François de Sales. A son tour, elle les édifia par sa régularité et sa ferveur, et sut s'attirer leur estime et leur attachement.

» Plusieurs années s'étant écoulées, et Monsieur de Charancy ayant été nommé évêque de Montpellier, cette chère sœur et toutes ses compagnes d'exil revinrent dans notre monastère, conservant toujours dans leur cœur une grande reconnaissance pour celui qui venait de les abriter. Dès son retour céans, notre chère sœur fut nommée sacristine. Ce fut là que se manifesta son zèle pour le Sacré Cœur de Jésus. Monseigneur de Charancy, qui honorait notre communauté d'une bienveillance particulière, voulant établir la fête du Divin Cœur envoya dire à la T. H. Mère de Sarret, alors en charge, qu'il désirait qu'on célébrât cette fête dans notre église. C'était le dernier jour de l'Octave du très Saint Sacrement, et la fête était fixée au lendemain. Monseigneur fit dire en même temps à notre chère sœur sacristine de décorer l'église et de l'orner de son mieux. Comme le temps était court, notre chère sœur, pour répondre aux vœux du digne Prélat, et contenter en même temps sa dévotion, passa toute la nuit à la grille du chœur pour faire décorer l'église. Monsieur notre aumônier, que nous avons l'honneur d'avoir depuis

(1) Mgr Colbert.

quarante-cinq ans, doué d'un goût artistique pour l'ornementation des autels, voulut bien prêter son concours, suppléant à tout que ce notre dévouée sœur ne pouvait faire. Le lendemain vendredi, elle eut la consolation de voir cette fête célébrée avec la plus grande solennité, et depuis, la dévotion au Sacré-Cœur s'accroître de plus en plus dans notre ville, et le nombre des associés se multiplier tous les jours.

» Nommée portière, notre chère sœur se distingua, dans ce nouvel emploi, par sa discrétion et sa grande charité; ses manières très religieuses édifiaient beaucoup les séculiers. Après être passée successivement dans différents emplois qu'elle sut remplir à la satisfaction générale, notre fervente sœur fut élue assistante de la communauté; elle s'acquitta de cette charge avec le plus grand zèle. Sa voix belle et forte était d'un grand secours pour le saint Office.

» Malgré les nombreuses infirmités qui l'assaillirent les dernières années de sa vie, notre chère ancienne ne ralentit point sa ferveur et sa mortification; elle était pour nous un sujet d'admiration. Une terrible chûte qu'elle fit, dans un escalier fort étroit, un soir après matines, nous fit craindre pour sa santé déjà ébranlée, mais les soins et les remèdes l'eurent bientôt remise sur pied. Elle était heureuse de pouvoir suivre les exercices de la communauté; elle était toujours des premières au chœur, à l'oraison du matin. Le grand désir, qu'elle avait de se rendre à cet exercice l'a fait souvent lever au milieu de la nuit, craignant de n'avoir pas entendu le réveil. Elle descendait alors au chœur, sans lumière, s'agenouillait, et restait là assez de temps ; puis, voyant que personne n'arrivait, elle comprenait sa méprise, et remontait à sa cellule, sans faire de bruit.

» Une nouvelle chûte, que fit notre chère sœur, amena sa fin. Ses forces s'affaiblissant de jour en jour, on crut prudent de lui proposer de recevoir les derniers sacrements, à quoi elle se soumit de bon cœur. Monsieur l'abbé Vernet, un de nos confesseurs extraordinaires, en qui elle avait toujours eu une grande confiance, l'assista dans ses derniers moments, et lui appliqua les indulgences. Notre chère malade, dans sa longue agonie, priait sans cesse; elle se plaisait à redire surtout les psaumes dont elle avait l'intelligence. Elle expira dans le baiser du Seigneur, le 3 août 1780, à l'âge de 86 ans, dont 69 de profession religieuse; elle était du rang des sœurs choristes. »

## Sœur MARIE-FRANÇOISE FARGEON.

« Cette chère sœur était née à Montpellier, d'une famille profondément chrétienne. Son père, riche marchand parfumeur, malgré les occupations de son commerce, veillait avec soin à l'éducation de ses enfants, tâchant surtout de leur inspirer l'esprit du christianisme dont il était lui-même pénétré. Il était parfaitement secondé par sa femme qui possédait, à un haut degré, de nombreuses vertus. Malheureusement il la perdit bientôt, et resta seul, chargé de trois enfants: deux garçons et une fille, notre chère sœur, qui n'avait alors que huit ans. Ce bon père, malgré sa grande affliction, ne négligea rien pour bien les élever. Il secondait de son mieux les heureuses dispositions de sa fille, qui joignait à une physionomie agréable toutes les qualités de l'esprit et du cœur. Elle avait tout pour plaire au monde.

» Mais Dieu qui veille sur ses élus permit, pour son bonheur, qu'elle se plaçât sous la direction d'un digne ecclésiastique qui était en réputation de sainteté dans notre ville, et qui s'entendait admirablement à la conduite des âmes. Il eut pour celle-ci un grand zèle, une prédilection particulière; et supposant que Dieu la gratifierait un jour de la vocation à la vie religieuse, il ne négligea rien pour lui inspirer le mépris du monde, et l'établir, par suite, dans la pratique des vertus religieuses. Sa semence fructifia dans cette bonne terre. Notre chère sœur n'eut pas plus tôt connu la beauté de la vertu et les dangers du monde, qu'elle résolut de se donner toute à Dieu. Elle chargea son directeur de solliciter pour elle une place dans notre maison et, en même temps, de faire part de son dessein à son digne père. Celui-ci se rendit à ses désirs et, sacrifiant généreusement l'affection qu'il portait à sa bien-aimée fille, remercia le Seigneur de la grâce qu'il lui faisait de la choisir pour son épouse. Cependant, il voulut, de concert avec son directeur, éprouver sa vocation; puis, voyant sa résolution fermement arrêtée, il consentit à son entrée céans, et lui donna des avis spirituels, dignes d'un fervent religieux.

» Notre chère postulante, heureuse de se voir à l'abri du monde, entreprit généreusement tous les exercices du noviciat, et soutint avec courage toutes les épreuves, qui ne lui furent pas épargnées; ce qui lui mérita de recevoir le saint habit et de faire la sainte profession, en son temps, dans les meilleures dispositions.

» Dès qu'elle fut liée irrévocablement à Dieu, elle s'appliqua, avec soin, à remplir ses saints engagements. D'une humeur gaie et agréable, elle faisait la joie de nos récréations et savait admirablement parler des choses de Dieu. Elle était gratifiée d'un don d'oraison très intime, qui tenait sa pensée continuellement occupée de la présence de Dieu, et son cœur constamment uni à sa sainte volonté. La sainte communion était sa vie. Nous l'avons vue, malgré ses grandes souffrances, se faire une sainte violence pour pouvoir recevoir cette divine nourriture. Fidèle à garder ses vœux, son obéissance était simple et entière, sa pauvreté vraiment dépouillée de tout, sa pureté tout angélique. C'est dans ces saintes dispositions qu'elle fit sa dernière retraite, avec le pressentiment que le Seigneur allait bientôt l'attirer à lui, ce qui lui donna une joie si sensible, que craignant de s'y être trop livrée, elle en parla à son confesseur qui la rassura, et lui permit de se livrer, sans crainte, à l'attrait de Dieu et aux sentiments de confiance qui l'animaient.

» Peu de jours après, elle fut atteinte du mal qui devait nous la ravir. Le danger, tout d'abord, ne parut pas imminent; le médecin assurait qu'il n'y avait rien à craindre. Cependant, cette vierge sage se préparait pour l'arrivée de l'Époux et ce fut, presque par miracle, que Dieu, pour récompenser sa fidélité et son ardeur pour la sainte communion, permit que l'on s'aperçût enfin du danger. Monsieur notre confesseur qui possédait l'entière confiance de notre chère malade, se hâta de lui administrer les derniers sacrements vers les six heures du soir, et deux heures après, elle rendit son âme à son Créateur. C'était le 4 décembre 1782. Elle était âgée de 53 ans, dont 30 de profession, du rang des sœurs choristes » (1).

## Sœur FRANÇOISE-MARGUERITE CABANEL.

« Cette chère sœur fut la seconde dont le Seigneur exigea de nous le sacrifice. Elle était native d'un village tout près

(1) Cette notice ainsi que les suivantes sont contenues dans la circulaire du 1 février 1788, de la Mère Marie-Félicité Journet.

de Béziers. Ses parents l'élevèrent bien chrétiennement. Quand elle fut en âge de gagner sa vie, elle se mit au service d'une famille très vertueuse qui se louait de ses bonnes qualités, la trouvant pieuse, fidèle et fort adroite. Malgré les offres qui lui furent faites pour s'établir dans le monde, elle refusa toujours, car elle désirait se consacrer au Seigneur dans une maison religieuse. Elle fit demander une place dans notre monastère à notre très honorée Mère Marie-Agnès de Sarret, qui la lui accorda volontiers, vu les bons renseignements qui lui furent donnés sur cette chère sœur, qui resta quelque temps séculière parmi nous, se rendant très utile et très serviable. Elle ne cessa, pendant ce temps, de témoigner l'ardent désir qu'elle avait d'entrer au noviciat; grâce qui lui fut enfin accordée. Elle soutint les épreuves qui lui furent imposées et remplit les devoirs de ce temps, avec une ferveur édifiante. La communauté, satisfaite de sa conduite, la reçut avec joie à la prise d'habit et à la sainte profession.

» Liée à Dieu par les vœux sacrés, notre chère professe mit toute son application à pratiquer les vertus de notre saint état. Toutes ses actions étaient animées de cet esprit intérieur que nos saints Fondateurs recommandent à toutes leurs filles. Douée d'un très bon jugement, prudente, et capable d'un bon conseil, ses Supérieures pouvaient, sans crainte, se reposer sur elle pour toutes sortes de services. La prière faisait les délices de notre fervente sœur; aussi, passait-elle tous ses moments libres en oraison devant le Saint Sacrement. Les dimanches et les jours de fête étaient, en partie, consacrés à ce saint exercice, dans lequel, elle recevait des grâces et des lumières extraordinaires. Grandement portée à la mortification, elle usait fréquemment des instruments de pénitence, et aurait même été trop loin, si l'obéissance n'eût mis des bornes à sa ferveur. Sa confiance était illimitée envers ses Supérieures; elle leur découvrait, avec candeur, le fond de son âme, et mettait à profit, avec fidélité, tous les avis qu'elle recevait de leur direction.

» Nous nous flattions de jouir encore quelques années des services et des exemples de notre chère sœur, quand plusieurs maladies successives nous firent juger que sa fin était proche. Une fluxion de poitrine vint nous l'enlever, dans quelques jours. Monsieur l'abbé Brun, notre confesseur, eut le temps de lui administrer les derniers sacrements, qu'elle reçut avec sa ferveur accoutumée. Cette chère sœur rendit son dernier soupir le 2 janvier 1783. Elle était âgée de 67 ans, dont 40 de profession religieuse, et du rang des sœurs domestiques. »

## Sœur MARIE-ANNE CHRISTINE DELOCHE.

« Cette chère Sœur était née à Montpellier, d'une famille opulente et vertueuse. Sa mère mourut en lui donnant le jour, après avoir fait promettre à son mari de ne pas s'opposer à la vocation de cette enfant si Dieu l'appelait à la vie religieuse. Monsieur Deloche le lui promit, ne prévoyant pas que la chose pût arriver. L'éducation de la petite orpheline fut d'abord confiée à ses tantes, mais lorsqu'il fut temps de la disposer à la première Communion, son père la plaça chez les religieuses de Saint Dominique de cette ville, dans la maison desquelles elle puisa cet esprit de piété qui l'a toujours caractérisée.

» Son éducation terminée, elle revint auprès des siens, et son père ne négligea rien pour lui prodiguer tous les agréments possibles. Notre jeune fille souriait au monde, et le monde lui souriait, quand il plut au Seigneur de rompre tout à coup ses liens. Ce fut à l'époque d'une mission donnée par le R. Père Bridaine dans notre ville, qu'elle entendit l'appel divin. Fidèle à suivre tous les exercices de la mission, les vérités qu'elle entendit firent de fortes et salutaires impressions sur son esprit, et elle forma dès lors la résolution de changer de vie et de se consacrer au Seigneur.

» Son cœur, ardent pour le bien, aurait voulu, de suite, exécuter son dessein, mais il fallait vaincre la tendresse excessive d'un père qui ne voulait pas entendre parler de séparation. Ses prières et ses instances furent vaines. Après avoir longtemps gémi et soupiré, Dieu l'exauça, et se servit de notre chère Sœur Marie-Gabrielle de Cambis de Fons pour décider son père à la laisser entrer chez nous. Admise à son essai, notre nouvelle postulante entreprit les exercices du noviciat avec une ferveur admirable, mais quand il fut question, après huit mois, de lui faire prendre le voile, son père s'y opposa, et pressa fortement sa chère fille à revenir auprès de lui. Sur ces entrefaites, notre chère sœur Marie-Gabrielle décéda. Le pauvre père, privé des sages avis de celle qui l'avait jusqu'alors retenu, exigea que sa fille sortit du monastère. Notre chère prétendante fut contrainte de céder à la volonté paternelle. De part et d'autre, la séparation fut très sensible, les larmes répandues le témoignèrent. Revenue dans sa famille, notre chère sœur y vécut comme une religieuse. Tous les jours, elle venait dans nos parloirs nous exprimer l'ardent désir qu'elle avait de nous rejoindre. Les grands efforts qu'elle était obligée de se faire pour comprimer ses sentiments, en cette occasion, provoquèrent les grandes infirmités qu'elle eut à subir toute sa vie.

» Après avoir passé quelque temps dans le monde, elle pria les personnes les plus considérables de la ville de solliciter son père à lui laisser suivre sa vocation. Monseigneur de Charancy, alors évêque de Montpellier, ayant employé tous les moyens pour vaincre ce père obstiné, prit la résolution de la faire entrer sans son consentement, et nous fit dire de lui ouvrir nos portes dès qu'elle se présenterait. Notre chère Sœur ne tarda pas à profiter de cette permission, et dès le lendemain, nous eûmes la joie de l'embrasser, au sortir de Prime. Elle recommença son noviciat avec une nouvelle ferveur; mais elle n'était pas encore au terme de ses épreuves. Deux ans entiers s'écoulèrent sans que son père consentit à la voir. Enfin, il plut au Seigneur de toucher le cœur de Mr Deloche, en permettant que plusieurs prétendentes se disposassent à prendre le voile avant notre chère sœur. Touché de l'affliction où il sentait que serait sa chère fille si elle voyait ses compagnes la précéder dans la voie du sacrifice, il résolut de la satisfaire. Il vint pour cela la voir un vendredi, à sept heures du matin, et lui dit qu'il venait lui annoncer qu'il désirait qu'elle prit le saint habit le dimanche. La joie de notre chère sœur fut si grande en apprenant cette heureuse nouvelle, qu'elle ne savait comment l'exprimer. On se hâta de faire les préparatifs nécessaires, de crainte que son père ne changeât d'avis, et deux jours après, elle revêtait nos saintes livrées, dans des sentiments qui répondaient à la persévérance et à l'ardeur de sa vocation. Elle poursuivit son noviciat avec cette fidélité qui l'avait toujours distinguée et après en avoir rempli les devoirs, à la satisfaction de la communauté, elle fut reçue à la sainte profession.

» On l'employa ensuite à divers emplois, mais Dieu qui voulait en faire une victime de la croix, permit que, ses infirmités s'aggravant, on lui retirât toute occupation. Sa vie ne fut plus qu'une prière et une souffrance. Dans cet état pénible à la nature, elle fut affligée de scrupules et de peines intérieures, qui la firent beaucoup souffrir. Voulant satisfaire continuellement à la justice de Dieu pour ses péchés, elle pratiquait des austérités qu'un corps plus robuste n'aurait pu supporter. Ses confesseurs et ses supérieures les lui permettaient, ne pouvant résister à ses vives instances. Mais, sur la fin de sa vie, Dieu la tira de cet état crucifiant, et la gratifia du don d'oraison, qui apporta la tranquillité à son âme timorée.

» Une lente consomption minait les forces de notre chère sœur; son corps était devenu comme un squelette vivant. Voyant que la fin n'était pas éloignée, nous l'avertîmes du danger: mais étant habituée à souffrir, nous eûmes de la peine à la persuader. M. l'abbé Vernet, notre confesseur extraordinaire, lui administra les derniers sacrements, et l'assista avec le plus grand zèle, pendant toute sa maladie. Cette chère âme nous quitta le 13 juillet 1785. Elle était âgée de 61 ans, dont 39 de profession religieuse, du rang des sœurs choristes. Si, comme dit un grand saint, la mesure de nos souffrances fait celle de notre gloire, nous avons lieu d'espérer qu'elle en jouit dans le ciel. Dieu nous fasse la grâce d'y participer et qu'il soit béni! »

## Sœur MARIE-AIMÉE PÉRIER.

« La perte que nous avons faite de notre chère sœur Marie-Aimée Périer nous a été d'autant plus sensible que ses commencements nous avaient donné de grandes espérances pour l'avenir. Née à Montpellier, d'une famille extrêmement attachée à la secte de Calvin, notre chère sœur avait été élevée dans cette pernicieuse doctrine par sa mère, qui éloignait d'auprès de sa chère fille toutes les personnes qui auraient pu lui inspirer l'amour de la religion catholique. Admirablement douée de la nature, possédant toutes les qualités propres à plaire au monde, comblée par ses parents, Mlle Périer ne pensait qu'à jouir des plaisirs qui lui étaient procurés au sein d'une religion qui ne gêne en rien les inclinations de la nature, quand le Seigneur, convoitant cette âme, commença à semer des doutes dans son esprit et des remords dans son cœur; elle sentit dès lors qu'elle n'était pas dans la bonne voie. Pressée par le ministre de faire la Cène pour la première fois, elle s'y refusa longtemps, alléguant toujours un nouveau prétexte pour s'en dispenser. La grâce faisait son œuvre dans cette âme, et un jour, elle se sentit ardemment poussée à embrasser la religion catholique; mais, pour exécuter ce dessein, une infinité d'obstacles se dressaient.

» La mère s'étant aperçue du changement des idées de sa fille, eut de fortes appréhensions, et mit tout en œuvre pour parer le coup qui la menaçait. Elle usa d'abord de caresses pour la dissuader de son dessein, mais voyant que la douceur n'obtenait rien sur le cœur de son enfant, elle changea de tactique, et elle l'enferma dans une chambre obscure pendant plusieurs jours, où elle ne voyait que le ministre, envoyé par sa mère, pour la décider à changer de résolution. Au milieu de ces épreuves, les désirs véhéments de notre chère sœur ne faisaient que se fortifier, car les lumières de la foi inondaient son âme; elle restait donc inébranlable. Madame Périer, touchée de ce qu'elle faisait souffrir à sa fille, la fit sortir de sa prison; mais toujours aussi zélée pour sa fausse religion, elle résolut de la surveiller afin qu'aucune démarche ne fût possible. Mais notre jeune fille parvint cependant à faire instruire Monsieur l'Intendant de sa résolution. Celui-ci lui fit conseiller d'écrire en Cour pour demander une lettre de cachet, qui lui procurât l'entrée de notre maison; elle fit tout cela en cachette de sa famille, et munie de sa lettre, nous arriva la veille de la fête de la Visitation de la très Sainte Vierge sans avertir ses parents. Elle n'avait, en arrivant chez nous, d'autre dessein que de se faire instruire de la religion catholique, mais peu après, elle eut un secret pressentiment que Dieu l'appellerait à la vie religieuse. Elle demanda d'abord, en grâce, de revêtir le petit habit que portaient nos demoiselles pensionnaires, ce qui lui fut accordé. La communauté était prévenue en faveur de cette chère enfant. La générosité de sa démarche, son heureux caractère accompagné de cette candeur et politesse, fruits de la bonne éducation qu'elle avait reçue dans sa famille, lui gagnèrent tous les cœurs. Un esprit ouvert et pénétrant facilita son instruction, et, le jour de la fête de notre saint Fondateur, elle put s'approcher pour la première fois de la sainte table.

» C'est à cette époque qu'elle fut gratifiée de la vocation religieuse. Sa fidélité à répondre à l'appel divin, son zèle pour la pratique des vertus religieuses faisaient souvent notre admiration; aussi, après les épreuves nécessaires, connaissant la solidité de son esprit, nous la reçûmes au noviciat; elle avait alors 20 ans. Sa ferveur et son exactitude lui obtinrent la grâce de revêtir nos saintes livrées. Après ce grand acte, elle se prépara à la sainte profession, et se fit surtout remarquer par sa parfaite obéissance et sa profonde abnégation.

» Après avoir obtenu, avec beaucoup de peine, le consentement de sa mère, qui n'a jamais voulu la voir, ce qui a été un grand sacrifice pour notre chère sœur, elle prononça les saints vœux. Son immolation fut complète: il semblait que le Seigneur lui avait fait connaître qu'elle devait fournir, en peu de temps, une longue carrière. Elle remplit dès lors, avec zèle, les saints engagements qu'elle avait contractés, afin d'avancer dans les voies de la perfection. La lecture de nos saints écrits l'aidait beaucoup dans cette tâche.

» Notre chère sœur Marie-Aimée remerciait tous les jours son divin Époux de l'avoir retirée de l'erreur pour la rendre fille de la sainte Église; elle ne cessait de solliciter cette même grâce pour sa famille; aussi sa joie fut-elle extrême, quand une de ses sœurs, attirée par son exemple, vint la rejoindre.

» Animée d'une foi très ardente pour toutes nos saintes vérités, et particulièrement pour la présence réelle de Notre-Seigneur dans la sainte Eucharistie, elle ne s'approchait des sacrements qu'avec respect et amour; sa ferveur était admirable. Tout son désir était de témoigner à Dieu, par sa fidélité, sa reconnaissance pour les grâces dont il ne cessait de la combler, quand il plut à sa bonté d'y mettre le sceau, en la chargeant de sa croix.

» Peu de temps après sa profession, notre chère sœur fut atteinte de pressantes infirmités qui nous alarmèrent. Rien ne fut épargné pour lui rendre la santé, car c'était un sujet de grande espérance. Mais le mal fit des progrès rapides en quelques mois. Parfaitement soumise au bon plaisir divin, notre petite martyre supportait ses souffrances avec une patience inaltérable. Monsieur notre confesseur, qui avait la confiance de cette âme depuis sa conversion, et qui n'avait cessé d'admirer en elle les miséricordes du Seigneur, lui procura en vue des sacrifices qu'elle avait faits pour embrasser notre sainte religion, la grâce de la sainte communion le plus souvent possible. Il prenait la peine de lui apporter ce Pain des forts à minuit, la violence de la toux ne lui permettant pas d'attendre au matin. Quand elle fut en danger, elle communia plusieurs fois en Viatique, et reçut les derniers sacrements avec sa pleine connaissance qu'elle ne perdit qu'un quart d'heure avant sa mort. Elle fit le sacrifice de sa vie avec la plus grande générosité, et expira le 11 février 1786. Elle était âgée de 25 ans, dont 4 de profession religieuse, et du rang des sœurs choristes. »

## Sœur LOUISE-XAVIER BÉNÉZECH.

« Notre chère Sœur était née à Montpellier, d'une famille dont la piété était le caractère distinctif. Son père, célèbre avocat et professeur de droit en l'Université, s'était attiré, par son mérite et ses talents, la confiance générale. Sa mère, femme éminemment chrétienne, secondait les vues de son mari, en élevant ses enfants selon l'esprit du christianisme. Notre chère sœur sut profiter des exemples et des enseignements qu'elle recevait dans la maison paternelle; ses délices étaient la prière et la fréquentation des sacrements. Adonnée aux œuvres de charité, elle visitait les hôpitaux et donnait ses soins aux malades les plus dégoûtants. Monsieur Bénézech, craignant pour la santé de sa fille le contact des malades, s'adressa un jour à Monseigneur de Villeneuve, son intime ami, le priant d'user de son autorité pour modérer le zèle de son enfant. Celui-ci le conjura de ne point gêner sa fille dans l'exercice de la charité, et de la laisser suivre l'esprit de ferveur qui l'animait.

» L'épreuve vint bientôt s'abattre sur notre chère sœur; elle perdit sa pieuse mère, et se vit seule, chargée du soin de sa famille. Le merveilleux talent qu'elle avait pour la direction fit que son père lui confia tout, jusqu'au menu détail. Aussi, croyait-il ne pouvoir jamais se passer de sa chère fille, mais le Seigneur en avait disposé autrement. Depuis longtemps, il invitait la vertueuse jeune fille à le suivre dans la vie parfaite, et lui demandait, dans le secret du cœur, le sacrifice de ce qu'elle avait de plus cher : son père et son unique frère; car elle n'avait jamais été attachée aux plaisirs du monde. Pour briser son cœur, que d'efforts n'eut-elle point à faire? Mais la volonté de Dieu était manifeste, et pour la suivre, la généreuse enfant sacrifia tout. Monsieur Bénézech ne se rendit pas d'abord au désir de sa fille; il en coûtait à sa tendresse, mais, en parfait chrétien, il consentit enfin au sacrifice. Notre chère sœur nous arriva toute désireuse d'embrasser notre genre de vie, et après deux mois de délai, exigés par son père, elle entra au noviciat, et en remplit les obligations avec cette fidélité que nous avions lieu d'attendre de sa vertu ; aussi fut-elle admise avec bonheur à la prise d'habit, et un an après à la sainte profession. On la chargea successivement de divers emplois qu'elle remplit à la satisfaction générale. Mais c'est surtout à l'infirmerie qu'elle trouva un vaste champ pour sa ferveur; sa charité se fit remarquer là, dans toute son étendue. Veiller les malades, les servir en tout temps et à toute heure, étaient les occupations qui faisaient ses délices. Quand elle fut même retirée de cet emploi, dès qu'elle savait qu'une sœur infirme avait besoin de quelques soins, elle volait vers elle avec affection. Cette attention continuelle à prévenir et à soulager le prochain, lors même qu'elle était souffrante, faisait dire qu'elle était saintement jalouse du mérite des souffrances dans les autres, puisqu'en se donnant tant de fatigues pour les leur diminuer, elle augmentait les siennes.

» Cette sainte religieuse recevait tous les jours de nouvelles grâces, et pour y correspondre fidèlement, elle se livrait sans ménagement à l'exercice laborieux de la mortification. Étant économe, elle partageait avec nos sœurs domestiques, les travaux les plus pénibles et les plus bas. Son zèle la portait à traiter son corps comme s'il eût été de bronze, aussi lui disions-nous quelquefois en plaisantant qu'elle nous rappelait les anciens solitaires de la Thébaïde ou les bienheureux pénitents de la Trappe.

» Nommée dépensière, notre chère sœur choisissait pour ses repas ce qui était le moins à son goût. Sa profonde humilité lui donnant une très basse estime d'elle-même, elle ne se comptait pour rien; le moindre était toujours son partage. Son application aux travaux extérieurs ne fut jamais un obstacle à son union avec Dieu: elle savait parfaitement allier les vertus de Marthe avec celles de Marie. Son oraison était celle que notre sainte Mère dit être propre aux filles de la Visitation ; elle y goûtait Dieu, et son recueillement dans le cours de la journée indiquait qu'elle était toujours en sa présence. C'est dans la sainte communion que notre fervente sœur puisait les forces nécessaires pour se maintenir dans la pratique des vertus.

» Nous espérions jouir et profiter encore longtemps de ses bons exemples, quand nous la vîmes tout à coup atteinte du mal qui allait bientôt la conduire au tombeau. Une fluxion de poitrine, suivie de crachements de sang, fut l'annonce du départ pour le ciel. Parfaitement soumise aux ordres de son Dieu, nous n'eûmes pas de peine à la disposer à la réception des sacrements, qu'elle reçut avec la plus grande ferveur. Monsieur notre confesseur lui appliqua les indulgences, et l'assista jusqu'à son dernier moment. Elle expira dans la paix du Seigneur le 27 mars 1786. Ses talents l'avaient rendue utile à la communauté, sa vertu servait d'exemple, et sa perte suscitait de grands regrets. Elle était âgée de 47 ans, dont 23 de profession religieuse, et du rang des sœurs choristes ».

## Sœur THÉRÈSE-ANGÉLIQUE DESCHESNES.

« La dernière de nos sœurs qu'il a plu au Divin Maître d'appeler à lui fut notre chère sœur Thérèse-Angélique Deschesnes, notre respectable doyenne. Nous sommes peu instruites de ses commencements, nous ayant toutes, de longtemps, précédée dans la sainte religion. Elle était née à Montpellier, d'une très bonne famille. Son père et sa mère qui l'aimaient tendrement la confièrent, de bonne heure, à des personnes capables de cultiver avec soin ses heureuses dispositions. Cette jeune demoiselle avait beaucoup d'esprit, une profonde mémoire, une très belle voix, et toutes les qualités propres à se faire estimer et aimer.

» Dieu lui donna, dès sa plus tendre jeunesse, la vocation religieuse. Son premier désir fut d'entrer au Carmel; mais sa faible santé ne lui ayant pas permis de poursuivre ce dessein, elle se détermina à embrasser notre genre de vie, et nous arriva tout heureuse. Admise à son essai, elle satisfit si bien la communauté, qu'elle put, en son temps, recevoir le saint habit et faire la sainte profession.

» D'une santé débile, notre chère sœur ne nous donnait pas lieu d'espérer pouvoir la conserver longtemps; cependant, son tempérament s'étant fortifié, on lui confia divers emplois, entr'autres: la sacristie et l'économat. Dans cette dernière charge elle se fit remarquer par son esprit d'ordre et d'arrangement. Soigneuse, vigilante, s'entendant fort bien à la direction d'une maison, elle n'épargna rien pour la conservation et l'augmentation du bien de la communauté. Sa charité s'étendait à chacune de nous, pour pourvoir à toutes nos nécessités. Mais ce qui nous a constamment édifiées dans cette vénérable ancienne, c'est son esprit intérieur. Amoureuse de l'oraison, elle était, pendant ce saint exercice profondément anéantie devant Dieu. De longues infirmités vinrent favoriser son attrait pour la prière; elle était toujours en la présence de Dieu. Étant devenue aveugle, nous dûmes la faire passer au rang des sœurs associées. Ne pouvant plus réciter le saint Office, elle se dédommageait de ce sacrifice, en faisant une multitude de prières vocales, ou de dévotes aspirations tirées des psaumes et de l'Écriture-sainte qu'elle possédait fort bien. Elle composait aussi des cantiques spirituels qui répondaient à ses aspirations. D'une conversation fort agréable, notre chère sœur nous égayait souvent. Nous admirions surtout, malgré son âge avancé, la conservation de sa prodigieuse mémoire et la solidité de son jugement.

» La force de son tempérament qui avait pu résister à tant de maladies, nous faisait espérer de posséder encore quelque temps ce modèle de vertus, quand une sensible diminution de forces et l'hydropisie qui se déclara à la suite nous enlevèrent tout espoir: la fin approchait. Notre chère sœur Thérèse-Angélique ne se fit pas illusion sur son état. Elle renouvela toute sa ferveur pour se préparer au dernier passage. Se tenant intimement unie à Dieu, elle lui offrait toutes ses souffrances pour l'expiation de ses péchés, et le priait de la recevoir dans son cœur, comme sa fille et son épouse, s'abandonnant sans réserve à sa miséricorde. Ce fut dans ces saintes dispositions qu'elle reçut les derniers sacrements, que lui administra Monsieur notre confesseur; et s'unissant de cœur aux prières que l'on faisait auprès d'elle, elle expira le 6 novembre 1787. Elle était âgée de 80 ans, dont 63 de profession religieuse. »

Le 25 novembre de la même année la Mère Thérèse-Auguste Bernex mourait dans le monastère de Lisbonne. En apprenant sa mort la Mère Marie-Félicité Journet écrivait (1): « Les exemples de vertus et de régularité dont elle nous a édifiées pendant les six ans qu'elle a gouverné cette maison, ainsi que son zèle qui lui a fait entreprendre avec tant de générosité la fondation de notre monastère de Lisbonne ne nous laissent aucun lieu de douter que le Seigneur, ayant donné à ses travaux les plus heureux succès, n'ait voulu se hâter de les couronner, et qu'elle ne jouisse dans le ciel de la récompense promise à ceux qui ont tout quitté pour le suivre. Nous avons pris la part la plus sincère à la juste affliction de sa communauté. »

La Mère Marie-Félicité Journet et la Mère Marie-Julie de Plantade devaient être les dernières Supérieures avant les mauvais jours de la Révolution. Dieu qui les destinait à de grandes douleurs et à de grandes responsabilités ne leur avait pas refusé une âme capable de les porter. En 1777 la communauté ayant élu la Mère Marie-Julie de Plantade, les religieuses disent (2): « Son mérite, sa vertu, ses talents, nous étaient trop connus pour ne pas nous procurer le bonheur de nous mettre sous sa conduite. Elle a un don tout particulier pour nous rendre le joug du Seigneur doux et léger, et n'a rien tant à cœur que de voir reluire parmi nous le véritable esprit de notre sainte vocation, qu'elle possède parfaitement. » La Mère Marie-Julie de Plantade devait employer cette mansuétude à consoler les cœurs et à maintenir l'espérance pendant la dispersion. La Mère Marie-Félicité Journet était une de ces natures les mieux douées que Dieu envoie aux monastères aux heures difficiles. « Sa bonté, sa douceur, sa vertu et ses autres qualités, disent les religieuses (3), nous la rendent infiniment chère et respectable. Nous n'avons pas hésité à nous mettre pour la quatrième fois sous sa digne conduite. Son union avec notre très honorée sœur, la déposée Marie-Julie de Plantade, est des plus douces, et concourt au bien spirituel et temporel de la communauté. Rien n'est plus efficace que l'exemple qu'elles nous donnent des vertus prescrites par notre sainte Mère aux unes et aux autres. Nous

(1) Circulaire du 1 février 1788.
(2) Circulaire du 24 mai.
(3) Circulaire du 21 octobre 1785.

les trouvons fidèlement retracées dans leur conduite, et elles font autant notre consolation que notre édification. »

Cette union et ces exemples étaient une grâce du Seigneur. La plus épouvantable tempête qui ait jamais soufflé sur un pays allait bientôt souffler sur notre France. L'orage se formait, tout faisait prévoir qu'il éclaterait bientôt. Le pouvoir était dans l'indécision, l'Église dans la crainte, les communautés religieuses dans l'incertitude et dans l'angoisse. Le monastère de la Visitation de Montpellier ne crut pas mieux faire que de se consacrer à la Reine du ciel, et d'attendre d'elle toute protection. Une belle statue de la Vierge « haute de quatre pieds, admirablement sculptée et dorée » (1) étant arrivée de Paris, on la plaça sur un autel à l'extrémité du cloître, et tout autour on grava en lettres d'or cette inscription " NOTRE-DAME DE BON-SECOURS, REINE DE CE MONASTÈRE, PROTÉGEZ-NOUS. " Le jour de la Nativité 1789, à l'issue des Vêpres, les religieuses se rendirent en procession et en chantant les litanies de la Vierge, au nouvel oratoire. Arrivées au pied de la statue, la Mère Marie-Félicité Journet prononça un acte de consécration que chaque sœur avait signé de sa main, le déposa sur le modeste autel, comme un gage authentique de la confiance de toute la communauté, et offrit à la Mère du ciel les clés de la clôture. Cet acte de solennelle consécration resta gravé dans le cœur des religieuses. Quand l'heure de la dispersion vint à sonner, elles emportèrent l'espérance que Marie veillerait sur elles, et un jour les réunirait.

(1) Circulaire du 1 février 1788.

# CHAPITRE XI

## La Révolution.

Pourquoi les persécutions ? — Premières alarmes. — Décret de l'Assemblée Constituante supprimant les vœux monastiques et les Ordres religieux. — Défense de recevoir des élèves et des novices. — Visites importunes. — Promesses perfides. — Fermeté des sœurs. — Réelection de la Mère Marie-Julie de Plantade. — Frayeurs nocturnes. — Inventaire des biens. — La veille de la dispersion. — Héroïsme de la sœur Louise-Françoise Jullian — Les derniers adieux. — Les religieuses dans le monde. — Lettre aux administrateurs du district. — Comment elles entendaient la messe et recevaient les Sacrements. — Leur ancien aumônier. — Dévouement des sœurs Thérèse-Honorade Viguier et Louise-Françoise Jullian. — — Sœurs mortes pendant la Révolution. — Leur dernière pensée. — Leurs funérailles. — Que devint le monastère ? — Providentielle préservation.

DANS la vie de tout homme il y a toujours un chapitre qu'il faut intituler : « Ses épreuves ou ses malheurs. » Dieu ne prive personne ici-bas d'une part de ces sueurs et de ces larmes qu'Adam versa sur le berceau de l'humanité. Les institutions religieuses, par le fait qu'elles appartiennent à l'Église, ne sont point à l'abri des souffrances et des périls. L'Église est essentiellement militante ; comme son Maître, sans cesse attachée à une croix, elle souffre dans tous ses membres, et il y a pour elle des heures d'angoisse qui rappellent l'heure où sur le Calvaire un centurion perça le Cœur de l'Homme-Dieu.

Ces épreuves, ces souffrances, ces périls, Dieu les permet. Dès lors, quand la persécution éclate, il faut demander au ciel, non l'occasion de s'y soustraire, mais le courage de la subir noblement. Les Ordres religieux se vivifient de la sorte. Ils renaissent de leurs cendres plus beaux et plus vigoureux, et quand cette cendre, comme il arrive parfois, est arrosée du sang des martyrs, nul ne peut dire pour quelle durée et quelle gloire nouvelle ils ont reconquis la liberté et la vie.

Nous n'avons trouvé dans les manuscrits de la Visitation que deux courtes notices sur la dispersion des sœurs. Elles ont été écrites après la restauration du monastère et on dirait que la joie de se retrouver, le bonheur de reprendre les pieuses pratiques de la vie commune et le souci de préparer au Christ une nouvelle génération d'épouses, ne permettaient plus de se souvenir des longues tristesses et des grandes douleurs. Ces feuillets détachés suffisent cependant à jeter un rayon de lumière sur ces jours ténébreux, et grâce à eux, nous pouvons suivre les religieuses au milieu du monde où la persécution va les faire entrer.

« Nos vénérées anciennes, est-il dit (1), commencèrent en 1789 à être inquiétées dans leur pieux monastère, héritage des saintes fondatrices de 1631, et que les munificences du roi Louis XIII, et les libéralités de Mgr. Pierre de Fenouillet avaient rendu une des premières maisons de l'Ordre en France. Sommées de nommer un député qui les représentât et répondît pour elles à l'Assemblée des États-Généraux, elles n'obtinrent de cette démarche aucun heureux résultat. Le 13 février 1790, un décret de l'Assemblée Constituante supprimait les Ordres religieux, les vœux monastiques, et déclarait que les biens des communautés religieuses seraient mis à la disposition de la nation.

» On commença d'abord par défendre aux sœurs d'avoir des élèves afin qu'elles fussent privées de ressources pour vivre en communauté: plus tard on leur défendit de recevoir des sujets à la profession, et inopinément elles se virent assaillies par des visites importunes qui n'avaient d'autre but que de les tracasser et leur faire prendre leur saint état en dégoût. On voulait par là les engager à demander elles-mêmes leur sortie du cloître. Les délégués de la municipalité parlaient avec la plus grande douceur, disant avec des paroles pleines d'astuce et de flatterie, qu'ils voulaient mettre

(1) Nous prenons çà et là dans les deux notices.

un terme à leur captivité, qu'ils souffraient de les voir esclaves, victimes de la cupidité de leurs parents. « Vous n'avez qu'à parler, ajoutaient-ils, nous vous rendrons heureuses en vous ouvrant cette triste prison. Plusieurs d'entre vous sont encore jeunes, parlez: votre félicité est entre vos mains. » Ils n'eurent pour toute réponse que le silence le plus profond. Ils s'imaginèrent que le respect humain les retenait et ils leur dirent qu'ils voulaient les voir en particulier afin qu'elles pussent faire connaître avec plus d'abandon et de confiance le désir qu'elles avaient de rentrer dans le monde.

» Nos sœurs se rendirent donc au parloir l'une après l'autre, ayant le voile entièrement baissé. Le chef des délégués dit à chacune, en la voyant paraître: « Citoyenne, lève ton voile. » « Je ne le ferai pas, répondit la sœur, ma Règle me le défend. » Elles comparurent toutes (1). Les interrogations et les sollicitations en particulier n'ayant pas mieux réussi qu'en général, ces Messieurs, outrés, les obligèrent à élire une autre Supérieure, s'imaginant que celle qui les gouvernait actuellement les enchaînait par son influence. La Très Honorée Sœur Marie-Julie de Plantade était alors en charge. Les voix durent se donner en présence de ces délégués municipaux. Quel ne fut pas leur dépit lorsqu'ils virent que la même Supérieure était réelue à l'unanimité.

» Ils résolurent alors d'en venir à un moyen plus efficace, celui de la force. En conséquence, dès ce jour, les visites domiciliaires, les spoliations, les frayeurs nocturnes ne manquèrent pas à nos pauvres sœurs. Le soir, pendant les matines, elles entendaient les détonations des armes à feu qui frappaient les murs de leur église et en faisaient tomber les vitraux brisés avec fracas. Nos sœurs passaient souvent la nuit en prières devant le très Saint-Sacrement. Lorsqu'elles allaient au réfectoire, elles trempaient leur pain de leurs larmes.

» Dans cette pénible circonstance la Mère Marie-Julie de Plantade déploya beaucoup de prudence et de sagesse. Afin de soustraire les vases sacrés à la profanation et à la cupidité, elle en fit faire de peu de valeur qui n'avaient que la coupe en argent, et les mit à la place de ceux qu'elle avait fait

(1) Voir aux *Pièces justificatives* N° XI, avec le nom des religieuses, l'éloquent tableau dressé par les délégués municipaux. — *Archives de la préfecture de l'Hérault, fonds de la Visitation.*

soigneusement cacher. Elle fit de même pour les autres objets précieux de la sacristie. Ce fut donc sans alarmes qu'elle ouvrit les portes aux spoliateurs, quand ils se présentèrent. Des inventaires de tout ce que renfermait la maison furent dressés par ordre de la Commune, et dès lors tout fut regardé comme effets nationaux. Il en fut de même de tous les biens-fonds appartenant au monastère, lesquels étaient très considérables.

» Fatigués de la généreuse résistance de ces nobles victimes, et irrités de leur calme, de la force d'âme qu'elles montraient, les délégués municipaux leur signifièrent qu'un tel jour elles auraient à rendre les clés du couvent. Alors ce ne fut que pleurs; le cloître retentissait de sanglots, et les larmes de nos malheureuses en arrosaient le pavé. La douleur leur ôtait tout besoin de sommeil et de nourriture.

» Une des sœurs du voile blanc, Louise-Françoise Jullian, montra un admirable courage pour soustraire à l'impiété et à la fureur des sacrilèges les restes précieux de nos sœurs défuntes. Lorsqu'elle apprit la triste nouvelle qu'il fallait abandonner par force la maison du Seigneur, elle passa plusieurs nuits à exhumer tous les ossements du caveau; ils furent secrètement emportés par le jardinier et le sacristain au cimetière commun où ils attendent la résurrection générale.

» L'ordre de quitter le saint asile avait été donné le 25 Septembre 1792. Le jour de la séparation étant arrivé, elles se donnèrent le baiser de paix en fondant en larmes. C'était un spectacle empreint d'une grandeur, qui rappelait l'ère des martyrs. Quel déchirement de cœur lorsqu'elles franchirent la porte de ce monastère qui les avait abritées, où elles avaient passé de si heureux jours dans le calme et la paix des enfants de Dieu! Elles rentrèrent dans leurs familles: celles qui n'avaient point de parents furent reçues chez des amies qui leur donnèrent l'hospitalité pour quelque temps; plus tard elles s'industrièrent pour gagner leur vie. »

Elles n'avaient emporté du monastère qu'un peu de linge. Dans leur malheur, elles ne sollicitèrent de leurs biens que quelques livres de piété où elles pouvaient trouver un peu de consolation, et une ancienne chasuble à l'effigie de Saint François de Sales, précieuse relique de la fondation. Elles écrivirent à la municipalité la lettre suivante: (1)

(1) *Archives de la préfecture de l'Hérault*, fonds de la Visitation.

« La soussignée vous observe, Messieurs, que parmi les li-
» vres qui se trouvent dans la bibliothèque du monastère de la
» Visitation de S.te Marie, et qui ont été compris dans l'inven-
» taire fait par Messieurs Clément et Cambon, officiers muni-
» cipaux, il y en a plusieurs qui appartiennent personnelle-
» ment aux religieuses de ce couvent; que d'autres ne sont
» d'aucune valeur pour les personnes du monde, contiennent
» une doctrine, ou des méditations dont la lecture est la seule
» consolation qui leur reste. C'est en leur nom, Messieurs, et au
» mien, c'est au nom de l'humanité, c'est par l'intérêt que vous
» devez à notre malheur, comme administrateurs et comme ci-
» toyens, que je vous conjure de nous accorder les livres dont
» je joins ici la note, de m'accorder encore une chasuble fort an-
» cienne, et de peu de valeur, mais qui en a beaucoup pour
» moi, parce qu'elle est aussi ancienne que notre monastère,
» et qu'elle contient l'effigie de S. François de Sales. »

*Notes des livres :*

La vie et les écrits de S. François de Sales et de S.te Chantal.— La vie et les œuvres de S.te Thérèse et de S. Jean de la Croix.— Les lettres édifiantes. — Les relations de la Trappe. — Les œuvres du Père Surin. — Un exemplaire de la S.te Écriture expliquée. — Un exemplaire de la Perfection chrétienne. — Un exemplaire des œuvres de Grenade. — 2 tomes in 4° de la S.te Écriture. — La vie de Notre-Seigneur, par le Père de Ligny. — Celle de quelques saints. — Quelques petits volumes de traités de piété.

Sœur Marie-Julie Plantade, *supérieure*
» Marie-Magdeleine Bardy
» Marie-Xavier Magnol
» Marie-Félicité Journet
» Thérèse-Mélanie Darène
» Louise-Marguerite Restouble.

« Pendant leur séjour dans le monde, ajoutent les Annales, nos chères exilées manquèrent souvent de secours spirituels. Lorsqu'elles rencontraient quelque bon prêtre, elles en profitaient pour entendre la sainte messe et communier. Leur confesseur ordinaire leur rendit quelque temps ce service. Il vivait caché dans la maison de campagne du frère d'une de nos sœurs, et comme les révolutionnaires se doutaient que dans cette famille on recélait des prêtres, il avait soin de se déguiser en balayeur de rues pour ne pas être reconnu par les émissaires qui cernaient la propriété. Le soir, à la chûte du jour, le prétendu balayeur arrivait, monté sur un âne qu'il laissait marcher à petits pas, et lui, la tête couverte d'un bonnet de coton, portant des pantalons de toile grise et des sabots aux pieds, jouait nonchalamment du flageolet. De si loin que la femme du fermier l'apercevait, elle se mettait à lui crier des reproches, le taxant de paresseux et d'indolent, lui disant que s'il ne changeait pas de conduite, elle le renverrait. Ceux qui montaient la garde se retiraient, ne pouvant supposer que ce balayeur de rues fut le prêtre qu'ils cherchaient.

» Notre bonne sœur Thérèse-Honorade Viguier, du rang des sœurs converses, qui occupait une chambre à un troisième étage, procura souvent à ses compagnes le bonheur d'entendre la sainte messe et de communier. Elle exposa sa vie en cachant des prêtres. Pendant la nuit, nos sœurs se réunissaient dans sa chambre, se confessaient, et à minuit, leur ancien aumônier, ou tout autre prêtre, leur disait la messe et leur faisait une courte allocution. Après avoir participé aux saints mystères et s'être nourries du Pain des forts, les sœurs se retiraient une après l'autre, en silence, afin de ne pas éveiller les soupçons.

» Il arriva qu'une nuit, étant réunies en plus grand nombre, elles firent un peu de bruit. A l'étage inférieur habitaient des personnes amies des prêtres intrus; elles ne cessaient d'épier les démarches et les actions de la sœur converse afin d'en rendre compte à leurs directeurs. Étant montées chez notre sœur, elles lui dirent sur le ton de l'amitié la plus sincère : « Vous avez été souffrante la nuit dernière, car nous vous avons entendue marcher, aller et venir bien longtemps. Nous avions bien envie de monter pour vous porter secours. » La bonne sœur, qui avait fait sa petite lessive la veille, leur répondit avec un air décidé: « Je vous remercie bien, Mesdemoiselles, je n'avais besoin de rien; mais pour avancer ma journée, j'ai lavé mon linge, voilà pourquoi j'ai fait du bruit en allant et venant. »

» Un autre jour ces demoiselles montèrent tandis que le prêtre y était : Notre bonne sœur fut un peu embarrassée mais nullement déconcertée; elle avait deux pièces dans son appartement; elle invita ces demoiselles à se mettre à la fenêtre pour leur montrer la vue de la campagne, et pendant qu'elle les occupait, le prêtre passait d'une pièce à l'autre, et se cachait dans une coin de celle d'où elles sortaient.

» La sœur Louise-Françoise Jullian, celle-là même qui avait exhumé les corps de nos vénérées devancières, fut également pour ses compagnes d'un très grand secours. Ayant appris qu'une de nos sœurs, logeant dans une maison occupée par des protestants, était en danger de mort, elle résolut de lui procurer un prêtre, quelques difficultés qu'il y eût à surmonter. Dans la nuit, elle réussit à lui en amener un, et elle eut la consolation de la voir mourir munie des sacrements de l'Église. »

La mort n'épargnait pas les pauvres exilées. Échanger les douleurs de la terre contre les joies du ciel, n'était-ce point leur vœu le plus ardent? Pendant cette cruelle période moururent, le 27 octobre 1793 la sœur Marie-Joseph Monteil, le 29 novembre 1794 la sœur Marie-Angélique Méjean, le 2 Mars 1795 la sœur Marie-Sophie Imbert, le 7 novembre 1796 la Mère Marie-Félicité Journet, le 3 janvier 1799 la sœur Marie-Hélène Thomas, le 8 du même mois et de la même année la sœur Marie-Émilie Pelletier, et le 30 mai 1799 la sœur Marie-Joséphine Durand.

Avant de mourir, elles avaient donné leur dernière pensée à leur cher monastère. Comme les captives de Babylone, vraies filles d'Israël, elles se tournaient pour saluer le doux foyer de leur vie religieuse, leur chère patrie de la terre, leur bien-aimée Jérusalem: elles chantaient l'ancien cantique des cloîtres. « O Jérusalem, ma vie, si onc t'oublie, plus ne puisse ni agir de la main, ni bénir des lèvres, ni aimer du cœur: puis bien pâtir encore, et encore doloir, puis mourir goutte à goutte, mais t'oublier ne puis! »

C'était un spectacle bien douloureux que de voir passer, le long des rues de la ville, le cortège de ces humbles filles de la Visitation; sans croix, sans prêtre, sans encens. Un voile blanc sur le cercueil servait de parure virginale, et tout autour les compagnes accourues remplaçaient les lumières et les lis: mais au-dessus planaient les anges, alternant l'hymne des vierges avec celle des martyrs.

Qu'était devenu le monastère durant ces tristes jours? Une ombre l'enveloppait; ce n'était plus l'asile de la prière, le point d'appui de l'échelle mystérieuse qui relie la terre avec le ciel. Il avait été spolié, saccagé, profané. Les religieuses allaient contempler avec amour ce berceau de leur vie religieuse, elles veillaient près de lui, comme la sœur de Moïse veillait sur le berceau de son frère exposé aux flots du Nil. Mais qu'attendre d'un Gouvernement persécuteur, d'un peuple qui chassait Dieu de ses temple et les filles de Dieu de leurs saintes demeures?

La Providence cependant veillait à sa manière; elle ne permit point la ruine; l'église devint un magasin à sel, et le monastère servit de prison aux prêtres âgés ou infirmes qui avaient préféré la proscription ou la mort à l'apostasie de leur foi. Le sel dans la chapelle où s'était célébrée dans le diocèse la première fête du Sacré-Cœur, le sacerdoce fidèle prisonnier dans le monastère, n'y avait-il pas là une attention délicate de Celui qui avait dit à ses apôtres « Vous êtes le sel de la terre? (1) » Le sel conserve, et les anciens pensaient qu'il contenait du feu parmi ses éléments (2). Entre les murs de la Visitation, le Cœur de Jésus gardait le sel de la terre qui ne s'était point affadi et maintenait cachée une étincelle qui jaillirait aux temps nouveaux.

Les prêtres furent remplacés dans la suite par des soldats malades (3). Après le sacerdoce, l'armée venait chercher un refuge dans l'ancienne Visitation. A défaut des vierges, le monastère abritait ce que la patrie a de plus cher: ses soldats infirmes et ses prêtres souffrant persécution.

(1) Math. V. 13.

(2) S. Hilaire. *Comm. in Math.* C. V.

(3) M. le Chanoine Saurel. Histoire religieuse du département de l'Hérault pendant la Révolution, tom. III, p. 64.

# CHAPITRE XII

## Restauration du Monastère.

Les semences mortes. — Le Concordat de 1801. — L'Empire et la Restauration. — Générosité de la sœur Antoinette-Fortunée Sabatier. — Commencement de vie religieuse. — La fête de la Conception en 1818. — Pauvreté des sœurs. — Charité de Mgr Fournier. — Premières postulantes. — Achat du monastère. — Décès de la Mère Anne-Julie Bousquet. — Arrivée de la Mère Louise-Eugénie Troëtte. — Prise de possession du monastère. — Urgentes réparations. — Établissement de la clôture. — Décès des sœurs Marie-Chantal Amadou, Marie-Gertrude Clément. — Achat de la chapelle. — Réélection de la Mère Eugénie Troëtte. — Décès des sœurs Marie-Eulalie Guillot, Marie-Joséphine Brousse, et Marie-Joseph Garric. — Départ pour Toulouse de la Mère Louise-Eugénie Troëtte. — Éloge de ses vertus. — Arrivée de la Mère Marie-Sophie Lambert. — Décès de la sœur Thérèse-Honorade Viguier.

DIEU se plaît, dans l'ordre moral comme dans l'ordre physique, à faire sortir des semences mortes en terre les plus riches moissons. L'Institut de la Visitation était bien enseveli. Les sœurs se trouvaient jetées aux quatre coins du diocèse. Plusieurs d'entre elles avaient été moissonnées par la mort. Leur demeure était devenue un bien d'État, leur église un entrepôt. Le double bâtiment se dressait morne, silencieux, voilé de deuil, et l'on se demandait quel souffle de liberté et de vie serait assez puissant pour y ramener celles que l'impiété révolutionnaire avait dispersées.

Le Concordat de 1801 ouvrit les églises et releva les autels. D'un bout de la France à l'autre, il y eut une explosion de reconnaissance et de joie. Les anciennes religieuses tressaillirent en pensant qu'elles allaient se retrouver. Quelques tentatives de restauration furent faites çà et là, mais, il faut le reconnaître, le lis des vierges ne s'épanouit dans toute sa fleur que lorsque le lis de France eut été replanté. Un trône n'est point nécessaire pour ombrager les lis; mais on dirait que Dieu voulait ménager ce dernier privilège aux fils de saint Louis, de voir sous leur règne l'établissement de ces congrégations religieuses, anciennes ou nouvelles, auxquelles notre siècle est redevable de tant de bienfaits.

C'est en 1818 que la Visitation ouvrit ses portes. Nous avons trouvé une relation manuscrite de ce qui se passa à l'époque du rétablissement du monastère. La sœur Thérèse de Sales Lamothe-Tenet avait été une des premières à entrer dans la ruche visitandine. Après plus de cinquante ans de vie religieuse, elle céda aux vœux de ses compagnes en écrivant sur quelques pages le récit de la restauration.

» Voici, dit-elle, le moyen dont la Providence se servit pour ouvrir à nos sœurs leur ancienne maison.

» La Mère Marie-Julie de Plantade avait échangé les douleurs de l'exil pour les joies de l'éternelle patrie. Beaucoup de ses filles l'avaient suivie en paradis. En 1818, nos vénérées sœurs Marie-Louise Theulon, Anne-Julie Bousquet et Marie-Gertrude Clément, restées à Montpellier, apprirent que notre chère sœur Antoinette-Fortunée Sabatier, ancienne élève et religieuse de leur maison, avait été recueillie dans un de nos monastères de Paris, et qu'elle venait d'hériter d'une immense fortune. D'après les conseils de notre Saint-Père le Pape Pie VII, cette fortune devait être employée en bonnes œuvres. Nos sœurs, connaissant le bien que leur ancienne compagne faisait aux communautés religieuses, eurent la pensée de lui exposer le désir qu'elles avaient de se réunir et l'impossibilité de le réaliser faute de ressources pécuniaires. Elles allèrent faire part de leur projet à Mgr Fournier, leur évêque. Sa Grandeur l'ayant approuvé, elles écrivirent à la sœur Antoinette-Fortunée; elles la priaient de leur venir en aide et de leur accorder une somme de 12000 francs pour acheter une petite maison attenante à l'ancien corps de bâtiment. Cette vénérée sœur accueillit leur prière et envoya la somme demandée. Heureuses de pouvoir réaliser leur désir, nos sœurs se présentèrent de nouveau chez Mgr Fournier pour lui faire part du résultat de leurs démarches. L'Évêque leur montra beaucoup d'intérêt, les encouragea, leur manifesta le regret qu'il avait, à cause du rétablissement de son grand séminaire, de ne pouvoir leur venir immédiatement en aide, mais il les assura qu'il ne perdrait pas de vue les filles de Saint François de Sales, qui devenaient dès ce moment les filles de son cœur.

» Monseigneur Fournier se montra pour nos chères sœurs le bienfaiteur le plus généreux et le père le plus dévoué. Le contrat d'achat de la petite maison, vrai Nazareth de pauvreté, fut passé en sa présence et il fournit aux frais de toutes les réparations. Nos trois vénérées doyennes entrèrent dans leur nouveau et modeste séjour le 7 décembre 1818, pour y célébrer le lendemain la fête de l'Immaculée-Conception. Elles appelèrent auprès d'elles notre chère sœur Marie-Rosalie Fraisse et les chères sœurs converses Louise-Françoise Jullian, Thérèse-Elisabeth Laurent, Thérèse-Honorade Viguier et Marie-Élisabeth Faucher. Cette dernière, ayant reçu une certaine éducation, avait employé son temps d'exil à élever des jeunes filles. Elle avait de la sorte amassé une petite somme qu'elle s'empressa d'apporter, ainsi que son mobilier et une petite provision de blé. Ce fut pour nos vénérées anciennes un secours précieux. Elle amena aussi avec elle une pieuse fille, nommée Pascale, qui leur servit longtemps de tourière. Ses élèves ayant voulu la suivre, notre pensionnat se trouva fondé dès l'année 1818.

» On transforma une salle du rez-de-chaussée en chapelle. La première messe y fut célébrée le 28 décembre 1818, jour anniversaire de la mort de notre bienheureux Père. Notre-Seigneur habitait désormais la maison. Mgr Fournier nomma pour aumônier et supérieur M. l'abbé Carrière, vicaire général et chanoine de la cathédrale.

» Nos bonnes sœurs n'avaient pour tous revenus que la modique pension de 150 fr. par an, que le Gouvernement faisait à chaque sœur du voile noir, et celle de 100 fr. à chaque sœur converse. Leur pauvreté était si grande qu'elles n'achetaient à la fois que deux sous d'huile, deux fagots de sarments; le menuisier voisin leur fournissait des copeaux pour faire cuire leurs aliments. La table manquant pour le réfectoire, elles prenaient leurs repas sur une corbeille renversée. Néanmoins la divine Providence veillait sur elles, car elles n'ont jamais manqué du nécessaire. Des personnes charitables, et surtout les religieuses de Saint Vincent de Paul pourvoyaient à leurs besoins avec une sollicitude vraiment touchante. L'habit qu'elles portaient était celui des sœurs tourières.

» N'étant pas assez nombreuses pour procéder canoniquement à une élection, elles choisirent pour Supérieure provisoire la vénérée sœur Marie-Louise Theulon, laquelle étant morte trois mois après en 1819, fut remplacée par la très Honorée Mère Anne-Marie Bousquet.

» Malgré cet état de choses si peu attrayant, des postulantes se présentèrent. Le 2 juillet 1819, on admit Mademoiselle Vacquier; au mois d'août Mlle Marguerite Raynard, en religion sœur Thérèse-Joséphine, et Mlle Félicité Lamothe-Tenet, en religion sœur Thérèse de Sales. Ce qui m'attira à la Visitation, ajoute cette dernière, ce fut précisément son état d'obscurité et de pauvreté. En 1820, trois autres postulantes, les sœurs Marie-Augustine Roux, Marie-Chantal Amadou, veuve, et Louise de Gonzague Coste, commencèrent leur essai.

» Voyant leur petite famille s'augmenter, nos vénérées anciennes eurent la pensée de demander à Monseigneur l'Évêque l'autorisation de faire des démarches pour acheter l'ancien couvent qui était en vente. Mais où trouver les fonds nécessaires? Nous eûmes recours à Celui qui a dit: « Demandez et vous recevrez. » Nous fîmes des neuvaines, des processions, nous frappâmes à la porte du Tout-Puissant et le trésor de sa Providence nous fut ouvert. Mgr Fournier, notre vrai père, nous donna 20,000 fr.; quelques personnes amies nous prêtèrent sans intérêt; une jeune novice fit profession, et étant orpheline, entièrement libre de son bien, elle en consacra la plus grande partie en faveur de la communauté.

» Il restait encore beaucoup d'obstacles à surmonter. L'ancien monastère n'ayant plus les prêtres et les soldats, avait été loué à des sociétés de francs-maçons et à des officiers qui tous les dimanches y donnaient des bals. Le soir, pendant matines, nous entendions le son des instruments de musique. En été, nous étions obligées de fermer nos croisées afin de pouvoir nous entendre, tant le bruit du dehors était assourdissant. Notre vaillante sœur converse Louise-Françoise Jullian, dont le zèle pour sa communauté ressemblait à celui d'Élie, se rendait au jardin et criait d'un ton courroucé « Il n'est pas possible de profaner de la sorte la maison de Dieu.

Il fera tomber sur eux le feu du ciel! » Et s'approchant tout émue de sa Supérieure, elle disait: « Ma Mère, faites leur donc quitter notre maison. » Dieu bénit ces saints désirs. Monseigneur Fournier voulant arracher cette sainte demeure à l'occupation séculière, indemnisa tous les locataires et obtint en 1822 que le contrat de vente fut signé.

» Au comble du bonheur, nous faisions monter vers le ciel le cantique de l'action de grâces, lorsque une nouvelle épreuve vint fondre sur nous: la très honorée Mère Anne-Julie Bousquet fut atteinte d'une grave fluxion de poitrine. Se sentant frappée, elle dit: « Comme Moïse, je vois la terre promise, mais je n'y entrerai pas. » Elle mourut en effet dans la nuit du 6 Janvier 1822 à l'âge de 72 ans, dont 45 de profession religieuse. Il ne restait donc plus de nos vénérées restauratrices que les chères sœurs Marie-Gertrude Clément devenue sourde et Marie-Rosalie Fraisse.

» Notre bonne ancienne Marie-Gertrude Clément nous réunit pendant la nuit à la chapelle, et dès que nous eûmes perdu notre Mère, elle prononça un acte de consécration à la sainte Vierge par lequel elle lui confiait la communauté, ses besoins spirituels et temporels.

» Le lendemain, Monseigneur vint nous voir et prenant nos mains dans ses mains, nous dit avec tendresse: « Mes filles, vous avez perdu une Mère. Eh bien! vous trouverez en moi un vrai Père; demandez moi tout ce que vous voudrez et je vous l'accorderai de tout mon pouvoir. » « Monseigneur, lui dit alors notre sœur Marie-Gertrude, nous avons besoin d'une Supérieure et d'une Maîtresse des novices. Dans le passé nous avons secouru nos sœurs de Toulouse pour une semblable nécessité, il nous semble que leur charité pourrait nous venir en aide. » « Mes filles, leur répond Monseigneur, vous aurez ce que vous désirez, je vais écrire ce soir même à Toulouse. » Puis il ajouta: « Vous souvenez-vous de ce billet que vous avez fait pour reconnaître une somme de 10,000 fr. qu'une personne inconnue vous avança lors de l'achat de votre monastère? Le voici. » Et sa Grandeur le déchira en leur présence et leur dit: « Qu'il n'en soit plus question. Je voudrais pouvoir faire davantage, mais vous savez que j'ai mon séminaire et d'autre maisons à aider. » Nos bonnes sœurs ne purent répondre que par des larmes d'attendrissement. Il serait trop long d'énumérer les autres traits de bonté de ce saint évêque; grâce à ses secours généreux notre saint asile, à l'exception de la chapelle, put être évacué.

» Ce fut le 13 Février 1822, à 11 heures du matin, que nos chères sœurs, envoyées de Toulouse, arrivèrent à Montpellier. Dans l'après-midi du même jour, Monseigneur Fournier vint présider l'élection. Les quatre voix, dont se composait le scrutin se trouvèrent réunies en faveur de la très honorée sœur Louise-Eugénie Troëtte. Sa vénérée compagne, sœur Louise-Amédée Pons fut chargée du noviciat. Elles avaient amené avec elles notre chère sœur Angélique-Xavier Restouble, ancienne professe de Montpellier, mais entrée au monastère de Toulouse plus récemment rétabli. Elle apportait sa pension du Gouvernement et une pension viagère assez considérable, qu'elle tenait de sa famille, ce qui aida beaucoup la nouvelle communauté.

» Dès que l'élection fut faite, on abattit le mur qui nous séparait du monastère. Nous allâmes le visiter. Il était si dégradé, si malpropre qu'on ne le reconnaissait plus; il n'y avait ni portes ni fenêtres, les murs tenaient à peine debout. Notre nouvelle Mère se sentit un instant découragée, en voyant tout ce qu'il y avait à faire. La grandeur de la tâche lui suscita même la pensée de se faire rappeler à Toulouse, mais en âme forte et généreuse, se confiant en Dieu, encouragée par notre digne Évêque, elle mit la main à l'œuvre, fit faire les réparations les plus urgentes, établit la clôture. Nos habits religieux étant prêts, nous revêtimes, le jour de Pâques, les livrées des épouses de Jésus-Christ, et le 3 Mai, fête de l'Invention de la Sainte Croix, nous prîmes possession de nos cellules. N'ayant pas encore l'église, nous séparâmes notre grand réfectoire par une grille et un mur; une partie servait de chœur aux religieuses, l'autre était destinée aux personnes du monde qui venaient assister à nos Offices. A cette même époque, une dame dévouée nous donna la grande cloche et un ornement garni en or fin. Mgr Fournier nous fit cadeau d'une belle aube et d'un calice en argent. »

La relation de la sœur Thérèse de Sales Lamothe-Tenet s'arrête là. Nous n'avons maintenant qu'à ouvrir les Annales du monastère et glaner çà et là le récit des principaux évènements qui peuvent intéresser nos pieux lecteurs.

Au mois de Janvier 1823 mourut la sœur Marie-Chantal

Amadou, veuve Deleuze. Elle n'était âgée que de 30 ans et en comptait à peine deux de profession religieuse. Sur son lit de douleur, elle a constamment édifié la communauté par sa soumission à la volonté de Dieu, répétant qu'elle préférait mourir jeune en religion que de jouir encore de ses biens dans le monde. Elle a été inhumée dans le cimetière du séminaire.

Le 7 Février 1824, une vénérée ancienne, sœur Marie-Gertrude Clément échangea les tristesses de la terre contre les joies du ciel. Quoique très âgée, elle était très utile à la communauté. Lors du décès de la Mère Anne-Julie Bousquet, elle aurait été choisie pour la remplacer, si une surdité presque complète ne lui eût rendu impossible l'exercice de la charge de Supérieure. Elle était non seulement le conseil, mais encore le modèle des jeunes sœurs par son esprit de charité et de régularité. Elle mourut à l'âge de 80 ans, dont 56 de profession religieuse, du rang des sœurs choristes. Elle a été inhumée dans le cimetière du séminaire.

Dans l'intervalle, l'église avait été achetée et rendue au culte. En 1825, un magnifique tableau, don de Mgr Fournier, représentant la Visitation de la Sainte Vierge, fut placé sur le maître-autel. Ce tableau a été fait par un peintre de Nîmes à qui la mort ne permit pas d'achever son travail. Les pieds et les mains des personnages ont été peints par M. Matet, artiste distingué de notre ville.

La Mère Louise-Eugénie Troëtte ayant terminé son premier triennat, fut réélue en 1825; elle continua à faire compléter les réparations et à pourvoir à l'ornementation de l'église. Par les dons des nouvelles professes, les chapelles intérieures furent rétablies dans le monastère, et les sœurs eurent l'avantage de gagner les indulgences des sept autels. M. l'abbé Carrière, leur digne aumônier, confesseur et père spirituel, qui depuis 1818 servait la communauté avec un dévouement et un désintéressement admirables, succomba à un long dépérissement de santé. Mgr Fournier nomma pour confesseur M. Rouger, pour père spirituel M. de Lunaret, vicaire général, et pour aumônier M. l'abbé Bogineau.

La mort n'oubliait point le monastère de la Visitation. Le 21 septembre 1826, la sœur Marie-Eulalie Guillot, du rang des sœurs choristes, partait pour le ciel; elle était âgée de 26 ans dont deux de profession. Cette religieuse était née à

Montpellier d'une famille recommandable par sa piété et sa vertu. Au noviciat elle devint bientôt un modèle pour ses compagnes qu'elle édifiait par sa ferveur, sa régularité et son obéissance. La communauté fondait sur elle de légitimes espérances lorsque, malgré sa bonne constitution, une fièvre maligne la ravit en quelques jours à l'affection de ses sœurs. Dès qu'elle se vit malade, elle dit à sa Supérieure: « Ma Mère, je mourrai, parce que lorsque j'étais sous le drap mortuaire, j'ai demandé à Dieu le grâce de mourir jeune, si je ne devais pas être une fervente religieuse. » C'est la première sœur inhumée dans le caveau du monastère depuis la restauration.

Le 6 janvier 1828, mourait la sœur Marie-Joséphine Brousse, à l'âge de 24 ans, 8 mois, dont 13 mois de profession religieuse, du rang des sœurs choristes. On peut appliquer à cette épouse du Christ la parole du sage: « Heureux celui qui porte le joug du Seigneur dès son enfance. » C'est ce qui la fit arriver en peu de temps au terme qui devait la mettre en possession de son céleste Époux. D'un grand esprit de pénitence, elle n'avait aucun égard pour sa faible santé et se portait à des mortifications pénibles avec une ardeur qu'il fallait sans cesse modérer. Un jour qu'elle goûtait plus que jamais les consolations que Dieu se plaît à répandre dans les âmes innocentes, confuse de tant de bienfaits, et voulant témoigner au Seigneur sa gratitude, elle lui offrit le sacrifice de sa vie. Dès ce moment, malgré la crainte qu'elle avait de la mort, elle s'occupa de s'y préparer et de s'en rendre la pensée familière, faisant tous les jours ses oraisons sur ce sujet. Son offrande avait été acceptée au ciel: son âme s'y rendit chargée de mérites et ornée d'éclatantes vertus.

Le même mois, et la même année — 30 janvier 1828 — une autre jeune religieuse s'envolait en paradis. La sœur Marie-Joseph Garric, âgée de 33 ans, dont quatre de profession religieuse, du rang des sœurs choristes, était une de ces âmes en qui se vérifiait l'oracle du Sauveur: « Le royaume du ciel souffre violence. » Dans le monde, elle résista avec force à deux de ses parentes hérétiques qui voulaient l'entraîner dans leur religion. Dans le monastère, elle se montra d'un dévouement, d'une mortification et d'une générosité extrêmes. Elle venait d'être élue assistante lorsqu'une maladie de poitrine l'enleva à l'affection de la communauté. Elle fut inhumée dans le caveau du monastère.

La Mère Louise-Eugénie Troëtte terminait son second triennat. Elle fut rappelée à Toulouse où elle fut encore supérieure pendant six ans. La vénérée sœur Louise-Amédée Pons la suivit. La communauté restait composée à cette époque de 23 sœurs du voile noir, 5 du voile blanc, une novice, trois postulantes et trois tourières. Le pensionnat comptait 20 élèves.

Les religieuses consacrent à la Mère Louise-Eugénie Troëtte l'éloge suivant: « Quel ne fut pas notre bonheur lorsque notre excellente Mère Louise-Eugénie prit le gouvernail de la communauté. Nous n'avions jamais vu de religieuse portant notre saint habit. Elle avait 64 ans quand elle nous fut envoyée. Tout prévenait en sa faveur. Un air grave mais gracieux, une douce modestie et des manières affables nous charmaient. Elle joignait à ces belles qualités un zèle ferme et suave pour nos saintes Règles, l'amour de l'ordre et de la pauvreté. Elle était laborieuse et toujours occupée. Aussi inspira-t-elle à celles qui ont eu le bonheur de la connaître le même goût pour le travail. Elle ne se contentait pas de nous en recommander la pratique, elle était un exemple que nous devions imiter. Sévère pour elle-même, elle était remplie d'égards et de bons procédés pour ses filles, veillant à leurs besoins avec une tendresse toute maternelle. Son zèle pour le saint office était extrême. Nous pouvons dire que la communauté lui doit tout ce qu'elle est. A son arrivée, elle avait trouvé beaucoup de dettes et de grandes réparations à exécuter; lorsqu'elle fut déposée, elle avait mis le monastère en très bon état et liquidé toutes les dettes. Voilà ce que peut l'esprit d'ordre et d'économie secondé par la divine Providence. Aussi notre reconnaissance pour le cher monastère de Toulouse vivra toujours parmi nous, et notre confiance en Dieu sera inébranlable. »

Les sujets composant la communauté en 1828, lors de la déposition de la Mère Troëtte, quoique doués de talents et de vertus, n'avaient point pour remplir la charge de Supérieure les conditions d'âge et les années de profession voulues par la Règle. Les sœurs furent obligées de recourir à Annecy, la sainte source. Cette communauté venant à peine de se rétablir ne put prêter aucun sujet. Le monastère de Chambéry envoya la très honorée sœur Marie-Sophie Lambert. Celle-ci se montra pleine de zèle et de dévouement pour sa nouvelle famille et continua le bien commencé par sa digne devancière.

Monseigneur Fournier multipliait ses secours et ses encouragements. La divine Providence, d'une manière sensible, faisait sentir sa protection.

La façade du monastère, du côté de la rue, menaçait de tomber en ruine. Elle est démolie et reconstruite en trois mois sans aucun inconvénient pour la clôture. Une petite chambre est ornée pour servir de chapelle intérieure en l'honneur du Sacré-Cœur de Jésus, divin modèle de perfection.

Le 21 août 1829, décédait la sœur Thérése-Honorade Viquier, du rang des sœurs converses, à l'âge de 72 ans, dont 48 de profession religieuse. Cette chère sœur avait rendu, nous l'avons dit, de très grands services pendant la Révolution. Entrée une des premières dans l'arche sainte elle se signala par sa charité envers les sœurs. Une longue et douloureuse maladie termina son existence.

Nous voici en 1830. La maison est réparée, la ruche est toute remplie d'avettes; le miel de la ferveur y coule à pleins bords. Jetant un regard sur l'histoire de ce siècle, nous la résumerons en trois chapitres: les embellissements, les fêtes et les vertus.

# CHAPITRE XIII

## Embellissements au monastère.

La parure des vierges dans le ciel. — Les ornements de leur demeure sur la terre. — Charité parfaite. — Concours généreux des Saints. — Extrême pauvreté. — Nécessité d'une restauration complète. — Zèle de la Mère Thérèse de Sales Lamothe-Tenet, de la Mère Marie-Louise Navarre et de M. l'abbé Villaret. — Dons divers pour l'intérieur du monastère et pour la chapelle. — Les bienfaiteurs, les parents des religieuses, les amis de la maison, les élèves du pensionnat. — Simplicité primitive. — Désirs des fondateurs réalisés.

LES vierges suivront au ciel les pas de l'Agneau. Elles porteront des vêtements blancs, et une auréole brillante ornera leur front. Entourées de lumières plus vives, environnées de rayons plus éclatants, elles seront une des gloires du paradis. Aimées de Dieu, elles deviendront l'objet de ses éternelles complaisances.

Sur terre, leur demeure n'attire pas moins les regards et les bénédictions du Très-Haut. Dans les plaines de l'Ombrie, aux alentours de Sainte-Marie des Anges, le pèlerin attardé voyait, le soir, des clartés étincelantes et percevait des chants que les esprits célestes pouvaient seuls moduler.

Le monastère n'est-il pas une des plus belles franges du vêtement de la fille du Roi ? Toute sa beauté est intérieure. La pauvreté et la virginité sont la parure du cloître : la pauvreté en est la fleur, la virginité le parfum. Mais la fleur porte en elle sa goutte de rosée, son ornement précieux. Les murs des monastères, tout en conservant leur caractère d'austère simplicité, prennent parfois, grâce à la charité chrétienne, des reflets d'une éblouissante splendeur. Sainte Clotilde, Sainte Radegonde, Sainte Bathilde, nos grandes saintes des origines, n'avaient rien tant à cœur que la fondation ou l'embellissement des demeures des vierges. Saint Thomas nous enseigne qu'il faut faire du bien d'abord aux amis de Dieu (1). Qui plus que les vierges honore-t-il de son amitié ? Embellir leur demeure n'est-ce point embellir la demeure de l'Époux ?

Le monastère de la Visitation de Montpeliier, ruiné par la Révolution, dépouillé de ses biens, privé de ses privilèges et de ses ornements, avait bien besoin de recevoir de la charité des fidèles un aspect plus digne de sa glorieuse destinée. « C'était un vrai Nazareth », a écrit la Mère Thérèse de Sales. Mais les bienfaiteurs, intermédiaires de la Providence, ne firent jamais défaut. Nous tairons bien des noms pour ne parler que des œuvres. Ces œuvres sont autant de perles attachées à la robe immaculée du Sauveur.

La Très-Honorée Mère Marie-Sophie Lambert, ayant terminé son triennat en 1831, fut rappelée à Chambéry. La sœur Thérèse de Sales Lamothe-Tenet, nommée Supérieure, se hâta de consacrer sa communauté au Sacré-Cœur de Jésus. Elle fit faire un tableau représentant ce divin Cœur, environné de gloire, attirant à lui quantité de colombes, qui vont se cacher dans son amoureuse plaie. Elle rétablit en même temps dans l'intérieur du cloître la chapelle de Notre-Dame de Prompt-Secours, si chère par le souvenir de la dernière consécration des religieuses avant leur dispersion. En 1833, elle érigea dans les dortoirs un oratoire en l'honneur de la Sainte Trinité, et à l'extrémité d'un des cloîtres un beau Calvaire, sur lequel fut placé un Christ fait sur le modèle de la Croix de la mission. Cette Mission, prêchée en 1821, avait ébranlé toute la ville. Vingt-deux mille personnes de tout rang s'étaient approchées de la Table Sainte. On voulut perpétuer la mémoire des bienfaits du Seigneur en élevant sur la place du Peyrou cette croix magnifique, dont les bras semblent bénir et garder la cité.

Au zèle de la Mère Thérèse de Sales pour la maison de

(1) II. II. Q. XXXII, art. IX.

Dieu se joignit bientôt celui du nouvel aumônier. M. Villaret, nommé en 1831, tient trop de place dans l'histoire de la Visitation, durant ce siècle, pour qu'aux débuts de son ministère nous ne nous inclinions pas avec respect devant cette figure si sacerdotale et si aimée. Grâce à sa générosité, l'église fut ornée de peintures, de sculptures et de dorures de très bon goût. En face de la chaire il fit placer un Christ d'une grande valeur (1). Un grand autel, formé avec des marbres blancs et noirs, fut dressé au milieu du sanctuaire; et la chapelle du Sacré-Cœur, en face de la grille des religieuses, reçut un magnifique tableau, peint par M. Dupin, de Montpellier, représentant Notre Seigneur qui montre son Cœur à la bienheureuse Marguerite-Marie.

Trois bienfaitrices voulurent bien continuer l'ornementation de l'église par l'érection d'autres chapelles. On commença par celle de Saint François de Sales. Le tableau fut peint et donné par M. Salze, parent d'une religieuse. Cette chapelle, ornée de pilastres, de guirlandes sculptées et de lambris peints, était fermée par une porte en fer avec des lances dorées. En 1834, on fit la chapelle de Sainte Chantal, à côté de celle de Saint François de Sales, et près de celle du Sacré-Cœur, la chapelle de Notre-Dame de Prompt-Secours, pour laquelle on avait une si grande dévotion. La statue de la Vierge fut donnée par M. Gros.

En 1836, à l'occasion de deux professions religieuses, l'église s'enrichit d'un beau Chemin de Croix peint à l'huile, de deux chapes en moire d'argent et d'un riche ciboire en vermeil, offert par les parents de la sœur Félicité de Sales Faulquier. L'année d'après, M. Villaret faisait placer les grandes orgues de la tribune, ornait le maître-autel de deux candélabres à sept branches, hauts de six pieds, et contribuait à la construction de deux oratoires intérieurs, situés au fond du jardin, dédiés l'un à Saint François de Sales, l'autre à Saint Louis de Gonzague.

En 1840, deux niches sont pratiquées à côté de la grille du chœur pour recevoir les statues en bois doré de la Sainte

(1) Ce Christ fut estimé 1200 francs par le directeur du Musée. Il est l'œuvre d'un Lodévois, M. Boussagues. On raconte que ce sculpteur suspendit comme modèle son employé à une croix, et qu'un jour il lui enfonça un clou assez profondément dans la main pour se rendre compte de la contraction des doigts et de l'expression de douleur sur le visage.

Vierge et de Saint Joseph. Les piédestaux qui les soutiennent renferment des reliques précieuses.

Depuis longtemps on avait le projet d'améliorer l'entrée intérieure du monastère. La très honorée Mère Marie-Louise Navarre, réélue en 1846, le réalisa. Un grand escalier, orné d'une corniche, éclairé par une belle rosace et deux portes à vitres cintrées, introduit dans le grand corridor aboutissant au cloître. Une amie de la maison offre, en 1848, une grande statue de la Sainte Vierge en pierre sculptée ; elle est placée sous un berceau de verdure au milieu du jardin des enfants de Marie. Au mois de janvier 1849, on fit l'acquisition d'un jardin, séparé du monastère par une petite rue. Un tunnel, bien éclairé, fut construit sous la rue pour y conduire. Une maison que l'on avait commencé de bâtir sur ce terrain fut achevée, et sert de logement à l'aumônier. Au mois de mai de la même année, on érigea sur le dôme du clocher, piédestal préparé depuis deux siècles, une statue de Notre-Dame. Cette statue est due à la reconnaissance filiale de Mademoiselle Ménard, de Lodève, agrégée depuis 25 ans à l'Ordre de la Visitation. Cette pieuse demoiselle put accomplir, à l'âge de 51 ans, le dessein qu'elle avait formé depuis longtemps d'entrer en communauté. Heureuse d'être toute à Dieu, elle fit en outre parqueter le chœur des religieuses, dont les dalles brisées laissaient trop apercevoir les traces de la profanation. La porte ayant aussi des marques d'une vétusté trop réelle, fut remplacée par une autre plus élevée, surmontée d'un riche entablement et ornée de sculptures. Deux bénitiers en beau marbre gris, forme coquille, furent placés de chaque côté.

En 1850, les élèves offrirent à la Mère Louise de Sales Arnaud, à l'occasion de sa fête, un magnifique tapis d'Aubusson pour les marches du sanctuaire. Une riche couronne en pierreries, don de Madame Fournier, était placée, en 1853, sur le front de la Sainte Vierge. L'année d'après, M. de Malrieu, frère d'une religieuse, offrait un harmonium. A l'occasion de plusieurs professions, la sacristie s'enrichit de chapes, d'ornements, et le sanctuaire d'une belle lampe en cuivre doré. M. Villaret faisait élever un autel en marbre dans la chapelle de Saint François de Sales; et deux grands tableaux, venus de Paris, représentant l'un la Sainte Vierge, l'autre Saint Bernard étaient placés au réfectoire.

La peinture devait surtout contribuer à l'ornementation

du monastère. Mademoiselle Gibaudan, de Toulouse, cousine d'une religieuse et amie de la communauté, envoya successivement des tableaux qu'elle avait peints elle-même; en 1858, la Vierge de la médaille miraculeuse; et en 1860, les huit stations de Marie-Désolée. Ces huit derniers tableaux, disposés autour d'une statue de Notre-Dame des Sept Douleurs, don de Melle Hélène Flottes, ornent la salle du chapitre. A cette époque fut construit le grand escalier qui y conduit et auquel le Saint-Siège a daigné appliquer les indulgences de la *Scala Sancta.* Dans cette même salle se trouvent le portrait de Mgr Fournier, précieux héritage de ce regretté prélat, celui de M. Villaret, un tableau de Saint François de Sales et un autre de Sainte Chantal, peint par Madame de Vérot.

La communauté doit une reconnaissance particulière à Madame Bertrand, mère d'une religieuse. Cette fervente chrétienne, toute dévouée à la Visitation, offrit en 1864 une statue de Sainte Anne et une de Notre-Dame de Lorette pour les oratoires intérieurs, et deux beaux lustres en cristal pour le sanctuaire. L'année d'après, elle donna le groupe de Notre-Dame de la Salette, qui fut placé sur la terrasse dans une niche pittoresque. Après la mort de son mari, elle vint se fixer au monastère à titre de bienfaitrice. Cette Dame aux vertus fortes, au cœur généreux, aux manières aimables et distinguées, ne fit que passer dans la maison. Dieu lui réservait des joies meilleures. Elle lui furent accordées, après une vie des plus saintes, au mois de septembre 1867.

Nous ne saurions oublier deux autres bienfaiteurs, Monsieur de la Barthe et Monsieur Léopold Faulquier, parents de deux religieuses. Le premier offrit, en 1864, deux grandes statues, une de Saint Joseph, placée dans l'église, une autre de Saint François de Sales, élevée sur un piédestal dans l'avant-chœur des religieuses. Un peu plus tard, Madame de la Barthe fit don d'une magnifique chasuble en drap d'or et d'une riche paire de candélabres. M. Léopold Faulquier envoya pour le sanctuaire un harmonium plus complet que celui qui s'y trouvait déjà, et un grand tableau représentant Notre-Seigneur, montrant son cœur à la Bienheureuse Marguerite-Marie. Ce tableau, peint par M. Ange Node, orne l'oratoire de la Bienheureuse.

La salle de communauté s'embellissait aussi de toiles précieuses données par des personnes dévouées. Autour d'un

Saint Augustin, dernier envoi de Mademoiselle Gibaudan de Toulouse, prenaient place, en 1874, d'autres tableaux représentant les premières Mères de l'Ordre, les Mères de Fabre, de Bréchard, de Chatel, de Blonay et de Chaugy. Un beau portrait de Notre Saint-Père le Pape Pie IX, en habits pontificaux, offert à la même époque, compléta la décoration.

En 1864, la cellule que Sainte Chantal avait habitée, lors de son passage à Montpellier, fut transformée en oratoire, et enrichie de reliques.

Les élèves du pensionnat, dont le nombre dépassait soixante, profitaient de leur première Communion ou de la fête de la Supérieure pour offrir, en 1864, des guirlandes de marguerites entremêlées de boutons d'or ; en 1868 une statue du Sacré-Cœur, de grandeur naturelle, qui orne sur une rocaille le milieu du grand jardin; en 1871 un autel pour la chapelle de Sainte Chantal que plusieurs bienfaitrices avaient fait restaurer ; en 1873 un beau tapis pour les jours de réceptions extraordinaires ; en 1874 un tableau sur toile représentant la Bienheureuse Marguerite-Marie, et en 1875 une statue de Notre-Dame des Victoires destinée à la salle de communauté.

Elles ne pouvaient exclure la maison de Dieu de leurs gracieuses libéralités ; elles donnent en 1880 un magnifique conopée en moire blanche brodé or pour le tabernacle ; en 1883, et en 1886 un ornement pour la sacristie; en 1887 un beau tapis pour le sanctuaire; en 1891 des canons d'autel et des branches de lis (1).

Les anciennes élèves, fidèles à leurs maîtresses, se font un bonheur de concourir à l'embellissement de leur chère Visitation. Nous ne pouvons nommer ces âmes généreuses ; le Cœur de Jésus les connaît, cela leur suffit. Les unes offrent en souvenir, des chasubles, des aubes, des dentelles ; les autres un grand reliquaire, un riche thabor, des candélabres, des lampes. Celles-ci donnent des garnitures de fleurs, des statues, des colliers de perles pour la Vierge, des clés d'or pour le Tabernacle, celles-là un beau chemin de Croix pour le chœur des religieuses, des vitraux pour la grande église représentant le Sacré-Cœur, l'Annonciation, Sainte-Anne, et St-Louis.

En 1887, une ancienne élève, insigne bienfaitrice depuis

(1) Suivant l'exemple des grands monastères de France et d'Italie, la Visitation de Montpellier a fermé son pensionnat en 1896.

de longues années, fait paver le sanctuaire en mosaïque. Au milieu d'un riche dessin, fond havane, parsemé de marguerites, se détache une belle urne remplie de lis. C'est symbolique et de très bon goût.

Monseigneur Lamothe-Tenet enrichit la sacristie d'une belle chapelle en vermeil, ornée de riches émaux, et d'une patène plaquée or pour la table de communion, qui se trouve à la grille du chœur.

En 1890, une personne inconnue fait don de la grande statue du Sacré-Cœur placée sur le maître-autel.

Une noble chrétienne, qui abrite ses souvenirs à l'ombre de la Visitation, offre les deux anges adorateurs, une aiguière en argent, une chape blanche en moire brodée or, une belle écharpe pour le Saint-Sacrement.

Les professions religieuses deviennent une occasion de faire une offrande au Seigneur. Ce sont des statues, des ornements, des calices; un riche ostensoir orné d'émaux, un bel expositoire, des burettes, des missels, etc.

Nous ne saurions oublier l'érection d'un sanctuaire, conforme à celui de Lourdes, dans l'intérieur du jardin. M. le chanoine Cavalier en bénit la première pierre le 25 mars 1885, en présence de l'architecte M. Bésiné et de tous les ouvriers. Le 9 octobre de l'année suivante, ce monument, fac-simile de la grotte de Massabielle et de la basilique de Lourdes, était terminé. Monseigneur de Cabrières voulut bien bénir lui-même ce nouveau sanctuaire et y célébrer pour la première fois le saint sacrifice de la messe. Un clergé distingué et recueilli accompagnait Sa Grandeur. Le chant de l'*Ave Maria*, redit par toutes les lèvres, et accompagné par le petit carillon de la basilique, montait jusqu'aux pieds de la Vierge immaculée souriant à ses enfants. Ce sanctuaire a déjà ses annales où sont inscrites les visites faites, les grâces reçues. Elles relatent que, le 22 septembre 1893, la sainte messe fut célébrée à l'autel de la grotte par Mgr Pifferi, évêque de Porphyre, sacriste de Sa Sainteté.

L'auteur du *Liber Pontificalis* n'oublie pas de mentionner les dons faits aux basiliques de Rome par les Papes et les empereurs. Nous n'avons pas cru devoir omettre dans cette histoire les offrandes et les libéralités faites à la Visitation. C'est un hommage de reconnaissance à la générosité des amis et des bienfaiteurs.

Mais ces dons, ces embellissements n'ont rien enlevé de la simplicité primitive. Si Sainte Jeanne de Chantal revenait à Montpellier, elle retrouverait le monastère tel qu'elle l'a vu en 1636. A défaut des vertus, les pierres elles-mêmes crieraient l'attachement de ses filles aux traditions du passé et aux vœux de leurs saints Fondateurs.

# CHAPITRE XIV

## Les Fêtes.

Les fêtes dans l'Église. — Le concert des vierges. — Écho du ciel. — Les fêtes annuelles à la Visitation. — Les fêtes du XIX$^{ème}$ siècle. — Le second centenaire de l'établissement du monastère — Translation des reliques de Saint Félix. — Définition du dogme de l'Immaculée-Conception. — Les fêtes de la béatification de la Bienheureuse Marguerite-Marie. — Deuxième centenaire de la canonisation de Saint François de Sales. — Premier centenaire de la canonisation de Sainte Jeanne de Chantal. — Consécration de l'Eglise et de la France au Sacré-Cœur. — Deuxième centenaire des révélations de Notre-Seigneur à la Bienheureuse. — Les fêtes du doctorat de Saint François de Sales. — Reconnaissance à Pie IX. — Élection de Léon XIII. — Deuxième centenaire de la glorieuse mort de la Bienheureuse Marguerite-Marie.

L'ÉGLISE est comparée à une ville placée sur la hauteur, toute remplie de lumières et de chants de fête. La joie réside dans ses murs, parce qu'elle possède la plénitude de la vérité et que ses espérances sont immortelles. Les orages peuvent gronder au flanc de la montagne, la foudre peut éclater dans les airs, l'Église n'enterrompt ni ses cantiques ni ses solennités.

Les vierges unissent leurs voix à celle de leur Mère pour chanter les gloires du divin Époux. Leur concert est le plus doux, le plus pénétrant de tous ceux qui s'élèvent de ce monde; c'est un écho des divines harmonies, le prélude des fêtes du ciel.

Il y a des fêtes chères aux filles de la Visitation. Ce sont celles de Saint François de Sales, de Sainte Chantal, de la

Bienheureuse Marguerite-Marie, de la Visitation de la Sainte Vierge et surtout celle du Sacré-Cœur, qui est suivie d'une Octave et précédée d'un Triduum. Chacune de ces fêtes semble en passant jeter ce cri salutaire: « *Sursum Corda!* en haut les cœurs! » La vie chrétienne et religieuse n'est-elle pas une véritable ascension? Les fidèles accourent, les prêtres viennent nombreux offrir le Saint-Sacrifice, quelquefois plus de vingt-cinq messes ont été célébrées. Les orateurs les plus connus prêtent volontiers leur éloquente parole pour relever l'éclat de ces solennités.

Mais chaque siècle amène aussi ses fêtes et ses réjouissances. Les âmes ont besoin de se souvenir et de remercier; de là des centenaires, des *Te Deum* d'action de grâces.

La première solennité extraordinaire fut célébrée le 25 juin 1836, à l'occasion du second centenaire de l'établissement du monastère. Il y eut une procession dans l'intérieur, présidée par M. Valade, supérieur du grand séminaire. Sept ecclésiastiques accompagnaient le Très-Saint Sacrement. Quatre reposoirs avaient été dressés dans les cloîtres et dans les allées du jardin.

Au mois d'août 1847 eut lieu la translation des ossements de Saint Félix martyr, envoyés de Rome. On fit également une grande procession dans l'intérieur du monastère, puis on plaça les précieuses reliques, enfermées dans un corps en cire, sous l'autel du Sacré-Cœur, en face la grille du chœur. Le saint est habillé en soldat romain: le vêtement fut confectionné par les religieuses.

Le 8 décembre 1854, jour de la promulgation du dogme de l'Immaculée-Conception de la Sainte Vierge, le clocher et la façade du monastère étaient brillamment illuminés. Les filles de Saint François de Sales se souvenaient de la dévotion de leur bienheureux Père envers la Mère de Dieu. La fête de l'Immaculée-Conception était une des fêtes de la Vierge les plus chères à sa piété. Il avait choisi cette solennité pour le jour de son sacre et en avait fait pour tout son diocèse une fête d'obligation.

Pie IX, de glorieuse mémoire, venait de béatifier Marguerite-Marie Alacoque, l'amante et la révélatrice du Sacré-Cœur. Le décret, daté 9 août 1864, permettait que « dans le courant de l'année, la solennité de la béatification fût célébrée dans toutes les églises de la Visitation avec office et messe du rite double majeur, au jour indiqué par l'évêque du lieu ».

Nous ne pouvions mieux relater cette fête qu'en citant les Annales du monastère (1).

« Monsieur notre Supérieur, le chanoine Lamothe-Tenet vint, le 9 octobre 1864, nous faire part du plan arrêté par Monseigneur l'Évêque pour les fêtes de la béatification de notre chère Sœur Marguerite-Marie Alacoque. Huit jours seulement pour les préparatifs! nous nous mettons résolument à l'œuvre. Notre grande lingerie est transformée en atelier d'un nouveau genre : là, les unes façonnent des branches de lis, les autres des guirlandes de marguerites, celles-ci montrent leur adresse aux découpures, à celles-là est dévolu de dessiner le Cœur de Jésus et le Cœur de Marie, etc. etc..... Le travail se fait avec ardeur pendant le jour et même pendant une partie de la nuit, néanmoins le temps parait manquer, et nos chères élèves deviennent nos aides empressées les trois derniers jours; de leur salle d'ouvrage nous sont apportées, soir et matin, de jolies guirlandes et des découpures. Enfin le travail est terminé pour les premières vêpres de la fête du 17 octobre, jour désiré !...

» Dès les cinq heures du matin, une foule pieuse se rend à notre église. Le sanctuaire présente un élégant monument. Il est tendu et drapé de mousseline blanche avec ornements or; le baldaquin, fixé à la voûte, est de même; il supporte les armoiries du Saint-Père et encadre admirablement le tableau de Notre-Seigneur montrant son Cœur à la Bienheureuse; c'est un ovale entouré de nuages gaze argent sur un fond bleu d'azur; une riche guirlande marguerites or complète, dans le bas, ce principal sujet. De chaque côté des rideaux du baldaquin se voit l'image d'un cœur en relief, de grande dimension. Celui de Jésus a, au-dessous, une guirlande en grappes de raisins et épis de blé; celui de Marie est orné d'une guirlande de lis également en or. Dix pilastres, disposés autour du sanctuaire, sont formés par des colonnettes de marguerites et des nervures or. Des étoiles, des raisins, des bouquets de marguerites, des arabesques, façon frange, font aussi un très bel effet sur les draperies blanches; le tout a un soubassement rouge et or. La chaire, qui se trouve à droite, est couverte de damas rouge, franges et galons or;

(1) Circulaire de la T. H. Mère Marie-Vincent Lescure, 15 décembre 1764.

l'abat-voix figure un riche dais de même couleur et du plus bel ornement. En face est disposé le trône pontifical en damas rouge, enrichi d'une broderie or formant des marguerites; sous le dôme sont les armoiries de Monseigneur Le Courtier, travail très adroitement découpé. L'autel, à six gradins, supporte autant de rangs de beaux candélabres, dont le magnifique luminaire va se réfléchir dans la voûte étoilée du baldaquin. De grands vases de lis, de grands chandeliers Moïse, des lustres complètent le gracieux reposoir. Cet ensemble forme quelque chose de délicat, de virginal, de céleste. Tout le décor semble avoir été posé par une main invisible.....

» La foule est en admiration... Le Cœur de Jésus, apparaissant à notre Bienheureuse, parle à tous les cœurs; la divine extase paraît se reproduire; la foi, la piété, prennent un nouvel essor. De toute part, l'on accourt pour voir, pour contempler la Sainte de la Visitation...

» A huit heures, les sons de l'orgue annoncent l'arrivée de Monseigneur l'Évêque portant mitre et crosse. Pasteur et père, il vient; sa piété touchante, sa bienveillante bonté, nous font revoir en lui notre saint et illustre Fondateur. Les Révérends Pères Jésuites, les Révérends Pères Carmes, les Frères de la Doctrine Chrétienne, Messieurs les Ecclésiastiques sont présents; ce n'est plus qu'un désir, qu'un hommage, qu'un cœur qui s'offre au Cœur de Jésus, par l'entremise de la Bienheureuse Marguerite-Marie. Monseigneur entonne le *Veni Creator*, et Monsieur notre Supérieur, après avoir présenté à sa Grandeur la Bulle de Béatification, monte en chaire et en fait la lecture avec un accent aussi solennel que pieux. Le saint Sacrifice est ensuite célébré pontificalement. La maîtrise de la cathédrale chante le *Te Deum*, et toutes les voix se mêlent dans cette pieuse harmonie. La fête commençait à peine; nous venions d'assister à l'ouverture d'une neuvaine solennelle.

» Monseigneur entre, après la messe, dans notre cloître, où il vénère la sainte Relique, que nous exposons bientôt après. Pour cela, nos sœurs du noviciat ont préparé un charmant autel miniature, blanc et or. De jolis vases de lis, des candélabres, des reines-marguerites et une guirlande de paquerettes en font l'ornement. Une jolie châsse, en forme de tombeau, recèle les précieux restes. Cet autel, placé à côté de la chaire, en face de notre grille, est constamment éclairé.

» A trois heures, les vêpres sont chantées par la maîtrise de la cathédrale; elles sont présidées par M. de Chauliac, vicaire général. Le Révérend Père Eugène Desjardins prononce le premier éloge de la Bienheureuse; il la montre victime et apôtre du Sacré-Cœur de Jésus. Ce discours respire un doux parfum de piété; ainsi aurait parlé le Père de la Colombière. L'auditoire ressent plus d'attrait pour le Cœur divin qui s'est dit humble et doux. Au moment du salut, un beau motet est exécuté par les élèves des Frères de la Doctrine chrétienne. Enfin, a lieu la vénération de la sainte Relique; nos chères élèves chantent avec bonheur un cantique qui a pour refrain :

O jour heureux, fête chérie!
Triomphe! ô Saint Cœur de Jésus!
Chantons Marguerite-Marie....
Chantons sa gloire et ses vertus....

» Les 18, 19, 20, 21 et 22, la messe de communauté est célébrée par un de Messieurs les curés de notre ville qui préside de même le salut solennel à cinq heures du soir. N'ayant pas les litanies de la Bienheureuse approuvées par l'Ordinaire, nous chantons celles du Sacré-Cœur de Jésus. Après le salut, M. l'aumônier se prête à la dévotion des fidèles, désireux de vénérer la précieuse Relique: hommes et femmes, enfants et veillards, riches et pauvres, tous accourent, se confondent, et chaque soir, la longue rue de la Blanquerie, qui est la nôtre, présente l'animation d'une fête publique; notre église se remplit jusqu'à trois fois. Un jour, quelqu'un crie: Il y a feu! il y a feu à la Blanquerie! Et la foule s'accroît pour donner un prompt secours; la méprise est bientôt reconnue..... Ah! n'y a-t-il pas, en effet, un foyer incandescent, allumé par l'amour, la miséricorde du Cœur de Dieu! Qu'une étincelle de ce feu divin se propage, qu'elle alimente les cœurs généreux, et notre bon Sauveur répandra encore ses grâces de choix; de nouvelles fleurs s'épanouiront en face de ce soleil mystérieux!...

» Tous les jours, un grand nombre de messes se disent aux six chapelles de notre église, qui sont toutes parées de lis. Les Révérends Pères Jésuites, les Révérends Pères Carmes et Messieurs les Lazaristes se montrent empressés à prendre part à nos fêtes. Tour à tour les diverses corporations religieuses se rendent, avec Messieurs leurs aumôniers, pour satisfaire leur piété. Après la sainte Communion et la vénération de la Relique, l'on se retire, le bonheur dans l'âme, avec l'espoir de revenir se retremper dans cette source féconde, avant la clôture des saints exercices.

» Le dimanche 23, commence le Triduum: la messe de communauté est célébrée par Monsieur Peyrac, supérieur du Grand Séminaire, qui veut bien encore officier aux vêpres solennelles. Le Révérend Père Robert, Carme déchaussé, prononce un discours véhément, propre à inspirer, à l'exemple de la Bienheureuse, l'esprit d'expiation. Le fils de Sainte Thérèse déclare devant le nombreux auditoire qu'il a lu beaucoup de vies de Saints, que dans aucune, il n'a vu un si grand désir de la souffrance si bien exaucé par Dieu.

» Le lundi 24, l'éloge de la Bienheureuse est prononcé pas le Révérend Père Foujol, Jésuite. Il déroule toute la série des dévotions révélées par Dieu à différentes époques de l'ère chrétienne; chaque siècle ayant porté une nouvelle richesse à la sainte Église, sans rien changer néanmoins à ses enseignements et à ses dogmes. C'était un plus grand développement de l'action divine qui demandait, en retour, une plus large confiance, un plus généreux dévouement. Puis l'orateur montre l'Ordre de la Visitation comme une nouvelle maison d'Hébron, où un Zacharie, une Élisabeth donnent naissance à un précurseur, Marguerite-Marie, nouveau Jean-Baptiste, préparant les voies, redisant à la face du monde ce qu'elle a appris du Sauveur, lui-même: « Voici ce Cœur qui a tant aimé les hommes!... »

» Le 25 nous apparaît comme le plus beau des jours de cette neuvaine. Monseigneur l'Évêque nous fait l'honneur de célébrer la messe de communauté. Dans notre cloître, où nous le recevons peu après, Sa Grandeur nous dit avec une bienveillance paternelle: « Mes chères filles, la fête est toute à » vous, priez bien pour l'Église, priez pour le diocèse. » En se retirant, il exprime le désir de nous voir devenir toutes des Bienheureuses. Nous espérons bien lui donner cette consolation, tôt ou tard, en paradis!...

» Le Saint Sacrement est exposé toute la journée, comme il l'avait été le premier jour; la maîtrise nous gratifie encore de sa symphonie et de sa dévote musique, au salut. Monsieur le chanoine Lamothe-Tenet, notre excellent Père Supérieur, monte en chaire à l'issue des vêpres. L'âme pieusement émue, le cœur rempli de reconnaissance, il épanche, devant un auditoire compact et choisi, le trop plein de consolation contenu pendant les huit jours précédents. D'abord il adresse un merci plein de délicatesse à tous ceux qui se sont montrés amis généreux de notre communauté en contribuant largement aux splendeurs de la fête. Puis, il fait passer sous nos yeux la foule empressée de chaque instant du jour; ce sont d'abord les Instituts de la Charité avec les orphelins, les sourds-muets, les vieillards; puis les Dames de la Providence, de Nevers, de l'Immaculée-Conception avec leurs nombreuses élèves; les Sœurs tourières des communautés cloîtrées; les Frères de la Doctrine Chrétienne; les élèves du Grand et du Petit Séminaire; de nombreux Ecclésiastiques venus de tous les points du diocèse; tous ont parlé un langage de foi et d'amour envers le Cœur de Jésus et la Bienheureuse. Enfin, empruntant le désir du cœur de Marguerite-Marie, M. Lamothe nous le traduit, en nous laissant comme souvenir pratique, un bouquet composé de trois fleurs:

1ère fleur: *Un plus grand amour pour la Sainte Église.*

La Sainte Église, qui, avec le flambeau de la science, de la sagesse, avec l'autorité qu'elle a reçue de Dieu, examine les vertus des fidèles et les place au catalogue des Saints.

2e fleur: *Une plus grande estime pour le saint Ordre de la Visitation.* — Le nom de la *Visitation*, donné par le Fondateur, indique quel en a été le but; mais, faisant abnégation de sa propre volonté, Saint François de Sales se rend aux désirs de Monseigneur de Marquemont, évêque de Lyon; il fait un Ordre cloîtré, auquel il donne pour Supérieure générale l'*humilité*...... L'humilité, qui devait cacher tant de délicatesse, de suavité, de vertus puisées dans le Cœur du Maître qui avait dit: « Apprenez de moi que je suis doux et humble ». Le parterre était formé, et si le Cœur divin veut se manifester, se dévoiler au monde, il choisira le saint Ordre de la Visitation; dans ce pré émaillé, il trouvera une belle Marguerite.

3e fleur: *Une plus grande dévotion au Sacré-Cœur de Jésus.* — La Sainte Église, toujours inspirée pour le bien de ses enfants, exprime un désir dans l'oraison de la fête de la Bienheureuse: « Seigneur Jésus-Christ, qui avez révélé d'une manière admirable à la Bienheureuse Vierge Marguerite les ri chesses incompréhensibles de votre Cœur, accordez-nous qu'en l'imitant, et par ses mérites, vous aimant en tout et par-dessus tout, nous méritions d'avoir une demeure permanente dans ce même Cœur ». Le sens en est mystique, mais il peut facilement être appliqué à toutes les âmes..... Là, le digne orateur développe le sentiment de la plus étroite sympathie; il en conclut que, pour être dans cette demeure permanente à laquelle nous sommes invités, il nous faut sympathiser à l'esprit de Jésus, au Cœur de Jésus, c'est à dire ne parler que le langage de Jésus, n'agir que par l'impulsion des enseignements de Jésus, ne penser, n'écouter, que ce que pensait et écoutait Jésus, etc. etc.... Cette riche mine, exploitée tous les jours et pratiquement entretenue, nous rendrait bientôt d'autres Jésus-Christ !....

» Nos fêtes touchent à leur terme. Nous entonnons le *Laudate* avec le sentiment d'une humble reconnaissance et, pleines de confiance, nous faisons entendre au Sacré-Cœur une ardente prière.

» Le 26, les décors sont enlevés; notre église reprend son air de modestie, de recueillement, mais l'autel de la chapelle du Sacré-Cœur reçoit un dépôt : la précieuse Relique que nous ne pouvons encore enlever à la piété des fidèles, et qui reste là jusqu'au 2 novembre. Nos sœurs Tourières distribuent 1300 litanies, beaucoup d'images, de médailles que nous avons dû faire venir de Paray pour répondre à toutes les demandes ».

L'année 1867 amena deux centenaires : au mois de mai le deuxième de la canonisation de Saint François de Sales, au mois de décembre le premier de la canonisation de Sainte Chantal. Ils furent tous les deux célébrés avec éclat. Un triduum solennel, avec prédications, précéda la fête, en laquelle de nombreux ecclésiastiques vinrent célébrer les saints mystères et Monseigneur l'Évêque donna le salut du Saint Sacrement.

Les malheurs de 1870, les désastres de la patrie avaient porté les âmes à mettre leur confiance dans le Sacré-Cœur. On se souvenait de ce qu'il avait demandé à la Bienheureuse Marguerite-Marie et des promesses qu'il avait faites à la France. Un magnifique temple votif se construisait, au sommet de Paris, sur la colline de Montmartre. Dans tout le pays on se consacrait au divin Cœur. Le 16 juin 1875 était le deuxième centenaire de la troisième révélation à la bienheureuse Marguerite-Marie. Par une ordonnance du Saint-Siège ce jour fut fixé pour la consécration solennelle de l'Église au Cœur de Jésus. Monseigneur de Cabrières voulut bien choisir la chapelle de la Visitation pour y faire lui-même la consécration de son diocèse au divin Cœur. Il célébra la sainte messe à laquelle assistait une foule compacte, et le soir après le salut solennel il prononça l'acte de consécration. Pendant l'octave de cette fête toutes les paroisses de la ville vinrent tour à tour confirmer leur consécration par la voix de leur pasteur. Mgr Lamothe-Tenet, nommé récemment prélat de la Maison de Sa Sainteté, fut le prédicateur de ces solennités. Afin d'en perpétuer le souvenir, Monseigneur l'Évêque accorda, pour chaque année, l'exposition du Très Saint Sacrement, à la messe et au salut, pendant toute l'octave du Sacré-Cœur.

Le 19 juillet 1877, Pie IX, à la demande des évêques du monde, promulguait un décret décernant à Saint François de Sales le titre de docteur de l'Église. Des fêtes solennelles furent célébrées dans toutes les Visitations. Les religieuses de Montpellier écrivent dans leurs Annales (1.)

« Le décret de ce doctorat, objet de tant de vœux, de prières et de démarches, a été enfin promulgué. A l'exemple de plusieurs de nos monastères, et d'après l'assentiment de Monsieur notre digne Supérieur, nous résolûmes d'en faire la solennité le 29 janvier 1878, c'est-à-dire le jour de la fête de notre Saint Fondateur. Monseigneur, notre digne Prélat, a pris cette sainte cause en main et, animé d'un zèle affectueux pour notre bien-aimé Saint, a voulu donner à cette solennité toute la pompe possible. D'abord, Sa Grandeur, afin de faire connaître ses intentions à son clergé et de réveiller la piété des fidèles envers Saint François de Sales, a publié un mandement magnifique à la louange du nouveau Docteur, où elle se plaît à l'appeler un théologien et controversiste éminent, un prédicateur aux lèvres de miel, un directeur sublime et un modèle de douceur et de prudence. Puis, afin de relever ses pieuses démonstrations par un intéressant à propos, Monseigneur de Cabrières a voulu s'associer les dignes successeurs de notre Saint Évêque de Genève, Monseigneur l'Évêque d'Hébron et Monseigneur l'É-

(1) Circulaire de la T.-H. Mère Marguerite-Marie Barthès, 25 nov. 1878.

vêque d'Annecy. Ce dernier, n'ayant pu se rendre à l'invitation de notre digne Prélat, a été remplacé par Monseigneur Dubreuil, Archevêque d'Avignon.

» Qu'il était touchant et beau de voir, agenouillés aux pieds de notre Saint, ces vénérés représentants de sa dignité et de ses vertus !

» Notre église, dit-on, était ravissante. Elle était toute tendue blanc et or. Quatre immenses rideaux de mousseline aux riches bordures or, descendaient d'un riche baldaquin attaché au milieu de la voûte du sanctuaire, et se déployaient, deux de chaque côté de la nef, et les deux autres de chaque côté du maître-autel, aux deux coins du sanctuaire. Ces rideaux, avec ceux qui drapaient le reste du sanctuaire, donnaient à l'ensemble un aspect diaphane et virginal, qui portait à la prière et réjouissait l'âme. De nombreux gradins superposés sur le maître-autel formaient un magnifique amphithéâtre de fleurs et de candélabres, au-dessus duquel était placé un grand tableau de trois mètres de haut sur deux et demi de large. Ce tableau, objet principal du décor, représente Saint François de Sales en pied et de grandeur naturelle, sa main tient une plume ; et, les yeux fixés sur le Sacré-Cœur qui apparaît dans une gloire d'or, le Saint semble écrire sous l'inspiration de ce Cœur adorable. Ce tableau était éclairé par quatorze becs de gaz, masqués par un large encadrement de têtes d'anges et de nuages peints sur toile, placés un peu en avant du tableau ; cette lumière, ainsi cachée, donnait à l'image l'effet d'une apparition rayonnante. Au-dessus du tableau était une large légende où on lisait ces mots, écrits en lettres dorées : *Saint François de Sales, Docteur*. En dessous était une autre légende portant ces mots : *Décret*, 19 *juillet* 1877. Les blasons de Pie IX, de la Maison de Sales et de notre digne Évêque surmontaient le tout.

» Ces mêmes armoiries, représentées plus richement et avec plus d'art, se voyaient encore aux pentes du baldaquin et au-dessus du trône disposé pour le Prélat officiant. Une vingtaine d'oriflammes de couleurs différentes et représentant divers sujets ornaient la nef, ainsi que plusieurs inscriptions en lettres d'or, bordées de rouge. La chapelle particulière de Saint François de Sales était tendue de rouge et parsemée d'étoiles d'or. Des guirlandes de fleurs blanches l'entouraient. L'autel en était garni avec beaucoup de goût.

» Monseigneur notre Évêque est venu avec son clergé faire solennellement l'ouverture du *Triduum*. Après le chant du *Veni Creator*, Sa Grandeur est montée en chaire et, avec son éloquence riche et profonde, elle a expliqué à son auditoire nombreux et choisi, la belle antienne : *O Doctor optime*. Après le chant de plusieurs motets, bien exécutés par des demoiselles de la ville, a eu lieu le salut du Saint Sacrement.

» Le second jour, Monseigneur l'Évêque d'Hébron est venu célébrer la sainte messe, pendant laquelle un chœur de demoiselles s'est fait entendre. Après l'action de grâces, Monseigneur de Cabrières est venu rejoindre Monseigneur Mermillod, et tous deux sont entrés dans nos cloîtres où nos élèves les ont accueillis par de doux chants, et un petit dialogue composé pour la circonstance.

» A trois heures, les vêpres présidées par notre digne Évêque, ont été chantées par les enfants de la maîtrise des Frères. Notre chaire, ce jour-là, a retenti de la voix de notre digne Supérieur, Monseigneur Lamothe-Tenet, prélat de Sa Sainteté et chanoine de la cathédrale de notre ville. Sa parole, élégante et onctueuse, nous a rappelé ce que Saint François de Sales a fait pour établir le règne de Dieu dans les âmes, soit parmi les Ecclésiastiques, soit parmi les personnes du monde, ou parmi celles qui se sont consacrées à une vie plus parfaite. Un salut solennel a aussi terminé cette heureuse journée.

» Le troisième jour, 29 janvier, a été le couronnement de la fête. Dès le matin, Monseigneur Mermillod est venu célébrer la sainte messe, à laquelle ont eu lieu de nombreuses communions. Vers neuf heures, une auguste procession formée de tout le Chapitre de la cathédrale, du clergé de la ville et de tous les abbés du Grand Séminaire, partait de l'Évêché, et nous amenait à travers une haie de peuple, les trois vénérables Prélats : Monseigneur l'Évêque d'Hébron, Monseigneur l'Évêque de Montpellier et Monseigneur l'Archevêque d'Avignon. Elle fit son entrée dans notre église au chant de l'hymne des Confesseurs Pontifes et aux sons brillants du grand orgue. A la vue de ces trois représentants de la Majesté de Dieu s'inclinant devant notre Saint Fondateur, quelle grande idée nous avons eue de la gloire dont le Très-Haut couronne les Saints !

» La messe pontificale a été célébrée par Monseigneur

l'Archevêque d'Avignon, et chantée par la maîtrise de la cathédrale. En entendant ce *Kyrie*, ce *Gloria*, etc. etc.... exécutés avec tant d'harmonie et de douceur, on se croyait aux abords du ciel ! Quel tressaillement de bonheur avons-nous surtout ressenti, lorsque cette multitude de prêtres et d'abbés placés dans nos chapelles latérales, ont fait retentir nos voûtes du chant grave du *Credo !*

» Après la messe, Monseigneur Dubreuil, dans une courte mais délicate allocution, a manifesté à l'assemblée, plus compacte que jamais, combien il était heureux de se mêler à nos fêtes, et combien nous avions le droit d'être fières d'avoir un si grand Saint pour Fondateur. Sa Grandeur a ensuite donné solennellement la Bénédiction Apostolique, que Monseigneur de Cabrières avait eu la prévoyance de demander au Saint-Père pour ce jour ; et après, tout le corps ecclésiastique s'est remis en procession pour reprendre le chemin de l'Évêché.

» A trois heures, le même imposant cortège nous ramenait les trois dignes Prélats, et une telle affluence d'Ecclésiastiques que notre sacristie même en était remplie. Les vêpres ont été célébrées par Monseigneur l'Archevêque d'Avignon, et chantées en faux bourdon, par la maîtrise de la cathédrale. Pendant que nous admirions ces voix pures d'enfants, mêlées aux voix sonores des ténors et des contraltos, tout à coup, au *Magnificat*, éclate un splendide *O doctor optime*, qui fait délicieusement frissonner toute l'assemblée. Après le chant du *Magnificat*, Monseigneur d'Hébron est monté en chaire. Là, le suave et brillant orateur a loué la vie intime et cachée de celui qu'il appelle son Père et son cher Saint. Écartant pour ainsi dire tous les voiles, il a ouvert la poitrine sainte du Bienheureux, et a montré dans toute sa beauté ce précieux tabernacle, ce cœur vaste, généreux, fécond pour les âmes, que Dieu avait préparé, dans la tendresse, la pureté et le sacrifice. L'ardent panégyriste semblait chanter un cantique inspiré !...

» Un salut solennel clôtura ces jours de gloire et de joie que notre monastère n'oubliera jamais. Le chant du *Te Deum* fut entonné, et le vénérable cortège reprit la voie de l'Évêché ».

Quelques jours après ces fêtes, le 7 février 1878, Pie IX était ravi à l'affection du monde catholique. Les filles de Sainte Chantal célébrèrent dans leur chapelle un service de

*Requiem* pour l'âme de ce bien-aimé pontife, qui en donnant le titre de Bienheureuse à l'humble Marguerite-Marie, et celui de Docteur à Saint François de Sales, avait montré combien son cœur était attaché à l'Institut de la Visitation.

Le deuil de l'Église ne fut pas de longue durée. Déjouant les complots et les menaces des hommes, Dieu suscita un nouveau Pasteur en la personne du Pape Léon XIII, glorieusement régnant. L'univers tressaillit de joie et d'espérance. Le soir du 24 février, la ville de Montpellier, ornée des couleurs pontificales, resplendissait de mille feux. Les religieuses de la Visitation participèrent à l'allégresse commune en illuminant le clocher et la façade du monastère, comme elles avaient fait pour la proclamation du dogme de l'Immaculée-Conception.

Le 17 octobre 1890, on célébra le deuxième centenaire de la mort de la Bienheureuse Marguerite-Marie. Un triduum précéda la solennité. Monseigneur de Cabrières vint le 16 célébrer la sainte messe, et le 17 Sa Grandeur officia pontificalement aux vêpres. Le panégyrique de la Bienheureuse fut prêché par le R. Père Gardère, de la Compagnie de Jésus. Un salut en musique clôtura la cérémonie.

C'est la dernière fête solennelle. Le siècle finit au milieu de ces lueurs qui environnent la tombe de la vierge de Paray. Puissent ces lueurs devenir une aurore pour le siècle nouveau! Le but des révélations du Sacré-Cœur sera dès lors atteint. Une ère nouvelle de justice et de paix s'ouvrira sur le monde régénéré. Dieu sera à sa place, au sommet pour régner et bénir; l'humanité à la sienne, agenouillée pour adorer et remercier.

# CHAPITRE XV

## Les Vertus.

Les grâces divines. — Les anges seuls témoins. — Le Christ au milieu de nous. — La vie contemplative. — Bénédictions et encouragements. — Les Évêques du diocèse. — Les Évêques étrangers à la Visitation. — Les religieux de passage à Montpellier. — Les retraites des Pères Jésuites. — Les supérieurs ecclésiastiques. — Les aumôniers. — Notices des religieuses décédées de 1832 à 1880. — Les dernières défuntes. — Prolongement de la vie.

Les anges seuls pourraient dire les vertus pratiquées pendant ce siècle à la Visitation de Montpellier. La neige ne tombe pas plus abondante dans les Apennins que la grâce divine n'est tombée sur le monastère. Qui saura jamais la plénitude des dons célestes, la correspondance aux appels incessants du Sauveur, la lutte courageuse des âmes, la vaillance des cœurs volontairement immolés? Chaque religieuse a tressé une guirlande; et sa tâche finie, elle a pu offrir au Maître une vie embaumée de suaves parfums.

Livrer ces parfums, n'est-ce point les dissiper? Mais le parfum n'est-il pas fait pour se répandre? et quand la source reste féconde, quand l'albâtre en est rempli, pourquoi ne pas le laisser s'exhaler au dehors? En notre siècle de molle et timide langueur, un des plus beaux spectacles dont nous puissions jouir c'est de contempler ces belles âmes qui ont vécu auprès de nous. La parole du Christ s'est accomplie, le royaume de Dieu n'est pas en dehors de notre ciel, ni par delà les mers, « il est au milieu de nous » (1). Autrefois il était dans nos vallées habitées par tant de bienheureux, sanctifiées par tant de vierges; il était dans nos champs tant de fois arrosés par la sueur des cénobites, les larmes des pénitents, le sang des martyrs; il était sur nos collines, le long de nos rivages, où se dressait toute une nuée de témoins; aujourdhui il est dans nos murs. « Le Christ habite nos places, le Christ est partout. » (2) Il est dans les familles, dans les sociétés, dans les monastères. Il disait à ses disciples. « Des temps viendront que vous désirerez voir un des jours du Fils de l'homme » (3). Ces temps ne sont-il pas venus, et révéler la vie religieuse n'est-ce pas révéler la vie même du Sauveur dans l'éclat de sa lumière et le rayonnement de son amour ?

Les filles de saint François de Sales et de sainte Jeanne de Chantal ont eu le privilège de reproduire en notre siècle et dans notre ville un de ces jours du Sauveur. La vie contemplative n'est-elle pas par excellence la vie de Jésus ? Qui pourrait dire ses mérites et ses fruits ? « Ceux-là seuls qui en ont fait l'expérience, écrit Saint Bruno (4), comprennent ce qu'il y a dans la solitude et le silence du désert, de profit et de joies intimes. C'est là, en effet, que l'on peut rentrer en soi-même autant qu'on le désire ; c'est là que l'on peut vivre librement en face de soi, développer dans son cœur les moindres germes des vertus, recueillir ces fruits qui assurent les joies du paradis. C'est là que l'on obtient ce regard pur et chaste, qui permet de contempler l'Époux divin dont l'amour ne se révèle qu'aux cœurs purs, et de s'élever même jusqu'à l'adorable Trinité. C'est là encore que l'on goûte ce repos si actif, cette action si calme de la contemplation. C'est là aussi que lè Dieu rémunérateur rétribue le travail de ses ouvriers, en leur donnant la récompense si désirée d'une paix que le monde ignore, d'une joie dont l'Esprit-Saint a le secret.

(1) *Regnum Dei intra vos est.* Luc XVII. 21.

(2) *Christus in totis habitat plateis.*
*Christus ubique est.*
Prudence. *Peristeph.*

(3) *Venient dies quando desideretis videre unum diem Filii hominis.* Luc XVII. 22.

(4) à Raoul, administrateur et plus tard évêque de l'Église de Reims.

Là, notre âme devient pour Dieu ce que Rachel était pour Jacob : belle, aimée, plus chérie même que Lia, bien qu'elle fût moins féconde. Ils sont moins nombreux sans doute, les fils de la vie contemplative que ceux de la vie active ; mais aussi Joseph et Benjamin étaient plus aimés de leur père. C'est cette part que choisit Marie-Madeleine et qui ne lui sera point enlevée. C'est la vie que figurait la Sulamite, cette fille d'Israël qui n'avait pas, dans les dix tribus, son égale pour la beauté ». C'est la part et la vie des filles de Sainte Jeanne de Chantal.

Des Évêques illustres, des prêtres éminents, attirés par les vertus du monastère, vinrent apporter leurs bénédictions et leurs encouragements. Nous avons dit ce qu'avait été Monseigneur Fournier à l'époque de la restauration. Ses bienfaits matériels compteraient peu, s'il n'avait animé les premières religieuses d'un grand amour des conseils évangéliques, d'un attachement invincible à leur sainte vocation. L'élan était si bien donné que Mgr Thibault, s'excusant de ne pas rendre ses visites aussi fréquentes qu'il l'aurait désiré, disait gracieusement, en 1856, à la Mère Joséphine de Sales Ménard : « Votre maison marche sur des roulettes. C'est assez de vous envoyer, tous les jours, de l'autel une paternelle bénédiction. » On n'a pas oublié l'amour de prédilection qu'avait ce prélat pour les maisons religieuses ; il les appelait : « La providence visible de son diocèse. » Sur sa demande, en 1837, la Visitation eut le bonheur d'offrir l'hospitalité à la Révérende Mère prieure des Carmélites de Rodez, qui venait à Montpellier pour la fondation d'un monastère de son Ordre. Cette pieuse Mère demeura trois jours au milieu des filles de sainte Chantal, heureuses de renouer avec elle d'antiques liens. Monseigneur Le Courtier honora aussi la Visitation d'un bienveillant intérêt ; il montra son dévouement à l'époque des fêtes de la béatification de la bienheureuse Marguerite-Marie et des centenaires de saint François de Sales et de sainte Jeanne de Chantal. Mgr de Cabrières, dès les premiers mois de son arrivée dans le diocèse, voulut célébrer la première fête du Sacré-Cœur dans la chapelle de la Visitation. Il dit la sainte messe, le 12 juin 1874, et prononça une touchante allocution sur le divin Cœur de Jésus. N'était-ce point dans cette église que cette si consolante dévotion avait été inaugurée pour le bien du diocèse par Mgr de Charancy ? Le récit que nous avons donné des fêtes du doctorat de saint François de Sales prouve combien chères sont au cœur de notre éminent Évêque les gloires de la Visitation. Tous les ans, le 29 janvier et le 2 juillet, il s'est fait une pieuse habitude, dont le monastère lui est humblement reconnaissant, de venir célébrer la sainte messe et participer, en cette double circonstance, aux joies de la communauté.

Plusieurs évêques étrangers, de passage dans notre ville, ont honoré de leur présence les cloîtres de la Visitation. Les Annales mentionnent les visites, en 1837, du cardinal de Bonald, archevêque de Lyon et de Mgr Flaget, évêque aux États-Unis; en 1843, de Mgr l'évêque d'Urgel; en 1852, de Mgr l'évêque de Buffalo aux États-Unis; en 1857, de Mgr Tâché, évêque de S. Boniface au Canada; en 1861, de Mgr de Ségur et de l'évêque de la Californie; en 1862, de Mgr Pavy, archevêque d'Alger; en 1867, de Mgr Mermillod; en 1870, de Mgr Paulinier, évêque de Grenoble; en 1876, de Mgr Magnin, évêque d'Annecy; en 1887, de Mgr Mélizan évêque de Jaffna, aujourdhui archevêque de Colombo; en 1891, de Mgr Ardin, évêque de la Rochelle, de Mgr Cazet, évêque de Madagascar, de Mgr Pifferi, sacriste de sa Sainteté; en 1892, de Mgr Hautin, évêque d'Évreux; en 1893, de Mgr Émard, évêque de Walleyfield au Canada; en 1894, du cardinal Bourret, évêque de Rodez; en 1897, nouvelle visite de Mgr Émard, dont le diocèse semble prédestiné à devenir le berceau de plusieurs œuvres chères au cœur de saint François de Sales.

Mgr Fliche, prélat de la maison de sa Sainteté, l'auteur très connu de la *Vie de Madame de Montmorency*, vint à Montpellier en 1881. Ayant été un bon nombre d'années supérieur du monastère de Troyes, ami de la Visitation, il entretint la communauté avec une pieuse bienveillance. Il raconta les faits miraculeux du cœur de sainte Chantal, dont il avait été témoin à la Visitation de Nevers. De retour chez lui, il envoya une parcelle de ce précieux cœur.

Des religieux fervents encouragèrent les âmes au sacrifice et à la vertu. En 1874, le R. P. Marie-Étienne, abbé de Sainte Marie-du-Désert, célébra la sainte messe dans la chapelle du monastère et donna une conférence spirituelle à la communauté. Le R. P. Marie-Alphonse Ratisbonne, venant de Rome, s'arrêta à Montpellier, en 1878. Ce vénérable vieillard, auquel la sainte Vierge avait autrefois apparu, fut amené à la grille du chœur par le digne aumônier de la maison, M. Cavalier, son ami. Dans un pieux entretien, il raconta son audience auprès de l'illustre Pontife Pie IX, qu'il ne connaissait pas, ayant quitté Rome depuis 36 ans pour fonder des œuvres à Jérusalem. Sa parole laissa dans les cœurs une profonde impression.

La même année, le R. P. Honoré, fondateur de l'Ordre de l'Union au T. S. Sacrement, profita de son séjour prolongé à Montpellier pour célébrer le saint sacrifice à la Visitation. Ce religieux, étant le neveu de M. Villaret, ancien aumônier et bienfaiteur insigne du monastère, reçut un sympathique accueil. Plusieurs fois il parla soit à la communauté, soit aux élèves, et leur donna d'intéressants détails sur son œuvre, fondée dans un vaste désert auprès du sanctuaire de Notre-Dame d'Esparon, au diocèse de Grenoble. La piété de ses paroles, le prestige de dévotion et de grâce répandu sur sa personne électrisèrent quelques jeunes âmes ferventes, auxquelles son souvenir est demeuré toujours cher.

Le 8 mai 1886, Don Bosco fondateur des prêtres Salésiens à Turin, celui qu'on a surnommé le Vincent de Paul de notre siècle, honora la communauté d'une de ses visites, et l'entretint longuement de ses belles fondations en Italie, en France et en Amérique. En 1895, son successeur Don Rua, se trouvant de passage à l'Oratoire saint Antoine de Padoue, nouvellement fondé par une ancienne élève et bienfaitrice de la Visitation, vint faire une conférence aux religieuses. Elles entendirent également la même année le Père Don Antoine, abbé de la Trappe de Chambarrand. Isère.

Les R. R. Pères Jésuites, ayant une résidence à Montpellier, prêchèrent de nombreuses retraites. La communauté garde le souvenir des exercices donnés, en 1843, par le P. Roubi, en 1854 par le P. Baudx, en 1856 par le P. Mauret, en 1862 par le P. Rostain, en 1868 par le P. Mas, en 1870 par le P. Andreau, en 1873 par le P. Pitron, en 1877 par le P. Giniès, en 1878 par le P. Du Bourg, en 1886 par le P. de Nucé, en 1892 par le P. Eyraud, en 1894 par le P. Jules de Lajudie, en 1896 par le P. J. Nègre, en 1897 par le P. Fournier. La retraite prêchée en 1881 par le P. Lavillardière, des oblats de Marie, laissa également dans les âmes des fruits de ferveur.

Les Vicaires généraux, desigués par Mgr l'Évêque comme Supérieurs ecclésiastiques de la Visitation, ont veillé sur elle avec une sollicitude toute paternelle et un dévouement exceptionnel. Les Annales du monastère sont remplies d'expressions de reconnaissance envers M. de Lunaret, M. Pénicaud, M. Flottes, M. Bouisset, M. de Chauliac, Mgr Lamothe-Tenet, M. Segondy et M. Canonge, qui, joignant à un mérite éclatant une haute vertu et une rare prudence, ont donné à la communauté des témoignages sans nombre de leur tutélaire bonté.

Le monastère n'a eu en réalité que trois aumôniers durant ce siècle. M. Villaret exerça pendant vingt-huit ans, avec un dévouement toujours actif, son saint et fructueux ministère. Mgr Thibault voulant lui donner une preuve évidente de son estime, le nomma, en 1857, chanoine titulaire de la cathédrale. « En l'élevant ainsi, écrivent les religieuses, sa Grandeur a voulu récompenser le mérite et la vertu. Nos cœurs le suivent dans cette honorable retraite, et s'unissent au sien pendant le saint sacrifice de la messe qu'il continue de célébrer dans notre église à l'heure de tierce, pendant que nos lèvres glorifient aussi le Seigneur. La reconnaissance la mieux méritée lui assure notre prière quotidienne, comme témoignage d'une éternelle gratitude pour ses pieuses libéralités. »

M. Villaret ne jouit pas longtemps du repos. Les religieuses écrivent encore le 27 mars 1859: « Aujourd'hui, dimanche des Rameaux, Monsieur le chanoine Villaret, notre ancien aumônier, a fait son entrée dans la Jérusalem céleste. Cette mort est une vraie douleur pour nous, et notre reconnaissance filiale nous porte à proclamer bien haut ses vertus et nos regrets. Pendant 28 ans, M. Villaret a servi notre maison avec un zèle vraiment sacerdotal. De plus, il s'est montré pour elle un ami constamment dévoué, un bienfaiteur généreux et un protecteur fidèle. Le caractère d'humble piété et de sainteté, qui se rattachera toujours à sa mémoire, a fait l'édification de tous ceux qui l'ont connu. A peine un an s'était-il écoulé depuis sa promotion au canonicat, que le jeudi de la Passion, après avoir célébré la sainte messe dans notre église, et assisté aux heures canoniales, ce saint prêtre fut atteint tout à coup d'une attaque de paralysie. Administré le soir même, il vécut jusqu'au dimanche suivant. Ses amis dévoués, qui ne quittaient pas son lit, recueillirent son dernier soupir. Il a été inhumé dans notre caveau, près de la muraille touchant notre sanctuaire, à droite de notre chœur. »

Monsieur l'abbé Lamothe-Tenet fut nommé aumônier de la Visitation en 1857, en remplacement de M. Villaret. On peut dire de lui comme du Pape Léon XI : « *Magis ostensus quam datus*, il fut plutôt montré que donné ». Mgr Le Courtier lui confiait, bientôt après, en 1861, la cure de Sainte-Ursule de Pézénas. Vrai client de saint François de Sales, ami fidèle de la Visitation, il devait revenir deux ans après comme Vicaire Général et supérieur du monastère. Les longues années de sa supériorité ont laissé, dans les cœurs, des souvenirs ineffaçables de sa bonté, de sa direction prudente et de son généreux dévouement. Après une féconde carrière consacrée aux œuvres diocésaines, aux retraites pastorales, à la prospérité de l'Institut catholique de Toulouse, dont il était recteur, Mgr Lamothe-Tenet est mort à Montpellier, le 29 septembre 1898. « Il s'est éteint doucement, longuement, pieusement. La maladie l'a frappé avec une sorte de délicatesse respectueuse, elle n'a pas été violente avec ce prêtre d'une inaltérable douceur » (1). Ses dernières paroles furent : « Qu'il plaise à Dieu de me placer, au ciel, aux pieds de Saint François de Sales ! »

Monsieur le chanoine Cavalier a exercé pendant 37 ans, les fonctions d'aumônier du monastère. Les années n'avaient point refroidi l'activité de son zèle, ni amoindri la science et la sagesse de sa direction. Entouré de la vénération des religieuses et de l'affection de tout le clergé, il s'est éteint, à l'âge de 89 ans, le 2 août 1898.

M. l'abbé Louis Bedos, désigné pour le remplacer, prenait possession de sa charge, le 17 octobre de la même année, sous les auspices de la bienheureuse Marguerite-Marie. Son talent délicat, sa science, sa piété présagent les plus heureux fruits.

Sous de telles conduites, encouragées par de si grands exemples, les âmes à la Visitation ne pouvaient que marcher, ardentes et généreuses, dans les voies de la sainteté. Le rapide résumé des notices consacrées aux religieuses, décédées depuis 1832, fera mieux connaître quelles étaient leurs vertus.

(1) *Semaine Catholique de Toulouse*, 9 octobre 1898.

## Sœur MARIE-ÉLISABETH FAUCHER.

« Cette chère sœur était née de parents protestants. Une demoiselle catholique la prit en affection, l'éleva avec soin dans notre sainte religion, et pour se l'attacher, lui fit donner une éducation au-dessus de son état. Mais notre chère sœur était résolue de se consacrer à Dieu. Elle se présenta chez nous, en demandant une place de sœur converse. A la vue de sa complexion délicate, on fit difficulté pour l'admettre, mais enfin on céda à ses vives instances. On vit alors de quoi peut être capable une âme fervente: elle tirait des forces de sa faiblesse. A l'époque désastreuse de la Révolution de 93, notre chère sœur offrit à deux sœurs, dont l'une était aveugle et l'autre attaquée d'un cancer, de rester avec elles pour les soigner, au sortir de leur saint asile. Elle les soigna jusqu'à leur dernier jour avec un zèle et un dévouement admirables. Après leur mort, profitant de l'éducation qu'elle avait reçue, elle leva un pensionnat, et peu après, apprenant le rétablissement de notre monastère, elle se hâta de rentrer dans l'arche avec ses élèves, son mobilier, etc..... Elle soigna, pendant près de deux ans, une religieuse de sainte Claire retirée dans la maison, et complètement infirme. Le 30 août 1832, elle alla recevoir au ciel la récompense de sa charité; elle était âgée de 77 ans, dont 53 de profession religieuse. » (1).

## Sœur THÉRÈSE-GONZAGUE PELLETIER.

« Cette chère sœur était native de S. Bauzile de la Sylve, village situé à 5 ou 6 lieues de notre ville. Après avoir édifié le monde par ses vertus, et surtout par sa charité envers les pauvres, elle vint embaumer notre communauté de sa profonde humilité, de sa parfaite obéissance et de sa grande mortification. Voici un trait de cette dernière vertu. La maîtresse du noviciat, voulant lui essayer un voile noir, ne pouvait parvenir à faire pénétrer l'épingle qui devait le fixer sur la tête. Étonnée de cette résistance, elle pressait plus fort, lorsque notre vertueuse novice lui dit en riant et sans aucun mouvement d'impatience: « Ma sœur, vous n'en

(1) Circulaire du 24 Mai 1833.

viendrez pas à bout. » La maîtresse alors s'aperçut, par le sang qui imprégnait le bandeau de la jeune novice, que c'était dans les chairs qu'elle avait dirigé fortement la pointe de son épingle. Toutes les compagnes de la novice présentes à cela en furent fort édifiées.

» Notre chère sœur fut, presque tout le temps de sa vie religieuse, une victime de la croix. Plusieurs opérations très douloureuses furent supportées avec tant de patience qu'on aurait dit qu'elle n'avait pas de corps. Enfin, obligée de se retirer à l'infirmerie, elle attendit son dernier jour avec un calme et une sérénité admirables. Munie des sacrements de l'Église, elle remit son âme à son divin Jésus qu'elle ne cessait d'invoquer. C'était le 4 octobre 1832. Elle était âgée de 38 ans, dont 8 de profession, du rang des sœurs choristes » (1).

## Sœur LOUISE-FRANÇOISE JULLIAN.

« Cette chère sœur fut une de celles qui furent chassées de leur saint asile lors de la tourmente révolutionnaire. Pendant son séjour dans le monde, elle fut d'un grand secours pour nos pauvres sœurs exilées. Elle leur procura, au péril de sa vie, le ministère des prêtres, et les assista dans tous leurs besoins. Rentrée dans l'arche sainte une des premières, elle se dévoua jusqu'à la fin pour la communauté. Une fluxion de poitrine nous l'a enlevée en peu de jours. Elle mourut le 15 janvier 1835, à l'âge de 80 ans, dont 49 de profession religieuse, du rang des sœurs converses » (2).

## Sœur MARIE-MICHEL RANÇON.

« Notre chère sœur était native de cette ville, d'une famille dans laquelle la piété était héréditaire. L'époque désastreuse de la Révolution n'ayant pas permis à notre chère sœur de satisfaire son désir de la vie religieuse, et croyant voir la volonté de Dieu dans celle de ses parents, elle s'engagea dans le mariage. Exacte à tous les devoirs de son état, elle donna toujours aux exercices de piété la première place

(1) Circulaire du 10 septembre 1835.
(2) Id.

dans son cœur. Elle se levait même la nuit pour prier, lorsquelle ne croyait pas avoir assez donné à Dieu pendant le jour. A l'âge de 30 ans, se trouvant veuve et sans enfants, elle résolut de ne vivre que pour le Seigneur. Après 16 ans passés dans la pratique des plus édifiantes vertus, surtout dans la charité envers les pauvres et la pratique austère de la pénitence, elle résolut de quitter définitivement le monde. Monseigneur Fournier la présenta à nos vénérées anciennes qui l'accueillirent avec bonheur. Elle avait alors 46 ans. Son grand esprit de foi lui fit surmonter les combats qu'une nature habituée à gouverner devait nécessairement lui livrer: « Dieu seul ! Dieu seul ! *Unum necessarium !* » disait-elle souvent; et ce cri d'amour était son cri de victoire. Elle appréciait beaucoup le bonheur de sa vie religieuse, et c'est en manifestant encore sa reconnaissance pour ce bienfait qu'elle a rendu son âme à Dieu, le 26 avril 1835, à l'âge de 60 ans, dont 12 de profession religieuse, du rang des sœurs associées » (1).

## Sœur MARIE-PÉLAGIE EYMAR.

« Elle mourut le 11 juin 1835, âgée de 28 ans, dont 6 de profession religieuse, du rang des sœurs choristes. Cette chère sœur a désiré qu'il ne fût point parlé d'elle après sa mort, sinon pour demander une pratique d'humilité de la part de chacune de ses sœurs. Elle a rendu sa belle âme à Dieu dans de grands sentiments d'abandon au bon plaisir divin » (2).

## Sœur MARGUERITE-MARIE BRÛ

« Cette chère sœur était native de cette ville. D'une santé faible, la croix a presque toujours été son lot pendant sa courte vie religieuse. Avant de prendre le saint habit, elle fut obligée de rentrer dans le monde pour y faire les remèdes ordonnés par les médecins afin de guérir une surdité presque complète, occasionnée par une humeur scrofuleuse qu'elle portait depuis son enfance. Notre chère sœur dut supporter plusieurs opérations très douloureuses qui la soula-

(1) Circulaire du 20 avril 1837.
(2) Circulaire du 10 septembre 1835.

gèrent sans la guérir. Désespérant de pouvoir être reçue parmi nous à cause de sa surdité, elle forma le projet d'aller se présenter chez les Dames de S. Joseph. N'ayant pu réussir dans ce pieux désir, elle fit une neuvaine à notre vénérable sœur Marguerite-Marie Alacoque et lui promit de prendre son nom, si elle lui obtenait du Sacré-Cœur la grâce de rentrer dans notre communauté. Elle fut exaucée, et vint nous édifier par son zèle pour la pratique de nos saintes observances, son amour pour les humiliations et surtout par sa soumission à la volonté divine. Notre bien-aimée sœur était destinée à être une vraie victime de Jésus souffrant, dont elle méditait continuellement les mystères. Elle nous disait souvent, avec son aimable simplicité: « Je n'ai pas de grandes consolations à » l'oraison, je sens au fond de mon âme une paix sèche, sèche, » mais pourvu que je souffre et que j'aime bien mon Dieu, » cela me suffit. » Six mois environ avant sa mort, une toux violente, accompagnée de crachements de sang, nous fit conjecturer que sa fin était prochaine. Son âme généreuse accepta la mort avec calme. Elle reçut les derniers sacrements avec la paix d'un ange, le 9 avril 1836 ; elle était âgée de 34 ans, dont 5 de profession religieuse, du rang des sœurs choristes. Oh! comme notre chère sœur avait bien compris que Dieu seul est nécessaire, et que sa sainte volonté doit être *le tout* d'une religieuse de la Visitation. Dieu nous fasse la grâce d'imiter ses vertus afin de partager un jour son bonheur » (1).

## Sœur THÉRÈSE-ÉLISABETH LAURENT.

« Elle était native d'un village peu éloigné de notre ville. A l'époque de la Révolution, notre chère sœur, obligée comme tant d'autres de quitter son saint asile, se retira dans son village où elle passait son temps dans le travail et la prière. Dès qu'elle apprit que nos chères sœurs s'étaient réunies, elle revint avec joie auprès d'elles et les édifia de nouveau par son dévouement. Arrivée à un certain âge, on ne pouvait la décider à prender du repos. « Il faut, disait-elle, mourir les armes à la main! » Dieu a exaucé son désir, car elle n'a consenti à se retirer à l'infirmerie que deux jours avant sa mort. La maladie avait empiré si vite qu'on n'eut

(1) Circulaire du 20 avril 1837.

pas le temps de la faire administrer. Elle rendit son âme, le 26 avril 1836, à l'âge de 82 ans, dont 52 de profession religieuse. Elle était du rang des sœurs converses » (1).

## Sœur FRANÇOISE-ROSALIE FRAISSE.

« Cette chère sœur fut aussi une victime de la Révolution de 1793. Elle a beaucoup contribué au rétablissement de notre monastère, et s'est toujours montrée vraie fille de communauté par son esprit conciliant et pacifique. Elle est morte le 8 septembre 1837, à l'âge de 83 ans, dont 53 de profession religieuse, du rang des sœurs choristes » (2) .

## Sœur MARIE-JOSEPH VERNIÈRE.

« Notre chère sœur appartenait à une honnête famille d'Aniane, petite ville à 5 lieues de Montpellier. A l'âge de 9 mois, elle perdit sa mère et fut confiée aux soins d'une bonne nourrice qui lui apprit à aimer Jésus et Marie. Après sa première communion, elle fut mise en pension chez les Dames Ursulines de cette ville, et à l'âge de 19 ans, elle se présentait chez nous pour être religieuse. Son père et son grand-père l'obligèrent de sortir, ne pouvant accepter le sacrifice de leur enfant. Mais, dès qu'elle eut atteint sa 21ème année, elle s'échappa de nouveau, et quelque violents assauts qui lui furent livrés, rien ne put l'arracher du saint asile qu'elle s'était choisi. Notre-Seigneur la plaça sur la croix, presque aussitôt après sa profession, et dès lors tout fut crucifié en elle, le cœur, le corps et l'esprit; mais, en vierge sage, elle sut mettre tout à profit pour son éternité.

» Notre chère sœur exerçait l'emploi d'infirmière où elle excellait, lorsqu'un violent crachement de sang l'a mise en peu de jours à l'extrémité. La vue de la mort ne l'a pas effrayée, car son unique désir était de voir Dieu; aussi a-t-elle reçu les derniers sacrements avec la plus vive reconnaissance. Elle rendit son âme à Dieu, le 11 avril 1838, âgée de 32 ans, dont 6 de profession religieuse, du rang des sœurs choristes » (3).

(1) Circulaire du 20 avril 1837.
(2) Circulaire du 22 juin 1838.
(3) Id.

## Sœur MARIE-PHILOMÈNE GOUNEL.

« Le 10 octobre 1838, mourait la sœur Marie-Philomène Gounel, à l'âge de 23 ans, dont 4 mois de profession religieuse, du rang des sœurs choristes. Notre chère sœur était native d'un petit village, près de cette ville. Sa courte vie n'a été qu'une marche constante vers la perfection. Son humilité cependant ne lui laissait apercevoir que des défauts en elle. C'est l'amour de cette vertu, qui la porta à solliciter avec instances une place dans le rang des sœurs converses. N'ayant pu faire agréer son désir, elle résolut d'agir en tout comme si elle était converse. Se jugeant indigne d'être traitée comme sœur de chœur, elle mettait son bonheur à obéir à toutes ses sœurs. Notre chère sœur rendait compte avec une ingénuité charmante des dispositions de son âme. Elle dit un jour à sa maîtresse, qu'étant en prière au chœur, elle se plaignait au bon Dieu de son ignorance pour les choses spirituelles, et le conjurait de vouloir bien l'éclairer, et que tout à coup, elle avait vu sur l'autel, un grand crucifix rayonnant de gloire, des plaies duquel sortaient des bluettes de feu qui tombèrent sur elle, et qu'en même temps, elle entendit une voix qui lui dit : « Je serai moi-même ton maître. » Depuis lors, en effet, notre chère sœur fut bien instruite dans la science de la croix, car sa vie a été une continuelle immolation intérieure et extérieure. La ferveur de cette jeune sœur donnait de consolantes espérances pour l'avenir, mais Dieu avait d'autres desseins sur elle. Obligée de se rendre à l'infirmerie par suite de l'affaiblissement de ses forces minées par un mal intérieur, notre chère sœur s'abandonna avec calme à la volonté divine. Le premier octobre, elle s'alita et le délire s'empara d'elle aussitôt. Cet état ayant duré jusqu'à sa mort, nous n'avons pas eu la consolation de lui faire recevoir le saint viatique. » (1).

## Sœur MARIE-FÉLICITÉ COURNET.

« Notre chère sœur était native d'un village assez éloigné de cette ville ; d'un naturel doux et obligeant, nous ne lui avons jamais entendu proférer une seule parole de plainte,

(1) Circulaire du 10 avril 1840.

même dans ses états de souffrance. Unie à son Époux souffrant, sa conformité à la volonté divine était admirable. C'est dans ces dispositions qu'elle a rendu son âme à Dieu, après avoir reçu les secours de la sainte Église, le 14 août 1839, à l'âge de 36 ans, dont 14 de profession religieuse, du rang des sœurs converses. » (1).

## Sœur LOUISE-STANISLAS PRIVAT.

« Notre chère sœur était née à Aniane, petite ville à cinq lieues de Montpellier, célèbre par le grand nombre de prêtres et de religieuses qu'elle fournit. Elle était pensionnaire chez nous lorsque ses parents, quoique vertueux, alarmés du goût que leur chère enfant manifestait pour le cloître, profitèrent d'un faible prétexte pour l'en arracher. Contrainte, malgré ses larmes, de rentrer dans le monde, Mlle Privat, à peine âgée de 16 ans, résolut de ne jamais y attacher son cœur. Plus que jamais, elle se livra à tous les exercices de la vie intérieure. Son esprit de mortification lui faisait trouver mille moyens de crucifier son corps innocent; elle mettait de petits cailloux dans ses souliers, mâchait des herbes amères, usait de la ceinture de fer, etc..... Après cinq ans passés dans ces pieux exercices, elle tomba dans une maladie violente et tout à fait extraordinaire; sa mère promit alors de ne plus s'opposer aux désirs de sa chère fille. Rentrée dans l'arche, notre jeune colombe se livra totalement à la conduite de ses supérieures. Sa devise était: « *Ecce ancilla Domini* ! » « Seigneur, » disait-elle sans cesse, je ne veux autre chose que ce que » vous voulez pour moi, demeurant exposée à votre bon » plaisir. » Par humilité, notre chère sœur avait fait de vives instances pour être reçue au rang des sœurs converses, mais l'obéissance lui fit faire le sacrifice de ses désirs. Toute son ambition était d'aimer Dieu, d'augmenter cet amour en elle et de l'allumer autour d'elle. Le temps de ses retraites était celui, où, conduite dans les celliers divins, elle perdait la terre de vue, et, abîmée en Dieu, elle lui disait, dans les effusions de son cœur: « Me voici, comme une victime qui » doit être consumée, brûlée, anéantie par votre feu divin. Oui, » Seigneur, je vous aimerai désormais d'un amour solide; car,

(1) Circulaire du 10 avril 1840.

» que puis-je rendre à l'amour, que de l'amour? et pour qui » aurais-je un cœur, si ce n'est pour vous, ô mon Jésus! Vous » l'avez blessé par les richeses de vos miséricordes, et moi » je veux blesser et ravir le vôtre par un retour de fidélité. » Vous savez, Seigneur, que je ne suis bonne à rien; mais » pourvu que je brûle de votre amour, c'est assez, c'est tout » ce que je désire. Mon emploi, mon travail, mon unique oc- » cupation, sera donc de brûler. Je me rappellerai sans cesse » que ma profession est d'aimer, et que je n'ai dit un éternel » adieu au monde, qu'afin de me livrer à mon unique affaire, » qui est d'aimer. » Cet amour divin l'absorbait si fort pendant ses retraites, que ses supérieures jugeaient à propos de l'en faire sortir le 5ème ou le 6ème jour. Notre bien-aimée sœur Louise-Stanislas faisait son sacrifice sans prononcer un seul mot.

» Le Seigneur ne nous laissa pas longtemps jouir d'un si digne sujet. Sept ans après sa profession, notre chère sœur fut prise d'un violent accès de toux et d'une vive douleur au côté, qui nous parurent de mauvais augure. Malgré nos vœux et des neuvaines réitérées, l'état de notre chère malade devint de plus en plus alarmant. Monsieur notre confesseur jugea à propos de lui administrer les derniers sacrements; cette nouvelle la combla de joie. « O mon Dieu! » disait-elle, que je suis heureuse! c'est donc aujourd'hui que » je recevrai cette grande grâce! » Après qu'elle eut reçu le saint Viatique on l'entendait s'écrier avec une sainte ardeur: « O Jésus!... ô amour!... Jésus..... Jésus..... que de grâces!... » Puis faisant approcher sa propre sœur religieuse parmi nous, et lui tendant les bras: « Ma sœur, félicitez-moi!... c'est le moment » de témoigner à Dieu notre générosité et notre reconnais- » sance; ah! prouvons-lui notre amour, ne vivons que d'amour, » n'aimons que le pur amour. O amour!... ô amour!... Je » ne puis plus vivre..... je n'en puis plus..... » Puis, les mains jointes et les yeux fixés au ciel, elle restait dans un silence extatique. Un moment après, elle fit chanter le *Laudate* et le chanta elle-même avec une ferveur qui arrachait les larmes. C'est dans ces élans d'amour que son âme angélique est allée s'unir au chœur des esprits bienheureux, le 7 avril 1840. Elle était âgée de 28 ans, dont 7 de profession religieuse, du rang des sœurs choristes » (1).

(1) Circulaire du 1er juillet 1841.

## Sœur MARIE-AUGUSTINE ROUX.

« Notre chère sœur était née à Loupian, petit village à cinq lieues de Montpellier. Toute sa vie, elle eut à combattre son caractère rude, impérieux, et une imagination extraordinairement ardente. Les peines intérieures l'ont constamment martyrisée. Ses derniers moments toutefois furent bien calmes et pleins de confiance en Dieu: « J'irai en paradis, mes » chères sœurs, nous disait-elle, oui, oui, quoique je ne le » mérite pas. Le bon Dieu me traite comme le bon larron. » Je lui dis de se souvenir de moi dans son royaume, et il » me semble qu'il me répond: « Puisque tu te confies en ma » bonté, je te dis que tu seras avec moi en paradis. » C'est dans ces pieux sentiments que notre chère sœur rendit son âme à son Créateur, le 3 mai 1840. Elle était âgée de 45 ans, dont 20 de profession religieuse, du rang des sœurs choristes. » (1).

## Sœur ANNE-MADELEINE QUATREFAGES.

« Notre chère sœur s'était présentée d'abord pour être sœur converse, et ce fut un vrai sacrifice pour elle d'accepter le rang des sœurs tourières. Ses manières douces et polies la faisaient aimer. Les pauvres trouvaient en elle un cœur tendrement charitable. Son obéissance était admirable, et son union à Dieu continuelle, rien ne pouvait la distraire de son recueillement. Notre chère sœur joignait à tout cela une profonde humilité, vertu si redoutable au démon. Un saint prêtre voulant exorciser une personne possédée du malin esprit pria notre Mère de lui permettre de le faire dans notre église et de se faire aider des prières de notre bonne sœur Anne-Madeleine. Elle y alla par obéissance, et se plaçant près de cette pauvre infortunée, se mit à réciter son chapelet avec beaucoup de dévotion. L'ennemi juré de Marie témoignait par des hurlements affreux la violence que lui faisait notre chère sœur par son recours à la sainte Vierge. Les exorcismes ne pouvant être continués dans notre église, ce pieux ecclésiastique désira que notre chère sœur lui fût prêtée autant qu'il serait nécessaire. Dieu bénit le zèle de son ministre et

(1) Circulaire du 1er juillet 1841.

les prières de sa servante, et la pauvre possédée fut enfin délivrée.

» Nous voyions avec peine que la santé de notre chère sœur s'affaiblissait considérablement et que les remèdes ne produisaient aucun effet, en conséquence notre T. H. Mère la fit entrer dans la clôture, et au mois d'avril notre chère sœur commença de s'aliter. Les forces diminuant de jour en jour, on lui fit administrer les sacrements, vers le commencement de juillet et le 22, fête de sa patronne, elle rendit son âme à Dieu. C'était en 1840. Cette religieuse était âgée de 33 ans, dont 7 d'oblation » (1).

## Sœur MARIE-XAVIER MAZEL.

« Notre chère sœur était de Sommières, petite ville du département du Gard. Dès son enfance, elle montra les germes des bonnes qualités qui l'ont caractérisée. Sa douceur inaltérable, sa politesse naturelle, même envers ses compagnes, la rendaient chère à tout le monde. En 1822, notre aimable jeune fille vint se présenter à la T. H. Mère Louise-Eugénie Troëtte qui l'accueillit avec bonheur. Pendant toute sa vie religieuse, elle édifia la communauté par sa candeur, son affabilité, et son oubli d'elle-même. De longues et pénibles souffrances lui méritèrent la couronne du ciel, le 27 septembre 1840. Elle était âgée de 40 ans, dont 16 de profession religieuse, du rang des sœur choristes » (2).

## Sœur THÉRÈSE-GONZAGUE GALTIER.

« Notre chère sœur était native du Caylar, petite ville à 15 lieues de Montpellier; c'est à sa première communion qu'elle entendit l'appel divin, mais des difficultés insurmontables ne lui permirent de réaliser son désir qu'à l'âge de 30 ans. Naturellement bonne et complaisante, elle nous a constamment édifiées par son obéissance, sa retenue et ses manières obligeantes. Le jour heureux de sa profession, elle se présenta au Seigneur avec toute l'ardeur dont son cœur était capable. Rien ne fait mieux connaître ses dispositions

(1) Circulaire du 1er juillet 1841.
(2) Id.

qu'un petit écrit qu'elle a laissé. En voici le contenu: « O » Jésus, mon Sauveur!... il est donc bien vrai que j'ai le » bonheur d'être votre victime, votre épouse!... quel bonheur! » quelle grâce!... Oh! je sens toute mon impuissance pour » comprendre une telle faveur, et encore plus pour la re- » connaître. Mais, au moins, agréez, ô mon divin Sauveur, que » je fasse tous mes efforts pour me consacrer à vous de la » manière qui vous sera le plus agréable; permettez que je » vous fasse, non un don, mais un abandon total de moi-même. » De plus, je suis résolue de vous offrir, non un sacrifice, » mais un holocauste, où la victime soit tout à fait consumée, » et dont il ne reste que les cendres d'une profonde humi- » lité, et le feu d'un ardent amour. Pour vous rendre cet » holocauste plus agréable, j'ai l'intention de m'unir, par » toutes mes aspirations et respirations, aux saintes disposi- » tions où vous étiez dans le sein de votre Mère, et vous » dire ce que vous dîtes à votre Père céleste: « Seigneur, les » hosties et les victimes ne vous sont plus agréables, et j'ai » dit: Me voici, Seigneur, pour faire votre volonté. » Tels furent les sentiments avec lesquels cette victime du Calvaire offrit son holocauste qui fut agréable au Seigneur. Sa vie ne fut plus dès lors qu'une souffrance continuelle. Toujours tranquille et abandonnée, notre chère sœur ne demandait aucun soulagement. Après la mort de notre excellente sœur Marie-Xavier Mazel, notre chère sœur se trouvant alitée à l'infirmerie dit à plusieurs de nos sœurs: « Je viens de faire » l'oraison, et le bon Dieu m'a fait connaître que je mourrai » la première. J'ai offert depuis longtemps mon sacrifice et » je viens de le renouveler. » En effet, après deux mois de souffrances, elle rendit son âme en prononçant les saints noms de Jésus, de Marie et de Joseph. C'était le 28 décembre 1840. Elle était âgée de 32 ans, et avait 20 mois de profession, du rang de sœurs choristes » (1).

## Sœur MARIE-THÉRÈSE-XAVIER SOLLIER.

« Douée d'un jugement sain et d'une raison précoce, notre chère sœur rendit de grands services à la communauté. Pendant 11 ans, elle dut rester à l'infirmerie par suite d'une

(1) Circulaire du 1er juillet 1841.

forte maladie. Son âme généreuse se sacrifiait sans cesse au bon plaisir de Dieu. Elle redoutait extraordinairement la mort, et cependant elle l'attendait avec patience, cachant ses combats intérieurs sous un air calme et tranquille. Elle reçut les derniers sacrements après avoir fait un acte d'abandon de toute elle-même à Dieu, et expira pendant qu'on lui récitait les litanies de la sainte Vierge, le 22 mai 1841. Elle était âgée de 31 ans, dont 11 de profession religieuse, du rang des sœurs choristes » (1).

## Sœur ANGÉLIQUE-XAVIER RESTOUBLE.

« Notre chère sœur jouissait en paix du bonheur d'être toute à Dieu dans notre chère Visitation, lorsque la tourmente révolutionnaire força les religieuses à quitter les saints asiles qu'elles habitaient. Elle se retira avec sa sœur, plus ancienne religieuse qu'elle, dans une modeste maison, où elles suivaient nos saintes Règles. Pendant ce dur exil, sa sœur fut moissonnée par la mort. Quant à elle, ayant appris que notre monastère de Toulouse s'était rétabli, elle se hâta de solliciter la grâce d'être admise. Lorsque la Très Honorée Mère Louise-Eugénie Troëtte fut envoyée parmi nous, notre vénérée sœur Angélique-Xavier fut très heureuse de la suivre. Son âge avancé ne lui permettant pas d'exercer aucun emploi, elle se rendait utile de son mieux. Notre chère sœur s'est éteinte doucement, conservant sa présence d'esprit jusqu'au dernier moment. Elle était âgée de 89 ans, dont 70 de profession religieuse, du rang des sœur associées, lorsqu'elle mourut le 18 février 1843 » (2).

## Sœur LOUISE-CHANTAL OLLIER.

« Notre chère sœur se distingua parmi nous par sa ferveur, sa régularité. Quelques mois avant sa mort, une toux opiniâtre vint nous donner de sérieuses appréhensions. Accoutumée à souffrir, notre chère sœur ne faisait presque pas attention à ce qui nous donnait tant de craintes. Elle fit sa retraite avec

(1) Circulaire du 8 avril 1843.
(2) Id.

sa ferveur ordinaire et à la rentrée des classes reprit son poste au pensionnat. Cependant les redoublements de fièvre nous avertissaient que le moment du sacrifice n'était pas éloigné. Notre chère malade demanda les derniers sacrements avec beaucoup d'instances, et dès lors ne s'occupa plus que de son éternité. Le jour de la Pentecôte, après avoir reçu le saint Viatique, son âme innocente est allée prendre place parmi les anges. C'était le 4 juin 1843. Cette sœur, du rang des sœurs associées, avait 31 ans, dont 4 de profession religieuse » (1).

## Sœur
## MARIE-JOSÉPHINE-GONZAGUE MADIÈRE.

« Notre chère sœur, vu son peu de santé, n'avait aucune assurance d'être admise, notre communauté étant surtout très nombreuse. Cependant, elle montra un si grand désir de se consacrer à Dieu qu'on crut devoir se rendre à sa demande. Elle fut reçue au saint habit avec trois autres prétendantes. Sa santé s'altéra de plus en plus, mais elle n'en laissait rien paraître, Dieu lui donnant la force de suivre la règle en tout. L'année suivante, elle eut le bonheur de prononcer ses vœux avec ses deux compagnes. L'après-midi de cette heureuse journée notre chère sœur fut prise d'un grand vomissement de sang. Cet accident, loin de l'attrister, la porta à s'écrier: « Ah ! si le divin Époux voulait maintenant m'appeler au ciel, quel bonheur ! » Depuis ce moment jusqu'à celui de sa mort, cette chère malade nous donna des exemples d'une vertu consommée. Nous ne craignons pas de dire qu'on ne lui a reconnu aucun défaut. Quelques mois après, paraissant baisser sensiblement, on lui administra les derniers sacrements, et cette pure colombe s'envola dans le sein de son Bien-Aimé, le 28 avril 1844. Elle était âgée de 26 ans, dont 10 mois de profession religieuse, du rang des sœurs associées » (2).

(1) Circulaire du 20 juin 1844,
(2) Id.

## Sœur ANNE-MARIE-JOSEPH MARTIN.

« Notre chère sœur nous fut présentée à l'âge de 34 ans par un prêtre vertueux, qui nous fit un grand éloge de sa protégée. Admise au noviciat, elle se fit remarquer par un esprit juste, un jugement droit et une volonté généreuse pour le bien. Peu de temps après sa profession, on lui donna l'emploi d'infirmière. La bonne santé qu'elle paraissait avoir nous faisait espérer qu'elle serait très propre à cet emploi, mais notre chère sœur commença de ressentir les premières atteintes du mal qui la conduisit au tombeau. A ses derniers moments, son frère lui fit dire qu'en qualité de vicaire général, il lui serait facile d'avoir la permission d'entrer pour la voir; mais, fidèle à se mortifier, notre chère sœur lui fit répondre, que pour une satisfaction d'un moment, il ne fallait pas perdre le mérite d'un tel sacrifice, et qu'elle se recommandait à ses prières. Munie des derniers sacrements, cette chère âme s'envola vers la Jérusalem céleste, le 5 novembre 1845, à l'âge de 41 ans, dont 5 de profession, du rang des sœurs choristes » (1).

## Sœur JOSÉPHINE-MARIE PRIVAT.

« Cette chère sœur était encore pensionnaire chez nous, lorsque sa sœur aînée, notre regrettée sœur Louise-Stanislas se présenta pour être religieuse. Ce fut la veille de la fête de la Présentation que notre douce colombe entra dans l'arche; elle avait alors 21 ans. Sa vie religieuse n'a été qu'une vie d'obéissance, de sacrifice. Dans une retraite, elle avait offert à Dieu son corps en holocauste, elle fut exaucée. Une longue maladie de poitrine mina peu à peu ses forces et nous l'enleva peu après avoir reçu les derniers sacrements, le 29 décembre 1845. Elle était âgée de 29 ans, dont 6 de profession religieuse, du rang des sœurs choristes. » (2)

## Sœur MARIE-SÉRAPHINE GUIBAL.

« Notre chère sœur était née à Gignac, petite ville à quelques lieues de Montpellier. C'était une des ces âmes fortes,

(1) Circulaire du 5 avril 1846.
(2) Id.

que la foi et la générosité rendent capables de tout; un de ces cœurs grands qui savent tout immoler à Dieu, et qui s'attirent, par la confiance et l'amour le plus ardent, les grâces et les faveurs de Celui pour qui seul elles se sacrifient et surmontent la nature. Fidèle à se vaincre, soumise dans les souffrances, courageuse dans les peines, elle ne les voyait que dans le cœur de Dieu, dont elle recevait les coups comme preuves de son amour, ne s'occupant qu'à lui prouver le sien, plus encore par sa générosité que par les ardentes effusions de son cœur tendre et véhément. Notre chère sœur n'avait que 19 ans lorsqu'elle se présenta parmi nous. Admise à la prise d'habit et à la sainte profession, notre chère colombe croissait de jour en jour en ferveur et en générosité, remportant de continuelles victoires sur son caractère altier et sa volonté de fer. Elle eut la consolation de voir son bon père renoncer à tout, embrasser la croix de Jésus-Christ et marcher à sa suite. Il entra chez les Révérends Pères Jésuites d'Avignon. Son humilité fut édifiante, car son âge avancé ne lui permettant pas de se livrer aux études nécessaires pour la prêtrise, il embrassa avec bonheur la modeste condition de frère convers, dans laquelle il s'est sanctifié par la pratique de toutes les vertus. Notre chère sœur transportée de joie en apprenant le sacrifice de son père s'écriait: « Que je suis » heureuse! Je suis toute à mon Dieu et mon père aussi. » Quelle grâce! quel bonheur! Oh! que le bon Dieu nous a » aimés!..... » Dieu récompensait les efforts de notre chère sœur en lui faisant goûter des délices inexprimables. Cependant, il se plut à éprouver sa fidèle épouse d'abord par des maladies: une surtout fut très longue, mais elle fut guérie comme miraculeusement, après une neuvaine faite au Sacré-Cœur de Jésus. Quelques années après sa profession, elle écrivait: « Je n'ai qu'un seul désir: contenter Dieu! Je sais » que le contentement de Dieu n'est autre que sa gloire: » pour la lui procurer, il faut nous humilier. Je veux donc » vivre cachée, méprisée, oubliée! » Notre chère sœur fut placée au pensionnat; on la nomma, en 1830, première maîtresse. C'est alors qu'elle établit la Congrégation des Enfants de Marie, qui lui donna beaucoup de consolations. Après 15 ans de labeurs, la santé de notre chère sœur réclamant du repos, on la retira du pensionnat. Alors son âme ne vivait, ne respirait que pour le ciel. Ses retraites étaient la fournaise qui

alimentait le feu sacré de l'amour. « Qu'il est doux, s'écriait-
» elle, d'aimer et de s'immoler pour celui qu'on aime! Je lui
» sacrifie mon amour-propre; je l'ai attaché pour jamais à
» la croix de Jésus-Christ, afin qu'il essuie sans cesse la honte
» et le mépris qu'il mérite. Quant à moi, je me livre au pur
» amour; je ne veux savoir, connaître, chercher et voir
» qu'amour, offrir et demander à Dieu qu'amour.... il faut
» que ma vie soit toute d'or. Je n'oublierai pas que la vraie
» religieuse, non seulement doit conserver sa chaleur jusqu'à
» la mort, mais qu'elle doit encore ajouter feu sur feu, ferveur
» sur ferveur, soin sur soin, désir sur désir. » L'abandon à la sainte volonté de Dieu était la disposition d'âme de notre chère sœur. Aussi la pensée, qu'elle était toujours prête à paraître devant Dieu, nous consola quand nous eûmes la douleur de la perdre si subitement avant d'avoir pu lui faire recevoir les derniers sacrements. C'était le 14 février 1846; elle était âgée de 41 ans, dont 19 de profession religieuse, du rang des sœurs choristes » (1).

## Sœur
## MARIE-THÉRÈSE-JOSÉPHINE REYNARD.

« Notre chère sœur était native de Montpellier, d'une humble condition; elle ne dut qu'à la charité chrétienne d'être reçue parmi nous; mais ses rares vertus en ont fait un des membres les plus précieux de la communauté. Mortifiée à l'extérieur autant qu'à l'intérieur, sa vie religieuse ne fut qu'une longue immolation du corps et de l'esprit, une douce union à Dieu. Son amour pour le silence avait quelque chose de ravissant, on ne la rencontrait jamais que les yeux baissés. Un anévrisme occasionna à notre chère sœur des souffrances bien longues, bien aiguës, qui furent pour elle un aliment nouveau à sa patience et à sa soumission. Pendant de longues années, elle a pu se considérer comme victime du bon vouloir divin, comme un holocauste à sa majesté sainte. Une suffocation presque continuelle nous faisait craindre à tout moment que notre chère sœur ne nous fût enlevée. Ne pouvant se tenir couchée, elle reçut les derniers sacrements sur un

(1) Circulaire 5 avril 1846.

fauteuil et y rendit le dernier soupir pendant que l'on priait autour d'elle, le 8 mai 1846. Elle était âgée de 46 ans, dont 24 de profession religieuse, du rang des sœurs choristes » (1).

## Sœur FRANÇOISE DE SALES VERNIÈRE.

« Cette chère sœur était d'Aniane, petite ville de ce diocèse, célèbre dans l'histoire par le surnom qu'elle a donné à Saint Benoit, qui, du temps de Charlemagne, fonda son monastère. Elle fut élevée chez les Dames Ursulines de notre ville et s'y distingua par ses progrès et sa piété. Entrée chez nous, elle se fit remarquer par sa bonté, sa douceur et son affabilité. Son désir d'obliger et de se rendre utile la mettait au service de tout le monde. Notre chère sœur étudiait sans cesse le Sacré-Cœur de Jésus. Ayant concentré ses pensées dans l'intérieur de ce Cœur adorable, elle y avait puisé les trois vertus qui l'ont caractérisée parmi nous: douceur, humilité, cordialité, qui sont comme les colonnes fondamentales de l'édifice spirituel d'une vraie fille de Sainte-Marie. Un jour, sans avant-coureurs, notre chère sœur éprouva un regorgement de sang considérable: son caractère impressionnable s'en effraya, elle fit ses adieux à la communauté et se rendit à l'infirmerie. On appela M. l'aumônier à qui elle demanda le saint Viatique, disant que c'en était fait d'elle. Elle ne se trompait pas. Après avoir reçu son Dieu avec sa vivacité de foi ordinaire, elle alla jouir du bonheur du ciel, le 17 février 1847, à l'âge de 39 ans, dont 15 de profession religieuse, du rang des sœurs choristes (2).

## Sœur LOUISE-THÉRÈSE GUIZARD.

« Notre chère sœur était native d'un petit village nommé Lavérune. Ce fut le jour de sa réception dans la Congrégation des Enfants de Marie, érigée dans notre pensionnat, le 25 mars 1833, que notre chère sœur se sentit inspirée de se consacrer à Dieu. Elle réalisa son pieux dessein et nous édifia grandement par son esprit de régularité. Minée par la fièvre, notre chère sœur dut rendre les armes et expira après

(1) Circulaire du 25 avril 1855.
(2) Id.

avoir reçu les derniers sacrements, le 14 mars 1847; elle était âgée de 29 ans, dont 6 de profession religieuse, du rang des sœurs choristes » (1).

## Sœur MARIE-MADELEINE BESSIER.

« Notre chère sœur était native de Montpellier; quand elle entra dans la clôture, elle n'apporta du monde qu'une humilité profonde, une conviction intime de son indignité à trouver place dans la maison du Seigneur. Aussitôt admise à son essai, notre prétendante s'adonna à une obéissance entière, à une exactitude qui ne se démentit jamais; elle acquit ainsi une telle pureté de cœur, que dans ses confessions ordinaires, ou dans ses revues, elle trouvait à peine de quoi formuler une accusation. Après avoir passé sa vie dans les pratiques d'un continuelle abnégation d'elle-même, notre chère sœur l'a terminée par une sainte mort à la suite d'une maladie lente. Tous les secours de la sainte Église lui ont été accordés. Elle rendit le dernier soupir le 25 mai 1848, à l'âge de 42 ans, dont 23 de profession religieuse, du rang des sœurs choristes » (2).

## Sœur MARIE-DOSITHÉE POULAUD.

« Notre chère sœur naquit à Montpeyroux, gros bourg de ce diocèse, pays fertile en oliviers fructifiants pour la maison de Dieu, tant dans l'état ecclésiastique que dans la sainte Religion. Mademoiselle Alix Poulaud ne dégénéra pas et, transportée dans notre terre de la Visitation, nous pouvons dire avoir été édifiées des fruits délicieux de sa douce, onctueuse et pénétrante charité. Toute la vie de notre chère sœur n'a été qu'une vigilance sur elle-même, afin de ne laisser échapper aucune inégalité de caractère. Aussitôt après sa profession, elle fut placée aide à l'infirmerie et remplit avec zèle et dévouement cet emploi qui secondait si bien ses vues religieuses d'être la servante des servantes de Jésus-Christ. Toujours compatissante, affable et prévenante, elle devinait les

(1) Circulaire du 25 avril 1855.
(2) Id.

besoins du prochain et s'en faisait aimer, au point qu'on pouvait lui appliquer ce qu'on disait de notre saint Fondateur: « Que chacun était si charmé de ses manières, qu'il se croyait son préféré. » Ses entretiens, soit en communauté, soit avec les personnes du dehors n'étaient que de Dieu et du bonheur de lui appartenir. La santé de notre chère sœur commença à s'altérer par une tumeur froide qui lui vint à la main et qui la dessécha. Cette humeur s'étant dirigée vers la poitrine, notre chère malade comprit que sa fin n'était pas éloignée. Elle fit avec calme le sacrifice de sa vie et ne songea plus qu'à se préparer à la mort; elle-même demanda les derniers sacrements et alla ensuite jouir de Celui qui, seul, avait possédé son cœur et ses affections. C'était le 17 septembre 1848. Elle était âgée de 28 ans, dont 3 de profession religieuse, du rang des sœurs choristes » (1).

## Sœur MARIE-THÉRÈSE VAQUIER.

« Notre chère sœur naquit à Saint-Gély-du-Fesc, non loin de Montpellier. Ayant eu le malheur de venir au monde peu de temps avant notre Révolution, elle avait vécu jusqu'à sa quinzième année dans l'ignorance totale de la religion, et de ses devoirs de chrétienne. A l'âge de onze ans, elle fut mise en pension chez une demoiselle protestante, mais Dieu ne permit pas que son institutrice lui parlât de religion, et ainsi notre jeune Adèle ne fut pas entraînée dans l'erreur. Rentrée dans sa famille, elle y vécut d'une manière tout à fait mondaine et irréligieuse. Une cérémonie de première communion à laquelle elle assista, fut le triomphe de la grâce sur cette âme. Que se passa-t-il alors? notre chère sœur ne l'a jamais dévoilé, mais voici ce qu'elle écrivait, un peu plus tard, en souvenir de ce jour de grâce: « O Jésus! mon unique amour! puis-je me rappeler, et ne pas mourir d'amour, » cet heureux instant où vous éclairâtes mon esprit, et me » fîtes voir ce que je n'avais jamais vu, ce qui me remplit » de joie, d'étonnement et de bonheur?... où vous captivâtes » ma volonté pour me faire dire avec votre Apôtre: Seigneur, » que vous plaît-il que je fasse? où, ne pouvant plus résister » aux attraits de votre divin amour, mon cœur devint sa

(1) Circulaire du 25 avril 1855.

» conquête pour en chasser et y détruire tout ce qui aurait » pu l'empêcher d'y régner en souverain et d'en faire sa » victime..... » La conversion de notre chère sœur fut aussi prompte, aussi entière que celle d'un saint Paul ou d'un saint Augustin. La grâce fit tout en elle. Depuis ce moment, elle avait alors 15 ans, Mademoiselle Adèle ne voulut plus appartenir qu'à Dieu; mais elle dut attendre ce bonheur jusqu'à l'âge de 33 ans, et nous arriva dès que nos sœurs, qui avaient survécu à la Révolution, purent se réunir dans l'ancien monastère. Après bien des assauts de la part de sa famille, elle put se revêtir de nos saintes livrées, mais elle dut attendre avec une patience invincible l'espace de trois ans et demi avant de faire la sainte profession. Si le divin Époux avait différé longtemps à se rendre à ses vœux, il l'en dédommagea par une abondance de grâces et de bienfaits tout le temps de sa vie religieuse. Cette vie, si précieuse par l'édification que nous en avons reçue, l'a été encore par les charges importantes que notre chère sœur a remplies avec tant de dévouement et d'intelligence. Pour tout dire en un mot, notre chère sœur Marie-Thérèse s'était si bien remplie de l'esprit de notre saint Institut, qu'elle semblait nous dire, dans un langage muet, mais bien intelligible: Soyez mes imitatrices, comme je le suis moi-même de notre sainte Mère.

» Comme le soleil couchant se couvre quelquefois de nuages, le trépas de notre respectable sœur a été comme une ombre jetée sur une si belle vie, laquelle, après avoir étonné par des marques de sainteté, ne laissa plus apercevoir que les traits humiliants de la faible humanité. C'était la main de Dieu, qui donnait le dernier coup de grâce à la victime entièrement abandonnée à son adorable volonté. Dans son enfance, notre chère sœur avait été atteinte d'une humeur scrofuleuse, qui reparut vers la fin de sa vie et abrégea ses jours. La violence du mal était telle qu'aucune position ne lui fut possible; elle était clouée sur la croix. Son intérieur était aussi crucifié. Le Seigneur sembla se retirer d'elle et lui ôta toute espèce de consolation. Plus de goût pour la prière, craintes excessives de la mort, craintes de son salut. Rien n'était plus affligeant que cet abandon apparent de Celui pour qui seul elle avait vécu!... Cependant, malgré ses angoisses, notre chère sœur n'a jamais manqué de remplir ses devoirs religieux. Elle nous a quittées au moment où l'on se disposait à la descendre au chœur pour y recevoir son Jésus, nous laissant toutes embaumées du parfum de ses vertus. C'était le 2 octobre 1848. Elle avait 62 ans d'âge, dont 25 de profession religieuse, du rang des sœurs choristes » (1).

## Sœur THÉRÈSE-MARIE SICARD.

« Notre chère sœur était native de Bédarieux, ville de ce diocèse, remarquable par son commerce et par l'industrie de ses habitants. A son baptême, notre chère sœur reçut le nom de Clotilde, et, comme sa sainte patronne, elle sut dans le sein de l'opulence conserver son cœur libre de l'amour du monde, et professer un attachement inviolable à la vraie foi. Prévenue des grâces du ciel dès l'âge le plus tendre, notre chère sœur n'eut jamais de goût que pour la piété et la vertu. Tout en rendant hommage à son mérite précoce, nous devons dire, que sous des traits si délicats, un teint de rose, l'attitude qu'on remarque dans les vierges des meilleurs maîtres, on était étonné de rencontrer chez notre jeune fille une volonté ferme, et un caractère altier qui se traduisait quelquefois par un langage plus âpre que doux. Aussi, quand s'adressant au guide de son âme, elle lui manifesta son désir de se consacrer à Jésus-Christ, celui-ci lui dit: « C'est à la Visitation, que saint François de Sales, le plus doux des Fondateurs d'Ordres monastiques, a pourvue de Constitutions admirables de sagesse et de suavité, que vous trouverez Jésus. » Notre chère sœur se dérobant alors par la fuite, de nuit, de la maison paternelle, se présenta chez nous pour être admise à son essai. Une seule vue l'attirait ici: mourir à tout pour vivre à Dieu! et elle demandait, comme une grâce, de ne pas être ménagée. Jeunesse, fortune, beauté, tout avait été sacrifié pour gagner Jésus-Christ. Les épreuves ne lui furent pas épargnées, mais aucune n'étonna ni ne surprit son courage. Son union à Dieu était continuelle. Placée au pensionnat aussitôt après sa profession, notre chère sœur y porta son esprit de recueillement et de sacrifice. Vrai pilier d'observance, modèle parfait de régularité, elle était pour toutes ses sœurs un type à copier; mais une maladie d'épuisement la conduisait insensiblement à sa fin. Forcée de passer de

(1) Circulaire du 25 avril 1855.

longs jours dans sa cellule, notre chère sœur adhéra à la sainte volonté de Dieu, et se plaçant comme Marie-Magdeleine aux pieds du Divin Maître, elle se nourrissait de la parole intérieure. Il fallut cependant se rendre à l'infirmerie pour y consommer le sacrifice. Son calme ne la quitta point. Le 28 décembre, au matin, notre T. H. Mère lui dit : « C'est aujourd'hui l'anniversaire de la mort de notre Bienheureux Père !... » — « Ah ! quel bonheur ! s'il venait me chercher, s'écria notre chère patiente. » Son souhait fut exaucé. Munie de tous les secours de la sainte Église, cette vraie Sulamite rendit son âme à Dieu dans l'après-midi du 28 décembre 1849, et alla grossir les rangs de la troupe virginale qui suit l'Agneau partout où il va. Elle était âgée de 39 ans, dont 14 de profession religieuse, du rang des sœurs choristes » (1).

## La Mère MARIE-LOUISE NAVARRE.

« Notre bien-aimée Mère naquit à Paris, d'un père juif et d'une mère chrétienne, à cette époque de notre histoire trop célèbre par le bouleversement des idées et des principes, où l'on ne se reconnaissait plus..... Sans vouloir justifier une alliance que l'Église n'approuve pas, nous tenons cependant à dire qu'elle fut sanctionnée plus tard par la permission du Souverain Pontife, et la bénédiction du prêtre fut donnée aux nouveaux époux. Notre petite Rachel, c'est le nom de notre chère sœur, était gracieuse et intelligente. Religieux observateur de la loi de Moïse, son père ne manquait pas de lui faire offrir le sacrifice du matin et du soir sur l'autel des parfums, et la jeune israélite, s'échappant de ses mains, courait vers sa mère et lui disait : « Maman, fais-moi réciter » ta prière, je ne comprends rien à celle que papa me fait » prononcer !... » Cependant la santé de Mme Navarre s'altérait ; M. Navarre la mena dans le midi pour son rétablissement. La Providence permit que cette famille choisît son logement dans la maison d'une pieuse veuve qui employait tout son temps en bonnes œuvres. Mme Rançon s'attacha à cette famille, s'intéressa surtout aux deux enfants, leur apprenant à prier, à désirer la grâce de la régénération. Ses relations avec Monseigneur Marie-Nicolas Fournier, notre digne prélat, lui

(1) Circulaire du 25 avril 1855.

fournirent l'occasion de lui parler de ses protégés. Ce bon Pasteur voulut les voir, et les ayant trouvés suffisamment instruits, les baptisa dans sa propre chapelle. Notre aimable Rachel, qui avait alors 10 ans, échangea son nom en celui de Clarisse. Sa bienfaitrice la fit aussitôt mettre en pension chez les religieuses de la Présentation de Castres, afin de l'éloigner de sa famille. Ayant terminé son éducation, et son père ayant éprouvé des revers de fortune, elle fut placée en qualité de sous-maîtresse à la pension Leroy. C'est là qu'elle entendit l'appel divin, elle avait alors 18 ans. Encouragée par M^me^ Rançon qui était alors religieuse parmi nous, ayant quitté le monde définitivement après le baptême de sa petite Clarisse, notre aimable jeune fille fit son entrée dans notre maison le jour de la fête de notre saint Fondateur. Bientôt après, admise à son essai, notre fervente prétendante en supporta les épreuves avec courage et générosité, et mérita d'être reçue à la sainte vêture, sous le nom de sœur Marie-Louise, et de faire ensuite la sainte profession. Placée au pensionnat, notre chère sœur y déploya tout son zèle. Aimée et respectée des élèves, elle savait leur faire goûter ses leçons et apprécier ses réprimandes. En communauté, se considérant la dernière de toutes, elle ne se mettait en avant que pour contribuer aux travaux communs. Notre T. H. Mère Thérèse de Sales, reconnaissant sa vertu et sa prudence, la proposa pour assistante et la communauté l'accueillit avec joie. Ce fut dans l'exercice de cette charge que se développa le talent qui nous la fit admirer depuis. Les diverses maladies qu'éprouvait notre bonne Mère Thérèse de Sales, ayant contraint nos Supérieurs de consentir à sa déposition, toutes les vues se tournèrent vers notre chère sœur assistante Marie-Louise Navarre. Elle fut élue en 1834 et avait alors 35 ans. Ses larmes abondantes nous dirent assez ce qu'il en coûta à sa modestie pour acquiescer à la volonté divine. Comptant sur le secours d'En-Haut, elle se mit à l'œuvre. Douce et ferme en même temps, modérée dans son zèle, autant que vigilante, tout pliait sous le charme de sa persuasion !... Sa gravité faisait oublier son jeune âge... son gracieux sourire tempérait son autorité... son peu d'expérience s'effaçait devant sa sagesse, ses avis se ressentaient de la maturité de son jugement. Ses discours brefs et pleins de sens étaient recueillis avec avidité.

» En 1837, la communauté lui donna une preuve de sa confiance en la choisissant de nouveau pour Mère. Ce second triennat fut plus abondant encore que le premier en consolations pour nous, en vertus et en mérites pour notre excellente Mère, dont l'unique attrait, l'unique vue pour sa conduite personnelle était l'oubli de soi, l'abandon à la Providence, et la confiance en Dieu. En 1840, elle remit les rênes du gouvernement à notre T. H. Mère Louise de Sales Arnaud et rentra avec bonheur dans le rang d'inférieure. Elle fut alors première maîtresse au pensionnat et en même temps économe de la communauté. Après le triennat de notre Mère Louise de Sales, ce fut avec une sensible joie que nous nous remîmes sous la sage conduite de notre Mère Marie-Louise Navarre. Dans cette nouvelle élection, sa charité manifesta les mêmes sentiments d'humilité, et les suites justifièrent également notre confiance. Après ce triennat, un quatrième vint mettre le comble à son mérite, et fut suivi de la récompense. Après avoir encore remis les rênes du gouvernement à notre bonne Mère Louise de Sales Arnaud, elle se dévoua, à nouveau, dans les charges d'économe et de première maîtresse au pensionnat. Le 7 janvier, malgré un violent mal de tête, elle donna une heure d'entretien aux sœurs du pensionnat, et s'alita pour ne plus se relever. Le mal s'aggravant, on redoubla les soins et les remèdes, mais tout fut impuissant. Notre bien-aimée malade, connaissant que sa fin était proche, se prépara à la réception des derniers sacrements. Sa bouche mourante ne répétait plus que ces amoureuses paroles: « O Jésus ! O mon Sauveur ! » Cette belle âme quitta ensuite la terre pour se réunir à son Créateur, le 10 janvier 1850, à l'âge de 49 ans, dont 25 de profession religieuse, du rang des sœurs choristes » (1).

## Sœur MARIE-EULALIE REBOUL.

« Notre chère sœur était de Pézénas. Très jeune encore, elle était l'édification de toutes les personnes qui la connaissaient. La sainte communion faisait ses délices, et cette dévotion pour la sainte Eucharistie a été le principal caractère de sa vie. « Allons à Jésus, disait-elle aux âmes timides

(1) Circulaire du 25 avril 1855.

» c'est notre Ami, notre Époux!... Ne craignons pas de nous » en approcher... Une religieuse doit toujours être prête à » recevoir son Bien-Aimé. » Dans ses conversations, elle se plaisait à parler de l'amour de Jésus pour les âmes dans la sainte Eucharistie. « Tout le reste ne m'est rien, disait-elle. » Notre chère sœur exerça la charge d'infirmière où sa charité lui donnait un tact tout particulier pour le soin des malades. Frappée, à son tour, par la maladie, notre chère patiente se hâta de demander les derniers sacrements qu'elle reçut avec grande ferveur. Dès lors, ses paroles ne furent plus que pour le ciel. Elle fit approcher sa propre sœur Anne-Thérèse, et sans regret, elle lui dit: « Nous allons à la patrie! Ma sœur, » détachez-vous de tout le créé, n'agissez que pour Dieu, » soyez bien obéissante, bien intérieure et surtout bien » charitable. Au ciel je prierai pour vous afin que vous soyez » une sainte religieuse. » Pendant son agonie, notre chère sœur dit d'une voix mourante: « Mon Dieu je vous aime de toutes les forces de mon âme! » Et ce fut dans ce beau sentiment que cette vierge sage alla au-devant de son Époux, le 2 mai 1851, à l'âge de 39 ans, dont 15 de profession religieuse, du rang des sœurs choristes » (1).

## Sœur MARIE-CHANTAL DE LANSADE.

« Notre chère sœur était native de Jonquières, seigneurie de sa famille; sa mère était l'héritière de la maison de Jonquières. L'époque de sa naissance fut marquée par la croix du Sauveur. C'était au moment de la tourmente révolutionnaire; M. de Lansade, son père, gentilhomme du Périgord, fut obligé de s'expatrier, mais il ne put vivre longtemps loin de sa famille chérie; il y rentra sous un déguisement emprunté; alors il fut reconnu, arrêté, emprisonné, sans autre culpabilité que l'éclat de son nom et son dévouement pour la bonne cause. Mme de Lansade sentit vivement ce coup, tout en le supportant en héroïque chrétienne. Pour la consoler, Dieu lui donna alors une enfant de bénédiction, sa chère Euphrasie, qui fut plus tard notre chère sœur Marie-Chantal. Après avoir passé sa jeunesse dans la pratique des plus solides vertus, sous la direction d'une tante pieuse et dévouée, et avoir

(1) Circulaire du 25 avril 1855.

rendu les derniers devoirs à sa respectable mère, notre timide colombe pensa à prendre son essor vers le cloître. Son choix parut d'abord se fixer sur le Carmel; les voies austères tracées par sainte Thérèse semblaient convenir à cette nature amie des rigueurs de la pénitence; mais la Providence voulut faire éclore cette humble fleur dans le parterre du suave François de Sales. Six mois de délai passés dans notre monastère, en qualité de pensionnaire libre, furent pour Mlle de Lansade un temps de pénible combat, de sérieux examen. Elle demanda enfin son admission dans notre famille. La fervente postulante ne démentit en rien la haute idée qu'on s'était faite de sa vertu; les épreuves du noviciat vinrent encore embellir cette âme si pure, et l'épouse fut trouvée agréable aux yeux du divin Époux... Ce fut alors que cette vraie religieuse jeta les fondements d'une vie régulière, qui, en adaptant le corps à la règle, sait aussi y assujettir et l'esprit et le cœur. La première à tous les exercices de piété, la première à tous les travaux pénibles, son zèle la portait à faire tout par amour sans se livrer à rien. Douée d'un jugement droit et solide, elle a toujours été appréciée par nos vénérées Supérieures, qui l'ont choisie pour membre de leur conseil.

» Ce fut le 26 août 1855, qu'une attaque de paralysie nous annonça le coup qui allait nous frapper. Le 27, elle expira en souriant, au moment où on lui répétait les prières des agonisants. Elle était âgée de 63 ans, dont 30 de profession religieuse, du rang des sœurs choristes » (1).

## Sœur THÉRÈSE-FÉLICITÉ MAURY.

« Notre chère sœur naquit à Nant, petite ville du diocèse de Rodez. Ce qui l'a surtout distinguée dans la pratique des devoirs de son rang, c'est le recueillement et la dévotion. On pouvait lui appliquer les paroles qui nous sont dites à la cérémonie de la profession religieuse: « Votre vie est cachée avec Jésus-Crist en Dieu, » tant elle semblait les avoir prises pour règle de sa conduite. Dans sa vie si uniforme, il n'y a eu de bien remarquable que la fidélité avec laquelle elle s'est toujours conformée à ce texte, faisant toutes choses

(1) Circulaire du 20 avril 1857.

dans un esprit de foi vive et pratique. Sa mort a été calme et pleine de suavité. Elle a expiré après avoir reçu les derniers sacrements, le 22 août 1856, à l'âge de 56 ans, dont 20 d'oblation, du rang des Sœurs tourières » (1).

## Sœur
## MARIE-FÉLICITÉ DE SALES FAULQUIER.

« Notre chère sœur naquit à Lodève, ville industrielle de ce département, en l'an 1805. Monsieur Faulquier, son père, savait allier les vertus chrétiennes aux intérêts de la famille. Voici un trait qui honore la vive foi de ce fervent chrétien. Les premières années de son mariage avec une épouse pieuse et bien digne de lui, s'étant passées sans avoir d'enfants, M. Faulquier en demanda au ciel, avec promesse de donner à la religion ceux qui seraient appelés à une vocation si sainte. Dieu eut sans doute pour agréable une prière si désintéressée, car il eut la consolation de voir sa famille s'accroître jusqu'au nombre de cinq fils et six filles. Ce fut parmi les dernières que le Seigneur fit son choix. La première appelée quitta courageusement le monde et entra dans la Société des Dames du Sacré-Cœur. La seconde fut notre chère sœur, et la troisième, la plus jeune de la famille, alla s'immoler dans l'Ordre du Carmel, sous le nom de Thérèse de Jésus.

» Mademoiselle Rosine, c'était le nom de notre chère sœur, fut confiée aux religieuses du saint Enfant Jésus, dites de Saint-Maur, à Nîmes, pour son éducation. C'est dans ce pensionnat qu'elle entendit l'appel divin par la bouche d'une Mère de notre saint Institut qui avait accepté, pour quelques jours, l'hospitalité chez les Dames de Saint Maur, lors de la restauration du monastère d'Avignon. Notre vénérée Mère Marie-Blaisine Channorier, du monastère de Calatayud, recevant les hommages des élèves de ce pensionnat, distingua M^lle^ Rosine et s'adressant directement à elle, lui dit: « Vous serez religieuse, et » des nôtres. » Son éducation terminée, M^lle^ Rosine rentra dans la maison paternelle, et ayant eu le malheur de perdre sa mère, elle dut veiller sur les intérêts de sa famille. Malgré

(1) Circulaire du 20 avril 1857.

ses attraits pour la vie religieuse, elle dut les sacrifier momentanément, et ne put se présenter à notre T. H. Mère Marie-Louise Navarre, qu'à l'âge de 31 ans. Son départ fut si sensible à son bon père, que celui-ci ne cessa pendant le noviciat de notre chère sœur d'émouvoir son cœur filial, en lui exposant sa juste douleur dans les visites fréquentes qu'il faisait à sa chère fille. Bientôt après la profession de notre vertueuse sœur, sa santé qui avait d'abord paru florissante commença à s'altérer. Cependant elle put encore rendre d'immenses services à la communauté dans différents emplois, et au pensionnat, où son éducation distinguée et son tact pour la direction des élèves la rendirent précieuse. Quand le repos lui devint nécessaire, elle passa son temps à se retremper dans l'esprit de foi, par la lecture de nos livres saints qui faisaient ses délices. La pureté de cœur et l'humilité étaient ses attraits dominants ; son manuscrit nous le dévoile. Voici ce qu'elle y avait inscrit : « La véritable pureté de cœur » ne se trouve que dans les âmes qui vivent de la volonté de » Dieu. On n'obtient cette vie que par la simplicité, et on » ne la conserve que par la mortification intérieure et extérieure, la garde du cœur et l'humilité. Plus l'âme est pure, » plus elle s'unit à Dieu. Elle n'est pure devant Dieu qu'au» tant qu'elle est humble ; plus l'âme croît en amour, plus » elle cherche à s'humilier ».

« Sa charité pour le prochain la porta à se charger de l'instruction religieuse d'une famille luthérienne de l'Allemagne, nommée Faivre. Les quatre jeunes filles qui la composaient furent l'objet des sollicitudes de notre chère sœur ; trois furent placées dans notre pensionnat. Elle procura à toute cette famille des secours qu'elle tirait des largesses de sa propre famille, convertit à la foi et fit de ces jeunes filles des chrétiennes instruites et laborieuses.

» Notre chère sœur avait une grande dévotion au Sacré-Cœur de Jésus ; elle méditait avec une amoureuse avidité chaque verset de ses litanies, et son cœur éprouvait une réelle consolation à s'enfoncer dans ce Cœur divin qui nous fut ouvert sur la croix, et qu'elle vénérait avec des marques d'une affectueuse tendresse. Notre T.-H. Mère Joséphine de Sales Ménard la choisit pour sa coadjutrice et la replaça de nouveau à la tête du pensionnat. La maturité de son âge, son dévouement et son zèle justifièrent la confiance qu'inspirait son mérite. Ce fut dans l'exercice de cette fonction de charité que le Seigneur a trouvé sa fidèle servante, quand il l'a appelée à Lui. Nous étions au mois d'août; les chaleurs excessives avaient fait éclore des maladies dont la rapidité était effrayante, notre chère sœur en fut atteinte. On s'empressa de lui faire recevoir les derniers sacrements, et aussitôt après, le délire s'empara d'elle et ne la quitta plus jusqu'à son dernier soupir, qu'elle rendit le 5 août 1857, à quatre heures du matin. Elle était âgée de 52 ans, dont 21 de profession religieuse, du rang des sœurs associées » (1).

## Sœur MARIE-GONZAGUE ROUCAIROL.

« C'est à Gigean, petite ville située à quelques kilomètres de Montpellier, que cette chère sœur reçut le jour. Après beaucoup de luttes pour vaincre la résistance de son père, elle se présenta, à l'âge de 18 ans, à notre T.-H. Mère Louise-Eugénie Troëtte. A cause de sa jeunesse et de sa faible santé, elle fut placée, pendant quelques mois, parmi nos pensionnaires. Admise à sa prise d'habit à 19 ans, à 20, elle goûta le bonheur de se voir définitivement fille de Sainte-Marie. Le caractère et la trempe d'esprit de notre chère sœur étaient portés au sérieux travail de l'âme. En tout événement, elle montrait une prudence rare et une sagesse précoce. Ses vertus de prédilection étaient l'abandon filial à la volonté de Dieu et la charité envers le prochain. Dans l'élan de sa foi, elle ne considérait le cher prochain que dans la poitrine du Sauveur, aussi avec quel zèle elle le soulageait et le supportait !.... Un de ses écrits nous révèle que Notre-Seigneur la récompensait quelquefois d'une manière sensible. Voici ce qu'elle écrivait : « Un jour du Jeudi-Saint que j'avais passé ma journée entièrement dans les occupations de mon emploi (elle était alors infirmière) et dans la privation de tout exercice spirituel, le soir à l'Heure-Sainte, N. S. sembla se montrer à moi dans une beauté ravissante. Il me dit : « Ma fille, c'est pour l'amour des hommes que je me suis fait homme, et il n'y a rien qui me soit plus agréable que ce que l'on fait au prochain pour l'amour de moi ». Je ne puis dire l'impression qui m'est restée de cette grâce ».

(1) Circulaire du 12 mars 1858.

« La santé de notre chère sœur nous donnait de l'inquiétude ; des crachements de sang, des fièvres catarrhales la retenaient au lit de longs mois ; la fin était proche..... Peu avant sa mort, elle fut nommée coadjutrice. Un nouveau catarrhe l'ayant obligée de s'aliter, l'hydropisie de poitrine se forma presque aussitôt. Notre chère malade se soumit à la volonté de Dieu et rendit sa belle âme à son Créateur, le 17 septembre 1857, à l'âge de 53 ans, dont 33 de profession religieuse, du rang des sœurs choristes.

» Nous avons omis de citer un fait qui témoignera de l'estime de notre chère sœur pour sa sainte vocation. En 1830, à l'époque des troubles excités par l'effervescence populaire, M. Roucairol, son père, se rendit promptement au monastère pour offrir un abri à sa chère fille, et l'engagea fortement à le suivre. « Ah ! mon bon père, dit fermement la jeune re-
» ligieuse, ici je suis, à la vie, à la mort. Si la force à main
» armée m'obligeait à rentrer dans le monde, ce ne serait
» qu'après nos sœurs, et toute la dernière, que je franchirais
» le seuil de cette porte bénie ». M. Roucairol ne put que louer une telle réponse, en emportant avec lui les plus sinistres pressentiments. Heureusement pour nous, ils ne se réalisèrent pas, et nous rentrâmes bientôt dans le calme » (1).

## Sœur MARIE-VICTOIRE MARTIN.

« Notre chère sœur était native d'Aspiran. Elle a travaillé au service de la communauté avec un entier dévouement, et nous pouvions encore espérer de précieux labeurs, quand les suites d'une chûte fâcheuse sont venues nous la ravir. Elle a accepté la mort avec une très grande résignation à la volonté de Dieu, le 17 octobre 1858, à l'âge de 56 ans, dont 29 de profession religieuse, du rang des sœurs converses ».

## Sœur ANNE-THÉRÈSE REBOUL.

« Notre chère sœur était native de Pézénas. Pendant douze années consécutives, sa vie n'a été qu'une suite et un enchaînement de maladies diverses. La consomption est venue terminer cette existence si souvent menacée. Aux souffrances

(1) Circulaire du 12 mars 1858.

de la nature, notre chère crucifiée n'opposa toujours que ce cri de foi et d'abandon : « Mon Dieu ! » Sa sœur aînée Marie-Eulalie avait vécu parmi nous, en fervente religieuse, notre chère sœur Anne-Thérèse marcha sur ses traces. La même tombe a réuni leurs dépouilles mortelles jusqu'à la résurrection qui les réunira au ciel. Elle rendit son âme le 3 septembre 1859, à l'âge de 36 ans, dont 11 de profession religieuse, du rang des sœurs choristes ».

## Sœur THÉRÈSE-AUGUSTINE SALZE.

« Notre chère sœur naquit à Montpellier. Après une vie très édifiante dans le monde, elle fit son entrée en Religion à l'âge de 37 ans. Sa voie de perfection fut la vie commune, la vie de la Règle, et elle s'y appliqua uniquement. Sa conduite toujours exemplaire ne souffrit aucun relâchement. Attentive à porter à chacune des actions de la journée l'esprit qui leur convient, la prière la tenait profondément recueillie, le silence modeste, la récréation joyeuse. Rien de précipité, rien de négligé, rien d'omis dans la conduite de notre chère sœur. Tout était concerté avec mesure de temps et de sages prévoyances. Sa maxime était : « Ni plus ni moins que la Règle.» Après avoir exercé plusieurs charges, entre autres celles de coadjutrice et de surveillante de la communauté, une hydropisie de poitrine l'enleva à notre affection, le 17 décembre 1859, à l'âge de 71 ans, dont 34 de profession religieuse, du rang des sœurs choristes » (1).

## La Mère LOUIS DE GONZAGUE COSTE.

« Elle était native de Montpellier. Dans un petit écrit de sa main, le seul qui ait échappé aux flammes, nous voyons que notre vénérée défunte avoue avoir été conduite toute sa vie par la direction intérieure de l'Esprit-Saint. Dès l'âge de dix ans, la grâce de la confirmation l'impressionna beaucoup, et dès lors, se sentant devenue le temple de cet Esprit divin, elle s'appliqua à en suivre toutes les inspirations.

(1) Circulaire du 1er mai 1861.

» Pendant sa longue vie religieuse, notre regrettée Mère a passé dans tous les emplois, et l'on ne saurait dire lequel elle a le mieux rempli. Mais celui où elle a le plus longtemps exercé son zèle et sa prévoyante charité a été celui d'économe. Nommée assistante de la communauté, à plusieurs reprises, elle en exerçait la charge, lorsqu'elle fut placée à la tête de notre famille. Pour dire en un mot ce qu'était notre T.-H. Mère, devenue Supérieure, disons que par le cœur et le caractère, elle affectionnait plus d'être aimée que d'être redoutée de nous, comme le veut notre sainte Règle. Un érysipèle insidieux et malin nous enleva notre bonne Mère, après quatorze jours seulement de souffrances, le 5 décembre 1860. Elle était âgée de 62 ans, dont 34 de profession religieuse, du rang des sœurs choristes » (1).

## Sœur THÉRÈSE-STANISLAS GRUVEL.

« La famille de notre chère sœur habitait Petit-Gallargues, (petite localité de ce diocèse). Riche de pieux souvenirs, elle a donné à l'Église un saint prêtre, confesseur de la foi dans les jours mauvais de la Révolution. En ce temps malheureux, ce grand oncle de notre chère sœur, du côté maternel, ministre fidèle de son Dieu, offrait dans le secret d'une retraite obscure le sacrifice auguste de nos autels, quand une horde sanguinaire l'environna et l'arrêta au nom de la loi. Le saint prêtre, sans se détourner, leur commanda, avec une autorité toute divine, d'attendre que le saint sacrifice soit achevé, et s'offrant à Dieu avec la sainte Victime, se remit, après s'en être nourri, aux gens armés. Il fut conduit à Montpellier en une prison, notre ancienne demeure qui était alors devenue celle des confesseurs de la foi. Le saint prêtre y termina sa vie, et on croit que ses cendres y reposent.

» Du côté paternel, notre chère sœur eut un modèle de piété en la personne de la Révérende Mère Thérèse-Stanislas, qui avait été notre élève et qui est morte en odeur de suave vertu au Carmel de Montpellier. Tant d'antécédents stimulèrent la ferveur de notre jeune sœur qui s'est toujours montrée exemplaire tant au pensionnat que dans le monde. En

(1) Circulaire du 1er mai 1861.

Religion, on l'a toujours vue mortifiée et régulière. On voyait à son air calme et réfléchi que Dieu remplissait toute son âme et que ses désirs ne tendaient qu'au ciel. Une fièvre typhoïde nous a enlevé cette chère sœur, le 25 août 1861, à l'âge de 25 ans, dont 2 de profession religieuse, du rang des sœurs choristes » (1).

## Sœur LOUISE-MARIE MONS.

« Notre chère sœur naquit à Bordeaux. D'un esprit ardent, d'un caractère actif et d'un cœur tout bon et tout sensible, notre chère sœur avait besoin d'incessantes occupations, aussi ne lui furent-elles pas ménagées pendant les 14 premières années da sa vie religieuse. Mais après avoir, comme Marthe, donné avec empressement au Sauveur des marques de son amour, elle reçut, comme Marie, la meilleure part, celle de la souffrance.

» L'épouse du Dieu du calvaire avait beau s'agiter dans l'élément des vertus de son choix, l'heure était venue où il fallait qu'elle se renonçât elle-même, et que, portant sa croix, elle suivît le divin crucifié. Voilà que tout à coup des douleurs aiguës se manifestent. On n'en sait pas la cause, c'est le secret de Dieu ; mais elles sont de telle nature, qu'il est difficile d'en donner une juste idée. Des souffrances aussi pénibles à supporter, tant au moral qu'au physique, ne sont pas pour les âmes vulgaires ! Notre malade fut assistée par monsieur notre médecin avec des soins très assidus. Le traitement qu'il lui fit subir, enraya le mal, mais ne put le détruire, et changeant d'aspect, il se traduisit en un rhumatisme goutteux qui, pendant 13 ans, parcourut tous les membres de son corps. Dieu se plaisait à anéantir en elle le vieil homme pour la faire revivre en l'homme nouveau. Ses forces diminuaient sensiblement. Le rhumatisme gagna la région du cœur. Il fallut préparer la chère malade à recevoir les derniers sacrements; elle les reçut avec un calme, une présence d'esprit qui nous édifièrent beaucoup. Elle répondait aux témoignages de notre sollicitude par ces consolantes paroles: « Nous allons en la Patrie ». Sa dernière parole fut un acte de repentir

(1) Circulaire du 7 avril 1863.

pour ses vivacités, et un acte d'humilité. Elle mourut le 1 juin 1862, à l'âge de 58 ans, dont 27 de profession religieuse, du rang des sœurs choristes » (1).

## Sœur THÉRÈSE-SÉRAPHINE GROS.

« Notre chère sœur était native de Montpellier. En 1821, à la suite d'une mission donnée dans cette ville, la grâce triomphant de son cœur et de ses attraits pour la vanité, elle résolut de se consacrer à Dieu, et se présenta à notre T.-H. Mère Louise-Eugénie Troëtte, alors en charge. Admise à son essai, notre jeune postulante eut beaucoup à lutter contre son caractère prompt et tranché; aussi les épreuves ne lui furent-elles pas épargnées. Son intelligence, sa parfaite santé, la rendant propre à tous les emplois, elle fut d'abord nommée dépensière, puis économe, et enfin assistante de la communauté. Partout on reconnaissait sa tendance au plus parfait dont elle avait fait le vœu, mais pour un temps limité. Sous une écorce un peu âpre, notre chère sœur cachait un cœur suave et tendre.

» Devenue directrice, notre chère sœur s'occupa, pendant deux ans, à former de généreuses épouses au Roi Jésus. Après cela, elle fut de nouveau placée à l'économat où elle resta quatre ans. Puis, rentrée dans la vie de simple religieuse par suite des infirmités de l'âge, elle jeta sur le passé le voile de la modestie et ne se montra que la plus soumise, la plus humble, la plus indifférente à tout ce qui n'était pas Dieu, son devoir, son éternité. Elle continua néanmoins d'être conseillère, titre qu'elle a gardé pendant 25 ans.

» Une hydropisie universelle lui ayant annoncé la consommation de son sacrifice, notre chère malade reçut les derniers sacrements avec l'esprit de foi qui la caractérisait, et rendit doucement le dernier soupir, le 19 décembre 1863, à l'âge de 72 ans, dont 40 de profession religieuse, du rang des sœurs choristes » (2).

(1) Circulaire du 7 avril 1863.
(2) Circulaire du 15 décembre 1864.

## Sœur PASCALE DAUMAS.

« Cette pieuse fille, intelligente et active, était née à Gignac. A 20 ans, renonçant à une position très avantageuse, elle borna son ambition à servir trois de nos vénérées anciennes qui s'étaient réunies après leur expulsion du monastère. Lors du rétablissement, en 1818, elle accompagna la chère sœur Marie-Élisabeth Faucher, converse, et continua de se rendre très utile à la communauté. Néanmoins, d'une conscience craintive, elle ne voulut jamais s'engager ni par les vœux, ni par la simple oblation. La communauté la céda à Monsieur Villaret, alors notre aumônier, en qualité de fille de service. Pendant 27 ans, elle lui a été d'un dévouement tout désintéressé ; en retour, elle reçut une entière confiance. Monseigneur Fournier appréciait également notre chère agrégée; il la fit la pourvoyeuse de sa maison. La bonne Pascale, après avoir été, longues années, fidèle et dévouée servante, fut atteinte par les infirmités. Nous lui donnâmes dans notre monastère une retraite méritée. Elle avait alors 80 ans. Sans rien perdre de la vivacité de son caractère, notre chère infirme souffrait un étrange martyre par suite de l'altération de ses facultés mentales. Mais Dieu après avoir purifié cette âme par les souffrances, lui rendit, avant de l'appeler à Lui, sa présence d'esprit, et elle put recevoir les derniers sacrements, avant de rendre le dernier soupir. Elle mourut le 16 février 1864. Elle était tourière agrégée depuis 43 ans » (1).

## Sœur JEANNE-FRANÇOISE GAZAY,

« Notre chère sœur était native de Nîmes. A peine âgée de 17 ans, après avoir fait son éducation chez les Dames de Saint-Maur de cette ville, notre future postulante nous fut présentée par une de ses tantes, qui l'avait adoptée. Notre regrettée Mère Marie-Louise Navarre était alors en charge. A cause de sa jeunesse, elle fut admise parmi nos élèves où elle resta six mois. Voyant son désir véhément de se consacrer à Dieu, la communauté l'admit à son essai. Le cachet distinctif de notre chère prétendante était l'enfance spirituelle.

(1) Circulaire du 15 décembre 1864.

Douée de bonnes dispositions, elle fit la sainte profession en son temps. Le saint office qu'elle aimait beaucoup, lui était pénible à cause de son manque de voix; tout au plus pouvait-elle s'acquitter de son emploi de choriste. Mais Dieu fait des miracles en faveur des âmes pures. Le jour de sa profession, sous le drap mortuaire, notre chère sœur Jeanne-Françoise demanda au bon Dieu la grâce de pouvoir bien chanter le saint office, pour sa gloire!.... Elle fut exaucée! et si bien, qu'elle devint l'officière la plus accomplie du chœur. Atteinte de douleurs rhumatismales par suite d'un manque d'activité, notre chère sœur fut obligée de s'aliter; peu à peu le mal s'aggravant, on lui fit recevoir les derniers sacrements. Tout à coup notre chère malade se mit à chanter l'*Ave Maria*, sur un ton mélodieux qu'on n'avait jamais entendu, et expira ensuite tout doucement le 9 mars 1864, à l'âge de 38 ans, dont 18 de profession religieuse, du rang des sœurs choristes » (2).

## Sœur MARIE-CAROLINE RABAUD.

« Ce fut en 1829 que M^lle^ Rabaud, après avoir édifié le monde par sa vie charitable, se présenta chez nous. Aussitôt après sa profession, on se prévalut de sa forte complexion pour lui confier divers emplois, où elle donna des preuves d'activité étonnante. En 1849, frappée d'une attaque de paralysie, elle dut à son industrie et à son amour pour le travail de trouver le moyen de se rendre encore utile.

» Une seconde attaque rendit les sept dernières années de sa vie vraiment crucifiantes.... Que de sujets de mérites pour une nature si ardente!... Son refrain favori était pendant ses moments d'angoisses: « Mon Dieu, donnez-moi la patience! » « Monseigneur, dit-elle un jour à Mgr Mermillod, j'ai toujours peur que la patience m'échappe! ». Sa Grandeur lui répondit avec bienveillance: « La patience, ma bonne sœur, est comme une petite pierre de savon mouillée qui glisse dans la main, et paraît nous échapper; mais pourvu qu'on la ressaisisse vite, ce n'est rien ». Cette heureuse pensée charma notre chère infirme.

(1) Circulaire du 15 décembre 1864.

» Le saint jour de Pâques, après avoir reçu le saint Viatique, cette chère âme vit arriver la mort avec calme, et après une longue agonie, elle expira vers dix heures du soir, le 1er avril 1868, à l'âge de 82 ans, dont 36 de profession religieuse, du rang des sœurs associées ».

## Sœur
## LOUISE-MARIE PÉCOUD DE LA BARTHE.

« C'est à Nice, sous le beau ciel du midi, que naquit notre bien chère sœur. L'ange qui se pencha sur son berceau apporta du ciel les dons de l'intelligence et du cœur qui font les natures d'élite, les âmes généreuses, élevées, et amies du bien. Ses bons parents n'avaient que cette unique fille avec quatre garçons. Elle fit la première communion le 21 juin, fête de son saint Patron. La cérémonie eut lieu dans la chapelle de Monseigneur Galvano, évêque de Nice. Ce jour, marqué par les élans du cœur, par de ferventes résolutions, vit le Dieu des vierges placer un lis dans cette frêle existence; son parfum le dévoila à tous. La jeune Louise faisait déjà preuve d'un bon jugement, d'une perspicacité rare.... La mort de son bien-aimé père, arrivée peu après, la remplit de douleur. Madame Pécoud, passant à de secondes noces, donna à sa chère fille un digne protecteur en M. le baron de la Barthe. Ils vinrent bientôt se fixer à Montpellier. Placée sous la sage direction de M. Vinas, curé de N.-D. des Tables, Mlle Louise, remplissait assidûment ses devoirs de bonne chrétienne, laissant venir à sa parfaite maturité sa vocation à la vie religieuse. Le moment venu, elle nous fut présentée par son digne Ananie. Mlle Louise entra dant l'arche au mois d'avril 1852, en qualité de retraitante; elle vit de près notre genre de vie, et elle se trouva à l'aise où la nature a des gênes et des sacrifices à subir. Notre T.-H. Mère Marie-Vincent Lescure, avec cette pénétration profonde qui la caractérisait, comprit que la future fille de Saint François de Sales était de celles qui pouvaient atteindre à la hauteur des types premiers de notre saint Institut. Elle dut cependant rentrer dans le monde pour régler les affaires de famille, et M. de la Barthe, en père affligé, mais courageux, nous amena l'enfant de son cœur. La vie du grand monde, diffère en tout de celle du cloître ; aussi, notre nouvelle prétendante eut-elle à subir une vraie transition, mais discrète et prudente, elle sut couvrir ses sacrifices par le voile de la modestie.

» Les jours de sa prise d'habit et de sa profession furent, pour notre jeune sœur, des jours embaumés de foi et d'amour. La veille de ses célestes fiançailles, elle composait un chant d'humble reconnaissance ; nous ne citerons que ce seul complet :

O Jésus, mon seul bien ! dans cette heure bénie,
Je vous donne mon cœur, ma vie, mon avenir.
Ah ! régnez à jamais sur Louise-Marie
Qui, de bien vous aimer, fera son seul désir...

» Tout était harmonisé dans cette âme ; et cette soif de l'amour de Jésus, cet élan qui la faisait sans cesse aspirer vers la beauté divine, avaient pour base le roc immuable de la foi ; elle pourra être battue par les vagues de la tentation, et de l'épreuve, mais jamais elle ne sera ébranlée.

» Notre chère sœur n'acceptait jamais un mot de louange, et si parfois nous l'avons vue peu aimable, peu avenante, ce n'était que pour éviter de recevoir un éloge ou un merci. Ses bons procédés avaient l'arôme de ces fleurs délicates et pures, qui s'épanouissent loin de tout regard indiscret et qui sont, dans le parterre de l'âme, pour le seul plaisir du divin Jardinier.

» La faiblesse de sa santé n'a jamais été, à ses yeux, un motif pour obtenir des soulagements. Notre fervente sœur aimait par-dessus tout la vie commune, et jusqu'à la fin de sa vie, elle a demandé, supplié qu'on la dispensât de toute particularité.

» Notre bien-aimée sœur, par suite d'une infirmité corporelle, était sujette aux palpitations de cœur. Elles devinrent plus fréquentes, et l'on fut obligé de la fixer à l'infirmerie. Au bout de quelques jours, une congestion cérébrale se forma et notre chère malade n'eut qu'une faible lueur de connaissance pour recevoir les derniers sacrements. Après une nuit d'agonie, elle expira doucement au son de l'*angelus* le 6 décembre 1868, à l'âge de 27 ans, dont 2 seulement de profession religieuse, du rang des sœurs choristes ».

## Sœur MARIE-XAVIER BONNET.

« Notre chère sœur naquit à Cazouls, près de Béziers. Élevée dans notre pensionnat, elle s'y montra très sérieuse, appliquée aux études et amie du devoir. Après quelques années de séjour dans sa famille, elle nous fut rendue en 1848. Notre vénérée sœur Louise de Sales Arnaud était alors directrice du noviciat. Devenue Supérieure en 1849, elle fut remplacée par la digne sœur Marie-Jéronyme Thibault, et notre chère sœur Marie-Xavier, trouva dans cette prudente directrice la sûreté dont son âme avait besoin par suite des anxiétés de conscience dont Dieu l'éprouvait. Après sa profession, elle fut placée au pensionnat, et en 1864, nommée économe. Sa débile santé ne lui permit de remplir cet emploi que trois ans. Ses maux s'aggravèrent peu à peu; l'hydropisie devint générale. Notre chère malade accepta, non sans combat, un état qui, en faisant souffrir son corps, jetait de pénibles angoisses dans son âme. Elle put recevoir les derniers sacrements avec toute sa connaissance, et après une agonie des plus douloureuses, elle s'endormit dans la paix du Seigneur, le 15 décembre 1868, à l'âge de 42 ans, dont 19 de profession religieuse, du rang des sœurs choristes ».

## Sœur JOSÉPHINE DE SALES MÉNARD.

« Notre bien-aimée sœur était de Lodève. Après avoir édifié le monde, pendant 52 ans, par sa haute piété, sa charité et son dévouement, elle vola vers le cloître où ses désirs la poussaient depuis sa jeunesse. Le premier jour de son entrée dans l'arche, elle consolait ceux qui pleuraient sa séparation, et leur disait avec enthousiasme : « Il me semblait en quittant le monde qu'une locomotive m'entraînait avec toute sa puissance, et je ne pouvais pas plus résister à l'impulsion de Dieu, que le convoi ne peut s'opposer à la vapeur qui l'entraîne ». Admise à son premier essai, en 1849, à la 52ème année de son âge, Mlle Ménard en entreprit les saints exercices avec une vraie docilité d'enfant. Les jeunes sœurs qui composaient alors le noviciat étaient édifiées de voir cette respectable postulante se plier avec tant de souplesse et d'humilité à toutes nos petites coutumes, et rompre si généreusement avec ses habitudes du monde. Ce n'était pas toutefois sans de grands combats intérieurs, car son esprit large et élevé la portait aux grandes choses, mais ces luttes perpétuelles entre la nature et la grâce ne la déconcertaient point, et son humilité y trouvait un aliment par l'aveu prompt et sincère de ses moindres manquements. Notre vénérée sœur Marie-Jéronyme, de notre monastère de Lyon, alors directrice du noviciat, comprenant les desseins de Dieu sur cette âme déjà si avancée dans la vertu, ne laissait passer aucune occasion de lui en faire pratiquer des actes. Tout était embrassé et accompli avec zèle et esprit de foi. Tant d'énergie et de bonne volonté lui méritèrent de se revêtir de nos saintes livrées, et de faire la sainte profession aux temps marqués. Quelques temps après, notre généreuse sœur fut placée au pensionnat, en qualité de première maîtresse. Son zèle pour la gloire de Dieu lui fit embrasser avec ardeur cet emploi, qui lui donnait la facilité de travailler au salut des âmes et de continuer ainsi l'apostolat qu'elle avait exercé dans le monde. En 1855, notre bien-aimée sœur fut élue Supérieure. Dès le début de cette carrière épineuse, le Divin Maître exigea de sa servante un grand sacrifice. Ce fut le départ pour Grasse de notre chère sœur Marie-Jéronyme, qui possédait toute sa confiance. Ainsi inauguré par la croix, son gouvernement ne fut qu'une suite d'actes généreux. Pleine de zèle pour l'observance, et de dévouement pour la Sainte Église et les âmes, elle eût voulu communiquer à chacune de ses filles l'ardeur qui l'animait, mais toutes les natures n'étant pas si énergiquement douées, force lui fut de permettre qu'on ralentît le pas. Nommée directrice du noviciat en 1858, notre méritante sœur redoubla de zèle et de dévouement au service des âmes. Elle n'avait d'autre désir que de voir ses novices avancer en l'amour de Celui, au service duquel elles sont dédiées. Elle les y exhortait, non seulement par ses exhortations pleines de feu et par ses exemples, mais encore par des petits écrits qu'elle leur faisait passer de temps à autre. Une novice-professe, sur le point de quitter le noviciat, reçut de la bonne maîtresse ces quelques lignes : « Dieu, ma chère sœur, attend » de nous un sacrifice que nous devons lui offrir avec autant » de générosité que d'obéissance. De doux rapports de con-

» fiance et de charité avaient réuni nos âmes ; ces rapports » bien consolants vont cesser, sinon entièrement, du moins » comme de devoir et de nécessité. En fille forte, vous allez » marcher d'un pas assuré, sans qu'il ne soit plus besoin de » vous donner la main, dans le chemin royal de la vie reli- » gieuse, dont le terme sera le ciel. Courage donc, bien chère » sœur, courage et persévérance ».

« Nous n'en finirions pas, si nous voulions rapporter tous ses écrits, car sa plume, abondante et riche, se prêtait à toutes les circonstances et se mettait à la disposition de tout le monde.

» En 1860, notre chère sœur fut élue assistante. Elle en remplissait les fonctions depuis sept ans, lorsque, le 21 novembre 1867, au repas du soir, elle fut saisie de sa première attaque d'apoplexie. Transportée aussitôt à l'infirmerie, les soins les plus actifs lui furent donnés, et notre chère malade, après une longue convalescence, se remit peu à peu, conservant toutefois un commencement de paralysie sur le côté droit. Elle demeura ainsi jusqu'au 1er novembre de l'année suivante. Alors une nouvelle attaque étant survenue, il en résulta pour notre chère sœur une paralysie telle, qu'elle ne pouvait se rendre aucun service. Son cerveau même ayant été attaqué, ce fut pour son imagination, jusque là toujours radieuse, comme si un voile sombre fût venu l'obscurcir. Son âme, qui toute la vie avait, selon son expression, nagé dans les joies du Thabor, se trouva tout à coup enveloppée dans l'éclipse du Calvaire. Elle ne conserva des souvenirs de la foi que ceux qui lui inspiraient la terreur et le crainte. Tout lui paraissait fautes et inutilités dans sa vie passée. L'humble docilité de notre méritante sœur pour ses Supérieures, et sa confiance illimitée pour notre digne confesseur pouvaient seules apporter quelques soulagements à ses peines. Tous les soirs, notre chère sœur renouvelait le sacrifice de sa vie, afin de se tenir prête à l'appel divin, qui se fit entendre à la fin du mois consacré à son saint patron; et le 1er avril 1869, cette âme généreuse allait se perdre dans le sein de Dieu. Elle était âgée de 72 ans, dont 20 de profession religieuse, du rang des sœurs choristes » (1).

(1) Circulaire du 8 décembre 1871.

## Sœur LOUISE-EUGÉNIE BLAZI.

« Notre chère sœur était native de Bédarieux, ville industrielle de notre département, Elle fit son entrée dans l'arche salésienne, le 1er juillet 1844. Notre nouvelle postulante se laissa façonner au gré de nos Saints Fondateurs par sa bien-aimée directrice, notre vénérée sœur Louise de Sales Arnaud. Le renoncement à soi-même, pratiquement compris, lui mérita la faveur de recevoir le saint habit, et l'année suivante de faire la sainte profession. Vraie fille de communauté, sa cordialité était douce, affectueuse ; sa conversation avait quelque chose d'agréable et d'ingénu. Aux récréations chacune de nous se plaisait à recueillir ses innocentes et spirituelles reparties. Sa vertu avait le même caractère d'aimable entrain et de ferveur joviale. Sa devise était : « Vouloir, c'est tout !.... » Son talent pour le pensionnat fut bientôt mis en œuvre. Elle s'y porta avec sa nature franche, ouverte, expansive. Les enfants l'aimaient beaucoup. Elle s'était prescrit un petit règlement, dont nous nous plaisons à citer cet article : « En classe, beaucoup de foi, d'humilité, de piété, de dévoue- » ment, d'intelligence. J'offrirai à Dieu le succès ou l'insuccès » de mes leçons, ne me préoccupant que d'une chose : faire » goûter Dieu. Puis je me retirerai en cellule avec calme et » soumission, et mon cœur rentrera dans la solitude du ta- » bernacle divin, de même que le sacré ciboire, porté par le » prêtre, y est remis après qu'on a distribué la communion » aux fidèles ».

« Nos anciennes élèves venaient souvent l'entretenir au parloir. Elles admiraient son tact exquis pour comprendre et apprécier toutes choses ; et ses paroles apportaient toujours un conseil, une consolation, une espérance.

» Notre vertueuse sœur était menacée depuis quelques temps de perdre l'ouïe, et elle écrivait à ce sujet : « Je prierai tout le ciel de me conserver mes oreilles, si je dois encore être utile au pensionnat et faire le bien ».

« Pénétrons maintenant dans le plus intime de son âme pour y écouter, pendant une de ses dernières retraites annuelles, quelques-uns de ses colloques avec le divin Jésus. Voici ce qu'elle écrivait : « Mon Dieu, vous me saisissez dans » le plus intime de mon être ! A chaque instruction, vous me

» pressez; vous me sollicitez..... C'est votre volonté qui m'é-
» claire..... Comment soutenir ce poids de misères qui me
» courbe vers la terre? Je veux et je ne veux pas vous tout
» sacrifier! Misérable par nature, faible, impuissante, je tends
» à m'éloigner de vous! Ce n'est pas une vie que de vivre
» en guerre avec mon propre cœur, ce n'est pas une mort
» non plus; c'est souffrir sans mérite, en pure perte. Vous
» êtes bon, mon Dieu, mais vous êtes juste, et je dois être
» conséquente; vous tout donner parce que je vous ai tout
» promis; vous tout donner pour ne plus le reprendre; vous
» tout donner à chaque instant du jour; vous tout donner
» avec cette largeur, cette loyauté de cœur que vous solli-
» citez depuis si longtemps. Je le sais et je le sens, vous ne
» vous arrêterez pas là. Il y a cinq ans, vous me fîtes voir
» un dépouillement absolu pendant que je méditais votre
» sainte Passion. Je résistai à cette grâce, à votre amour,
» à vos recherches. Je me fis illusion, me disant que c'était
» l'effet de mon imagination, que jamais je ne pourrais réa-
» liser une pareille perfection, qu'il ne fallait pas brider ma
» nature expansive, qu'il ne fallait pas gêner la spontanéité
» de mon cœur sous peine d'aller du mal au pire.... qu'après
» tout, les sacrifices d'un ordre inférieur suffisaient pour tra-
» travailler à ma perfection, etc. etc..,.. Depuis lors, que de
» souffrances !..... »

« En vain cette âme, poursuivie par la sainte jalousie de Dieu, voudrait se dérober à elle-même; sa correspondance à la grâce la pousse vers une perfection plus grande. Nous qui l'avons vue agir: nous pouvons assurer que, depuis quelques années, elle a volé, pour ainsi dire, dans la voie des parfaits. Le feu sacré, allumé dans sa solitude, nous apparaît, quelques mois plus tard, comme une vive flamme, dans la stance suivante trouvée dans ses papiers.

### A JÉSUS.

» J'ai besoin d'union, d'amour, de sacrifice,
» Jésus ! Et vers ton Cœur, inclinée par la foi,
» Je reviens, savourant l'ineffable délice
» De te dire, à mon tour : « Vivre et souffrir pour toi ! »

» Vivre et souffrir pour toi !.... O ma plus chère envie !
» N'es-tu pas le cachet apposé sur mon bras?
» N'es-tu pas sur mon cœur le secret de sa vie?
» Ah ! fuyez pour jamais, vains objets d'ici-bas !...

» Vains objets d'ici-bas ! vous traînez la misère ;
» Sur la fange et la boue, vous élevez vos rois ;
» Ils ne durent qu'un jour. — Mais le Dieu du Calvaire
» M'apparaît, me sourit et me donne sa croix.

» Mon Jésus !.... tu souris en signe de victoire,
» Et scellant sur mon cœur ton Cœur ensanglanté,
» Tu n'en fais plus qu'un seul pour jouir dans la gloire,
» Pour jouir, pour aimer, pendant l'éternité !....

3 juin 1869. — Devant le Saint Sacrement exposé,
Sœur LOUISE-EUGÉNIE
« à Jésus, coûte que coûte ».

« Nous pensons que notre chère sœur a composé ces vers sous l'impression du sentiment de sa mort prochaine. Un fâcheux accident la confirma, encore plus, dans cette conviction. Elle fit une chûte qui ébranla son corps déjà si frêle, et amena un dépérissement sensible. Un dangereux érysipèle se déclara bientôt, et notre chère malade comprit que la fin approchait. Le délire survint et continua jusqu'à la dernière heure. Nous ne pûmes lui faire recevoir le saint Viatique, mais notre vénéré supérieur, M. Lamothe, lui administra le sacrement de l'Extrême-Onction. Elle expira pendant le saint sacrifice de la messe, le 15 octobre 1869, jour de la fête de sainte Thérèse, au moment où l'Église chantait: *Veni, sponsa Christi ; accipe coronam.* Elle était âgée de 46 ans, dont 23 de profession religieuse, du rang des sœurs associées » (1).

## Sœur MARIE-SIMPLICIENNE DUPIN.

« Nôtre chère sœur était native de Pérols, village assez considérable, et peu éloigné de notre ville. Elle n'avait que 18 ans lorsqu'elle se présenta chez nous. Douée d'une forte santé et d'un excellent cœur, elle se livra sans ménagement au service de la communauté. Notre fervente sœur avait tant d'estime pour sa vocation qu'elle en témoignait extérieurement sa joie par des transports d'amour et de reconnaissance. Dans ses élans, elle s'écriait parfois : « Allons, nos » sœurs, soyons généreuses, aimons, aimons ! Vaincre ou » mourir ». Après plusieurs années employées à un travail laborieux, la santé de notre chère sœur commença à s'altérer,

(1) Circulaire du 8 décembre 1871.

puis de fréquents vomissements de sang l'obligèrent à s'arrêter tout à fait. Le mal dégénéra en phthisie. Le jour de la fête de l'Immaculée-Conception, elle reçut le saint Viatique. Une sœur étant venue la voir peu après, surprit notre chère malade faisant des acclamations pour la Sainte Église et son auguste chef, Pie IX. Elle s'écriait : « Il triomphera ! Il triomphera ! » La sœur étonnée, lui dit : « Mais que dites-vous là, ma sœur ? Pourquoi vous exciter ainsi ? » Et alors notre chère agonisante, faisant allusion au saint Concile qui s'ouvrait à Rome sous les auspices de Marie Immaculée, redoubla ses transports d'amour et ses sentiments de confiance pour l'heureux résultat de la sainte cause. Quelques jours se passèrent encore dans un état de souffrance qui la purifiait de plus en plus; et telle qu'un flambeau, qui près de s'éteindre, jette une lumière plus éclatante, notre chère sœur, par ses jets enflammés vers le ciel, par ses actes de soumission et de patience, montrait à tous la beauté d'une âme unie à N. S. au moment de se perdre en Lui pour jamais. Elle expira le 15 décembre 1869, jour de l'Octave de l'Immaculée-Conception, en montrant du doigt le ciel. Elle était âgée de 59 ans, dont 31 de profession religieuse, du rang des sœur converses » (1).

## Sœur MARIE-ÉLISABETH VITOU.

« Cette chère sœur naquit à Sommières, petite ville du diocèse de Nîmes. La fidélité au devoir avait, aux yeux de notre chère sœur, une portée impérieuse, et dans tous les emplois où l'obéissance l'a placée, on l'a vue par suite, zélée jusqu'à la minutie. Dieu qui voulait en faire une victime du Calvaire, permit qu'elle fut atteinte d'une infirmité qui la retint seize ans à l'infirmerie. La charité était sa vertu préférée, elle la pratiquait en tout. Une fluxion de poitrine nous l'a ravie en peu de jours, le 8 mars 1870. Elle était âgée de 64 ans, dont 38 de profession religieuse, du rang des sœurs choristes, passée plus tard à celui des associées » (2).

(1) Circulaire du 8 décembre 1871.
(2) Id.

## Sœur MARIE-CHRISTINE LAMOUROUX.

« Le petit village de Murviel, situé non loin de Montpellier, fut le lieu de naissance de notre chère sœur. Lorsqu'elle se présenta chez nous, peu après le rétablissement de notre monastère, elle désirait être sœur converse ; mais la communauté ayant besoin d'une sœur tourière, on lui répondit qu'on l'acceptait pour ce dernier rang. Elle se soumit, malgré ses répugnances. Douée d'une grande bonté de cœur, d'une charité compatissante, notre chère sœur se créait mille soucis pour les autres. Le service du tour fut rempli avec dévouement et discrétion. Néanmoins, nos Supérieures, voulant favoriser son attrait pour le cloître et la solitude, la mirent quelque temps au service intérieur de la communauté. Attentive, soigneuse, prévenante, notre bonne sœur travaillait à sa perfection, n'oubliant jamais de joindre les fonctions de Marie à celles de Marthe. Après de longues années passées au service de la sainte Religion, munie des sacrements de la sainte Église, elle rendit son âme à son Créateur, le 5 mai 1870, à l'âge de 79 ans, dont 46 d'oblation, du rang des sœurs tourières » (1).

## Sœur MARIE-GERTRUDE ESPINASSON.

« Notre chère sœur était née dans notre ville. Prévenue dès son enfance de l'appel divin, elle nous a avoué elle-même, qu'à l'âge de cinq ans, étant en prière, et toute recueillie dans l'église Saint-Denis, sa paroisse, elle avait promis au bon Dieu de ne jamais se donner, ni s'unir qu'à Lui seul. En entrant dans notre monastère, à l'âge de 25 ans, notre bonne sœur montra que son unique désir était d'y vivre d'une vie intérieure et cachée, mais surtout dans une adhésion parfaite au bon plaisir de Dieu. Après avoir rempli successivement divers emplois, l'obéissance la fixa à celui de l'infirmerie, où son infatigable et tendre charité sut attirer sur elle les regards de nos saints Fondateurs. Sa mortification trouvait un aliment dans la pratique de cette charité si parfaite et dans la complète et constante observance de nos saintes

(1) Circulaire du 8 décembre 1871.

Règles. Nommée conseillère et coadjutrice de la supérieure, elle fut pour elle la plus soumise et la plus dévouée des filles.

» Atteinte depuis quelques années d'une infirmité qui ne la faisait souffrir qu'à de longs intervalles, elle fut obligée, en novembre, de s'aliter. Les douleurs les plus aiguës progressèrent à un tel point que les souffrances étaient intolérables. Cependant, notre bonne sœur conservait cet esprit calme et cette physionomie pacifique qui ne lui avaient jamais fait défaut, parce que son âme avait pris l'habitude de toujours adhérer à Dieu et à sa volonté. Après avoir reçu le saint Viatique, elle rendit à Dieu son âme si pure, dans la paix la plus profonde, le 25 janvier 1871. Elle était âgée de 60 ans, dont 35 de profession religieuse, du rang des sœurs choristes » (1).

## Sœur MARIE-JOSEPH NICOT.

« Notre chère sœur était née à Murles, petit village près de Montpellier. Elle se distingua toujours soit dans notre pensionnat comme élève, soit parmi nous dans la vie religieuse, par sa douceur et sa modestie. Aussi se fit-elle aimer et respecter. Après avoir rempli diverses charges, elle fut nommée économe, mais ce ne fut pas pour longtemps. Un crachement de sang survint et altéra sensiblement sa santé. L'oppression de poitrine augmenta de plus en plus, et nous dûmes lui faire administrer les derniers sacrements, après lesquels notre chère malade dit à M. notre Supérieur : « J'ai tout reçu, il ne me manque plus que le ciel ». Le ciel, en effet la reçut le 1er novembre 1871, fête de Tous les Saints. Elle était âgée de 41 ans, dont 14 de profession religieuse, du rang des sœurs choristes » (2).

La permission d'inhumer dans le caveau du monastère ayant été retirée, cette sœur a été la première ensevelie au cimetière Saint-Lazare. Les religieuses de la Visitation reposent ensemble dans un terrain réservé. Leur tombeau n'a pas d'autre ornement qu'une grille surmontée d'une croix. Tout autour croissent des roses blanches qui, en se réunissant au pied de la croix, forment, jusqu'à l'automne, un berceau d'une blancheur immaculée.

(1) Circulaire du 8 décembre 1871.
(2) Circulaire du 1er mai 1873.

## Sœur MARIE-ALOYSIA BOISSIÈRE.

« Elle était native de Clermont-l'Hérault, et fut reçue dans notre monastère à la demande, et sous la protection de M. Bouisset, vicaire général, qui devint, plus tard, notre Père spirituel. Douée d'une grande candeur, notre jeune fille accepta avec une ferveur de colombe les épreuves du noviciat. Sa jolie voix fut bientôt mise à contribution pour le chant du saint office. En 1858, elle fut placée au pensionnat auprès de nos jeunes élèves et, peu après, des grandes élèves. Ses manières douces et gracieuses lui attirèrent bientôt tous les cœurs. C'est dans le labeur de l'enseignement que notre chère sœur fut atteinte d'une fluxion de poitrine qui la conduisit en peu de temps au tombeau. Munie des sacrements de la sainte Église, elle rendit son âme à son Créateur, le 23 décembre 1871, à l'âge de 42 ans, dont 17 de profession religieuse, du rang des sœurs choristes » (1).

## Sœur MARIE-SABINE BRIGNOL.

« Elle était native de Moirans, petite ville du département de l'Isère. Orpheline dès son bas-âge, elle fut confiée aux Sœurs de la Charité qui l'élevèrent et nous la présentèrent ensuite, en nous faisant mille éloges de leur protégée. La nouvelle postulante se fit remarquer, tout d'abord, par son aménité, sa douceur, son angélique modestie. Employée à l'infirmerie peu après sa profession, elle fut bientôt atteinte de légers crachements de sang, qui devenant plus fréquents, la contraignirent à s'aliter, et dès lors tout espoir de la sauver fut perdu. Elle demanda elle-même les derniers sacrements. L'aspect de la mort ne l'effrayait pas. Elle disait à une de nos sœurs : « Je pense que je glorifierai Dieu par la dissolution de mon corps; aussi je l'accepte dans cette vue ». Notre chère malade conserva toute sa connaissance jusqu'à son dernier soupir qu'elle rendit le 27 janvier 1873, à 6 h. du soir. Ainsi cette âme pure s'envola dans le Cœur de son Bien-Aimé Jésus où l'attendait notre Bienheureux Père pour grossir la troupe élue qui fait sa joie et sa couronne. Elle était âgée de 28 ans, dont 17 mois de profession religieuse, du rang des sœurs choristes » (2).

(1) Circulaire du 1er mai 1873.
(2) Id.

## La Mère
## MARIE-ALPHONSINE DES PORCELETS.

« Notre chère sœur, native de Beaucaire, avait pour père le Marquis Guillaume des Porcelets, l'heureux descendant du seul français qui avait été épargné au massacre des Vêpres Siciliennes, à cause de la modération dont il avait fait preuve, c'était le respectable Guillaume des Porcelets, gouverneur de Catalafino... Pour maintenir l'honorabilité de son illustre souche, le Marquis des Porcelets, s'était allié à Mademoiselle Émilienne d'Esparron, d'une noble famille dont la Provence est fière de conserver l'antique manoir. C'est aussi dans cette belle province que se trouve le manoir des Porcelets. Quatre enfants, trois filles et un fils qui fut, plus tard, page à la cour de Charles X, et qui suivit son roi en exil en 1830, préférant briser son épée et son avenir, plutôt que de servir le successeur de son légitime souverain, furent les fruits de cette union. Notre jeune Amélie fut douée dès le berceau, d'une raison prématurée et d'une mâle énergie. Son père, l'aimant particulièrement, ne pouvait consentir à s'en séparer, même pour son éducation. La divine Providence se servit d'un de ses oncles, M. d'Alberganti, capitaine d'artillerie, retiré en notre ville, pour décider ce père trop affectueux à lui confier sa chère enfant, afin de la faire élever. Il la plaça aussitôt dans notre pensionnat, où, comme au sein de sa famille, elle fut un ange de bonté. Notre nouvelle élève n'avait qu'un seul défaut : la timidité, qui provenait, d'ailleurs, de son extrême modestie. Ce fut le jour de sa première communion qu'elle entendit l'*Audi filia* de l'Époux. Sa générosité lui fit tout d'abord porter ses vues vers le Carmel. S'entretenant de ses pieux projets avec une de ses compagnes Olympe Gruvel, qui avait les mêmes aspirations, elles s'excitaient mutuellement à la pratique des vertus austères. Aussi concentrées l'une que l'autre, fuyant l'entrain de leurs joyeuses compagnes, on les voyait passant bien des récréations sur un banc de verdure, à l'ombre d'un lilas touffu, dans des causeries sérieuses sur les innocentes rêveries de leur future vie de carmélite. Mais la ferveur et la générosité de notre intéressante Amélie durent céder à la faiblesse de sa constitution ; malgré ses regrets et ceux de son oncle, nous dûmes la rendre à sa famille; les soins maternels lui étant indispensables. De retour à la maison paternelle, la chère enfant vit s'accroître de plus en plus le désir de la vie religieuse. Sa santé s'étant fortifiée peu à peu, elle pensa à réaliser son pieux dessein. Voyant qu'elle ne pourrait résister aux austérités du Carmel, et que d'ailleurs, elle n'obtiendrait jamais, pour cet Ordre, le consentement de sa famille, elle porta ses vues vers le saint asile, où le Divin Maître avait captivé son cœur en se donnant à lui pour la première fois; et usant de prudence et d'insinuation auprès de ses bien-aimés parents, elle obtint leur consentement pour entrer à la Visitation. Ce fut notre bien-aimée Mère Marie-Louise Navarre qui reçut son ancienne petite élève. Admise à son essai, au milieu d'un nombreux noviciat, notre chère postulante se montra toujours bonne, douce, et de plus en plus timide. Elle eut le bonheur de revêtir nos saintes livrées le 3 décembre 1840, et reçut le nom de Marie-Alphonsine, en l'honneur du grand Saint Liguori, pour lequel elle avait une grande dévotion. De plus en plus fidèle à la grâce, elle consomma son sacrifice, le 16 décembre de l'année suivante. Toute la vie de notre chère sœur n'a été qu'un acte d'abnégation, de dévouement et d'oubli d'elle-même. Le silence dont elle s'entourait et son amour pour la vie cachée l'eussent fait passer inaperçue, si ses œuvres n'avaient révélé son mérite.

» Placée d'abord au pensionnat, puis à la sacristie, notre chère sœur fut partout un modèle de vertus. Mais la lumière, longtemps cachée sous le boisseau, devait, nous ne dirons pas briller, mais jeter sa bienfaisante clarté. Le 6 juin 1867, nos cœurs lui imposèrent la charge de Supérieure, nous fûmes heureuses de la réélire trois ans après. La timidité de notre bonne Mère était contrebalancée dans l'exercice de son autorité par un extérieur calme et froid, qui inspirait le respect, tandis que ses vertus lui méritaient l'estime générale. Fidèle à pratiquer la première le devoir qu'elle imposait, on ne pouvait résister à la suivre. Dure sur elle-même, on eût dit qu'elle n'usait de son pouvoir de Supérieure que pour se dépenser pour les autres. Lors de sa déposition en 1873, elle fut chargée de l'économat. Dans ce laborieux emploi, en silence et sans relâche, elle accorda tout à sa ferveur et rien à sa frêle constitution; aussi finit-elle par tomber. A bout de forces, elle dut prendre le chemin de l'infirmerie. La nuit de Noël 1874, notre chère déposée eut la consolation de recevoir la sainte Communion. Deux jours après, M. le chanoine Lamothe-Tenet, notre digne Supérieur, vint voir notre chère malade et la trouvant bien affaiblie, jugea qu'il fallait lui administrer les derniers sacrements. Monseigneur de Cabrières, notre digne Évêque, permit de lui renouveler le saint Viatique, et vint lui-même, en qualité d'ami de la famille des Porcelets, bénir notre chère sœur et lui administrer les Saintes Huiles. Bientôt après la visite de Monseigneur, elle fut saisie d'un profond assoupissement; le douloureux moment allait sonner. L'apôtre-vierge allait introduire cette vierge pure aux noces du divin Agneau. Notre douce agonisante, après une forte contraction nerveuse, rendit son dernier soupir, le soir du 27 décembre 1874, fête de Saint Jean l'Évangéliste. Elle était âgée de 58 ans, dont 33 de profession religieuse, du rang des sœurs choristes » (1).

## Sœur MARIE-ANGÉLIQUE MOUTON.

« Notre chère sœur naquit à Arnac, petit village situé sur les limites de l'Aveyron et du Tarn. Elle se présenta chez nous à l'âge de 26 ans. Son air modeste et ses bonnes dispositions plurent à la communauté qui l'admit à son essai, et peu de temps après, à la vêture. Sa douceur, son obéissance et sa ferveur soutenues lui méritèrent d'être reçue à la sainte profession. Ce fut, le jour de Saint Laurent 1834, qu'elle consomma son sacrifice. Une maladie chronique la tortura toute sa vie sans qu'on lui entendît proférer la moindre plainte. Pendant sa dernière maladie, elle nous édifia beaucoup par sa patience et son abandon entre les mains de Dieu. Elle s'endormit sans trouble, après avoir reçu les secours de la Sainte Église, le 27 août 1875, à l'âge de 69 ans, dont 41 de profession religieuse, du rang des sœurs converses » (2).

## Sœur THÉRÈSE-CHANTAL ROUSTAND

« Elle était native de Mèze, petite ville de ce diocèse. A l'âge de 24 ans, elle fit son entrée chez nous, et nous parut être dans l'atmosphère pour laquelle Dieu avait préparé et

(1) Circulaire du 8 décembre 1876.
(2) Id.

façonné son âme simple et candide. Ce bonheur ineffable, qu'elle goûta dès lors, a été celui de sa vie entière, et à ses derniers moments, elle aimait encore à redire : « Oh ! que j'ai été heureuse dans ma chère Visitation, et que j'y meurs contente ! »

« Ces dispositions toutes visitandines, jointes à la pratique des observances et des vertus religieuses, lui méritèrent de revêtir notre saint habit et de faire la sainte profession en son temps. L'humilité était son refuge et son sanctuaire de paix, après les fautes extérieures que sa nature prompte, active et empressée, lui occasionnait assez souvent. Notre chère sœur a rempli, avec un grand dévouement, tous les emplois qui lui ont été confiés. Sa dévotion tendre et confiante envers le Sacré-Cœur était la source où elle puisait les lumières dont elle avait besoin dans les difficultés. Dans une de ses retraites, elle écrivait : « Mon Jésus ! je veux vos » pensées, vos paroles, vos intentions, vos désirs, vos senti- » ments, et je n'en veux pas d'autres. En un mot, je veux » être toute *Vous*, et *rien que Vous*, mon Jésus ; toute cachée » dans ma chère Visitation, à l'exemple de ma Bienheureuse » sœur Marguerite-Marie qui désirait ne plaire qu'à Dieu » seul, en aimant et en s'immolant pour Lui. Je ferai tout par » amour ; alors tous mes petits sacrifices me deviendront doux » et faciles dans le Cœur de mon Divin Époux, où je veux » vivre et mourir ».

» Après trente années passées dans la fidélité et la ferveur, notre chère sœur fut atteinte d'une maladie très affligeante, qu'une opération très douloureuse n'a pu lui enlever. Elle accepta avec générosité la croix qui lui était imposée et s'éteignit doucement, le 9 janvier 1876, sur le Cœur de Celui qu'elle avait tant aimé, dans les sentiments du plus parfait abandon. Elle était âgée de 58 ans, dont 32 de profession religieuse, du rang des sœurs choristes » (1).

## La Mère LOUISE DE SALES ARNAUD.

« Notre Bienheureux Père a dit : « La charité est, entre les vertus, comme le soleil entre les étoiles ; elle leur distribue à toutes leur clarté et leur beauté ». C'est bien là, en

(1) Circulaire du 8 décembre 1876.

effet, ce qui s'est vérifié dans la vie entière de notre bien-aimée Sœur Louise de Sales. Elle naquit à Pouzols, petite localité aux environs de Montpellier, le 2 juillet 1796, d'une famille des plus honorables et des plus chrétiennes. La Providence, qui avait des desseins particuliers sur cette enfant, permit que, malgré le temps orageux de la Révolution, le saint Baptême lui fût conféré par un prêtre réfugié dans sa famille. A l'âge de 11 ans, elle fût confiée à Mesdames Rivière et Saint-Maur, anciennes religieuses, que la Révolution avait jetées hors de leur couvent, et qui avaient ouvert un pensionnat à Montpellier. Son éducation terminée, elle rentra dans sa famille, où elle se dévoua avec tout son cœur. A 23 ans, sur le conseil de M. l'Abbé Guibaud, missionnaire, à qui elle avait fait part de ses aspirations, elle entra chez les Dames Noires de Montpellier; elle y fut reçue à cœur ouvert, et commença son postulat. Après six mois, elle fut envoyée à la Maison Mère de Paris pour y faire son noviciat. Mais bientôt elle fut rappelée dans notre ville, où elle se livra, avec zèle, aux devoirs de sa vocation. Tandis que la communauté entière fondait sur cette jeune sœur de grandes espérances pour l'avenir, Dieu, dont les desseins sont impénétrables, avait sur cette âme d'autres vues.

» Jeune encore, notre chère sœur avait lu un abrégé de la vie de notre Bienheureuse Sœur Marguerite-Marie Alacoque; les héroïques vertus qu'elle y admira, et les révélations du Divin Cœur à sa fidèle amante, touchèrent si vivement son âme, qu'elle se dit: « Oh ! que je voudrais être religieuse de » cet Ordre, s'il existait encore !.... » Tout ceci s'était passé dans son intérieur et y était resté à l'état d'impression, lorsque, au milieu de la vie active que notre chère sœur menait chez les Dames Noires, vouées à l'enseignement, l'attrait d'une vie plus parfaite se fit sentir si vivement qu'elle crut devoir répondre à ce second appel. Appuyée de l'approbation de son directeur, elle triompha de tous les obstacles, et nous arriva le 1er juillet 1827. La communauté, charmée de ses bonnes qualités, l'admit sans retard à la prise d'habit, et à la sainte profession en son temps. Quatre ans après l'émission de ses vœux, notre chère sœur Louise de Sales fut trouvée propre, par l'ensemble de ses qualités et de ses vertus, à remplir la charge de directrice. Elle seule s'en croyait incapable et indigne. On peut dire, en toute vérité, qu'elle fut dans cette charge, selon les paroles de la Constitution, la douceur, sagesse et dévotion même. Élue ensuite assistante de la communauté, nous pûmes admirer son zèle pour nos saintes Observances et son dévouement pour chacune de nous. Chargée en même temps de l'instruction religieuse et de la direction spirituelle de nos élèves, elle sut atteindre leur intelligence et leur cœur.

» En 1840, nous lui donnâmes avec bonheur le doux nom de Mère. Une bonté inaltérable surnageait dans tous ses procédés et lui gagnait les cœurs. Aussi humble que charitable, notre bonne Mère n'était toute à Dieu et au prochain, que parce qu'elle savait se mépriser et s'oublier. Sa voie intérieure était l'anéantissement d'elle-même, et son attrait l'amour divin se reflétant sur le prochain. Elle fit un vœu particulier où elle s'engageait à tout faire par amour. En 1843, notre bien-aimée Mère reprit la direction du noviciat où, pendant six ans, nous la vîmes pratiquer, avec une ferveur toujours croissante, nos saintes Observances, et s'efforcer d'inculquer dans le cœur de ses novices cet amour fort et généreux qui surabondait de son âme.

» Le cœur de notre chère directrice nous était trop bien connu, pour qu'à l'élection de 1849 nous ne nous empressions toutes de nous replacer sous sa maternelle conduite. La Vierge Marie sembla encore vouloir légitimer notre choix, l'érection de sa statue, sur notre clocher, ayant eu lieu le 24 mai, jour de l'élection de notre Mère. Ce fut vers la fin de ce triennat que la vue de notre bien-aimée Mère s'affaiblit sensiblement. Néanmoins, la communauté, voyant qu'elle pouvait encore remplir les devoirs de sa charge, la réélut en 1852. Cependant la vue de notre Mère baissait de jour en jour. Remèdes, prières, vœux, pèlerinage à Paray-le-Monial, par M. l'Abbé Arnaud, son frère, rien ne fut épargné pour obtenir sa guérison, mais Dieu ne jugea pas à propos de nous exaucer, et notre vénérée Mère fut complètement aveugle pendant les deux dernières années de sa supériorité. Après sa déposition, elle ne vécut plus que de sacrifices, de prières et d'union à Dieu. C'est ce qu'elle appelait: « Son apostolat de la prière et de la souffrance. » Depuis 20 ans, notre chère sœur portait courageusement la croix de la cécité, lorsqu'il plut à Dieu d'augmenter ses souffrances. Une attaque de paralysie obligea notre fervente sœur à s'arrêter complètement. Peu après, notre précieuse infirme fut atteinte d'une douleur sciatique qui devint de plus en plus vive. Bientôt, ce furent des crises très violentes et des redoublements très forts. Le travail de la mort consumait sa victime, et la grâce, à son tour, préparait pour l'Époux des vierges une hostie d'agréable odeur. Après avoir reçu les derniers sacrements, elle rendit sa belle âme à Dieu, dans une profonde paix, le 23 mars 1876, à l'âge de 79 ans, dont 48 de profession religieuse, du rang des sœurs choristes, passée au rang des sœurs associées » (1).

## Sœur MARIE-RÉGIS DE CHRISTOL.

« Notre chère Sœur naquit à Montpellier, d'une famille encore plus distinguée par l'élévation de ses principes, que par la noblesse de son origine. Dès sa jeunesse, elle avait entendu l'appel divin et s'était liée à Dieu par le vœu de chasteté. Toutes ses aspirations se portaient vers la vie religieuse; mais elle dut rester 61 ans dans le monde avant de réaliser son désir véhément. Toute sa vie peut se résumer dans ces trois mots: « Amour de Dieu. Amour du prochain. Oubli de soi. » Enfin, libre de tout obstacle, elle vint, à 61 ans, se présenter à notre T. H. Mère Marie-Vincent Lescure. Depuis longtemps, nous aimions et vénérions cette chère demoiselle comme une sœur, car elle était affiliée à notre saint Ordre depuis 1841; aussi est-ce avec bonheur que nous lui ouvrîmes nos portes et nos cœurs. Admise à son premier essai, notre chère sœur en embrassa tous les exercices avec une ferveur admirable. Habitudes du monde, liberté d'action, hommages d'estime, dévotions particulières, tout fut sacrifié à l'instant par cette âme généreuse. Après trois mois seulement d'essai, elle eut le bonheur de revêtir nos saintes livrées et un an après, de faire la sainte profession. En 1873, notre T. H. sœur Marguerite-Marie Barthès, ayant été élue Supérieure, la choisit pour sa coadjutrice; elle fut ensuite nommée conseillère et directrice du noviciat. Dans toutes ces charges, notre chère sœur se montra toujours oublieuse d'elle-même, et toute charité et dévouement pour les autres. Cependant, ce n'était pas sans difficultés que cette chère directrice ac-

(1) Circulaire du 8 décembre 1876.

complissait son emploi ; ses infirmités l'obligeant à de fréquents séjours à l'infirmerie, il fallait toute son énergie pour ne pas perdre de vue les devoirs de sa charge. Le mal se développant de plus en plus, notre bonne sœur dut s'étendre sur ce lit de douleur, qui, pendant huit mois, fut le théâtre de ses héroïques vertus. Elle n'avait jamais redouté la mort, aussi la vit-elle arriver avec calme. Elle reçut les derniers sacrements avec une sainte joie, et s'endormit tout doucement dans le Seigneur, le 20 avril 1876, à l'âge de 71 ans, dont 9 de profession religieuse, du rang des sœurs choristes » (1).

## Sœur MARIE-AUGUSTIN COSTE.

« Notre chère sœur naquit à Montpellier, le 24 mai 1802, au sein d'une famille où la vertu et l'amour de la religion étaient héréditaires. Ce ne fut qu'à 37 ans, que notre chère sœur put répondre à l'attrait pour la vie religieuse qu'elle avait senti dès sa jeunesse. A cause de sa faible santé, on la mit au rang des sœurs associées. Après sa profession, elle remplit divers emplois, à la satisfaction générale, et après une vie des plus édifiantes, elle s'endormit dans le Seigneur, le 11 mai 1876, à l'âge de 74 ans, dont 35 de profession religieuse » (2).

## Sœur MARIE-THÉRÈSE MEYRAN.

« Montpellier fut le lieu natal de cette chère sœur. Elle ne se présenta chez nous qu'à l'âge de 42 ans. Admise à son essai, elle s'appliqua avec docilité à tous les exercices du noviciat. La communauté, satisfaite de ses efforts, l'admit à la prise d'habit, et un an après à la sainte profession. Chargée ensuite de divers emplois, elle les remplit tous avec la plus parfaite régularité Son oraison était un doux entretien avec son Dieu et une simple remise d'elle-même au bon plaisir divin. Son humilité sincère et profonde se traduisait par un extérieur modeste, des manières respectueuses et une grande fidélité à toutes les pratiques de cette vertu. Notre chère sœur était portière lorsqu'elle fut atteinte d'un ramol-

(1) Circulaire du 8 décembre 1876.
(2) Id.

lissement de cerveau. La mémoire, la raison lui firent peu à peu défaut et elle devint comme une enfant. Elle resta deux ans dans ce triste état, nous édifiant toujours par ses habitudes religieuses. Un malaise étant survenu, elle dut s'aliter; le mal s'aggravant sensiblement, on lui fit administrer le sacrement de l'Extrême Onction; et après une longue agonie, cette chère âme alla se reposer sur le Cœur de son Bien-Aimé, le 30 avril 1877. Ella était âgée de 65 ans, dont 23 de profession religieuse, du rang des sœurs choristes » (1).

## Sœur MARIE-MICHEL SAUNAL.

« Cette bien-aimée sœur naquit à Murasson, petit village de l'Aveyron. A 21 ans, ayant perdu ses parents, elle vint se placer, en service, chez les religieuses Ursulines de notre ville. L'atmosphère de paix et de vertu où elle se trouvait, la charma si bien qu'elle n'eut plus, dès lors, qu'un désir: embrasser la vie religieuse. Ses seules jouissances étaient de passer au pied des autels toutes les heures de loisir qui lui étaient accordées... « Je laissais mes compagnes, disait-elle, » profiter de la récréation et se livrer à de joyeux entretiens; » pour moi, mon seul plaisir était d'aller converser avec Jésus » caché au tabernacle. Là, je ne pouvais lui demander qu'une » grâce: celle de lui être consacrée pour toujours ».

» Les religieuses de Sainte Ursule, témoins de la piété et de la candide simplicité de la nouvelle prétendante, auraient bien voulu l'admettre parmi leurs sœurs converses, mais le nombre de ces sœurs étant plus que suffisant, elles eurent la pensée de nous l'adresser. Cette jeune fille nous charma, tout d'abord, par son air de modestie et son apparence de bonne santé. Bientôt nous pûmes apprécier la pureté et la simplicité de cette âme qu'aucune passion n'avait osé ternir. Admise au noviciat, elle en entreprit tous les exercices avec une ferveur calme, mais soutenue. Toujours douce et bonne, notre chère sœur ne savait jamais refuser un service à personne; elle était toute charité. Elle eut le bonheur de consommer son sacrifice, le 23 septembre 1876. Cette faveur ne fit qu'accroître dans notre fervente sœur le désir d'avancer dans les vertus religieuses, surtout dans l'obéissance et l'hu-

(1) Circulaire du 25 décembre 1878.

milité. Se regardant comme la dernière et la moins capable de toutes, jamais l'impatience ne se manifestait en elle. Bientôt, des symptômes alarmants nous révélèrent que la santé de notre chère sœur était ébranlée. Plusieurs crachements de sang se succédèrent. On la transporta à l'infirmerie où elle fut, jusqu'à sa mort, un sujet d'édification. Elle demanda les derniers sacrements, qu'elle reçut avec toute sa présence d'esprit, et après une lente agonie, son âme s'envola dans le sein de Dieu, séjour de ses chrétiennes espérances, le 11 août 1878. Elle était âgée de 30 ans, dont 18 mois de profession religieuse, du rang des sœurs converses » (1).

## Sœur MARIE-AIMÉE DE SALES DAVID.

« Cette bien-aimée sœur était native de Toulouse. Orpheline de bonne heure, elle fut placée au pensionnat des Feuillants de cette ville, dirigé par les Dames de Saint-Maur. C'est là qu'elle reçut, avec une parfaite instruction, l'éducation et la piété qui la distinguèrent toute sa vie. Au sortir du pensionnat, la pieuse élève demanda et obtint d'être admise au noviciat de cette Congrégation, qui se trouve à Paris. Là, comme aux Feuillants, elle mérita l'affection de ses Mères, et après s'être consacrée à Dieu, elle se livra à l'enseignement pour lequel elle montrait déjà des aptitudes toutes particulières. On se prévalut bientôt de ses talents, en lui confiant la direction du pensionnat de Paris. Nommée ensuite secrétaire de la Révérende Mère Générale, elle l'accompagna dans tous ses voyages. En 1832, Madame Sainte-Marie, (c'était son nom de religion) fut envoyée à la communauté des Dames de Saint-Maur de notre ville pour y diriger et faire refleurir le pensionnat. Trois ans après, quelques difficultés de local, survenues avec l'Administration, obligèrent ces Dames à reprendre momentanément la route de Paris. Ce fut le moment de la divine Providence pour Madame Sainte-Marie qui, de plus en plus, se sentait attirée à une vie plus cachée. La circonstance lui semblait favorable pour demander son admission dans notre communauté. Nous accueillîmes sa demande. Les Dames de Saint-Maur, apprenant l'exécution du projet de leur chère sœur, employèrent tous

(1) Circulaire du 25 décembre 1878.

les moyens pour la faire revenir : lettres, sollicitations etc.... mais notre humble postulante fut inébranlable. Son cœur souffrit beaucoup, mais la grâce triompha, et le sacrifice fut consommé !... Notre chère sœur fut admise à la vêture sous le nom de sœur Marie-Aimée de Sales, et l'année suivante 1838, elle fit la sainte profession.

» Placée au pensionnat comme maîtresse de classe, elle se dévoua à cette œuvre avec ardeur. Études, discipline réglementaire, éducation, piété, tout progressait et marchait d'ensemble sous la direction active, intelligente, ferme et bonne de cette maîtresse expérimentée et remplie de tact. C'est ainsi que s'écoulèrent les seize années qui suivirent la profession de notre chère sœur.

» Des douleurs rhumatismales fort aiguës l'obligèrent, après ce temps, à prendre un repos complet. Elle reparut bien quelquefois au pensionnat, mais momentanément, car son état d'infirmité réclamait des soins assidus. Cette situation si pénible a duré 18 ans, pendant lesquels notre chère sœur a pu encore s'occuper. Elle a été assistante du noviciat, conseillère et directrice des retraitantes séculières. Partout elle a montré les qualités sérieuses et solides qui la caractérisaient, jointes à beaucoup de piété et à une convenance de formes exquises. Son zèle s'exerçait aussi à l'égard de nos anciennes élèves ; elle savait leur inculquer la dévotion au Sacré-Cœur et à la Sainte Vierge, en leur suggérant des pratiques de vertu, qui servaient à alimenter ces deux chères dévotions.

» C'est ainsi que, consacrée à Dieu pendant 60 années de vie religieuse, notre bien-aimée sœur est entrée dans le repos du Seigneur, après avoir reçu tous les secours de la Sainte Église, le 17 novembre 1878. Elle était âgée de 78 ans, dont 40 de profession religieuse à la Visitation, du rang des sœurs choristes » (1).

## La Mère MARIE-VINCENT LESCURE.

« Notre chère sœur naquit à Montpellier sous le même toit qui avait abrité le berceau de Saint Roch. Son père était docteur près la Faculté de Médecine. De concert avec sa femme,

(1) Circulaire du 25 novembre 1878.

Marguerite de Langlade, il éleva son enfant selon les principes du christianisme. La petite Caroline reçut au foyer domestique les meilleurs exemples d'honneur humain et de vertu chrétienne... Son éducation fut confiée aux Dames Leroy, qui tenaient alors le pensionnat le plus renommé de la ville. La jeune élève eut bientôt gagné l'affection de ses dignes institutrices par son intelligence, sa nature franche, ouverte, et déjà élevée et généreuse. Les années de la jeunesse de notre chère sœur s'écoulèrent doucement et sans bruit, sanctifiées par la prière et embellies par l'amour divin. Oui, l'amour a tout inspiré et tout conduit dans cette existence. Il va d'abord la donner à Dieu, et l'immolera en faveur de quelques âmes qui lui tenaient spécialement au cœur. Monsieur l'Abbé Guibaud, dont le diocèse de Montpellier garde avec respect la mémoire, fut le juge et le guide de cette vocation naissante. Sur ses conseils, M^lle^ Lescure, sûre de faire la volonté de Dieu, se présenta, comme postulante, à notre monastère. Notre vénérée Mère Marie-Louise Navarre ne tarda pas à discerner le riche fonds que Dieu la chargeait d'exploiter et, continuant l'œuvre du vénérable Monsieur Guibaud, elle admit à la vêture et conduisit ensuite à la sainte profession cette âme si bien disposée. Il nous serait difficile de dire avec quelle ardeur notre nouvelle professe poursuivit le but qu'elle s'était proposé au début de sa vie religieuse : une parfaite union avec Dieu, par le sacrifice intérieur. Tous les attraits de son âme se réduisaient à ce seul mot : Jésus-Christ ! Elle se trouvait heureuse dans la contemplation incessante du Rédempteur universel, et sa dévotion spéciale la fixait sur les mystères du Dieu fait homme.

» Notre chère sœur fut employée au pensionnat comme aide d'abord, puis comme maîtresse générale. Là, elle ne cessa d'agir sur les enfants avec une autorité qui, mélangée de fermeté, de tendresse et de confiance, atteignait efficacement le but de la véritable éducation. Nommée ensuite Supérieure, son influence fut très salutaire pour nos âmes. Accablée de peines intérieures, elle retrouvait, auprès de nous, le langage pur et lumineux de la vérité. Aussi son âme s'unissait-elle à Dieu, de jour en jour, par des liens plus intimes. Oublieuse de son corps, oublieuse d'elle-même, vivant au-dessus de toute recherche personnelle, et purifiée par la souffrance, elle atteignait d'autant plus sûrement Jésus-Christ.

Après sa déposition, sa santé, minée par de grandes souffrances, s'altéra sensiblement. Une fluxion de poitrine, suivie d'un accès pernicieux, nous enleva, en quelques heures, notre sœur bien-aimée. La gravité du mal et l'agonie se suivirent de si près, que nous eûmes à peine le temps de lui faire administrer les derniers sacrements. Elle expira le 4 février 1879, à l'âge de 60 ans, dont 38 de profession religieuse, du rang des sœurs choristes » (1).

## La Mère THÉRÈSE DE SALES LAMOTHE-TENET.

« Née à Agde en 1800, notre chère sœur fut orpheline de bonne heure; une de ses tantes maternelles l'éleva avec grand soin, et la plaça ensuite dans le pensionnat le plus renommé de notre ville pour y faire ses études. A 19 ans, Mademoiselle Félicité Lamothe-Tenet fut choisie par Dieu pour relever notre monastère des ruines révolutionnaires. C'était en 1819, Monseigneur Fournier s'occupait à rétablir les anciennes communautés de sa ville épiscopale. Quatre de nos vénérées anciennes se réunissaient en communauté, dans une petite maison qu'elles avaient achetée, et qui forme aujourd'hui le local de notre pensionnat, quand M. le curé de Loupian vint présenter au Prélat l'enfant de bénédiction, la plus apte à introduire par la candeur de sa vertu et l'invariable amabilité de son caractère, une jovialité toute sainte dans le milieu visitandin. Elle fit son entrée dans la pauvre maison qui tenait lieu de monastère à nos sœurs, et vint là, ensevelir sa jeunesse, sa beauté, et tous les avantages que le monde lui offrait. Dans cette pauvreté, et à raison même de cette pauvreté, elle était heureuse. Nos vénérables anciennes l'avaient accueillie comme un secours de la Providence, aussi se hâtèrent-elles de former à la pratique de nos saintes observances un sujet qui donnait tant d'espérances pour l'avenir. Ce fut la vénérée Mère Anne-Julie Bousquet qui reçut notre chère sœur à la vêture. Le monastère n'ayant pas encore de clôture, elle prit l'habit des sœurs tourières que portaient alors toutes les sœurs. Le 3 avril 1821, notre chère sœur eut le bonheur de faire la sainte profession. La céré-

(1) Circulaire du 10 décembre 1882.

monie se fit entre les mains de Monseigneur Fournier, qui estimait particulièrement la communauté rétablie. Notre chère sœur, liée pour jamais à la famille de Saint François de Sales, ne pouvait voir, sans douleur, la maison bénie, qu'avait occupée Sainte Chantal, habitée par des séculiers qui en faisaient un séjour de plaisirs profanes. Elle joignit ses instances à celles de ses sœurs, pour obtenir du digne Prélat l'achat de cette maison. Grâce au généreux concours de Monseigneur Fournier, et à l'abandon des biens de famille que fit notre chère Sœur Thérèse de Sales, l'ancien monastère put être, en partie, racheté. La Mère Louise-Eugénie Troëtte, de Toulouse, eut la consolation d'introduire sa nouvelle famille dans la Terre promise, d'où elle était bannie depuis 29 ans. Notre chère sœur Thérèse de Sales y revêtit, comme ses sœurs, notre costume actuel. Peu de temps après, on la nomma directrice du noviciat, et puis, assistante de la communauté. A la déposition de la Très Honorée Mère Marie-Sophie Lambert, de Chambéry, elle fut élue Supérieure. Monseigneur Fournier avait présidé l'élection et applaudi, de cœur, au choix divin. Plein d'estime et de confiance pour cette jeune Mère, il fondait sur elle, pour l'avenir de la communauté, les espérances les plus chères. De son côté, notre vénérée Mère Thérèse de Sales avait acquis sur le digne Évêque une influence précieuse, due à ce charme d'innocence qui s'alliait chez notre chère sœur à une justesse de vue et à une délicatesse de sentiments rares. Rien n'est plus touchant, dans les souvenirs de cette époque, que la condescendance du Pontife, et l'humble et audacieuse confiance de la jeune Mère. Monseigneur Fournier se montrait plein d'espoir, les filles de la Visitation étaient heureuses, mais la croix allait se faire sentir, et d'autant plus pesante qu'elle était inattendue. Deux années s'étaient à peine écoulées depuis l'élection de notre bien-aimée Mère, quand nous la vîmes, tout à coup, frappée de surdité. Ce fut une grande épreuve, non seulement pour elle, mais pour la communauté. Elle demanda sa déposition ; il fallut céder à ses désirs. On la nomma, malgré son infirmité, conseillère et surveillante. Sa vie fut un long acte de ferveur et de piété.

» Le 3 avril 1871, la communauté eut le bonheur de célébrer le cinquantième anniversaire de sa profession religieuse. M. notre Supérieur, qui est son neveu, présida la cérémonie.

Pendant la messe, précédée d'un solennel *Veni Creator*, nos élèves chantèrent des cantiques préparés pour la circonstance. Avant de recevoir la Sainte Communion, l'épouse de Jésus prononça tout haut la formule de nos sacrés vœux, avec l'onction qu'inspire l'amour. Le Saint Sacrifice achevé, Monsieur notre Supérieur s'approcha de la grille et donna à la nouvelle victime la croix, le cierge et le crucifix de la profession. Puis, il posa sur la tête de notre heureuse jubilaire la couronne de fleurs, et le chœur entonna le *Veni sponsa Christi*. Ce moment fut des plus émouvants. Précédée et suivie par une jeune novice, l'épouse privilégiée donna à chacun de nous le baiser de paix. Cette mémorable cérémonie se termina par le chant solennel du *Magnificat*, après lequel nous accompagnâmes notre vénérée professe à notre salle de communauté, où un trône était préparé pour la recevoir. Inutile de dire combien furent affectueuses et sincères nos congratulations.

» Mais les joies les plus célestes ne peuvent être complètes ici-bas. La surdité de notre chère et bien-aimée sœur priva notre dévoué Père spirituel de nous adresser l'allocution qui couronne si bien ces fêtes religieuses.

» A l'âge de 79 ans une fluxion de poitrine s'étant déclarée, notre chère sœur comprit que c'était la fin. Sa mort fut suave comme l'avait été sa vie. « Je veux, dit-elle, en ce moment solennel, mourir dans le Cœur Sacré de Jésus et y être jugée ». Elle rendit son âme à Dieu, le 25 février 1879, ayant 58 ans de profession religieuse, du rang des sœurs choristes » (1).

Nous arrêtons là le récit des vertus religieuses. Le Vénérable Bède, étant dans sa dernière maladie, ne cessait de dicter à ses élèves. « Hâtez-vous, disait-il, je ne sais si je vivrai longtemps encore, et si le Seigneur ne m'enlèvera pas bientôt du milieu de vous ! » Un de ses disciples lui dit alors: « Cher Maître, il nous manque encore un chapitre ; serait-ce » vous incommoder que de vous faire de nouvelles questions ? » « Non, répondit-il, prenez votre plume, et écrivez vite ».

Il y aurait un chapitre à écrire encore sur les vertus des dernières sœurs. Depuis la Mère Thérèse de Sales Lamothe-Tenet, une nombreuse phalange virginale s'est envolée au

(1) Circulaire du 10 décembre 1882.

ciel. C'est, le 9 mars 1879 la sœur Marie-Françoise Castanier, le 27 octobre de la même année la sœur Louise-Xavier Walras, le 18 août 1880 la sœur Marie-Victoire Combes, le 25 janvier 1881 la sœur Marie-Amédée Couderc, le 11 janvier 1882 la sœur Marie-Élisabeth Berlan, le 5 février la sœur Marie-Agnès Martin, le 13 janvier 1883 la sœur Marie-Germaine Ginesty, le 23 septembre la sœur Marie-Séraphine Martin, le 12 août 1884 la sœur Françoise de Sales Lentillac, le 13 décembre la sœur Marie-Marthe Brenac, le 19 du même mois la sœur Marie-Hélène Genevois, le 2 janvier 1885 la sœur Louise-Françoise Regord, le 1 février la sœur Marie-Gabrielle Flottes, le 17 décembre 1886 la sœur Louise-Marie Rey, le 1 mars 1887 la sœur Marie-Joséphine Allien, le 21 décembre la sœur Marie-Stanislas Taïx, le 24 août 1888 la sœur Anne-Marie Granier, le 13 juillet 1889 la sœur Marie-Rosalie Arnaud, le 24 janvier 1890 la Mère Marguerite-Marie Barthès, le 9 mai la sœur Joseph-Marie Nicot, le 23 avril 1891 la sœur Marie-Françoise Baudry, le 25 du même mois la sœur Marie-Élise Deleuze, le 24 août la sœur Françoise-Xavier Sahut, le 21 septembre 1892 la sœur Marie-Julie Anglade, le 5 juin 1894 la sœur Marie-Antoinette Boutellier, le 5 novembre de la même année la sœur Marguerite-Marie Pinède,le 7 janvier 1895 la Mère Marie-Euphrasie Ménard, le 15 avril la sœur Marie-Anastasie Fallet, le 7 juillet 1896 la sœur Jeanne-Marie Galtier, le 25 mars 1897 la sœur Marie-Joseph Azémar, le 25 juillet de la même année la sœur Rose-Marie Bestieu, le 17 mai 1898 la sœur Marie de Sales Valat, le 18 octobre de la même année la sœur Marie-Antoinette Arnaud, et le 17 décembre la sœur Marie-Thérèse Bousquet.

La barque laisse après elle un léger sillage; le sillage laissé par ces âmes n'est point effacé. Elles n'appartiennent pas encore à l'histoire; elles sont vivantes dans la pensée et dans le cœur. Tacite disait: « Quinze ans, *grande ævi spatium*, grand espace de temps ! » Il peut en être ainsi dans le monde. Dans le monastère, la vie se prolonge davantage. Loin de l'agitation du siècle, sous le regard de Dieu, les souvenirs sont plus longs, parce que les amitiés sont plus saintes et les cœurs plus purs.

# PIÈCES JUSTIFICATIVES

## I

### Lettres d'amortissement données par le Roi Louis XIII, en faveur des Religieuses de la Visitation Sainte-Marie de Montpellier.

Louis, par la grâce de Dieu, Roi de France et de Navarre, à tous présents et à venir salut. Nos chères et bien-aimées les religieuses recluses de la Visitation Sainte-Marie de notre ville de Montpellier nous ont fait démonstrer qu'elles ont acquis en la dite ville pour la construction de leur église et monastère plusieurs maisons et héritages ci-après déclarés savoir: Par un contrat du 21 janvier dernier, de M. Pierre Faillous, docteur en médecine en l'Université de Montpellier, tant comme mari de demoiselle Jeanne de Manifacier, que comme procureur de Marie et Charlotte de Manifacier, une maison et jardin ayant appartenu à feu Marcellin de Manifacier: la dite maison et jardin assis dans la dite ville de Montpellier, lieu appelé le Legassieu, avec une ruelle qui est entre le dit jardin et celui de Guiraud Portal, pour le prix de 1300 livres: par autre contrat du 8 juin et du dit an, de M. Guillaume Patris, une maison et jardin avec sept petites maisons joignant ensemble, assis dans la dite ville au sixain de Sainte-Croix, pour le prix de 2500 livres; et par autre contrat du dit 8 juin et du dit an, de Pierre Emmanuel deux maisons et un jardin joignant ensemble, assis dans la dite ville au dit sixain de Sainte-Croix. Toutes lesquelles choses acquises par les exposantes, avec leurs circonstances et dépendances au long exprimées par les dits contrats, dont les copies collationnées sont ci-attachées sous le contre-scel de notre chancelier, employées, comme dit ici, à la construction et bâtiment de leur dite église et monastère. Les dites exposantes, craignant ne pouvoir jouir paisiblement et sûrement, s'il ne nous plait les amortir et leur pourvoir sur ce de nos lettres nécessaires, humblement requérent icelles. A ces causes, voulant favoriser les dites religieuses autant qu'il nous est possible, et leur pourvoir à ce qu'elles ne soient à l'avenir troublées en la jouissance des choses par elles acquises, et pour participer aux prières qu'elles feront en leur monastère; de notre grâce spéciale, pleine puissance et autorité royale, nous leur avons permis et par ces présentes, signées de notre main, permettons de tenir et posséder les choses susdites par elles acquises et au long mentionnées ès dits contrats, et desquelles le dit monastère sera composé, sans qu'elles en puissent être dépossédées, ni contrariées, et nous leur faisons don et remise par ces présentes des sommes, indemnités, qu'elles seraient tenues de nous payer.

Donné à Montpellier, au mois de septembre de l'an de grâce 1632 et de notre règne le 23ème.

LOUIS.

---

II

## Brevet du Roi Louis XIII accordant le prieuré et monastère de Sainte-Claire de Montpellier aux religieuses de la Visitation.

Aujourd'hui 28 septembre 1632, le roi étant à Montpellier, désirant gratifier et favorablement traiter les religieuses recluses de la Visitation Sainte-Marie à Montpellier, en considération de leur bonne et dévote vie, sa Majesté leur a accordé et fait don du prieuré et monastère de Sainte-Claire, anciennement dit de Notre-Dame de Paradis, Ordre de Saint Benoit, diocèse de Montpellier, vaquant par la mort de Jacquette de Thérondel, dernière titulaire et paisible possessoresse d'iceluy, pour être le dit monastère uni à perpétuité à celui des dites religieuses recluses, attendu qu'il n'y a aucune religieuse ni église, ni maison au dit monastère de Sainte-Claire, et que le revenu ne consiste qu'en quatre ou cinq cents livres par an. M'ayant à cette fin commandé leur en expédier toutes lettres nécessaires, tant en cour de Rome qu'ailleurs, et le présent brevet, qu'elle a signé de sa main et fait contresigner par moi, son conseiller, secrétaire d'État et de ses commandements et finances.

signé LOUIS.

» *de Comminge.*

## III

**Bulle d'union du monastère de Sainte-Claire de Montpellier au monastère des religieuses de la Visitation Sainte-Marie, concédée par notre S. Père le Pape Urbain VIII, le 15 mars 1633.**

Urbanus episcopus, servus servorum Dei, dilecto filio officiali venerabilis fratris nostri Episcopi Montispessulani salutem et apostolicam benedictionem. Pastoralis officii debitum nobis ex alto commissum requirit, nosque ad id promptos excitat, ut ea vota quibus prudentes virgines, religionis habitu assumpto, uni Sponso Jesu Christo, voto celebri virginitatem suam præstare, honorisque flores et honestatis fructus ac regularis observantiæ propagationem provenire valeant ad exauditionis gratiam, libenter admittimus, prout in Domino conspicimus salubriter expedire. Exhibita siquidem Nobis nuper pro parte dilectarum in Christo filiarum abbatissæ seu priorissæ aut superiorissæ ac conventus monasterii monialium reclusarum Visitationis Beatæ Mariæ nuncupati ordinis sanctæ Claræ Montispessulani petitio, continebat, quod in prædicto monasterio ad Dei laudem non diutiùs canonice erecto, ab ejus monialibus, tanta cum religione et sanctitate ac populi ædificatione vivitur, ut plurimæ piæ virgines, abjectis hujus mundi illecebris, Deo sub suavi Religionis jugo servire volentes, animo et intentione inibi professionem regularem emittendi, illud ingressæ sint et ingrediantur, adeo ut crescatur in dies monialium numerus, opere pretium futurum sit, ei de amplioribus redditibus, quos habet tenuissimos, providere. Cumque sicut eadem petitio subjungebat prope et extra muros civitatis Montispessulani et in illius suburbio adsit et quoddam aliud Beatæ Mariæ de Paradiso nuncupatæ, ordinis sancti Benedicti, habitu non tamen actu monasterium, quod temporum et bellorum injuria ita devastatum fuit ut nullas prorsus moniales, neque ecclesiam, neque clausuram aut habitationem habeat, cujusque redditus ita deperierunt ut ex illis parum supersit; illud vero per obitum quondam Jacquettæ de Therondel, ultimæ illius abbatissæ titularis extra romanam curiam defunctæ, vacaverit et vacet ad præsens. Si igitur secundo dictum monasterium, cujus reparationis seu ad convenientem formam reductionis spes nulla effulget, primo dicto monasterio, prout charissimus in Christo filius noster Ludovicus, Francorum et Navarræ Rex christianissimus, qui nuper in dicta civitate existens, de utriusque monasterii hujusmodi statu plenissime informatus fuit, summopere desiderat, uniretur, exinde moniales, secundi dicti monasterii reddituum licet paucorum subsidio adjutæ, comodius sustentari possent. Quare pro parte Ludovici Regis et abbatissæ seu priorissæ aut superiorissæ ac conventus prædicti, nobis fuit humiliter supplicatum, quatenùs in præmissis opportune providere de benignitate apostolica dignaremur. Nos igitur, qui monasteriorum omnium, præsertim sanctimonialium, indemnitati libenter consulimus, de præmissis tamen certam notitiam non habentes, atque abbatissam seu priorissam aut superiorissam et singulares personas monialium et conventus primo dicti monasterii a quibusvis exercitiis suspensionis et interdicti aliisque ecclesiasticis sententiis, censuris et pœnis a jure vel ab homine quavis occasione vel causa latis, si quibus quomodolibet innodatæ existunt, ad effectum præsentium dumtaxat consequendum harum serie absolventes et absolutas fore censentes hujusmodi, supplicationibus inclinati, Discretioni tuæ per apostolica scripta mandamus, quatenus vocatis qui fuerint evocandi, de præmissis omnibus et singulis eorumque circumstantiis universis, auctoritate nostra te diligenter informes, et si per informationem hujusmodi ita esse repereris, monasterium secundo dictum quod, ac ut præmittitur, ecclesia et habitatione monialibusque caret ac cujus et illi forsan annexorum fructus, redditus et proventus viginti quatuor ducatorum auri de camera secundum communem æstimationem, valorem annuum, ut asseritur, non excedunt, et si per liberam cessionem dictæ Jacquettæ abbatissæ vel cujusvis alterius de illius regimine et administratione in dicta curia vel extra eam et coram notario publico et testibus sponte factam aut vel assecutionem alterius beneficii ecclesiastici ordinaria auctoritate collati, vacet et si tanto tempore vacaverit quod eius provisio juxta Lateranensis statuta Concilii, aut alias canonicas sanctiones ad Sedem apostolicam legitime devoluta existat, et illa de quavis causa ad Sedem eamdem specialiter vel generaliter pertineat, eique cura jurisdictionis tantum immineat, super eo quoque inter aliquos lis, cujus statum præsentibus et haberi volumus pro expresso, pendeat indecisa, dummodo tempore dictarum præsentium secundo dicto monasterio de abbatissa canonice provisum non existat, cum annexis hujusmodi ac omnibus juribus et pertinentiis suis, monasterio primo dicto, ita quod liceat modernis perpetuis ac pro tempore existentibus illius abbatissæ seu priorissæ aut superiorissæ et conventui, secundo dicti monasterii, illiusque bonorum, rerum, jurium et proprietatum corporalem possessionem per se vel alium seu alios, propria apprehendere auctoritate et apprehensam perpetuo retinere fructusque, redditus, proventus, jura, obventiones et emolumenta quæcumque exinde provenientia percipere, exigere, locare, arrendare ac in suos communes et primo dicti monasterii usus et utilitatem convertere, diœcesani loci vel cuiusvis alterius licentia minime requisita, eadem auctoritate nostra perpetuo unias et incorpores. Nos, enim, si unionem, annexionem, et incorporationem hujusmodi per te, vigore earumdem præsentium, fieri contigerit ut præmittitur, præsentes litteras semper et perpetuo validas et efficaces esse et fore, nec sub quibusvis similium vel dissimilium gratiarum revocationibus, suspensionibus, limitationibus, aut aliis contrariis dispositionibus per nos seu per alios Romanos Pontifices pro tempore existentes, quandocumque et sub quibuscumque tenoribus et formis ac quibusvis derogatoriis et aliis clausulis irritantibus et aliis decretis in contrarium editis et edendis nullatenus comprehendi, sed semper ab illis exceptas fore, sicque per quoscumque judices ordinarios vel delegatos, quavis auctoritate fungentes, judicari et definiri debere; et si secus super his a quorum quavis auctoritate scienter vel ignoranter attentari contigerit, irritum et inane decernimus, non obstantibus voluntate et ordinatione nostris præmissis ac felicis recordationis Bonifacii papæ octavi prædecessoris Nostri ac Lateranensis Concilii novissime celebrati, uniones perpetuas nisi in casibus a jure permissis fieri prohibentis, aliisque constitutionibus et ordinationibus apostolicis ac monasteriorum et ordinum hujusmodi et juramento, confirmatione apostolica vel quavis firmitate alia roboratis statutis et consuetudinibus cæterisque contrariis quibuscumque. Datum Romæ apud Sanctum Petrum, anno Incarnationis Dominicæ millesimo sexcentesimo trigesimo tertio, quinto decimo mensis martii, pontificatus nostri anno undecimo.

S. Savinus — F. Collicola — Oldan Jarsia — Joannes Baptista Latra — Franciscus Causeus receptor — J. Tastonus — F. Boncompagnus.

## IV

### Brevet du Roi accordant l'union du monastère de Sainte-Catherine de Montpellier à celui de la Visitation.

Aujourd'hui 21 janvier 1637, le Roi étant à Paris, désirant, sur la recommandation qui lui a été faite par la Reine, sa très chère compagne, favorablement traiter en tout ce qui lui sera possible les religieuses recluses du monastère de la Visitation Sainte-Marie de la ville de Montpellier, de l'Ordre et Règle S. Augustin, soumises à la juridiction des évêques, afin que plus commodément elles puissent subvenir à leurs nécessités, nourriture et entretiennement même du divin service, et vivre en l'entière et exacte observation de leurs Règles, sa Majesté leur a libéralement accordé la réunion et l'incorporation à perpétuité à leur dit monastère du prieuré de Sainte-Catherine du dit Montpellier et d'Arboras, avec ses annexes et dépendances, qui est un petit monastère ou prieuré du même Ordre, (pareillement soumis à la juridiction des évêques), qui n'est que de la valeur de mille livres de revenu par an ou environ, pour en jouir par les dites religieuses de la Visitation et leurs successeurs, après le décès toutefois de sœur Marie d'Icard, à présent abbesse ou prieure du dit lieu de Sainte-Catherine, laquelle ne pourra disposer d'icelle soit par résignation ou autrement en quelque sorte de manière que ce soit; et ce, afin que la dite union et incorporation sorte son plein et entier effet, révoquant la dite Majesté tous brevets de coadjutorerie ou survivance, si aucuns en avaient été expédiés. Et pour témoigner de ce, la dite Majesté a voulu signer le présent brevet de sa propre main, et commandé à moi, son conseiller d'État et secrétaire de son commandement de contresigner, et sur iceluy expédier toutes dépêches nécessaires.

LOUIS
*De Lamenie*

## V

**Lettre de Louis XIII au pape Urbain VIII, demandant confirmation de l'acte précédent.**

Très Saint-Père, vaquant à présent le prieuré du monastère de Sainte-Catherine d'Arboras, Ordre de S. Augustin, dans le diocèse de Montpellier, par la mort de sœur Marie d'Icard, dernière titulaire et paisible possessoresse d'iceluy, nous l'avons accordé aux religieuses recluses de la Visitation Sainte-Marie de la dite ville, en considération de leur bonne et dévote vie, pour être sous le bon plaisir de votre Sainteté, uni à perpétuité à celui des religieuses recluses, attendu qu'il n'y a que trois religieuses sœurs, sans ressources ni règlement gardé, et que le revenu ne consiste qu'en cinq ou six cents livres par an. C'est pourquoi nous La supplions d'agréer la dite union, d'octroyer, concéder et faire expédier toutes et chacune des bulles, dispenses et provisions apostoliques nécessaires, suivant les mémoires et supplications qui seront présentés à Votre Sainteté, laquelle nous fera pour agréable plaisir. Sur ce, nous prions Dieu très-saint pour qu'il La conserve longtemps et heureusement au bon régime et gouvernement de la Sainte Église.

Écrit à S. Germain en Laye, le 4e jour de Janvier 1639.

Le roi de France et de Navarre, LOUIS.

---

## VI

**Bulle d'Union du monastère de Sainte-Catherine d'Arboras au monastère de la Visitation Sainte-Marie à Montpellier, concédée par N. S. Père le Pape Urbain VIII, le 22 Novembre 1640.**

Urbanus episcopus, servus servorum Dei, venerabili fratri Episcopo Montpessulaniensi, salutem et apostolicam benedictionem. Exposcit debitum pastoralis officii, cui disponente Domino præsidemus, ut ad ea per quæ monasteriorum et religiosorum locorum quorum libet, præsertim fœminei sexus, statui et profectui et in illis Ei, « qui speciosus est præ filiis hominum, » in prudenti virginitate famulantium opportunæ subventioni et in regulari observantia perseverantiæ, valeat salubriter provideri, sollicite intendamus, et in has ejusdem officii nostri partes, et per prioratuum unionem propensius impendamus, prout in Domino conspicimus salubriter expedire. Exhibita siquidem nobis nuper, pro parte dilectæ in Christo filiæ modernæ abbatissæ seu priorissæ monasterii monialium Visitationis Beatæ Mariæ Virginis civitatis Montespessulanensis sub regula Sancti Augustini, petitio continebat, quod prioratus monialium Sanctæ Catharinæ d'Arboras nuncupatus in civitate Montispessuli, ejusdem regulæ, per obitum quondam Mariæ, d'Icard, dum viveret priorissæ dicti prioratus, extra romanam curiam defunctæ, vacaverat et vacabat tunc, ipseque prioratus nulla clausura munitus existebat, sed in eo tres dumtaxat moniales, cum illius priorissa prædicta, permanserant, nec spes ulla affulgebat, ut de cœtero dictus prioratus, ob illius reddituum tenuitatem et ædificiorem vetustatem, ad clausuram reduci, numerusque monialium hujusmodi augeri posset; in civitate autem prædicta, dictum monasterium sub ordinarii loci jurisdictione et superioritate jampridem institutum fuerat, illiusque moniales sub stricta clausura et regularis disciplinæ exacta observatione, præpotenti Deo et eidem Beatæ Mariæ Virgini cum magna Christi fidelium ædificatione suum famulatum exhibebant, dictum tamen monasterium tenui admodum redditu pro illius monialium prædictarum necessaria sustentatione suffultum existebat, dictæque tres moniales, quæ tempore obitus dictæ Mariæ in prioratu prædicto absque clausura vivebant, exemplari vita monialium dicti monasterii et strictioris regularis observantiæ desiderio motæ periculisque quibus religiosa libertas, maxime in fœmineo sexu, obnoxia est, obviare et animarum suarum saluti consulere cupientes, sese strictæ clausuræ in dicto monasterio quod sui ordinis existit, suapte, sponte, de ejusdem ordinarii licentia, submiserunt et manciparunt, et sub ea vivere et mori intendebant, si iste dictus prioratus eidem monasterio uniretur et incorporaretur, hac ratione tenuitati reddituum dicti monasterii illiusque monialium necessitatibus subveniretur ipsæque moniales sat congruo redditu suffultæ, ad divinas laudes ferventiori animo persolvendas, magis magisque excitarentur, et sic Christi fidelium devotio erga dictum monasterium illiusque ecclesiam augeretur; quare pro parte dictæ modernæ abbatissæ seu priorissæ asserentis dicti prioratus et illi annexorum fructus, redditus et proventus viginti quatuor ducatorum auri de camera secundum communem existimationem valorem annuum non excedere, nobis fuit humiliter supplicatum quatenus eumdem prioratum dicto monasterio unire et incorporare, aliasque in præmissis opportune providere de benignitate apostolica digneremur.

Nos igitur, qui dudum inter alia voluimus et ordinavimus, quod petentes beneficia Ecclesiæ aliis uniri, tenerentur exprimere verum annuum valorem secundum existimationem prædictam, etiam beneficii cui aliud uniri peteretur, alioquin unio non valeret, modernam abbatissam seu priorissam monasterii hujusmodi ejusque singulares personas a quibusvis excommunicationis, suspensionis et interdicti aliisque ecclesiasticis sententiis, censuris et pœnis a jure vel ab homine, quavis occasione vel causa latis, si quibus quomodolibet innodatæ existunt, ad effectum præsentium dumtaxat consequendum harum serie absolventes et absolutas fore censentes necnon aliarum forsan dicto monasterio factarum unionum tenores pro expressis habentes, hujusmodi modernæ abbatissæ seu priorissæ prædictæ et pro eo ad hoc nobis porrectis supplicationibus tuis inclinati, ex voto venerabilium fratrum nostrorum Sanctæ Romanæ Ecclesiæ cardinalium negotiis regularium præpositorum, fraternitati tuæ per apostolica scripta mandamus, quatenus vocatis qui fuerint evocandi, prioratum prædictum sive ut petitur sive alio quovismodo aut ex alterius cujuscumque personæ consenso seu per liberam resignationem dictæ Mariæ vel cujusvis alterius de illo, extra dictam curiam et coram notario publico et testibus sponte factam vel assecutionem alterius beneficii ecclesiastici ordinaria auctoritate collati, vacet, et si tanto tempore vacaverit, quod ejus collatio juxta Lateranensis statuta Concilii ad Sedem Apostolicam legitime devoluta, ipseque prioratus dispositioni apostolicæ specialiter reservatus existat et super eo inter aliquos lis, cujus statum etiam præsentibus haberi volumus pro expresso, pendeat indecisa, dummodo tempore datarum præsentium non sit in eo alicui specialiter jus quæsitum, et ex ejus unione nulli quoquomodo præjudicium inferatur, cum annexis hujusmodi ac omnibus juribus et pertinentiis suis universis dicti monasterii, ita ut liceat illius abbatissæ seu priorissæ et monialibus nunc et pro tempore existentibus, corporalem realem et actualem possessionem prioratus juriumque et annexorum prædictorum per se vel alium seu alios, propria auctoritate libere apprehendere et apprehensam perpetuo retinere, fructus quoque, redditus, proventus, jura, obventiones et emolumenta ex eo provenientia quæcumque percipere, exigere, levare, locare, arrendare et in suos communes et dicti monasterii usus et utilitatem convertere, diœcesani loci vel cujusvis alterius licentia minime requisita, auctoritate nostra perpetuo unias, annectas et incorpores, decernens præsentes litteras sub quibuscumque similium vel dissimilium gratiarum revocationibus, suspensionibus, limitationibus aut cancellariæ apostolicæ universalis unionum effectum suum non sortitarum revocatoriis vel aliis contrariis dispositionibus per nos et successores nostros Romanos Pontifices pro tempore existentes, etiam in crastinum eorum et cujuslibet eorum assumptionis ad summi apostolici apicem, seu alias quandocumque sub quibuscumque tenoribus et formis ac cum quibusvis clausulis et decretis in contrarium factis et faciendis, nullatenus comprehendi, sed semper ab eis exceptas et quoties illæ emanabunt toties in pristinum et validissimum et in eum in quo antea erant statum restitutas, repositas et plenarie reintegratas, ac de novo et sub quacumque posteriori licentia datas per abbatissam seu priorissam dicti monasterii pro tempore existentem quandoque eligendam concessas, semperque et perpetuo validas et efficaces fore et esse, suosque plenarios et integros effectus sortiri et obtinere ac ab omnibus et singulis, ad quos nunc quomodolibet spectat et spectabit pro tempore, perpetuo firmiter et inviolabiliter observari et adimpleri, sicque per quoscumque judices ordinarios et delegatos quavis auctoritate fungentes, judicari et definiri debere, non obstantibus voluntate et ordinatione nostris prædictis et Lateranensis Concilii novissime celebrati uniones perpetuas nisi in casibus a jure permissis fieri prohibentis ac Bonifacii Papæ VIII prædecessoris Nostri et aliis apostolicis constitutionibus et ordinationibus nec non prioratus et monasterii ac ordinis hujusmodi juramento, confirmatione apostolica vel quavis firmitate alia roboratis, statutis et consuetudinibus contrariis quibuscumque aut si aliqui, super promissionibus sibi faciendis de prioratibus hujusmodi speciales vel aliis beneficiis ecclesiasticis in illis partibus generales dictæ Sedis aut legatorum ejus litteras impetraverint, et si per eas ad inhibitionem, reservationem et decretum vel alias quomolibet sit processum, quasquidem litteras et processus habitos per easdem et indesecuta quæcumque, ad prioratum hujusmodi volumus non extendi, sed nullum per hoc eis quoad assecutionem prioratuum vel beneficiorum aliorum præjudicium generari et quibuslibet aliis privilegiis indultis et litteris apostolicis generalibus vel specialibus quorumcumque tenorum existant, per quæ præsentibus non expressa vel totaliter non inserta, effectus earum non impediri valeat quomodolibet seu differri, et de quibus quorumcumque totis tenoribus habenda sit in nostris litteris mentio specialis. Volumus autem ut propter unionem, annexionem et incorporationem hujusmodi, si illas per te earumdem præsentium vigore fieri contigerit, ut petitur, dictus prioratus debitis non fraudetur obsequiis, sed ejus congrue supportentur onera consueta, et insuper ex nunc irritum decernimus et inane si secus super his a quocumque quavis auctoritate scienter vel ignoranter contigerit fieri.

Datum Romæ, apud Sanctum Petrum, anno Incarnationis Dominicæ millesimo sexcentesimo quadragesimo nono, kalendas decembris, pontificatus nostri, anno decimo octavo.

L. de Rosis, — U. Laynes — D. P. P. Amannus pro magistro — Ammanuccius pro R. P. — Nicolas Godefridi. — S. Ugolinus — A. Rondilinus — A. Fabinus.

## VII

### Décret de Mgr de Fenouillet promulguant la bulle d'Urbain VIII en faveur des religieuses de la Visitation Sainte-Marie de Montpellier.

Nos, Petrus Fenollietus, Dei et Sanctæ Sedis apostolicæ gratia, Episcopus Monspeliensis, consiliarius et concionator ordinarius Ludovici XIII, Galliarum et Navarræ regis christianissimi, comes Melgorii et Montisferrandi Marquerosæ, judex et commissarius delegatus in hac parte per Sanctissimum Pontificem nostrum Urbanum octavum, visa Sanctitatis suæ bulla, obtenta a religiosi monasterii Visitationis Sanctæ-Mariæ Montepeliensis, continente unionem prioratus Sanctæ-Catharinæ Monspeliensis et d'Arboras cum omnibus annexis et pertinentiis, vacantis per obitum sororis Mariæ d'Icard, ultimæ titulariæ dicti prioratus, factam præfato monasterio Visitationis Sanctæ-Mariæ, data Romæ apud sanctum Petrum anno Incarnationis Dominicæ millesimo sexcentesimo quadragesimo nono, kalendas decembris, sigillata plumbo, pendentibus cordulis sericis et cannabinis, non viciata nec in aliqua parte suspecta, et visis etiam litteris a nobis concessis procuratori supradictarum religiosarum Visitationis Sanctæ-Mariæ ad citandum coram nobis procuratorem fiscalem in nostra officialitate et spiritualitate et omnes quorum interest nosce fulminationem et executionem dictæ bullæ, datis die decima tertia hujus mensis cum citatione et assignatione in tergo, ordinatione nostra continente quod dictus procurator supradictarum religiosarum sua facta exponeret super utilitate et commoditate dictæ unionis, factis et articulis datis a dicto procuratore religiosarum, inquisitione coram nobis facta, conclusionibus dicti procuratoris fiscalis et cœteris omnibus quæ videri debent; idcirco exequentes et dictam bullam fulminantes, ex concessa nobis auctoritate a Sancta Sede apostolica, univimus, annexinus, incorporavimus, unimus, annectimus, incorporamus dictum prioratum Sanctæ-Catharinæ Monspeliensis et d'Arboras cum omnibus annexis pertinentiis et juribus dicto monasterio Visitationis Sanctæ-Mariæ Monspeliensis ut in posterum præfatum monasterium fruatur omnibus redditibus et juribus a prædicto prioratu pendentibus, et ideo mandamus et committimus primo aut notario ad hoc requisito, ut dictas religiosas aut procuratorem suum in realem, actualem et corporalem possessionem dicti prioratus Sanctæ-Catharinæ Monspeliensis et d'Arboras cum omnibus annexis et pertinentiis mittant, quoslibet illicitos detentores admoneant, prohibeant, ne quis illas impediat aut quovismodo in dicta possessione turbet, sub pœnis et censuris ecclesiasticis in bulla contentis.

Datum Monspeliensi, die vigesima nona mensis aprilis, anno Domini millesimo sexcentesimo quadragesimo primo.

PETRUS, episcopus Monspeliensis.

De dicti illustrissimi et reverendissimi
D. D. mei Episcopi mandato
*Carbonner.*

## VIII

**Lettre de M. de Louvois à M. Le Marquis de Castries, gouverneur de la citadelle et de la ville de Montpellier, à l'occasion des fêtes de la canonisation de Saint François de Sales.**

*Monsieur,*

Les religieuses de la Visitation Sainte-Marie de Montpellier ont représenté au Roi, que l'un des jours du mois prochain, elles doivent faire la cérémonie de la sanctification de feu M. l'Évêque de Genève, leur fondateur, nouvellement canonisé, et l'ont supplié très humblement de vouloir permettre que l'on tirât, ce jour-là, du canon de la citadelle, pour marquer la réjouissance publique par cette démonstration solennelle et extraordinaire. Sa Majesté, qui est bien aise de les favoriser en cette occasion, à cause de leur piété et de leur vertu, leur a très volontiers accordé cette permission, et elle m'a commandé de vous le faire savoir, afin qu'il vous plaise de donner sur cela vos ordres sans difficulté, pour le jour qu'elles auront destiné à la célébration de cette fête.

Je suis toujours, Monsieur, votre très humble et très affectionné serviteur

de LOUVOIS.

à S. Germain en Laye, le 26 décembre 1666.

*à Monsieur le Marquis de Castries,*

Chevalier des ordres du Roi, Gouverneur de la ville et citadelle de Montpellier, et, en son absence, à celui qui y commande.

de LOUVOIS.

## IX

**Lettres patentes de Louis XV autorisant l'achat d'une maison attenante au monastère.**

Louis, par la grâce de Dieu, Roi de France et de Navarre, à tous présents et à venir salut. Les religieuses de la Visitation de Montpellier nous ont fait représenter qu'en conséquence d'arrêts de notre

Conseil d'État, le Sr Évêque de Montpellier aurait procédé à la suppression et extinction de l'abbaye des religieuses bénédictines de Gigean, diocèse de Montpellier, et aurait uni les revenus de la dite abbaye au monastère des suppliantes, à la charge par elles de les employer à nourrir, entretenir et élever dans la religion catholique des jeunes filles de nouveaux convertis, aux clauses et conditions plus amplement énoncées dans le décret de la dite union du dix-huitième juin mil sept cent quarante-neuf, mais que leur monastère n'étant pas assez grand pour loger et recevoir ces nouvelles pensionnaires, lesquelles d'ailleurs doivent être placées dans un corps de logis entièrement séparé de celuy qu'occupent les religieuses, et y ayant auprès des murs d'enceinte du monastère des suppliantes une maison appartenant à la Dame de Murles, qui est actuellement en vente et pourrait être aisément renfermée dans l'enclos du dit monastère et servir au logement des pensionnaires de la fondation de Gigean, elles sont dans l'obligation de nous supplier très humblement de vouloir bien permettre d'acheter la dite maison, dérogeant en tant que de besoin à l'édit du mois d'aoust 1749, concernant les acquisitions faites pour l'utilité publique en conformité de notre édit du mois de février 1743, et leur accorder à cet effet nos Lettres patentes sur ce nécessaires; à ces causes, de l'avis de notre Conseil et après nous être fait rendre compte des motifs et de l'utilité de la dite acquisition, Nous avons, de notre grâce spéciale, pleine puissance et autorité royale, permis et par ces présentes, signées de notre main, permettons aux dites religieuses de la Visitation de Montpellier d'acquérir la dite maison, appartenant à la Dame de Murles et qui est auprès des murs d'enceinte de leur monastère, à la charge pour les dites religieuses de se conformer à notre Édit du mois d'aoust 1749, concernant les établissements et acquisitions des gens de mainmorte. Ci donnons en mandement à nos amis et feaux conseillers, les gents tenant notre cour de Parlement de Toulouse, et à tous nos officiers et justiciers qu'il appartiendra, que ces présentes ils ayent à faire enregistrer, et du contenu en icelles jouir et user pleinement, paisiblement et perpétuellement les dites religieuses de la Visitation de Montpellier, cessant et faisant cesser tous troubles, et empêchements contraires; car tel est notre plaisir. Et afin que ce soit chose ferme et stable à toujours, nous avons fait mettre notre scel à ces dites présentes. Donné à Compiègne, au mois de juillet, l'an de grâce mil sept cent cinquante et un. Et de notre règne le trente-sixième.

Louis.

## X

### Authentique des reliques conservées à la Visitation en 1775.

Le 20 janvier 1775, Monseigneur Joseph-François de Malide, évêque de Montpellier, déclare par un authentique solennel qu'il lui a été présenté par Me Jean-Henri-Hyacinthe de Mirman, prêtre, docteur en théologie de la Faculté de Paris, chanoine théologal de notre église cathédrale et prieur de la dévote société du Sacré-Cœur de Jésus, érigée par feu M. l'illustrissime évêque Berger de Charancy, d'auguste mémoire, l'un de nos prédécesseurs, dans l'église du monastère des religieuses de la Visitation de cette ville, trois boîtes de bois dûment scellées, lesquelles contenaient des saintes reliques qu'il avait reçues de Rome et desquelles il faisait don et présent à la dite société du Sacré-Cœur de Jésus, à condition qu'elles seraient placées décemment dans la chapelle de la dite société: et, nous ayant remis les actes authentiques, nous les avons vérifiées. Ces boîtes contenaient, la première: six ossements de S. Pontien martyr; savoir: un os de la cuisse, deux du bras, l'omoplate en deux morceaux et la tête d'un os de la cuisse; la seconde, six fragments d'os des saints martyrs Théodore, Valide, Innocent, Valentin, Irénée et Liberat, chacun de ces fragments dûment étiqueté; et la troisième, un papier blanc sur lequel était écrit: *sacrum caput S. Victoris martyris;* au-dessous du dit papier, des fragments d'un vase de verre teint du sang du dit S. martyr, et enfin le sacré chef du dit S. Victor, lesquels ossements nous ont été certifiés être tels que nous les avons dénommés et décrits, par M. Coffinier, chirurgien de cette ville, par nous appelé à cet effet. Ayant ainsi reconnu l'authenticité de ces saintes reliques, nous les avons placées dans un tombeau spécial et scellées. Ce que fait, nous avons ordonné et ordonnons que le dit reliquaire sera placé dans la chapelle de la société du Sacré-Cœur de Jésus, érigée dans l'église du monastère de la Visitation de cette ville, afin que la vue de ces saintes reliques serve à raviver la foi et la piété des fidèles, à enflammer leurs cœurs de cet amour dont celui de Jésus-Christ a brûlé pour eux, et que les précieux restes de ces glorieuses victimes du divin amour y reçoivent la vénération qui leur est due.

Donné à Montpellier, dans notre Palais épiscopal, sous notre seing, le contre-seing de notre secrétaire et le sceau de nos armes, le 20 janvier 1775.

† JOSEPH-FRANÇOIS *évêque de Montpellier.*
pour *Monseigneur.* VERDIER, *Ch. secr.*

# État de la communauté au

## MUNICIPALITÉ

### Couvent des religieuses de

| Nom et prénom des religieuses | âge | Dignités et emplois qu'elles occupent dans le couvent | Déclaration de celles qui veulent rester dans l'Ordre et dans leur monastère |
|---|---|---|---|
| Marie-Julie de Plantade | 64 | Supérieure | a déclaré vouloir vivre et mourir dans l'Ordre. |
| Marie-Thérèse-Colombe Darène | 60 | Conseillère | Même réponse que dessus |
| Marie-Madeleine Bardy | 60 | Conseillère | id. |
| Cath. Antoinette-Marie Magnol | 61 | Assistante | id. |
| Louise-Marguerite Restouble | 57 | Sacristaine | id. |
| Anne-Louise-Marie Journet | 61 | Conseillère | id. |
| Françoise-Thérèse-Mélanie Darène | 51 | Économe | id. |
| Françoise-Xavier Thomassy | 54 | Archivaire | id. |
| Marie-Anne Beausonnet | 67 | simple religieuse | id. |
| Marie-Amédée Castel | 55 | Portière | id. |
| Marie-Madeleine Destable | 45 | Maîtrs. des pens. | id. |
| Marie-Monique Clément | 45 | simple religieuse | id. |
| Marie-Louise Teulon | 48 | idem | id. |
| Marie-Émilie Pelletier | 72 | id. | id. |
| Françoise-Élisabeth Gonan | 44 | id. | id, |
| Pascale-Marie Imbert | 42 | id. | id. |
| Marguerite-Marie de Châteauvieux | 44 | Maîtrs. des pens. | id. |
| Angélique Restouble | 37 | simple religieuse | id. |
| Marie-Adélaïde Rey | 44 | id. | id. |
| Marie-Hélène Thomas | 43 | id. | id. |
| Louise-Victoire de Sauvage | 39 | id. | id. |
| Marie-Lucie de Sauvage | 36 | id. | id. |
| Cécile-Laurence Gay | 34 | id. | id. |
| Élisabeth Bousquet | 40 | id. | id. |
| Marie-Angélique Méjean | 27 | Maîtrs. des pens. | id. |
| Cécile-Françoise Ferrière | 26 | id. | id. |
| Jeanne-Marie-Louise Durand | 30 | simple religieuse | id. |
| Henriette Poujade | 30 | id. | id. |
| Françoise-Rosalie d'Alzon Alazar | 43 | id. | id- |
| Catherine-Susanne Fraisse | 37 | id. | id. |
| Marie-Élisabeth de Monclar | 27 | id. | id. |
| Marie-Joseph Monteil | 63 | Converse | id. |
| Anne-Louise Larguès | 40 | id. | id. |
| Marie-Françoise Faucher | 33 | id. | id. |
| Thérèse-Honorade Viguier | 33 | id. | id. |
| Thérèse-Élisabeth Laurent | 35 | id. | id. |
| Louise-Françoise Jullian | 35 | id. | id. |
| Marie-Marthe Martel | 27 | id. | id. |
| Marie-Gabrielle Stagnol | 56 | Tourière | n'a fait aucun vœu sol. |
| Thérèse-Xavier Stagnol | 60 | id. | id. |
| Madeleine Montels | — | agrégée | |

moment de la Révolution

DE MONTPELLIER

la Visitation Sainte-Marie

| Déclaration de celles qui veulent sortir de l'Ordre | Combien la maison peut loger d'individus | Observations sur les destinations auxquelles on pourrait employer la dite maison |
|---|---|---|
| libre de sortir à sa volonté ou à celle du couvent. | Cette maison, qui contient 41 religieuses, peut en loger 44. | Ces observations, attendu l'importance de l'objet, paraissent appartenir au Conseil Général de lá Commune. |

Je certifie conforme à l'original
BEDOS, *greffier*.

## XII

## Liste des Supérieures de la Visitation de Montpellier.

1631 Louise-Dorothée de Marigny.
1636 Françoise-Emmanuel de Nouvery.
1639 Louise-Dorothée de Marigny.
1646 Marie-Renée Faber.
1652 Louise-Dorothée de Marigny.
1655 Louise-Françoise de Rozel.
1661 Françoise-Emmanuel de Nouvery.
1667 Marie-Françoise de Sartre.
1670 Louise-Angélique de Valat.
1676 Marie-Dorothée de Gallian.
1679 Louis-Françoise de Rozel.
1683 Louise-Angélique de Valat.
1689 Marie-Henriette de la Croix de Castries.
1695 Louise-Angélique de Valat.
1697 Marie-Thérèse de Ratte.
1703 Marie-Henriette de la Croix de Castries.
1709 Brigitte-Angélique de Massanne.
1714 Marie-Thérèse de Ratte.
1720 Brigitte-Angélique de Massanne.
1725 Marie-Françoise de la Croix de Sueilles.
1731 Marie-Élisabeth de Bonvillevert.
1737 Louise-Antoinette de Sartre.
1740 Marie-Agnès de Sarret.
1746 Catherine-Thérèse de Saint-André.
1752 Marie-Agnès de Sarret.
1758 Emmanuel-Amédée de Compeys.
1764 Marie-Félicité Journet.
1770 Thérèse-Auguste Bernex.
1776 Marie-Julie de Plantade.
1782 Marie-Felicité Journet.
1788 Marie-Julie de Plantade.

. . . . . . . . . . . . .

. . . . . . . . . . . . .

1818 Marie-Louise Theulon.
1819 Anne-Julie Bousquet.
1822 Louise-Eugénie Troëtte.
1828 Marie-Sophie Lambert.
1831 Thérèse de Sales Lamothe-Tenet.
1834 Marie-Louise Navarre.
1840 Louise de Sales Arnaud.
1843 Marie-Louise Navarre.
1849 Louise de Sales Arnaud.
1855 Joséphine de Sales Ménard.
1858 Louis de Gonzague Coste.

1861 Marie-Vincent Lescure.
1867 Marie-Alphonsine des Porcelets.
1873 Marguerite-Marie Barthès.
1879 Marie-Euphrasie Ménard.
1885 Thérèse-Joséphine Bertrand.
1891 Marie-Euphrasie Ménard.
1895 Louise de Chantal-Bastide.
1897 Eugénie de Sales Lamothe-Tenet.

## XIII

### Registre des professions des Sœurs de Chœur.

Sœur Marie-Dorothée de Gallian, 7 novembre 1632.
» Marie-Françoise de Sartre, 1 Mai 1633.
» Claude-Agnès de Sartre, 1 Mai 1633.
» Louise-Françoise de Rozel, 8 Mai 1633.
» Françoise-Madeleine Guibaille, 31 juillet 1633.
» Jeanne-Françoise de Lézignan, 8 décembre 1633.
» Anne-Thérèse de Grasset, 16 juillet 1634.
» Gertrude-Augustine de Trinquère, 4 Mars 1635.
» Catherine-Élisabeth de Ratte, 4 Mars 1635.
» Jeanne-Marguerite de Saint-Privat, 9 novembre 1636.
» Jeanne-Élisabeth Seguin, 25 octobre 1637.
» Jeanne-Louise d'Arpajon, 1 janvier 1641.
» Louise-Gabrielle de Porcelet, 12 janvier 1641.
» Claude-Françoise de Toiras, 3 février 1641.
» Louise-Dorothée de Laudon, 30 octobre 1641.
» Marie-Séraphique de Bachelier, 27 juillet 1642.
» Jeanne-Marie de Roussel, 27 juillet 1642.
» Françoise-Angélique de Bachelier, 2 février 1643.
» Marie-Marthe de Roquefeuil, 6 juillet 1643.
» Françoise-Agathe de Plantade, 6 décembre 1643.
» Jeanne-Emmanuel de Porcelet, 10 janvier 1644.
» Anne-Catherine de la Croix de Sueilles, 31 juillet 1644.
» Louise-Angélique de Valat, 16 août 1644.
» Anne-Françoise de Grasset, 21 novembre 1644.
» Anne-Marie Girard, 31 décembre 1645.
» Marie-Agnès de Grasset, 12 mai 1647.
» Marie-Joseph de Rouvière, 17 janvier 1649.
» Marie-Catherine de Mausac, 9 octobre 1650.
» Marie-Renée de Torches, 20 novembre 1650.
» Marie-Brigitte de Manse, 11 février 1652.
» Marie-Marguerite de la Croix de Sueilles, 20 avril 1652.
» Madeleine-Élisabeth de My, 14 Mai 1656.
» Jeanne-Françoise d'Audessans, 26 novembre 1656.
» Claire-Françoise de Rival, 1 Mai 1661.

Sœur Catherine-Séraphine de Montagne, 26 Mai 1661.
» Louise-Thérèse de la Croix de Castries, 21 décembre 1661.
» Marie-Gabrielle de la Croix de Castries, 24 décembre 1662.
» Marie-Emmanuel de Sarret, 22 juillet 1663.
» Louise-Marguerite de Crouzet, 26 décembre 1663.
» Renée-Angélique de la Croix de Castries, 30 décembre 1663.
» Françoise-Emmanuel de Torches, 3 mai 1664.
» Marie-Anne Alexis Mourier, 3 août 1664.
» Marie-Thérèse de Ratte, 24 août 1664.
» Jeanne-Charlotte Boffin, 2 février 1665.
» Brigitte-Angélique de Massanne, 10 mai 1665.
» Brigitte-Agnès d'Hugues, 26 décembre 1666.
» Marie-Henriette de la Croix de Castries, 12 avril 1667.
» Marie-Constance de Crouzet, 12 mai 1669.
» Louise-Gabrielle d'Hugues, 26 mai 1669.
» Rose-Angélique de Lespine, 29 septembre 1671.
» Marie-Madeleine de Brie, 6 juin 1672.
» Chrétienne-Angélique Priolo, 6 juin 1672.
» Marie-Séraphique de Richar, 15 avril 1674.
» Marie-Éléonore de Gabriac, 12 septembre 1674.
» Louise-Angélique de Gabriac, 20 avril 1675.
» Louise-Henriette de la Roquette, 14 juin 1676.
» Marie-Augustine Fabre, 4 février 1677.
» Marie-Angélique de Murles, 27 mars 1678.
» Louise-Thérèsé de la Roquette, 15 janvier 1679.
» Gabrielle-Angélique des Plans, 6 janvier 1683.
» Jeanne-Madeleine de Laurès, 10 janvier 1684.
» Thérèse-Angélique de Laurès 4 décembre 1686.
» Marie-Françoise de la Croix de Sueilles, 4 février 1691.
» Marie-Anne-Élisabeth de Bonvillevert, 11 mai 1692.
» Marie-Élisabeth d'Azémar, 8 janvier 1696.
» Gabrielle-Antoinette d'Azémar, 8 janvier 1696.
» Marie-Anne-Angélique de Fontanieu, 31 mars 1698.
» Marie-Agnès de Sarret, 1 février 1699.
» Madeleine-Éléonore de Ressouches, 10 mai 1699.
» Marie-Marguerite de Vaissière, 22 août 1700.
» Marie-Xavier de Gabriac, 12 juin 1701.
» Anne-Marguerite de Gras, 17 mai 1703.
» Marie-Augustine de Persin, 27 février 1709.
» Thérèse-Élisabeth de Meyrargues, 21 avril 1710.
» Françoise-Angélique de Gabriac, 24 août 1710.
» Marie-Charlotte de Caze, 19 avril 1711.
» Marie-Louise de Crouzet, 10 avril 1712.
» Marie-Élisabeth Angélique de Perdrix, 26 juin 1712.
» Françoise-Madeleine de Fonbon, 30 novembre 1712.
» Claire-Angélique de Sartre, 5 février 1713.
» Louise-Antoinette de Sartre, 5 février 1713.
» Anne-Thérèse de Beausonnet , 5 Mars 1713.
» Loüise-Angélique de Valat de Saint-Roman, 11 Mars 1714.

Sœur Marie-Gabrielle de Camby de Fons, 10 février 1715.
» Marie-Catherine de Fermeaux, 12 janvier 1716.
» Louise-Augustine de Beaulac de Pézènes, 7 mars 1717.
» Catherine-Augustine de Beaucar, 25 avril 1717.
» Marie-Madeleine d'Iché, 3 juillet 1718.
» Jeanne-Cécile de Fournier, 3 décembre 1719.
» Marie-Séraphique Deydier, 26 mai 1720.
» Marie-Antoinette de Manse, 26 janvier 1721.
» Jeanne-Louise Cambon, 8 Septembre 1722.
» Thérèse-Angélique Deschênes, 6 mai 1723.
» Françoise-Élisabeth de Vaissière, 16 juillet 1723.
» Louise-Françoise Mareschal, 15 septembre 1743.
» Marie-Julie de Plantade, 11 septembre 1746.
» Marie-Christine Deloche, 25 septembre 1746.
» Madeleine-Angélique Rouzier, 2 octobre 1746.
» Marie-Madeleine Bardy, 3 octobre 1746.
» Marie-Thérèse Darène, 4 décembre 1746.
» Marie-Thérèse Dalmeras, 4 septembre 1747.
» Marie-Henriette de Saint-Julien, 7 janvier 1748.
» Marie-Xavier Magnol, 4 novembre 1748.
» Marie-Françoise Fargeon, 16 janvier 1753.
» Louise-Marguerite Restouble, 1 mars 1753.
» Marie-Félicité Journet, 8 mai 1754.
» Thérèse-Mélanie Darène, 28 novembre 1756.
» Françoise-Xavier Thomassy, 22 août 1757.
» Marie-Hyacinthe Beausonnet, 13 décembre 1758.
» Marie-Victoire Chicoyneau, 24 juin 1759.
» Marie-Amédée Castel, 13 décembre 1759.
» Madeleine-Félicité Destable, 13 avril 1762.
» Christine-Angélique de Saint-Roman, 5 décembre 1762
» Louise-Xavier Bénézech, 6 février 1763.
» Marie-Rosalie Bourges, 30 octobre 1764.
» Marie-Gertrude Clément, 13 février 1765.
» Thérèse-Félicité Planiol, 15 août 1765.
» Thérèse-Rosalie Roux, 29 septembre 1765.
» Marie-Louise Theulon, 7 janvier 1767.
» Marie-Émilie Pelletier, 7 février 1767.
» Marie-Eugénie Gonan, 2 mai 1768.
» Marie-Sophie Imbert, 8 mai 1768.
» Marie-Auguste de Castelviel, 30 juillet 1772.
» Marie-Adélaïde Rey, 4 mai 1773.
» Angélique-Xavier Restouble, 28 novembre 1773.
» Marie-Hélène Thomas, 6 décembre 1773.
» Louise-Victoire de Sauvage, 10 novembre 1774.
» Marie-Rosalie de Sauvage, 30 septembre 1776.
» Louise-Félicité Gay, 8 décembre 1776.
» Marie-Anne-Julie Bousquet, 25 août 1778.
» Marie-Angélique Méjean, 25 avril 1782.
» Marie-Aimée Périer, 30 avril 1782.

Sœur Thérèse-Félicité Ferrière, 6 juillet 1783.
» Marie-Sophie Durand, 1 août 1784.
» Marie-Séraphine Poujade, 18 janvier 1785.
» Madeleine-Pélagie D'alzon, 11 août 1788.
» Françoise-Rosalie Fraisse, 11 août 1788.
» Thérèse-Sophie de Monclar, 1 juillet 1789.
. . . . . . . . . . . . . . .
. . . . . . . . . . . .
. . . . . . . . . . . .
. . . . . . . . . . . .
» Thérèse de Sales Lamothe-Tenet, 3 avril 1821.
» Thérèse-Joséphine Reynard, 3 avril 1821.
» Marie-Augustine Roux, 15 mai 1821.
» Marie-Chantal Amadou, 25 mai 1821.
» Louis de Gonzague Coste, 21 mai 1822.
» Marie-Thérèse Vacquier, 28 février 1823.
» Marie-Michel Rançon, 20 mai 1823.
» Marie-Joseph Garric, 6 octobre 1823.
» Marie-Xavier Mazel, 24 octobre 1823.
» Thérèse-Séraphine Gros, 15 décembre 1823.
» Marie-Amédée Couderc, 17 mai 1824.
» Marie-Louise Navarre, 12 août 1824.
» Marie-Gonzague Roucairol, 11 octobre 1824.
» Marie-Eulalie Guillot, 28 octobre 1824.
» Marie-Madeleine Bessier, 14 février 1825.
» Thérèse-Augustine Salze, 19 octobre 1825.
» Marie-Chantal de Lansade, 15 décembre 1825.
» Thérèse-Gonzague Pelletier, 29 décembre 1825.
» Marie-Séraphine Guibal, 4 novembre 1826.
» Marie-Eugénie Deleuze , 25 novembre 1826.
» Marie-Joséphine Brousse, 4 décembre 1826.
» Louise de Sales Arnaud, 28 décembre 1827.
» Marie-Joséphine Mazel, 28 mai 1829.
» Marie-Pélagie Eymar, 8 juin 1829.
» Marie-Thérèse-Xavier Sollier, 21 avril 1831.
» Marie-Caroline Rabaud, 4 juin 1831.
» Marie-Joséphine Vernière, 15 juin 1831.
» Marie-Marguerite Brû, 26 septembre 1831.
» Françoise de Sales Vernière, 17 janvier 1832.
» Louise-Stanislas Privat, 11 décembre 1832.
» Louise-Marie Mons, 12 décembre 1834.
» Marie-Gertrude Espinasson, 29 juin 1835.
» Thérèse-Marie Sicard, 30 novembre 1835.
» Marie-Élisabeth Vitou, 25 juin 1836.
» Felicité de Sales Faulquier, 28 décembre 1836.
» Marie-Aimée de Sales David, 6 avril 1838.
» Marie-Philomène Gounel, 7 juin 1838.
» Marie-Louise-Chantal Ollier, 4 mars 1839.
» Thérèse-Gonzague Galtier, 18 avril 1839.

Sœur Joséphine-Marie Privat, 21 mai 1839.
» Marie-Eulalie Reboul, 29 septembre 1839.
» Louise-Xavier Walras, 19 janvier 1840.
» Louise-Thérèse Guizard, 19 novembre 1840.
» Marie-Joseph Martin, 23 novembre 1840.
» Marie-Vincent Lescure, 14 janvier 1841.
» Marie-Augustin Coste, 25 juin 1841.
» Louise-Madeleine Euzet, 9 décembre 1841.
» Marie-Alphonsine des Porcelets, 16 décembre 1841.
» Marguerite-Marie Barthès, 10 mai 1842.
» Anne-Marie Granier, 21 juin 1842.
» Marie-Rosalie Arnaud, 8 juin 1843.
» Joséphine-Gonzague Madière, 14 juillet 1843.
» Marie-Dosithée Poulaud, 14 juillet 1843.
» Thérèse-Chantal Roustand, 14 juillet 1843.
» Marie-Euphrasie Ménard, 30 septembre 1844.
» Jeanne-Françoise Gazay, 27 septembre 1845.
» Louise-Eugénie Blazi, 10 septembre 1846.
» Marie-Joséphine Allien, 14 décembre 1847.
» Anne-Thérèse Reboul, 10 février 1848.
» Marie-Gabrielle Flottes, 17 février 1848.
» Marie-Stanislas Taïx, 4 octobre 1849.
» Marie-Xavier Bonnet, 27 novembre 1849.
» Joséphine de Sales Ménard, 17 décembre 1850.
» Marie-Séraphine Martin, 18 avril 1854.
» Françoise de Chantal de Malrieu, 27 avril 1854.
» Marie-Thérèse Meyran, 10 mai 1854.
» Marie-Aloysia Boissière, 29 mai 1854.
» Marie-Agnès Martin, 14 septembre 1854.
» Marie-Hélène Genevois, 19 février 1855.
» Marie-Philomène Talagrand, 10 mai 1855.
» Marie-Mathilde Faugier, 17 octobre 1855.
» Marie-Louise Dupoux, 22 juillet 1856.
» Marie-Joseph Nicot, 14 janvier 1857.
» Thérèse-Stanislas Gruvel, 12 février 1859.
» Thérèse-Joséphine Bertraud, 2 février 1864.
» Marie-Emmanuel Durand, 27 décembre 1865.
» Louise-Marie Pécoud de la Barthe, 6 février 1866.
» Marie-Régis de Christol, 9 septembre 1866.
» Marguerite-Joseph Cabane, 18 août 1869.
» Marie-Sabine Brignol, 30 septembre 1871.
» Marie-Anastasie Fallet, 15 novembre 1871.
» Marie-Joseph Azémar, 14 février 1874.
» Marie-Claire Froment, 6 juin 1877.
» Marie-Victoire Combes, 15 mai 1878.
» Marie-Élisabeth Berlan, 9 juillet 1878.
» Françoise de Sales Lentillac, 20 février 1880
» Marie-Chantal Romani, 25 octobre 1880.
» Thérèse-Marie Galtier, 30 juillet 1883.

Sœur Jeanne-Marie Galtier, 30 juillet 1883.
» Marie-Gonzague Durand, 27 décembre 1884.
» Jeanne-Emmanuel Guerre, 10 août 1885.
» Joséphine de Sales Coste, 27 février 1886.
» Louise de Chantal Bastide, 4 mai 1886.
» Françoise-Augustine Icard, 18 mai 1886.
» Joseph-Marie Nicot, 12 mai 1887.
» Philomène-Thérèse Azémar, 12 mai 1887.
» Marie-Thérèse-Madeleine Caizergues, 6 juin 1887.
» Jeanne-Thérèse Rouët, 4 avril 1888.
» Marie-Lucie Lombard, 5 mai 1888.
» Rose-Marie Bestieu, 27 décembre 1888.
» Marie-Élise Deleuze, 24 avril 1889.
» Thérèse de Sales Lamothe-Tenet, 28 août 1889.
» Marie-Eulalie Bec, 12 juillet 1890.
» Eugénie de Sales Lamothe-Tenet, 8 septembre 1890.
» Marie-Stanislas Marcorelles, 15 juin 1892.
» Marguerite-Marie Pinède, 25 juillet 1894.
» Marie-Julie Peyronnet, 29 mai 1895.
» Marie-Pauline Bichon, 23 avril 1896.
» Jeanne-Françoise Mansonnier, 8 juillet 1896.
» Marie-Eugénie Altairac, 10 novembre 1996.
» Marie-Thérèse Bousquet, 8 mai 1897.
» Marie-Bernard Altairac, 24 mai 1898.

## Sœurs Converses.

Sœur Marie-Madeleine Dominique, 8 décembre 1633.
» Pérone-Marie Gairaud, 4 mai 1635.
» Marguerite-Catherine Guiraille, 8 mai 1639.
» Marie-Isabelle Mestre, 17 janvier 1649.
» Marie-Antoinette Dussus, 26 mai 1658.
» Françoise-Catherine Flori, 31 août 1659.
» Anne-Élisabeth Noguière, 30 janvier 1661.
» Françoise-Marguerite Bonnet, 2 janvier 1667.
» Madeleine-Élisabeth Mathieu, 29 décembre 1671.
» Marguerite-Joseph Boussière, 13 décembre 1675.
» Marie-Marthe Bonnet, 6 avril 1676.
» Marie-Pacifique Lamouroux, 21 septembre 1681.
» Jeanne-Thérèse Dingibal, 21 septembre 1681.
» Marie-Geneviève Caizergues, 16 juillet 1684.
» Marie-Gilette Lazuttes, 8 décembre 1694.
» Jeanne-Françoise Jalabert, 11 septembre 1701.
» Marie-Joseph Bruguière, 17 mai 1703.
» Jeanne-Élisabeth Bellecave, 1 novembre 1709.
» Anne-Charlotte Bertrand, 13 décembre 1712.
» Thérèse-Marguerite Comette, 11 février 1714.

Sœur Jeanne-Élisabeth Michel, 2 août 1717.
» Catherine-Antoinette Gandon, 6 juin 1723.
» Françoise-Catherine Combes, 3 septembre 1725.
» Jeanne-Marie Genouilhac, 3 septembre 1725.
» Françoise-Marguerite Cabanel, 24 septembre 1743.
» Marie-Joseph Monteil, 3 février 1750.
» Jeanne-Thérèse Aliquot, 23 janvier 1752.
» Jeanne-Françoise Séranne, en 1758.
» Anne-Louise Larguez, 24 mai 1772.
» Marie-Élisabeth Faucher, 8 décembre 1779.
» Thérèse-Honorade Viguier, 12 juillet 1780.
» Thérèse-Élisabeth Laurent, 10 avril 1784.
» Marie-Marthe Martel, 8 juillet 1787.
» Louise-Françoise Jullian, 23 mai 1789.

. . . . . . . . . .

. . . . . . . . . .

. . . . . . . . . .

» Marie-Félicité Cournet, 8 mai 1826.
» Marie-Simplicienne Dupin, 14 juillet 1831.
» Marie-Angélique Mouton, 10 août 1834.
» Françoise-Xavier Sahut, 26 décembre 1844.
» Marie-Julie Anglade, 24 septembre 1850.
» Marie-Madeleine Delenne, 9 février 1854.
» Marie-Alexis Soubeyras, 20 juin 1855.
» Marie-Dosithée Mazas, 2 octobre 1858.
» Joséphine-Marie Roux, 4 décembre 1860.
» Marie-Scholastique Vignaud, 12 avril 1875.
» Marie-Michel Saunal, 23 septembre 1876.
» Marie de Sales Valat, 6 février 1879.
» Claire de Sales Bourdeaux, 24 février 1891.
» Marie-Angèle Dalbignac, 24 février 1891.
» Marie-Stéphanie Veuillet, 27 janvier 1896.
» Françoise de Sales Mounier, 15 février 1897.

Sœurs tourières.

Sœur Anne-Louise Gairaud.
» Marie-Claude Pascal.
» Anne-Louise de Conseil.
» Marie-Catherine Soliniac.
» Jeanne-Thérèse Baral, 19 février 1713.

. . . . . . . . . . .

. . . . . . . . . . .

» Marie-Christine Lamouroux, 15 juin 1827.
» Marie-Antoinette Delbaud, 1 août 1827.
» Marie-Françoise Castanier, 13 décembre 1827.
» Marie-Victoire Martin, 10 février 1829.

Sœur Anne-Madeleine Quatrefages, 16 mai 1833.
» Thérèse-Félicité Maury, 11 juin 1835.
» Marie-Antoinette Boutellier, 31 mars 1845.
» Louise-Françoise Regord, 27 décembre 1850.
» Marie-Marthe Brenac, 8 janvier 1852.
» Marie-Germaine Ginesty, 6 juin 1856.
» Marie-Françoise Baudry, 15 février 1890.
» Marie-Joséphine Blachère, 2 mai 1891.
» Marie-Antoinette Arnaud, 15 février 1897.

# TABLE DES MATIÈRES

# PIÈCES JUSTIFICATIVES

www.ingramcontent.com/pod-product-compliance
Ingram Content Group UK Ltd.
Pitfield, Milton Keynes, MK11 3LW, UK
UKHW020102200726
13856UKWH00002B/331

9 782013 403504